中国创意产业发展报告

Chinese Creative Industries Report

(2014)

主　编　张京成

中国经济出版社
CHINA ECONOMIC PUBLISHING HOUSE
北 京

图书在版编目（CIP）数据

中国创意产业发展报告．2014/张京成主编．

北京：中国经济出版社，2014．3

ISBN 978－7－5136－3101－3

Ⅰ．①中… Ⅱ．①张… Ⅲ．①文化产业—研究报告—中国—2014 Ⅳ．①G124

中国版本图书馆 CIP 数据核字（2014）第 032583 号

责任编辑 严 莉

责任审读 霍宏涛

责任印制 马小宾

封面设计 任燕飞设计室

出版发行 中国经济出版社

印 刷 者 三河市佳星印装有限公司

经 销 者 各地新华书店

开　　本 710mm×1000mm 1/16

印　　张 32．5

字　　数 543 千字

版　　次 2014 年 3 月第 1 版

印　　次 2014 年 3 月第 1 次

书　　号 ISBN 978－7－5136－3101－3

定　　价 78．00 元

广告经营许可证 京西工商广字第 8179 号

中国经济出版社 **网址** www.economyph.com **社址** 北京市西城区百万庄北街 3 号 **邮编** 100037

本版图书如存在印装质量问题，请与本社发行中心联系调换（联系电话：010－68330607）

编委会

前　言

2013年是全面贯彻落实党的十八大精神的开局之年，是实施“十二五”规划承前启后的关键一年，是为全面建成小康社会奠定坚实基础的重要一年。全年的经济运行态势基本平稳，投资与消费成为拉动我国经济发展的主要动力。具体到轻资产的创意产业领域，文化消费的拉动作用则较投资更为突出。中国作为位居世界第二的新兴经济体，其未来经济增长在客观上要求从投资驱动转向消费拉动。同时，政府也一直不懈追求将消费作为拉动经济增长最主要的长期稳定杠杆。因此，在消费刚性和“调结构、促内需”的政策推动下，消费将保持稳中有升的态势。2013年中央经济工作会议将“扩大消费需求”作为“扩大内需”的重要内容予以强调，表明“扩大内需，刺激消费”仍是2014年的主导方向。有此原则指导，文化消费自然将为创意产业的发展提供持续动力。基于上述，《中国创意产业发展报告2014》将文化消费作为年度主题，重点组织了文化消费拉动创意产业发展效果较为典型的17座城市参加撰稿，兼顾了覆盖主要区域与凸显重点城市的原则。

《中国创意产业发展报告2014》共设19章，分为三个部分。其中，居首章的总报告由中国创意产业研究中心立足全国层面，从文化消费角度切入，对2013年我国创意产业领域发生的重要事件进行了全面梳理与分析，内容选取的依据为各主要媒体的曝光度与关注度。第2章至第18章由17个城市的创意产业领域相关党政主管部门、行业协会、研究机构及高等院校组织骨干人员撰写，集纳了政府主管心得、市场咨询经验、行业发展研究、学术领域思考等多重角度。国务院发展研究中心、南京政治学院、兰州商学院、大连市创意产业协会等单位专家的全新加入，进一步丰富了《中国创意产业发展报告》作者队伍的构成。

本年度报告重点选取了文化消费旺盛、较早发展创意产业的北京、上海、天津等传统直辖市；经济发展水平一直较为发达的南京、杭州、扬州、常州等华东地区城市；深圳和江门等改革开放的先头阵地；在西部大开发中承担重任的成都、西安、兰州等区域中心城市；强劲带动东北老工业基地振兴的哈尔滨和大连以及作为中部崛起战略重镇的武汉、长沙；青岛作为华东地区的重要消费城市和创意产业桥头堡再次入选本年度报告。最后一章由中关村创意经济研究院对17个城市报告进行综合归纳，一方面提炼出各地创意产业的年度共性规律，另一方面对各地精彩纷呈的特点做出系统梳理，与首章总报告遥相呼应，在文化消费的主题下共同呈现2013年中国创意产业的发展概貌。在附录部分，我们整理了2006年以来中央及地方层面的创意产业主要相关研究项目，力求从专业科研的角度展现创意产业在中国的发展脉络，并为专业读者提供相关项目申报及研究的信息参考，也为相关政府部门与基金立项查重提供依据。

弹指一挥，八载飞逝。《中国创意产业发展报告》已连续出版至第九本，较为完整地记录了创意产业在我国主要地区的发展历程。回首过往，许多机构也曾就相关领域出版过类似书籍、申请过相关课题，但或偶一为之，抑或不了了之，能够长期坚持下来的已经屈指可数。在此起彼伏的喧嚣中，《中国创意产业发展报告2014》能够如期付梓，也属不易。正是读者的信任和各地合作者的支持一路伴随我们成长。值得欣慰的是，《中国创意产业发展报告》的城市分册——《创意城市蓝皮书》系列（社会科学文献出版社，第九本即将出版）也已经花团锦簇。在此，衷心欢迎更多城市的相关政府部门、高校、科研机构和专家学者成为我们的合作伙伴，共同推进创意产业在中国的可持续发展。

Foreword

The year of 2013 marks the beginning of an age to implement the principles of the 18th CPC National Congress and also the key period of the "12th Five-year Plan", which will make it an important period to usher China into an age of becoming an all-round well-off society. The general economic situation was quite stable in 2013, with investment and consumption becoming the major impetus of Chinese economy. In terms of creative industries, cultural consumption has been playing a more important role compared with investment. As the second largest emerging economy of the world, China's economic prospect shall be more consumption oriented rather than investment, which is what the Chinese government aiming at. Thus, consumption shall be steadily growing in China. The Central Economic Working Conference 2013 reiterated the importance of "expanding the demands of consumption" as the major part of "expanding domestic demands", which makes it still the guideline of the economic development in 2014. Under this backdrop, cultural consumption will no doubt keep acting as the core driving force of the development of creative industries. "Cultural consumption" is the key word of Chinese Creative Industries Report 2014, which contains experiences of the top 17 cities in terms of creative industries development, covering the major parts and also the key cities of China.

Chinese Creative Industries Report 2014 has 19 chapters in three parts. The first chapter is a general introduction to the national situation of creative industries development in China, from the perspective cultural consumption. It summarizes the key events in creative industries of China in 2013, based on the exposure from the major media. Chapters 2 to 18 are compiled by experts and scholars from respective government offices, industrial associations, research institutes and universities of the 17 cities. The joint efforts from Development Research Center of the State Council, Nanjing Political College,

Lanzhou University of Finance and Economics, Dalian Creative Industries Association and R&R Investment Management Co., Ltd. have also enriched the book and the structure of the compilers.

This report pays special attention to the key cities of China. Firstly, they are Beijing, Shanghai and Tianjin, the municipalities directly under the central government, where cultural industries started earlier and cultural consumption has been vigorous. Then it is the cities in east China, Nanjing, Hangzhou, Yangzhou and Changzhou, where the economic development has been fairly fast, and Shenzhen and Jiangmen, the cities that were first opened up. Then it is Chengdu, Xi'an and Lanzhou, which have been playing a key role in the Development of the West Regions, Harbin and Dalian, which represent the old industrial bases, and Wuhan and Changsha, the key cities in central China. Qingdao, as an important consumption city in this report for a second time. The last chapter is compiled by Zhongguancun Creative Economic Research Institute, which does a comprehensive summary for the 17 cities. This chapter draws a conclusion of the common principles among these cities in terms of creative industries development in 2013 and also summarizes the individual characteristics of these cities, which makes this chapter a perfect ending for the book, as like the fist chapter it offers a comprehensive view of creative industries development in China from the perspective of cultural consumption. In the appendix of this report, a list of the major research projects from various levels of the government is offered, which provides readers with a clear clue of the development stages of creative industries in China, and it also functions as a great reference for the research-oriented readers and government offices when launching new projects.

Chinese Creative Industries Report has been issuing its ninth volume, which has kept a complete record for the development of creative industries in China. Looking back on the past eight years, it is undeniable that various organizations or institutes also did similar works, but few lasted to now. Chinese Creative Industries Report has paid great endeavors to make it what it is like today, with the great support and trust from the readers and partners. Now, the city book of *Chinese Creative Industries Report*, *Blue Book of Cre-*

ative Cities, is also going to issue its ninth volume by Social Sciences Academic Press. It is a great honor to hereby invite government offices from more cities, universities, research institutes, experts and scholars to work with us as partners to shed joint efforts to strengthen the continuous development of creative industries in China.

目 录

扬州实施以文兴城战略,大力发展文化产业。全市文化产业增加值占全市地区生产总值的比重进一步提高。扬州文化产业亮点纷呈,其中雕版印刷、工艺美术声名远播,文博城建设成为标志。城镇居民文化消费快速增长,促进了文化产业的快速发展。

2013年,杭州市深入贯彻党的十八届三中全会精神,紧紧围绕建设文化名城、文化强市和打造"全国文化创意中心"的目标,制订出台了"杭改十条",创新体制机制,完善政策体系,夯实发展平台,加强人才建设,促进开放交流,扩大文化消费,进一步推动全市文创产业发展,为杭州经济转型升级做出了新贡献。

以满足市民日益增长的精神文化需求为目标,青岛市在2013年重点实施文化产业、公共文化服务和文艺精品创作、文化人才培养和引进"三大跨越工程",文化产业的整体实力和竞争力明显提升,为青岛率先科学发展、实现蓝色跨越,建设现代化国际宜居城市做出了新的贡献。

2013年,武汉市进一步释放文化消费潜力,促进文化与科技深度融合,以坚实的步伐推动文化产业向着"超倍增"发展的目标迈进。武汉以建设国家级文化和科技融合示范基地为契机,进一步完善了顶层设计、细化了政策措施、落实了一批重大项目、优化发展环境,成立了武汉文化科技研究院,继续打造"文化五市"。

长沙市以创作、创造、创新为根本手段,以文化内容、创意成果和知识产权为核心价值,以高新技术为重要支撑,以文化消费与文化贸易为拉动,大力发展文化创意产业,在广播影视、出版发行、演艺娱乐、动漫游戏、文化旅游等领域形成全国性优势,"区域性文化创意产业中心"逐步形成,并不断向高端化、数字化、网络化和信息化发展。

深圳作为改革开放的前沿城市,在文化创意产业蓬勃发展的同时,文化出口的势头日益强劲。2013 年 12 月,深圳创意信息港正式被文化部命名为国家对外文化贸易基地,该基地是深圳继文博会、文交所、中国文化产业投资基金后的第四个国家级文化产业平台,将为深圳文化贸易的升级再添新引擎。

江门市历史源远流长,素有"中国第一侨乡"之称。文化消费特色鲜明,文化创意人才队伍庞大、艺术创作成果丰富,具备文化产业健康发展的良好基础。截至 2013 年,江门市已经初步形成了出版发行、印刷复制、文化会展、文化旅游、广播影视、工业设计、动漫、古典家具等为主的文化创意产业体系。

2013 年,成都文化创意产业进入向城市经济支柱性产业目标迈进的关键之年。围绕建设中西部最具影响力、全国一流和国际知名的"文化之都",成都以改革创新为动力,加快促进文化创意产业转型升级。在新一轮发展周期中,成都将不断优化文化消费驱动文化创意产业发展的模式,进一步提升文化创意产业竞争力。

西安市高度重视发挥文化创意产业作用,在 2013 年积极扩大文化消费规模,健全现代文化市场体系,进一步解放和发展文化生产力;出台了《保持消费市场平稳可持续发展的若干意见》和促进旅游业发展的具体措施;临潼国家旅游度假区等重大旅游项目的顺利进展,有效化解了西安消费市场增长趋缓的影响。

根据华夏文明传承创新区"1313"工程的相关布局,2013 年兰州市文化创意产业以文化产业园区基地建设为依托,重点发展了文娱演艺、出版发行、广播影视、文化旅游、创意设计、数字多媒体等行业。其中,数字多媒体产业成为文化消费的新亮点,旅游消费逐步成为文化消费增长的支撑点,节庆活动逐步成为促进文化创意产业发展的特色点。

2013年，我国文化消费的增长，逐步成为拉动文化创意产业发展的主要动力。各地文化创意产业状况普遍发展良好，新兴文化业态表现抢眼，助推文化创意产业发展再上新台阶。各个城市的文化消费迎来新一轮的增长，尤其是新业态文化需求十分强劲，有力地促进了我国文化创意产业的全面发展。

CONTENTS

In the year of 2013, the Party Central Committee and the State Council worked out a whole range of key strategic plans for cultural construction and the development of cultural industries. The economic situation was fairly stable, which has provided a better environment for the development of macro economy of China. With cultural consumption as the driving force, the creative industries of China has been developing at a nice level, with great achievements in the fields of film making, TV program production, publishing, animation, internet service, performance, art trade, tourism, advertising and exhibition etc.

Cultural and creative industries have been one of the pillars of the economy of Beijing. To fully implement the strategic plan of "Building a Modern Cultural Market" of the 3rd Plenary Session of the 18th Central Committee, Beijing has been trying all out to optimize its overall arrangement of its cultural and creative industries and to enhance the pillar position of cultural and creative industries by constructing functional zones of cultural and creative industries, so as to innovate cultural and creative industries, strengthen policy support, enlarge the cultural market of Beijing and promote the cultural consumption level of Beijing.

In the year of 2013, the cultural and creative industries of Tianjin experienced great development. The key characteristics are: private-owned cultural enterprises have been rising fast and some have already explored overseas market; cooperation with Taiwan province has greatly grown; culture has been greatly merged into science and technologies; the pattern of "Dual-core City" has been born. However, the cultural consumption growth per capita is lower than the national level, which shows that cultural consumption in Tianjin has a long way to go.

The development of cultural and creative industries in Dalian has shown four typical characteristics: the development has been growing more standard and the scale has been growing fast; the strength of the industries has been growing steadily; the trend of the industries has been more characterized and innovative; more achievements have been emerging. The cultural consumption market has been developing into a stable stage, but the "top-level design" of the industries and cultural consumption should be strengthened, to perfect the strategic design, policy support, platform building and "awarding after support" system.

To fully implement the guidelines of the 18th Congress of the CPC and to build Harbin into a cultural city of world reputation, the city has been vigorously constructing an environment that is good for the development of cultural industries in Harbin and the volume of cultural industries, which has become a new growth zone of the economy. Harbin has been paying much attention to the characteristics of cultural consumption to accelerate the growth of cultural industries.

Due to the fact that Shanghai is among the earliest that was opened up to the outside world and its time-honored "melting pot culture", Shanghai has been among the international cities of fashion and has also been leading the fashion of China. As the fashion center of China, the industry of fashion and design of Shanghai for the very first time made its debut in the report of Shanghai cultural and creative industries in 2013.

Nanjing paid special attention to optimize cultural consumption and environment, and the construction of scientific clusters, which promoted the integration of culture, technology, tourism and people's daily life. Nanjing has also attached great importance to talents and experts. In 2013, the cultural consumption of Nanjing has been steadily growing and ranked No.1 among the cultural and technological integration zones.

Changzhou enjoys great history, culture, education and economic environment, which offers great soil for the development of cultural and creative industries. Cultural and creative industries has been showing its great significance in promoting cultural consumption and building cultural products. Cultural and creative industries has also been playing a key role in economic development, scientific innovation, city construction and social development and has become an important driving force for the economic development of Changzhou.

Yangzhou has been attaching great importance to cultural industries, which is regarded as a strategy to promote the development of the city. The proportion of added-value from cultural industries to the GDP of Yangzhou has been rising. Block printing and arts and crafts have long gained great reputation. The cultural consumption of urban citizens has been growing fast, which accelerated the development of cultural industries.

Hangzhou has also been focusing on the guidelines of the 18th National Congress of the CPC to build Hangzhou into a cultural power and a national cultural and creative center. Hangzhou has formulated "Ten Amendments" to innovate system, perfect policies, attract talents, deepen exchange and expand cultural consumption, to promote the development of cultural and creative industries, which has done great contribution to the economic transformation.

To satisfy the needs of citizens for cultural products, Qingdao has carried out "Three Grand Projects" to promote the development of cultural industries, public cultural service, art work creation and talent attraction. To successfully host the 10th Art Festival of China, the general strength of cultural industries and competiveness has been greatly growing, which has made great contribution to realize the dream of Qingdao to become an international city.

Wuhan greatly accelerated the integration of culture and technology by exploring the potential of cultural consumption, aiming at the Super Growth. Wuhan further promoted its top design, perfected its policies, launched a range of key projects, optimized its environment to build it into a cultural city.

By creation and innovation, Changsha has been trying its utmost to promote the development of cultural and creative industries to further enhance cultural consumption and cultural trade, with culture as content, creative work and intellectual property as the core value and high-tech as the key support. Changsha has already achieved its advantage in the fields of broadcasting and filming, publishing, entertainment and performance, animation and games, and cultural tourism, which has gradually made Changsha a regional center of cultural and creative industries, which is further developing into a digitalized stage.

Shenzhen, as the forefront city of opening up, has achieved great momentum in the development of cultural and creative industries, especially in terms of cultural export. In December of 2013, Shenzhen Creative Information Port was formally renamed as National Cultural Trade Base, which is the 4th national platform for cultural industries, which will become the new engine of the cultural trade development of Shenzhen.

Jiangmen enjoys a long history and has long been known as the No. 1

According to the plan of the Project of 1313, which is an innovation zone of Chinese culture, Lanzhou paid extra attention to the fields of entertainment and performance, publishing, broadcasting and filming, tourism, creative design and digital media etc. Digital media has been the new attraction; cultural tourism has become the new support of cultural consumption and festival activities have been the new characteristics of cultural and creative industries.

In the year of 2013, the growth of cultural consumption has become the main driving force of development of cultural and creative industries of China, with the general stable development of the industries in various parts of China, which will bring the cultural and creative industries of China onto a new level. Generally, the cultural consumption has entered a new cycle of growth, especially in the new fields, which will no doubtly promote the overall development of the cultural and creative industries of China.

第一章

总报告:文化消费拉动中国创意产业持续发展

一、创意产业的文化消费环境更加成熟

二、文化消费拉动创意产业发展总体向好

三、创意产业的新发展有赖文化消费的进一步释放在文化消费的拉动下，2013 年我国创意产业持续向好发展，在电影、电视、新闻出版、动漫游戏、互联网服务、文化演出、艺术品交易、旅游休闲以及广告会展等诸多领域都频现亮点，呈现许多新现象、出现不少新情况。正如国务院总理李克强在 2014 年政府工作报告中总结的那样，我国文化事业和文化产业在 2013 年健康发展，“推出一批文化精品，扩大公益性文化设施向社会免费开放。深化文化体制改革，加强文化市场建设，文化产业增加值增长 15%以上”。在产业结构上，电影文化消费更上一层楼、电视剧减量增质、电子书成为阅读消费新潮流、移动互联异军突起、智慧旅游呼之欲出……但也存在一些不足之处，如电影票房偷漏瞒报现象仍然严重、艺术品市场隐忧显现等问题，都已引起相关政府部门的重视，开始扭转。总体而言，文化消费释放的巨大动能拉动了中国创意产业在 2013 年的强劲发展，并将促进我国创意产业的持续发展。

一、创意产业的文化消费环境更加成熟

2013 年，党中央、国务院关于文化建设和文化产业做出了一系列重大战略部署，宏观经济平稳运行。在此日渐成熟的大环境下，我国文化消费水平明显提高、文化消费结构渐趋合理。文化消费有力刺激了我国创意产业的持续蓬勃发展，向着国民经济支柱性产业的目标加速迈进。

（一）十八届三中全会精神确立文化发展基调

十八届三中全会审议通过的《决定》提出要“紧紧围绕建设社会主义核心价值体系、社会主义文化强国深化文化体制改革，加快完善文化管理体制和文化生产经营体制，建立健全现代公共文化服务体系、现代文化市场体系，推动社会主义文化大发展大繁荣”。全会还提出，建设社会主义文化强国，增强国家文化

软实力，必须坚持社会主义先进文化前进方向，坚持中国特色社会主义文化发展道路，坚持以人民为中心的工作导向，进一步深化文化体制改革。要完善文化管理体制，建立健全现代文化市场体系，构建现代公共文化服务体系，提高文化开放水平。其中，直接利好文化创意产业发展、影响人民文化消费的内容主要包括以下三个方面：

一是激发国有文化企业活力，增加主流文化产品供给。《决定》提出的"继续推进国有经营性文化单位转企改制，加快公司制、股份制改造"，"对按规定转制的重要国有传媒企业探索实行特殊管理股制度"等内容，有利于激活国有文化企业在我国形成的既有优势，形成供给充足的主流文化产品，有效弥补人民文化消费缺口。

二是对非公有制文化企业敞开大门，扩大文化产品供给来源。《决定》明确的"鼓励非公有制文化企业发展，降低社会资本进入门槛，允许参与对外出版、网络出版，允许以控股形式参与国有影视制作机构、文艺院团改制经营"等内容，有利于整合非国有文化企业的文化生产力，丰富人民的文化消费方式。

三是盯紧市场的指挥棒，确立文化消费的导向性作用。《决定》提出的"完善文化市场准入和退出机制，鼓励各类市场主体公平竞争、优胜劣汰，促进文化资源在全国范围内流动"等内容确立了文化消费决定文化供给的基本导向。为人民自主选择文化消费提供了体制和机制保障，也为文化创意产业营造了充满活力的运行环境。

(二)习近平总书记重要讲话为文化消费提供基本遵循

文化产品不仅具有商品属性，更具有鲜明的意识形态属性。这就决定了文化生产与文化消费的过程都要坚持社会主义先进文化前进方向。2013 年，中共中央总书记、国家主席、中央军委主席习近平在全国宣传思想工作会议上发表重要讲话，强调指出，要继续推进文化体制改革，推动文化事业全面繁荣和文化产业快速发展、建设社会主义文化强国。同时，把握好意识形态属性和产业属性、社会效益和经济效益的关系，始终坚持社会主义先进文化前进方向，始终把社会效益放在首位①。这一精辟论述实际上为我国的文化消费提供了基本

① 雒树刚. 进一步深化文化体制改革[N]. 人民日报，2013－12－03.

遵循。

实践证明，只有深化文化体制改革，发挥市场在文化资源配置中的积极作用，才能激发全社会的文化创造热情，提供更多更好的优秀文化产品和文化服务，从而刺激人民群众的文化消费意愿，更好地满足他们在全面建成小康社会伟大进程中日益增长的精神文化需求，形成供需双方共同推动文化事业和文化创意产业繁荣发展的局面。“不断丰富人民精神世界、增强人民精神力量”本质上都要通过人民群众的文化消费加以实现。习近平同志在全国宣传思想工作会议上的重要讲话精神，已经对文化创意产业如何促进并引导人民群众的文化消费产生了重大的指导意义，为其在提高国家文化软实力、实现“两个一百年”奋斗目标和中华民族伟大复兴中国梦的宏大叙事中进行了角色定位。

（三）李克强总理部署文化创意产业发展新方略

2013 年 10 月 31 日，国务院总理李克强在中南海主持召开了自就任以来的第三次经济形势座谈会，在同专家学者和企业家代表的交流中，马云介绍的淘宝网经验得到了总理“创造了消费时点”的肯定。[①] 而淘宝网代表的不仅是单纯的网店消费模式，更集中反映了互联网衍生出来的广告、动漫、视频、文化艺术及设计等广泛的文化消费领域，蕴藏着层出不穷的新的“消费时点”。

时隔不久的 2014 年 1 月 22 日，李克强总理便主持召开国务院常务会议部署推进文化创意和设计服务与相关产业融合发展。会议指出，文化创意和设计服务具有高知识性、高增值性和低消耗、低污染等特征。依靠创新，推进文化创意和设计服务等新型、高端服务业发展，促进与相关产业深度融合，是调整经济结构的重要内容，有利于改善产品和服务品质、满足群众多样化需求，也可以催生新业态、带动就业、推动产业转型升级。会议同时确定了推进文化创意和设计服务与相关产业融合发展的五项具体政策措施[②]。最终形成了《国务院关于推进文化创意和设计服务与相关产业融合发展的若干意见》，于 2014 年 3 月正式发布。

李克强总理的上述一系列举措，实际上是结合当前文化创意产业发展新情况，对 2009 年《文化产业振兴规划》进行了富有针对性的延续，也是对文化创意

---

① 陈璐. 李克强给马云“点赞”[N]. 中国青年报，2013－11－07.

② 李克强主持召开国务院常务会议[N]. 人民日报，2014－01－23.

产业在当前经济发展中作用的高度认可，说明文化创意产业是“改善产品和服务品质、满足群众多样化需求”的有力抓手。

（四）政府机构改革理顺创意产业发展机制

近年来，随着人民群众文化消费水平的不断提高和科技手段的持续进步，传媒产业迅速发展，许多跨媒体项目和企业纷纷涌现。国家新闻出版总署与广电总局的职能重叠，使得管理上出现瑕疵。为从顶层设计打破多头管理的格局，综合新闻出版与广播电影电视等多方面的文化资源，健全市场体系与行业发展，降低文化传媒产业的整合阻力，让具有优势的传媒集团具有扩大发展的空间，2013 年 3 月 10 日，中国第十二届全国人大一次会议第三次全体会议公布，新闻出版总署和广播电影电视总局整合为国家新闻出版广播电影电视总局，并改名为“国家新闻出版广电总局”。整合后的组织结构向“文化大部制”迈出了战略性的关键一步，一定程度上解决了以往部门之间的利益博弈，避免了重复建设、资源浪费、成本增加、行政效率低下、企业经营的不确定性和政策的不确定性等问题；通过整合管理，提升效率，减少了行业分割，对于文化消费和文化创意产业的发展带来的直接影响不言而喻。这一文化机构改革方案促进了国内创意产业的加速发展，更大程度地挖掘了国内文化消费潜力。

（五）宏观经济运行保障文化消费基础稳固

在宏观经济领域，我国经济 2013 年运行总体平稳，稳中有进、稳中向好，为文化创意产业发展及文化消费创造了良好环境。其中，国内生产总值为 568 845亿元，按可比价格计算比上年增长 7.7%，增速与上年持平①，但仍约为世界平均水平 2.6%的 3 倍。居民收入继续增加。2013 年，城镇居民人均可支配收入 26 955 元，比上年名义增长 9.7%，扣除价格因素实际增长 7%。农村居民人均纯收入 8 896 元，比上年名义增长 12.4%，扣除价格因素实际增长 9.3%。② 社会消费品零售总额扣除价格因素实际增长 11.5%，消费对经济增

① 2013 年 GDP 增长 7.7%[N]. 经济日报，2014－01－21.

② 2013 年 GDP 增长 7.7%[N]. 经济日报，2014－01－21.

长的贡献率达 50%,且网络消费增速快于实体消费[①]。宏观经济增长、城乡居民收入的提高以及消费品市场的扩大均有利于中国人的文化消费更趋理性、消费心理更为成熟,文化消费的地位将不断提升。

二、文化消费拉动创意产业发展总体向好

(一)电影市场持续繁荣,消费模式基本成形

1. 电影文化消费迈上新台阶,国产电影居于主导地位

2013 年,我国电影文化消费空前繁盛。内地电影放映场次超过 2 680 万场,观影人次超过 5.73 亿[②]。全国各大院线的总票房收入首次突破 200 亿元,达到 217.69 亿元,相较于 2012 年 171 亿元的总票房,增长了 27.5%[③]。曾几何时,中国电影票房在 2010 年迈上了 100 亿元台阶,而仅仅 3 年之后,又上 200 亿元新台阶,充分说明我国电影文化消费的持续繁盛和电影产业的迅速发展。其中,国产电影又居于主导地位。2013 年内地上映的 305 部电影中,票房超过 1 亿元的电影达到 60 部,国产电影占据了其中的 33 部,在比例上超过了进口电影。在全年票房前十名的电影中,国产影片更占据了七席。

2. 电影档期风格渐趋成形,电影文化消费臻于成熟

档期意味着在同一时间下对某一类电影类型集中性的消费。档期的出现标志着电影产业和电影市场的成熟、规范、完善。2013 年,我国的电影档期化特征渐趋成形。特别是年初的贺岁档总计创造了 68 亿元的票房,成为中国电影史上空前成功的档期。该档期共诞生 14 部过亿元票房电影,其中 9 部超过 2 亿元,6 部超过 3 亿元,4 部超过 5 亿元,3 部超过 8 亿元,2 部超过 10 亿元[④]。中国电影史上的多项市场纪录都于此间创造,说明了国内电影文化消费水平的提升,以及未来电影市场可挖掘的巨大潜力。

---

① 2013 年中国消费对经济增长的贡献率达 50%[N]. 中国日报,2014-03-24.
② 今年国内电影票房已破 200 亿 创下新纪录[N]. 今日早报,2013-12-09.
③ 2013 年全国电影总票房 217.69 亿 33 部国产片过亿[N]. 长江日报,2014-01-07.
④ 2012-2013 贺岁档繁荣收官 100 天 68 亿创纪录之旅[EB/OL]. 搜狐娱乐,2013-03-04.

3. 电影文化消费的基础保障更加巩固

在硬件基础方面，我国影院数量和银幕数在2013年保持了持续增长。继2012年突破1万块银幕之后，2013年全国城市影院新增银幕4 500多块，银幕总数已达1.76万块，多数触角已经延伸至极具消费潜力的中国二、三线城市甚至县级城市。[①] 在产业资金保障方面，2013年的电影专项资金收缴额创历史最高纪录，突破10亿元大关，达到10.94亿元（按财政年度），比上年同期增加3.2亿元，同比递增41.9%。为支持国产高新技术格式影片创作生产，2013年对14部影片补贴资金7 025万元。[②]。

4. 偷漏瞒报票房危害产业发展，政府主管部门强化处罚力度

票房既是影院、院线与片方、发行方分账的参照，也是影院上缴国家5%电影专项资金和3.3%营业税的依据。近年来，随着国内电影市场规模的不断增长，影院偷漏瞒报票房行为对产业和市场的负面影响也越来越大，不仅严重干扰了电影专项资金的积累和国家财税收入的增加；也在相当程度上损害了制片方和发行方的经济利益，最终对产业和市场的可持续发展造成危害。据统计，2013年电影票房被偷约24亿[③]。为严厉打击偷漏瞒报票房现象，国家新闻出版广电总局于2013年12月31日和2014年1月20日接连发布《电影院票务管理系统技术要求和测量方法》与《关于加强电影市场管理规范电影票务系统使用的通知》，强化了对偷漏瞒报票房行为的处罚，保障中国电影产业的健康发展。

5. 中国电影市场的国际化程度仍不充分

首先，从出口角度看，中国电影的海外票房呈逐年下降趋势。数据显示，2012年中国电影全年海外票房和销售收入仅为10.63亿元人民币，较2011年的20.46亿元下滑近一半，自2010年以来，连续三年三连跌态势[④]。2013年并未扭转上述局面，表明中国电影产业的海外竞争力依然有限。

其次，从进口角度看，进口片数量虽少但票房表现不俗。2013年进口片的累计票房达到了90.02亿元，比2012年的88亿元同比增长2.3%。进口片中

---

① 国内银幕数已达1.76万块 影院平均上座率仅15%[N]. 中国文化报，2013－12－09.

② 10多亿电影专项资金怎么用[N]. 东方早报，2014－01－23.

③ 2013年电影票房被偷约24亿[N]. 晶报，2014－01－23.

④ 中国电影"走出去"难在哪儿？[N]. 中国文化报，2013－03－25.

有 27 部票房过亿。[①] 可以说,2013 年国内电影的票房的好成绩,很大份额来自于进口片。这既说明了国外电影产品的过硬质量,也反映出中国观众的文化消费对外来文化普世价值的认同。

(二)电视产业开辟新局面,消费方式推陈出新

1. 电视剧产量 13 年来首次回落,供大于求局面开始缓解

2013 年中国电视剧的产量自 2000 年连续飙升以来,实现了连续 13 年增长后的首次降低,由 2012 年的 17 000 集下降为 15 000 集。但市场仍处于供大于求的状态。[②] 2 000 集的减产是电视剧市场的"理性回落",其直接原因是消费者话语权的提升。此前,在文化消费未得到充分考量的条件下,我国电视剧的产量居高不下,自 2000 年突破 10 000 集开始,平均每年以近千集的速度持续增长,2012 年更是创下历史新高,使我国成为世界电视剧产量的"第一大国"。但每年能够真正播出与观众见面的电视剧只有 8 000 集左右。[③] 这就意味着某些年份有一半甚至更多的电视剧未能与消费者见面,造成了极大的资源浪费。

2. 电视剧播出压力仍大,"一剧一星"模式渐成趋势

2013 年,电视剧产品的价值实现环节仍然承受较大压力。全国卫视全年的电视剧播出情况逐渐显露"一剧一星"的独播趋势。据统计,2013 年卫视黄金时段播出的电视剧为 616 部,其中首播的新剧为 266 部,只占黄金段播出总量的 43%,播出比例不足一半,给电视剧生产企业带来一定的压力[④]。而与之互补的另一多半的"好剧重播"则受到了专家的认可和消费者的欢迎,肯定了文化消费的主导地位。在 266 部首播新剧中,独家首播的有 174 部,占 65%[⑤]。说明市场开始促动整个电视产业做出积极回应,播出模式向着良性方向转变。这一模式既可以减少资源的浪费,也能为中国电视剧的高产提供出口。虽然一些电视台的经济实力还不可能做到完全独播,但"一剧一星"独播模式已经成为大势所趋。

---

① 127 亿 :90 亿国产片再胜"好莱虎"[N]. 新京报,2014—01—06.
② 2013 年国产剧产出 15 000 集 比 2012 年减少 2 000 集[N]. 京华时报. 2014—02—19.
③ 漫话新闻[N]. 中国文化报,2014—02—24.
④ "一剧一星"尚需市场调节[N]. 北京晨报,2014—02—20.
⑤ "一剧一星"尚需市场调节[N]. 北京晨报,2014—02—20.

3. 电视节目环境进一步开放，海外制作机构来华开发市场

2013年，广电总局已批准了近百个数字付费频道，需要大量的节目资源来填充频道时间。中国电视文化消费的巨大需求以更开放的姿态迎接全球节目供给。一方面，广电总局和商务部联合发布《中外合资、合作广播电视节目制作经营企业管理规定》，前所未有地明确了外资可以通过合资、合作成立广播影视节目制作公司。有利于降低准入门槛、扩大合作领域，吸收国外资金、借鉴国外技术和经验，大力推进我国广播影视产业的发展。

另一方面，大批海外版权剧经由国内视频网站引进与热播，吸引了海外顶级电视制作机构不断来华开辟市场。例如，代表英国独立电视制作行业利益的英国电影和电视制作公司联盟于年内首次访华，其中包括16家英国电视制作公司，涉及电视、电影和数字媒体的高质量内容制作、后期制作、资金支持、发行等，产品类型包括动画、喜剧、纪录、教育等。① 海外制作机构的进入将提供更多成熟、专业化、对象化的节目，进一步繁荣我国电视节目生产市场。

4. 电视综艺节目过度引进，负面影响渐趋明显

近年来，电视综艺节目成为电视剧之外的又一文化消费主题，几乎每年都有一档引自国外版权的综艺节目迎合中国的电视文化消费需求。大量节目版权引进在推动中国电视产业发展的同时，也导致严重的同质化竞争，进一步削弱了中国电视节目的创意。2013年1月至9月，国内将近有10档歌唱类真人秀节目在各大卫视轮番上演，直至观众产生审美疲劳、国家新闻出版广电总局推出“限唱令”后才得以扭转。10月之后，各电视台又不约而同地将目光投向了“下一代”节目类型，给电视行业带来了巨大的模仿效应。

同时，一些电视综艺节目为克服其较短的生命周期特性，主动切入电影银幕延伸产业链，为综艺节目的多元发展探索路径。但多数惨淡收场，鲜有成功案例，表明观众对这些电影的消费意愿并不等同其所根源的电视节目。2013年的这股潮流既表明国内的娱乐节目在力图创新，但也暴露了诸多不足。

此外，季播大制作成为2013年电视综艺节目的主流，央视和各省级卫视纷纷以此为重点抢夺有限的文化消费力，合力将中国电视综艺节目推上大制作之路，使节目制作资源走向整合，同时也对初入企业形成门槛，限制了文化创意的

① 英国电视行业关注中国市场[N]. 中国文化报，2013－11－18.

萌发环境。作为一个电视大国，开发属于中国自己的原创性电视节目模式，已成为时代的呼唤。

5. 智能电视风生水起

未来电视屏极有可能成为互联网新的重要入口，谁抢占了电视屏的主导权，谁就可能赢得主动权。随着商业模式的多元化，做渠道、做平台的互联网公司开始着手做电视终端。据不完全统计，从 2011 年到 2013 年，传统电视厂商在国内的市场销量中，智能电视占比已经从 16%提升至 56%，超过半数[①]。2013 年，智能电视引爆了一场家庭文化消费争夺战，互联网公司、传统电视机厂商、牌照商、电信运营商纷纷抢滩智能电视。

一方面，智能电视网(www.znds.com)作为智能电视行业垂直网站的领头羊，已是国内最大的智能电视网站和 TV APP 分发渠道，推出了智能电视行业数据网站，每日自动更新行业里最近 30 天的关注指数和品牌排行榜，并提供用户群体、年龄分布、用户级别和消费层次等信息。

另一方面，优酷土豆集团与同洲电子合作，开始共同打造基于开放互联网的视频服务(OTT TV)，将电视内容与优酷土豆互联网内容实现关联，将现有的优酷土豆版权内容通过牌照方的播控平台，移植到同洲电子所有的 OTT TV 终端，同时联合开展单片点播、定向广告投放、收视率调查等增值业务产品的策划、开发和推广，实现多屏合一。

此外，乐视网与富士康科技集团达成战略合作，后者为乐视 TV·超级电视以及互联网机顶盒产品提供全套解决方案和专业制造，并不再为其他的互联网企业进行相关终端制造。传统电视制造商海信也将在中美市场同步推出全新智能电视，引发了新一轮竞争。

(三)新闻出版深刻转型，消费条件更新换代

1. 实体书店获得扶持补贴，文化消费基础环境得以保护

进入互联网时代以后，实体书店的生存和发展不断受到“网购”的挤压，在文化消费市场上日薄西山。数据显示，2013 年第 3 季度，B2C 市场出版物交易规模达 38.7 亿元，较 2012 年同期增长 34.4%，环比增长 6.3%。从市场格局

① 智慧电视或成作业系统蓝海[N]. 人民日报，2014－03－21.

来看，当当网继续稳居市场第一，份额占比达 39.1%，较上个季度上涨近两个百分点。亚马逊、京东分别以 39.1%、23.7%的份额占比位居第二、第三名。① 随着移动互联网的技术变革，实体书店已经日暮途穷。

针对实体书店发展举步维艰的状况，2013 年财政部中央文化企业国有资产监督管理领导小组办公室与新闻出版总署印刷发行管理司联合召开实体书店发展座谈会，研究讨论实体书店的发展问题。随后，两机关共同开展实体书店扶持试点工作，首批试点城市包括北京、上海、南京、杭州、广州、武汉、长沙、合肥、南昌、成都、西安、昆明 12 个城市，每个城市推荐不超过 5 家实体书店，包括具有一定社会知名度和品牌影响力的民营书店和国营书店，主要针对民营书店。扶持资金用于这些实体书店购买软硬件设备、支付房租、弥补流动资金不足等。在 11 月份中央财政下拨的文化产业发展专项资金 48 亿元中已经新增了扶持实体书店项目②。

这一“及时雨”从保护城市文化消费基础环境的崭新思路出发，淡化了实体书店存在的经济效益，转为突出社会效益。伦敦、巴黎、纽约、东京等国际都市的经验表明，实体书店可以营造城市的文化气息，塑造城市的多元文化环境，培养城市文化消费的基调，打造城市文化名片，进而培育并提升当地民众的文化生活水平。就此意义而言，政府试点补贴实体书店，正是弥补单纯依靠市场机制配置资源的不足，有利于引导实体书店苦练内功，促其围绕消费者需求，加强经营管理，提高竞争力。

2. 电子书成为阅读消费新潮流，数字出版产业加速发展

2013 年，中国消费者对电子书的接受度愈来愈高。尤其在青少年中，对于电子书的认可和运用日益扩大。随着电子书技术的进一步研发，批注、笔记、摘录、整理等功能正在逐步实现，给传统书的营销和使用带来更大程度的挑战和冲击。中国电子书行业有望呈现一轮爆发性增长，刺激数字出版加速发展。

有数据显示，2012 年我国数字出版产业总产值达到 1 935.49 亿元，比 2011 年的 1 377.88 亿元同比增长 40.47%，而这一数字在 2010 年仅为 1 051 亿元，两年时间实现了从千亿元到近 2 000 亿元的翻一番发展。③ 随着数字化

---

① 第三季度：中国 B2C 图书市场交易规模达 39 亿[EB/OL]. 人民网，2013－12－05.

② 中央财政下拨 48 亿文化产业发展专项资金[EB/OL]. 人民网，2013－11－18.

③ 2013 数字出版刻度尺[N]. 中国新闻出版报，2013－12－19.

阅读和数字出版的兴起，传统出版业正面临一场进退维谷的“数字”抉择。从2013年首批公示的70家“数字出版转型示范单位”观察，已经包括了出版集团5家、图书出版社20家、报业集团5家、报社20家和期刊社20家，占全部申报单位的16.3%、全国出版单位的0.56%①。

3. 报纸零售发行江河日下，传统新闻消费模式面临更新换代

全媒体时代的到来，报纸发行受到冲击，平均销量呈下滑趋势，“跌”成为2013年报业发行的主旋律。从统计数据上看，2013年上半年，全国报纸总零售量环比下降8.87%，达到历年下降最高值。下半年发行市场的表现更是江河日下，截至12月底，环比（与2013年上半年）下降2.16%，同比（与2012年下半年）下降10.83%。② 但消费者对于新闻产品的关注度却在提升，表明消费者获取新闻产品的形式发生了变化，开始向新媒体转移。同时，有影响力的报纸依然会受到网友的关注。

与此事实形成连带效应的是2013年国内新闻纸市场供大于求。全国全年报业用纸量为307万吨，比2012年340万吨用纸量减少了33万吨。而2013年全年新闻纸总产量约为370万吨，进、出口量基本持平。由于报业对新闻纸的需求下降，再加上进口纸的冲击，国内造纸企业2013年面临的库存压力加大。为此，各新闻纸厂不断加大促销力度，并采取先发货后议价的方式，造成纸价持续下滑，国产新闻纸全国平均价格从2012年底5 100元/吨下调至2013年底的4 350元/吨。③

以上事件说明，未来我国报业必须向电子发行、移动终端互动传播等多样化方向发展，实现报纸发行的立体化、丰富化。同时，必须充分发挥纸质媒体阅读深度的比较优势，用内容吸引读者，发展稳定的忠实读者，利于报纸发行延伸出新的文化消费空间。

4. 知识产权环境逐步改良，文化消费秩序更加规范

知识产权制度是维护文化消费秩序的重要规范，著作权登记工作是其中的重要组成部分，对维护著作权人合法权益、推动作品的创作与传播、促进版权有效运用、保障版权交易安全、促进版权产业发展都发挥着重要作用。2013年，我

① 70家“数字出版转型示范单位”领跑数字转型[N]. 中国新闻出版报，2013-12-26.

② 唐绪军，卓宏勇. 2013年中国报业关键词[J]. 中国报业，2014-01-23.

③ 国内新闻纸市场供大于求[N]. 中国绿色时报，2013-12-19.

国著作权登记总量首次突破百万，达 1 009 657 件。全国作品登记、计算机软件著作权登记、著作权质权登记都有较大幅度增长。其中，作品登记 845 064 件，计算机软件著作权登记 164 349 件，著作权质权登记 244 件，涉及主债务金额 31 亿 72 万 6 千元。①

此外，为打击日益猖獗的网络盗版，优化互联网产业赖以生存的版权环境，中华版权代理中心在 2013 年作为牵头单位，召集著作权人、互联网内容提供商、网络服务提供商及其他互联网相关企业，在中国版权保护中心的指导下，通过签署“自律公约”的形式成立了中国网络版权维权联盟，确立了网络版权维权的自律、互助机制。

加之年内国务院新修改的《计算机软件保护条例》、《中华人民共和国著作权法实施条例》、《信息网络传播权保护条例》以及《教科书法定许可支付报酬办法》等法规的相继实施，我国的文化消费秩序变得更加规范，构成了突破产业发展瓶颈的重要保障。

（四）动漫产业得“政”独厚，游戏消费规模激增

1. 国产动漫实力依然堪忧，广电政策加强渠道保障

2013 年，国产动画成绩取得较大进步，重点表现在动画电影领域。全年内地院线共上映 33 部动画电影，国产动画电影 24 部（包含 2 部合拍），进口动画电影 9 部（好莱坞动画电影 6 部）。全年动画电影总票房约为 16.4 亿元，国产动画电影约为 6.28 亿元，占 38%，好莱坞动画电影约为 9.28 亿元，占 57%，其他进口动画电影约为 0.84 亿元，占 5%。2013 年的国产动画电影占到了全年动画电影总票房的 38%，所占份额比 2012 年提高了 9 个百分点②。

然而，2008 年到 2012 年五年间中国动画的产业数据表明，虽然国产动画电影票房总量不断提高，但单片票房不增反降③。在增幅明显的成绩背后，掩盖的是国产片数占比与票房占比之间的“剪刀差”。说明国产动画电影的盈利能力和发行能力依旧较弱，且国内动画电影的档期占尽“天时”，全面覆盖了元旦档期、六一档期和寒暑假档期，而进口动画电影的档期分布则相对平均，没有明

① 去年我国著作权登记量首破百万 作品登记高达 84 万件[N]. 山西日报，2014－02－26.

② 2013 年国产动画电影票房快速增长[N]. 光明日报，2014－03－05.

③ 《中国动画产业与消费调查报告》在京发布[N]. 新京报，2013－12－18.

显的规律。从中不难窥视国家政策的保护痕迹，不仅国外动画电影进入中国市场的数量少，而且在时间安排上也巧妙错开了国产动画电影密集上映的档期。

面对“内功修为”不够的国产动漫，广电总局在10月份推出的《关于做好2014年电视上星综合频道节目编排和备案工作的通知》仍然对国产动画片做出了明显“照顾”，要求卫视平均每天8:00至21:30之间至少播出30分钟的国产动画片或少儿节目。然而，注重品质、创制精品才是中国国产电视动画片发展的当务之急。

2. 财税政策力度加大，动漫企业负担减轻

2009年以来，每到年终岁末，财政部和国家税务总局下发对动漫产业的减税通知似乎已成为惯例。2013年底，我国动漫软件出口实现了免征增值税。为促进我国动漫产业发展，财政部、国税总局联合发布《关于动漫产业增值税和营业税政策的通知》称，对属于增值税一般纳税人的动漫企业销售其自主开发生产的动漫软件，按17%的税率征收增值税后，对其增值税实际税负超过3%的部分，实行即征即退政策。

此外，两部门在《营业税改征增值税试点有关事项的规定》中明确：被认定为动漫企业的试点纳税人中的一般纳税人，为开发动漫产品提供的动漫脚本编撰、形象设计、背景设计、动画设计、分镜、动画制作、摄制、描线、上色、画面合成、配音、配乐、音效合成、剪辑、字幕制作、压缩转码（面向网络动漫、手机动漫格式适配）服务，以及在境内转让动漫版权（包括动漫品牌、形象或者内容的授权及再授权），可以选择按照3%的简易计税方法计算缴纳增值税。试点纳税人中的一般纳税人提供的电影放映服务、仓储服务、装卸搬运服务和收派服务，可以选择按照3%的简易计税方法计算缴纳增值税。

然而，动漫产业的发展不能总依赖于税收优惠，其发展的核心是自我盈利能力是否实现。抱着“奶瓶”的国内动漫企业，长期靠国家资金在扶持，发育缓慢、实力堪忧，一旦国家放开进口国外动漫，国内动漫必将举步维艰。我国动漫产业过多依赖财政减税不是长久之计，自谋出路最为紧迫。

3. 游戏产业整体规模增长迅速，对外辐射能力增强

游戏已经成为人们日常文化消费的基本产品之一。2013年，我国游戏产业发展迅速。包括网络游戏、网页游戏、移动游戏、家用游戏、单机游戏、掌机游戏、大型游戏等各类游戏的生产经营总收入约为1 230亿元。

其中,网络游戏2013年的经营收入约为650亿元,约占整个游戏产业产值的52.8%,比2012年的525.77亿元增收124.23亿元[①]。但网络游戏用户增长明显放缓,与上年相比仅增长234万,达到3.38亿,网民使用率从2012年的59.5%降至54.7%[②],表现后继乏力,增长空间有限。包括社交类游戏在内的网页游戏持续增长,2013年的经营收入约为150亿元以上,约占整个游戏产业产值的12.2%,比2012年的122.5亿元增收27.5亿元。包括家用游戏、掌机游戏、大型游戏在内的游戏机类游戏,2013年生产经营总收入约为330亿元左右,比2012年的收入400.3亿元减少70.3亿元,约占整个游戏产业产值的26.8%以上。移动游戏产值约112亿元,预计2014年中国移动游戏产值将突破230亿元[③]。

许多传统互联网企业及传统数字娱乐企业开始涉足游戏产业,游戏从业人员的数量快速增长,合力推动中国成为视频游戏、电脑游戏和手机游戏的高产国,不断增强的游戏生产能力对海外市场的辐射影响也越来越大。据中国版协游戏工委发布的《2013年中国游戏产业报告》显示,2013年,中国自主研发网络游戏海外市场销售收入达到18.2亿美元,同比增长219.3%[④]。

(五)互联网衍生产业升级,消费特色层出不穷

1. 网民数量众多,移动互联异军突起

2013年,国务院发布《关于促进信息消费扩大内需的若干意见》进一步刺激了互联网消费方式的发展。《意见》提出到2015年信息消费规模超过3.2万亿元,年均增长20%以上,带动相关行业新增产出超过1.2万亿元,其中基于互联网的新型信息消费规模达到2.4万亿元,年均增长30%以上[⑤]。截至2013年12月,我国网民规模达6.18亿。其中,手机网民规模达5亿,占整个网民的比例由2012年的74.5%提升至2013年的81%,年增长率为19.1%[⑥],成为我国

① 钱玉娟.游戏产业:因互联网而变[J].中国经济信息,2014(01).
② 中国网游用户增长放缓 手游社交性不足同质化严重[EB/OL].中国新闻网,2013-07-17.
③ 中国移动互联网研究中心.2013年我国网络游戏产业达650亿元,2013-12-09.
④ 尹琨.游戏产业呈现融合发展态势[N].中国新闻出版报,2014-04-03.
⑤ 政策支持网络视听产业兼并重组 商业模式还需探讨[N].中国证券报,2013-12-06.
⑥ 2013年手机网民规模达5亿 占比升至81.0%[N].深圳特区报,2014-01-17.

网民增长的主要驱动力，远高于其他设备上网的网民比例。

移动网民的庞大规模为移动互联网的消费奠定了用户基础，成为网络文化消费的重要场所。2013 年密集上市的大屏手机及其日益平民化的价格为移动互联消费创造了基本条件。以往局限于 WiFi 环境下的大流量手机游戏、手机视频和手机音乐等应用的用户规模也因为 4G 的开始普及而有所上升。

2. 网络视频用户数快速增长，手机成为重要观看媒介

国内消费者对于国外的电视剧产品蕴藏巨大的潜在需求。传统的电视台引进模式制约了消费者的选择，且与国外存在相当的时间差。随着互联网视频产业的发展，国内消费者能够通过网络播出平台及时、自主地看到国外丰富的剧集，文化消费对接了新的文化供给。截至 2013 年 12 月，中国网络视频用户规模达 4.28 亿，较上年底增加 5 637 万人，增长率为 15.2%。网络视频使用率为 69.3%，与上年底相比增长 3.4 个百分点①。

其中，受益于智能手机的发展、WiFi 使用率的提升以及 4G 网络的落地，手机视频用户规模增长明显，截至 2013 年 12 月，我国在手机上在线收看或下载视频的用户数为 2.47 亿，与 2012 年底相比增长了 1.12 亿，增长率高达 83.8%。网民使用率为 49.3%，相比 2012 年底增长 17.3 个百分点②。手机视频跃升至移动互联网第五大应用。

3. 电子商务模式走向成熟

在支付、物流配送的完善以及整体环境的合力推动下，互联网的电子商务应用模式逐步走向成熟。截至 2013 年底，中国电子商务市场交易规模达 10.2 万亿元，同比增长 29.9%，首次突破 10 万亿元大关。其中网络零售市场交易规模达 18 851 亿元，同比增长 42.8%。③

从供给者数据来看，2013 年国内 B2C、C2C 与其他电商模式企业数已达 29 303 家，较上年增幅达 17.8%，预计 2014 年底达到 34 314 家。电子商务服务企业直接从业人员超过 235 万人。由电子商务间接带动的就业人数已超过

---

① 中国网络视频企业竞争激烈 移动端快速增长[EB/OL]. 中国新闻网，2014－01－16.

② 2013 年我国手机端收看或下载视频用户数达 2.47 亿[EB/OL]. 人民网，2014－01－16.

③ 2013 年我国电子商务交易规模突破 10 万亿元[N]. 北京商报，2014－03－20.

1 680万人[①]。此外,电商企业在手机端的大力推广,对手机用户网络购物产生一定的推动作用。但是,在B2C模式蓬勃发展的同时,个人网店数量却持续下降。数据显示,2013实际运营的个人网店数量下降到1 122万家,同比减少17.8%[②]。

从消费者数据来看,截至2013年12月,我国网络购物用户规模达到3.02亿,较上年增加5 987万,增长率为24.7%,使用率从42.9%提升至48.9%。相比2012年增长6.0个百分点[③]。同时,作为PC端网络购物渠道的补充,手机独有的扫码、扫图片等便捷功能大幅提高了消费者购物过程的决策效率,手机网络购物用户规模迅速增长到1.44亿[④]。

基于上述数据,我国的互联网电子商务模式基本趋于成熟,其动力可以归纳为宏观环境、微观环境和电商企业自身三个方面。在宏观环境方面,2013年政府加快了网络零售市场的立法进程,新《消费者权益保护法》纳入了网络购物相关的个人信息保护、追溯责任等内容,保障了消费者网络消费的基本权益。在微观环境方面,网络安全环境进一步改善,移动支付、比价搜索等应用发展为网络购物创造更为便利的条件。在企业自身方面,电商企业开始从单纯的价格战转向服务竞争,提升了消费者的网络消费体验。

4. 团购步入理性时代,网上支付开辟崭新领域

在经历了爆发式增长后的行业洗牌后,团购进入理性发展时代,成为2013年增长最快的特色电子商务应用。一方面,团购网站纷纷提升消费者价值,通过选择高收益产品、提升服务质量、争取消费者信任度等手段提高运营效率。另一方面,团购网站积极对接平台企业在用户规模和信任度上的优势,将团购业务融入网络购物、旅行预订等电商平台,进一步促进了团购行业的发展。此外,手机端的快速发展也推动了团购的高速增长,团购与地图、旅行、生活信息等领域在手机端进一步融合,迅速扩大了消费群体规模。据统计,2013年团购用户规模达1.41亿人,同比增长68.9%,团购的使用率为22.8%,相比2012年增长

① 机构调查显示:2013年中国电子商务市场交易规模逾10万亿[EB/OL].新华网,2014-03-19.

② 2013年我国电子商务交易规模突破10万亿大关[N].每日经济新闻,2014-03-20.

③ CNNIC第33次调查报告[EB/OL].新浪科技,2014-01-16.

④ 网络购物用户规模达3.02亿 1.44亿人通过手机购物[EB/OL].人民网,2014-01-16.

8.0个百分点。其中,手机团购使用率从2012年底的4.6%增长至16.3%[①]。

团购等电子商务应用的成熟直接推动网上支付在2013年的发展,突出表现为网上支付与线下交易深入结合,消费者付费方式发生显著转变。微信支付的开通成为2013年网上支付的年度特色。它利用腾讯庞大的用户资源,提供了更多的推广和交易机会,迅速掌握4亿多用户,正在重现昔日"支付宝"式的崛起奇迹。通过改变移动支付领域的游戏规则,微信重建了基于移动互联网的消费者行为模式,提高了交易速度与效率。腾讯还将与未来电视、创维等企业合作推出微信电视,把中国互联网电视的3 000万家庭用户,与微信紧密融合在一起,实现双方用户的相互引导,抢占电视支付环节。[②] 此外,为了推动消费者在出行打车时选择微信支付打车费用,腾讯在2013年两度给"嘀嘀打车"注入巨资。

5. 互联网金融浮出水面

2013年被称为互联网金融爆发元年。6月,支付宝页面上出现"余额宝"的增值功能,其本质是与天弘基金合作,以余额宝为平台实现该基金旗下天弘增利宝货币基金的销售。截至第三季度末,余额宝资金规模已达到556.53亿元,3季度规模增长近10倍,客户数突破1 300万。半年时间里,余额宝已经累计给它的用户带去超过7.88亿元的收益[③]。其他互联网企业、传统基金机构随后纷纷推出类似业务,定期宝、活期宝、现金宝、收益宝、百度"百发"、京东金融服务平台、信用宝等类似产品。以各自所绑定基金的高额收益、托管费及手续费的优惠、快速取现赎回等方面的优势,吸引互联网用户选择自己。在这场创新中,互联网技术的革新使得互联网企业、第三方支付机构的优势越来越明显,它们正在打破传统银行的特权,变成新的支付、理财渠道,并借助互联网商业模式,一步步深入金融业务。

(六)文化演出消费在阵痛中孕育生机

1."节俭令"挤出演出市场泡沫,重塑文化消费导向

2013年相关部门连发三道"节俭令",表明了中央对晚会铺张浪费现象的重

① 2013年中国互联网发展报告:手机应用都挺火[N].人民日报,2014-01-18.

② 微信电视由未来电视创维腾讯共同推出[EB/OL].广东新闻网,2013-12-25.

③ 北京金融展:互联网金融与传统金融同台竞技[N].中国贸易报,2013-12-13.

视以及整改的决心。1月，国家广电总局下发《关于节俭安全办节目的通知》，提倡勤俭节约、反对铺张浪费，要求各级电台、电视台节俭安全办好节日广播电视节目，包括春晚在内的节日广播电视节目要削减不必要的项目，压缩不必要的开支，把节约的资金用于提高节目水平、资助公益事业。8月，中宣部、财政部、文化部、审计署、国家新闻出版广电总局等五部门联合发出通知，再次要求制止豪华铺张，提倡节俭办晚会。明确提出，不得使用财政资金举办营业性文艺晚会，不得使用财政资金高价请演艺人员，更不得使用国有企业资金高价捧“明星”。12月，中共中央办公厅、国务院办公厅公布新修订的《党政机关国内公务接待管理规定》，其中第十六条指出：接待单位不得组织到营业性娱乐、健身场所活动，不得安排专场文艺演出。

一年三道“节俭令”的出台对全年演出市场造成重要影响。由于企事业单位包场的商业演出急剧减少，部分国有演出企业的演出业务大幅下降，重新面临生存问题。一些演出承包商随之面临一轮倒闭潮。这从一个侧面说明，近年的国内演出市场主要由政府及国有企业消费，并非一个稳定持久的健康消费结构。从短期看，“节俭令”给市场带来“阵痛”，但也挤掉了长期存在的泡沫，有利于行业的长远健康发展。“节俭令”对未来演出市场的影响将会持续，演出暴利时代的终结与惠民微利时代的来临同样不可避免。无论国有院团还是民营演出公司，都必须围绕消费者的文化需求与能力转变思路谋生存。

2. 国际顶级演出齐聚中国，文化消费层次明显提升

2013年的国内文艺演出市场上，国外著名院团表现活跃。来华演出在数量和质量上双双提升。首先，北京国际音乐节、上海国际艺术节等在国内举办的各类国际盛会对国外乐团、剧团的吸引力和影响力进一步增强；其次，众多世界经典剧目纷纷通过商业运作来华开发巨大的文化消费市场。例如，百老汇经典音乐剧《芝加哥》在9个城市巡演40余场。《大河之舞》创作团队出品的《舞起狂澜》选择在北京和上海进行其亚洲首秀。百老汇经典驻场演出《极限震撼》移师北京，连续驻场演出1个多月，并在运作模式上引入了百老汇的“阶梯式”票价机制，票价随市场反响而变动。这反映出国内的演出商在引进经典剧目的同时，也在积极借鉴国际先进的营销模式。

此外，国际巨星2013年的来华演出呈现“你方唱罢我登场”的火热局面。席琳·迪翁、鸟叔亮相春节联欢晚会；莎拉·布莱曼、贾斯汀·比伯等纷纷来华举办演唱会；俄罗斯皇家芭蕾舞团、克里姆林宫芭蕾舞剧院双双远赴中国掘金；

著名指挥家迪图瓦和马泽尔盘桓于国内诸多音乐会现场;理查德·克莱德曼连续第七年登陆上海大舞台……密集登陆的国际巨星们集体证明了中国文化消费市场的巨大空间。

3. 演出模式多元,市场结构更趋完善

小众精致演出风生水起。2013年,与国际巨星和著名院团的大型演出遥相呼应,酒吧、小型音乐场所、各种规模的Live House构成了较为小众的精致演出市场,丰富了国内文化消费结构。印度国宝级声乐家佳耶师利、日本尺八大师仓桥容堂、法国电子乐队Telepopmusik等艺术家从较为沉静角度反映出中国文化消费的多元需求。北京后山音乐艺术节集中反映了小众精致演出的市场空间,20多个国家的30多组艺术团体前来献艺,为国内民众提供了独特的世界音乐、舞蹈、戏剧等专场演出。此外,日本著名摇滚音乐节Summer Sonic也于2013年被引入上海,标志着京沪凭借国内创意产业领军城市的地位率先健全了文化消费市场的整体结构。

校园戏剧和明星加盟成为年度特色。在校园戏剧方面,南京大学艺术硕士剧团为纪念南京大学建校110周年而创排的校园戏剧《蒋公的面子》,以不足5万元的投入收回票房近千万元。2013年在国内20多个城市和美国的几个城市巡回演出130余场,成为学术界和戏剧界的年度热议现象。① 在商业演出方面,著名导演赖声川的《如梦之梦》借助李宇春、胡歌、许晴等全明星阵容提高票房号召力。此外,该剧8个小时的时长以及分上下场演出的形式也冲击了国内观众的文化消费习惯,在消费者中引发了较大的争议。

戏剧节展现状堪忧。投入5亿元、为期10天的首届乌镇戏剧节成为2013年戏剧节展中的亮点,形成了一定的品牌效应,同时也反衬出国内其他类似节展的尴尬,即数量不少,影响力不大,缺乏媲美阿维尼翁戏剧节的品牌效应。例如,2013年,北京国际青年戏剧节已经进入第6个年头,金刺猬大学生戏剧节举办了13届,北京南锣鼓巷戏剧节举办了4届,风马牛戏剧节也有了5年的成长史……层出不穷的戏剧节一方面为表演艺术的创作、生产、交易与消费提供了一体化平台;另一方面,多数戏剧节运作资金不足、宣传不够、定位不准,缺乏个性。准确定位目标受众、提高影响力成为我国戏剧节展的今后发展方向。

① 2013年演出市场:在喧嚣中前行[N].中国文化报,2014-01-03.

(七)艺术品交易繁荣背后存隐忧

1. 艺术品交易规模蝉联全球第二

2013年,中国艺术品市场整体走势回暖,热点频出。《功甫帖》真伪之辩、《最后的晚餐》刷新当代拍卖纪录、佳士得获中国内地拍卖执照、万达拍得毕加索名作、钱钟书手稿拍卖风波、皮诺家族捐兽首成为2013年度标志性艺术品交易事件。在市场规模上,欧洲艺术基金会《TEFAF2014全球艺术品市场报告》[①]显示:2013年全球艺术品成交总额为474亿欧元,几乎接近历史高位2007年的480亿欧元。其中,中国以24%的艺术品交易市场份额蝉联全球第二位,落后美国14%,领先英国4%。此前,中国曾在2011年以高出美国1%的市场份额成为全球最大的艺术品市场,但在2012年立刻经历了24%的跌幅,重新落后于美国。

2. 艺术品拍卖市场位居世界第一

在艺术品交易领域居于主体地位的拍卖市场,中国仍居世界第一。根据著名艺术品评估和市场分析网站Artprice的《2013年全球艺术品拍卖市场报告》,中国成2013年艺术品拍卖成交额最高的国家。包括绘画、雕塑、设计、摄影、版画等艺术品销售在内,2013年全球艺术品拍卖成交额增长13%,达到123.5亿美元,刷新了艺术品拍卖成交金额的历史最高纪录。中国凭借着40.8亿美元的艺术品拍卖成交额(较2012年增长21%),连续第四年超过美国,成为艺术品拍卖成交额最高的国家[②]。与此数据相印证,中国拍卖行业协会公布的数据显示我国的艺术品拍卖市场在调整中回升。2013年一共举办了2 450场文物艺术品拍卖会,成交额313.83亿元,较2012年增长11.67%[③]。

3. 艺术品消费者结构层次多样

作为艺术品收藏的主要群体,中国财富人群的增长迅猛。2013年,中国(包括香港地区)百万美元(净资产)富豪增长10%,达到120万人,人数位居世界第7位。而在超级富豪方面,中国的人数仅次于美国,位居世界第二。[④]

---

① TEFAF2014全球艺术品市场报告发布[N].南方日报,2014-03-18.

② 报告称2013年中国成艺术品拍卖成交额最高的国家[N].信息时报,2014-02-28.

③ 投资收藏艺术品5至10年收益率最高?[N].羊城晚报,2014-02-27.

④ TEFAF2014全球艺术品市场报告发布[N].新民晚报,2014-03-18.

同时，中国家庭年收入在1万至10万美元之间的中产阶级进一步壮大，推动了中国艺术品交易从投资型向消费型转化。根据瑞士信贷统计，中国中产阶级家庭比例已达到39%，美国和欧洲分别为32%和25%。其中，收入在10万至100万美元之间的高端中产阶级将成为未来中国艺术品消费的重要动力，据预测2022年这一类家庭总数将高达1.9亿①。

此外，2013年以来，中国国内的企业收藏资金增幅较大，全年大约在450亿元左右，当代艺术收藏比例明显增加，还出现了针对外国艺术品的国内企业收藏。企业藏家购买力占整个艺术品市场的60%以上，收藏已经成为一些企业资产的重要组成部分，其投资回报率甚至高于其主业。② 扩大企业知名度、塑造企业形象、公益慈善行为、广告公关行为合理避税等共同刺激了企业进军艺术品市场和大量购买收藏品。一些企业也因此获得了高额回报。

4. *艺术品交易市场隐忧显现*

2013年的中国艺术品交易市场中仍然隐患重重，需要业界提起足够重视。主要包括三个方面：

一是交易结算问题起色不大。截至2013年6月，中国100万以上的拍品结算率为47%，这个数据比上年同期微涨了2%③。仅比2012年略有起色，但高价拍品的结算率依然不到一半。除了付款难，中国艺术品市场还存在低成交率的问题。无论是拍卖市场还是画廊市场，整体创新动力不足。

二是艺术品信托和艺术品基金面临退出危机。2013年是艺术品信托和艺术品基金的退出年，在2010—2011年市场高位时进入的“虚火”产品都在市场回调阶段到达了兑付时间，威胁资金链安全。据雅昌艺术网的数据统计，2013年上半年共有10款艺术品信托到了兑付期，涉资8.8亿元，而下半年则有多达19款信托到期，涉资17.62亿元④。

三是艺术品鉴定仍是争议焦点。在2013年的热点艺术事件中，苏轼名迹《功甫帖》的真伪问题引发海内外媒体、收藏界、学者和相关机构的广泛讨论。此前，“金缕玉衣”、“汉代玉凳”等鉴定乱象已让大众收藏、艺术品交易面临信任

① TEFAF2014全球艺术品市场报告发布[N]. 新民晚报，2014—03—18.
② 上海国际收藏论坛报告：国内企业收藏资金达450亿[N]. 解放日报，2013—12—13.
③ 中国蝉联全球艺术品交易规模第二[N]. 北京商报，2014—03—21.
④ 艺拍市场“虚火”又起 圈钱和金融风险恐再现[N]. 经济参考报，2013—11—29.

危机。鉴于上述鉴定乱象，文化部已启动《艺术品市场管理条例》的起草工作，已明确画廊经纪、拍卖交易、展览展销、艺术品进出口等管理制度框架，将进行艺术品鉴定试点。

(八)旅游业总体保持健康较快发展

外出旅游已经成为居民文化消费的主要内容，快速兴起，呈现出巨大的发展潜力。

1. 三大市场持续“两升一降”格局，总体态势良好

当人均 GDP 达到 5 000 美元时，旅游行业步入成熟的度假旅游经济。2013 年中国的人均 GDP 接近 7 000 美元，已进入观光游、休闲游、度假游多元化发展阶段，居民的旅游预订需求全面释放。2013 年，国内旅游市场继续较快增长，出境旅游市场持续快速增长，入境旅游市场小幅下降。全年实现旅游总收入 29 475 亿元，比上年增长 14.0%。①

国内旅游市场方面，2013 年，国内旅游人数 32.62 亿人次，比上年增长 10.3%；国内旅游收入 26 276 亿元，同比增长 15.7%②。从结构上看，大众休闲游比例增长，散客旅游成为主体；公务差旅下降；商务差旅相对平缓。③“此消彼长”表明中国旅游业正步入更好满足大众化旅游需求的新阶段。

入境旅游市场方面，2013 年，受人民币汇率上升、国内景区自然灾害等原因的影响，入境旅游人数 12 908 万人次，比上年下降 2.5%，其中，入境过夜游客人数 5 569 万人次，同比下降 3.5%；旅游外汇收入 517 亿美元，同比增长3.3%。④

出境旅游市场方面，随着居民消费能力的提高、出国旅游意愿的提升以及签证制度的不断便利化，出境旅游持续火爆，保持高速增长趋势。2013 年，中国公民出境总人数 9 819 万人次，比上年增长 18.0%。其中，赴中国台湾地区人数 292 万人次，同比增长 11.0%。⑤

---

① 2013 年我国旅游业总体保持健康较快发展[N]. 中国旅游报，2014－01－20.

② 同①。

③ 2013 年我国旅游行业市场现状分析[EB/OL]. 中商情报网，2014－01－02.

④ 2013 年我国旅游业总体保持健康较快发展[N]. 中国旅游报，2014－01－20.

⑤ 同④。

2. 政策法规护航旅游长远发展

《国民旅游休闲纲要(2013—2020年)》(以下简称《纲要》)和《中华人民共和国旅游法》(以下简称《旅游法》)的正式颁布为2013年旅游行业提供了政策推动与法律规范。

《纲要》的颁布符合我国旅游行业由观光游向休闲度假游的结构升级宗旨,有利于引导国民休闲或休闲业发展。首先,《纲要》提出的国民旅游休闲发展目标具有长期利好作用:到2020年,职工带薪年休假制度基本得到落实,城乡居民旅游休闲消费水平大幅增长,国民旅游休闲质量显著提高,与小康社会相适应的现代国民旅游休闲体系基本建成。其次,《纲要》提出,各级财政要逐步增加旅游休闲的资金投入,将旅游休闲设施的建设纳入城市建设和地方发展规划,并鼓励社会资金投资建设旅游休闲设施,这将带动地方对休闲设施基础建设的投入力度。此外,《纲要》是继2009年中国政府确立将旅游业建设成为国民经济的战略性支柱产业和人民群众更加满意的现代服务业的目标,即标志着中国旅游业提升到国家战略高度后,中国政府对旅游业发展的又一次积极推动。

2013年10月1日起正式实施的《中华人民共和国旅游法》,是新一届全国人大常委会通过的第一部法律,也是我国第一部旅游综合法。《旅游法》的出台成为我国旅游业发展史上的一个里程碑,是进一步加强旅游监督管理、维护旅游者和旅游经营者权益、规范旅游市场秩序、提升旅游服务质量的法律保证。此外,《旅游法》的颁布符合旅游消费升级的趋势,将开启旅行社及景区行业企业经营模式的升级转型,有利于旅游业的本质回归。实施后,一些不规范、无资质的小旅行社关门歇业;零负团费产品和"强迫购物"等乱象逐步消失,许多正规旅行社改变经营模式,通过直营店统一采购、定价、管理,但也提高了团费标准,导致业务量减少,但游客的满意率却相应上升。

3. 在线旅游预订模式蔚然成风,智慧旅游呼之欲出

2013年,旅游预订网站景区信息的丰富性、媒介旅游攻略的实用性以及支付方式的便捷性提升了在线旅游预订的用户体验,推动在线旅游预订用户规模大幅增加。截至2013年12月,在网上预订过机票、酒店、火车票或旅行行程的网民规模达到1.81亿,年增长6 910万人,增幅61.9%,使用率提升至29.3%。2013年在网上预订火车票、机票、酒店和旅行行程的网民分别占比24.6%、12.1%、10.2%和6.3%。火车票网上预订比例上升最快,提升了10.6个百分

点，成为整体在线旅行预订用户规模增长的主要贡献力量。①

在线旅游预订模式为消费者通过更多新媒体、新技术接收旅游产品信息做好了铺垫。未来，经由网络、手机预订酒店机票门票和定制具有个性的私人旅游线路等智慧旅游方式将成为旅游消费的全新手段。2013 年，全国首个基于微信研发的智慧景区营销服务平台“微景旅游”，已遍及中国 1 000 多个 5A、4A 级重点景区景点，实现了对中国知名景区的覆盖。② 可让每个在景区内的游客通过手机就能获得旅游目的地与景区的实景导览、导航定位服务，以及行程攻略、住宿、美食、购物、交通路况等实时资讯。

（九）广告会展行业发展稳中求新

1. 广告产业规模再上新台阶

纵观 2013 年，中国的广告会展业环境更趋规范化，令全球业界目光开始更加关注中国会展市场。中国广告协会数据显示，2013 年中国广告经营额首次突破 5 000 亿元大关，达到 5 019.75 亿元，环比增长 6.84%。从事广告经营业务的单位数量和广告从业人员数量维持高速增长的态势，达到 44.5 万户和 262.2 万人，相较于 2012 年分别增长了 17.89%和 20.4%。③

2. 电视购物广告成重点监管领域

2013 年，商务部、工业和信息化部、公安部、工商总局、质检总局、新闻出版广电总局、食品药品监管总局七部门联合专项整治电视购物。近年来，电视购物在我国呈现快速发展势头，一方面满足了广大消费者多样化的消费需求，搞活了流通、扩大了消费；另一方面，也存在制售假冒伪劣产品、夸大宣传、误导消费者、售后服务虚假承诺等突出问题，严重侵害了消费者合法权益，损害了电视传播机构的公信力。2013 年底，七部门联合发布《关于开展电视购物专项整治工作的通知》，切实整顿和规范电视购物行业秩序，保护消费者权益，促进电视购物行业健康发展，要求电视媒体在发布电视购物广告前，应当依法查验有关证明文件，核实广告内容，不得发布未提供产品质量检验合格证明产品的电视

① CNNIC 第 33 次调查报告[EB/OL]. 新浪科技，2014－01－16.
② 广州国际旅游展开幕“智慧旅游”应用成果展出[N]. 南方日报，2014－02－28.
③ 2013 年中国广告经营额首次突破 5000 亿[EB/OL]. 中国广告网，2014－03－28.

购物广告。

3. 宏观环境收紧影响会展业发展方式

国家出台多项政策转变“会风”，在大环境上影响了会展业的发展方式。2013 年，为贯彻落实中央“八项规定”，财政部、国家机关事务管理局、中共中央直属机关事务管理局于 9 月份联合印发《中央和国家机关会议费管理办法》，加强和规范会议费管理，节约会议经费开支。11 月，中共中央、国务院颁布了《党政机关厉行节约反对浪费条例》对厉行节约、反对浪费工作做出全面规范，从严控制各类会议活动。会议内容、办会形式、会议经费管理等得到了明确规定。一方面，对会议产业链上下游企业带来冲击与挑战；另一方面，也引发了我国会展行业的集体反思，挤掉泡沫、打造品牌、转型升级，成为会展业的未来发展思路。

4. 会展的国际化水平进一步提升

2013 年，中国会展的国际化水平进一步提升，标志性时间包括三个方面：一是国际大会与会议协会（ICCA）第 52 届年会在中国上海举办。作为全球国际会议业最主要的组织机构之一，ICCA 成立 50 年以来首次将年会选在中国大陆举办，并成为 ICCA 历史上在欧洲地区之外举办的参会人数最多的一次年会，表明中国会议产业的快速崛起引起世界的普遍关注。二是《2012 中外会展业动态评估年度报告》首次提出全球会展城市实力分布的三层级团组概念，并对世界范围内的主要会展城市进行综合排名。从场馆展能、商展规模、展商实力三个维度确切把握国际会展城市的实力，为行业提供切实的参考。在会展一线城市排名中，中国未有城市入列。中国广州、上海、北京、深圳、香港位列二线会展城市排名。①

此外，英国 ITE 展览集团斥巨资并购“中国国际涂料展览会”（China Coatings），表明国外的一些规模较小公司正在采取差异化经营战略，拓展中国巨大的会展市场，也意味着中国市场对全球会展领域的影响力越来越大。凭借全球第二大消费市场和仅次于美国的专业场馆，中国有望成为继欧洲、美国之后的第三大世界会展业中心。

① 全球会展城市实力排名首次公布 中国 5 城市上榜二线[EB/OL]. 人民网，2013－06－25.

5. 会展基础设施走向标准化

中国会展业近几年来发展快速，但在发展过程中标准缺失导致行业乱象丛生。2013 年 7 月 1 日，由商务部颁布，全国会展工作委员会、国家会议中心等共同起草的《会议中心运营服务规范》和《展览场馆运营服务规范》开始实施，分别成为指导会议中心和展览场馆运营的首个国家标准。这两项《标准》实施后，对优化行业发展的软环境、健全行业发展管理体制、规范场馆经营行为、促进行业发展将发挥重要作用。

三、创意产业的新发展有赖文化消费的进一步释放

(一)文化消费将分担经济增长重任

2013 年，作为拉动经济的“三驾马车”，我国消费、投资与出口的运行态势基本平稳。投资与消费依然是拉动经济发展的主要动力。但若具体分析，出口屡屡经受国际形势的“雨打风吹”；投资率已经过高，几近“强弩之末”；只有消费最为稳定，是增进需求的“中流砥柱”，也是经济发展的最终引擎，能堪持续拉动经济增长的大任。

相对于传统的物质消费，文化产品与服务的影响力和渗透力都更强，除了拉动文化创意产业自身的发展，还能带动相关餐饮、交通、小商品、服装等行业发展。因此，文化消费是整个消费领域的一支生力军。正如本报告前两个部分所展示，2013 年，我国电影、电视、新闻出版、互联网服务、文化演出、艺术品交易、旅游、广告会展等文化消费的重点领域均有良好表现，涌现了一批新的消费热点。但也存在不少问题，文化消费的拉动作用仍未发挥充分，文化消费对创意产业和整体经济的拉动作用仍有潜力可挖。主要表现在三个方面：

一是文化消费不足。中国城乡居民的潜在文化消费需求尚未得到充分挖掘。一方面，接近 7 000 美元的人均 GDP 水平意味着中国百姓手里有钱。另一方面，未能出现与国际上人均生产总值接近 5 000 美元时的文化消费倍增现象，说明尚有许多人口未充分参与文化消费。这一矛盾现象说明我国文化消费不足的直接原因在于产销两端衔接不够。

二是文化消费不细。文化消费反映的是一种多元化的需求，不同的社会群

体、不同的年龄层次差异很大，需要一个多层次体系，而不能仅为一般的大众化文化消费所满足。这就要求文化生产者形成精准市场，提供多元化和专业化的文化产品与服务，包括一些专、精、特、优的文化产品与服务。

三是文化消费市场不协调。一方面，许多消费者尚存有“免费”的思维惯性，未树立起“付费”消费文化的理念，且知识产权意识淡薄，因价格低而有意识购买盗版文化产品者仍大有人在。另一方面，部分文化产品和服务价格虚高，限制了一部分消费者的消费欲望，且仍有不少文化生产者自视甚高、孤芳自赏。

2013 年底的中央经济工作会议将“扩大消费需求”作为“扩大内需”的重要内容予以强调，表明“扩大内需，刺激消费”为今后一段时期的主导方向。未来，在“调结构、促内需”的政策推动下，我国的文化消费需求将进一步释放，创造新的消费动力，实现文化消费结构的转型升级。

（二）文化消费将继续引导创意产业发展

纵观 2013 年我国文化创意产业的发展情况，无论是新闻出版的深刻转型，还是互联网金融的推出；不管是电影市场的繁荣，抑或文化演出的阵痛……无不反映出文化消费是文化创意产业生存和发展的根本。文化消费对于创意产业发展发挥着越来越重要的作用。文化消费的水平决定了文化创意产业的发展程度。要加快发展文化创意产业，必须努力提升文化消费水平。

当前，中国的文化创意产业已经从起步阶段进入快速成长阶段，无论是要素市场、产品市场，都在逐步发展完善。文化创意产业发展的关键定位于提供更好的文化产品和服务。在文化消费与文化创意产业发展的互动关系上，产业发展从初期的主导地位变为成长期的服务地位。文化消费逐步发挥更主要的作用，对产业发展提出了新要求。

首先，文化创意产业发展要迎合文化消费需求。需求决定供给，按需生产是市场法则。文化生产目的是满足人的精神文化需求，而人的精神需求往往是模糊的。文化生产者必须通过市场机制了解和尊重消费者的文化需求，供给消费者喜闻乐见的文化产品与服务。

其次，文化创意产业发展要适当超前文化消费需求。文化生产者应主动领先消费者的思考，这从某种程度上决定了文化生产者的优胜劣汰。这里有两层含义：一方面，如果单纯地尾随消费者，会疲于奔命、长期被动，迟早被消费者彻底甩掉。另一方面，如果超前消费者太多，则会导致曲高和寡，同样会被消费者舍弃。

最后，文化创意产业是要善于“撮合”文化消费。当前阶段，文化市场竞争日益惨烈。文化生产者供给的文化产品与服务也要善于营销，通过“撮合”文化消费达到满足文化消费的目的，既能按照市场规律打造出文化产品与服务，也能按市场规律实现文化产品与服务的价值。

(三)文化消费仍需政策规范市场

文化消费兼具一般商品属性与意识形态属性，与政府推动文化创意产业发展、丰富人民精神文化的目的相一致。文化市场的建设、引导、政策制定，都与政府息息相关。忽视政府的作用，文化消费可能会遭遇难以避免的无序状态，甚至有偏离社会主义核心价值观轨道的危险。因此，在文化消费领域，不能片面强调市场这只“无形的手”，同样要重视政府这只“有形的手”。

在2013年我国文化创意产业主要领域的发展中，政府的角色仍然鲜明而抢眼。从中央的顶层设计到相关部委的具体政策措施，文化市场在政府的保驾护航下，得以享有一个规范而健康的发展环境。政府通过文化消费搭建平台，把供需双方结合在一起，让文化企业的生产动力和消费者的消费潜力得到全面释放，成为整个文化创意产业链条上的润滑剂和促进文化消费的可靠保证。

美中不足的是，目前国内尚缺乏独立完善的文化消费指标体系，相关的指标都融入在相对笼统的统计指标体系中。而建立这样一套体系有助于监测和全面了解文化消费状况，为政策制定和市场调整提供精准数据和参考。今后，政府有必要主导完成这一体系，并在此基础上制定一套市场评价规则。唯其如此，才能进一步引导市场建立多层次文化消费体系，科学划分国内文化消费市场的高、中、低层次，促进不同收入水平、教育水平的消费者找到适合自己的文化消费定位。

（中国创意产业研究中心：张京成、刘光宇）

第二章

北京:加快文化创意产业布局升级,提升首都文化消费水平

一、发展概述

二、区域分析

三、工作建议

“十一五”期间，北京市通过《关于发挥文化中心作用加快建设中国特色社会主义先进文化之都的意见》，提出“将北京市建设成为中国特色社会主义先进文化之都，使其成为具有国际重大影响力的著名文化中心城市”的重大发展战略，建立特色文化经济业态，进而以此全面带动产业转型与城市升级的诉求得到迫切提升。因此，北京市亟须进一步加快明确文化创意产业发展定位，深入推进文化生产要素融合与体制机制建设，加大对于产业薄弱环节的政策扶持力度，探索并搭建符合自身地区特质的文化创意产业体系，扩大文化消费，提升整体经济实力。

一、发展概述

进入21世纪以来，北京市高度重视文化创意产业发展，产业环境不断得到改善，成果产出规模与就业规模处于全国领先地位，成果质量显著提高，产业整体运行状况良好，特色行业不断涌现，对全市的经济发展与社会建设做出了重要贡献。

北京市委市政府及相关单位为发展文化创意产业提供了全方位的政策支持。相继出台了各类文化创意产业政策、规划文件，包括《北京市促进文化创意产业发展的若干政策》(京办发〔2006〕30号)、《北京市文化创意产业创业投资引导基金管理暂行办法》(京文创办发〔2009〕7号)、《北京市关于进一步鼓励和引导民间资本投资文化创意产业若干政策的通知》(京政办发〔2013〕52号)等，总体上看，北京市在对文化创意产业的政策倾斜上形成了“3＋4＋3”的政策特征，其中，文化艺术、广播影视、新闻出版三大传统优势产业是北京市政策扶持的基础产业类型。这三大产业作为传统的优势产业，将维持在政策上原有的支持水平，产业发展已基本趋于平稳；艺术品交易、传播会展、设计服务、文化休闲四大高成长性产业是北京市当前和未来一段时间内政策扶持的重点。这四大产业属于北京市文化创意走向集约化的支撑性产业，是北京市文化创意产业政策的重点扶持对象，产业发展目前正处于高速增长期；动漫游戏、数字出版、新媒体三大科技文化产业是北京市政策扶持的补充类型。科技型的文化创意产业是产业创新的重要方向，发展科技创意产业，既要保持其独立性，也要用科技生产力去反哺其他文化创意产业，有利于促进文化贸易与文化消费发展，这类产业发展处于要素集聚期。

北京市作为我国的文化中心，文化创意产业已经成为北京市的重要支柱产业和新的经济增长点。2013 年上半年，北京市文化创意产业投资额达 134.9 亿元，同比增长 19.1%，占全社会固定资产投资比重的 4.8%，比上年提高 0.5 个百分点。2013 年，全市规模以上文化创意产业实现收入 10 022 亿元，同比增长 7.6%(见表 2—1、图 2—1)。自 2006 年以来，北京市文化创意产业就业人数不断增加，占全市第三产业和总就业人数比重不断提高，2013 年全市规模以上文化创意产业就业人数为 104.7 万人，同比增长 2.5%(见表 2—2)。

表 2—1　2004—2012 年北京市文化创意产业发展基本情况

单元:亿元、%、万人

年份	资产总值	同比增长	实现收入	同比增长	增加值	同比增长	从业人员	同比增长
2004	4 636.70		2 468.00		573.00		74.70	
2005	5 140.30	10.86	2 793.40	13.18	674.10	17.64	84.00	12.45
2006	6 161.00	19.86	3 614.80	29.41	823.20	22.12	89.50	6.55
2007	7 260.80	17.85	4 601.80	27.30	1 008.30	22.49	102.50	14.53
2008	8 275.10	13.97	5 439.60	18.21	1 346.40	33.53	107.00	4.39
2009	9 535.30	15.23	5 985.70	10.04	1 489.90	10.66	114.90	7.38
2010	11 166.30	17.10	7 442.30	24.33	1 697.70	13.95	122.90	6.96
2011	12 942.60	15.91	9 012.20	21.09	1 989.90	17.21	140.90	14.65
2012	15 575.22	20.34	10 313.63	14.44	2 205.18	10.82	152.90	8.51
平均		16.39		19.75		18.55		9.43

资料来源:《北京市统计年鉴》(2005—2013)。

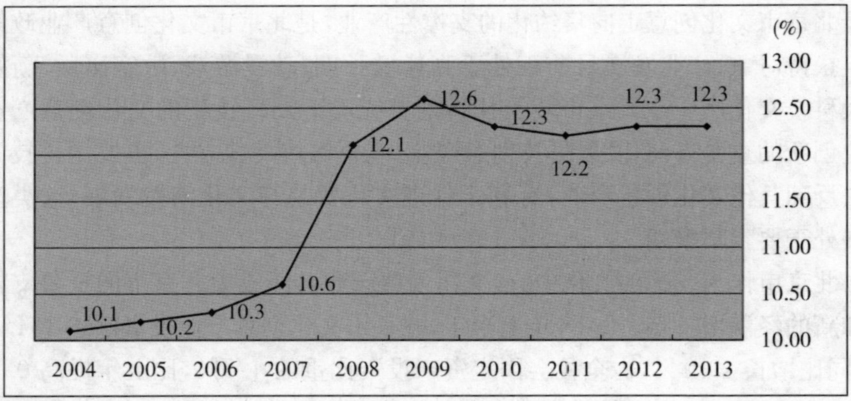

图 2－1　北京市文化创意产业增加值占地区 GDP 比重(%)[①]

表 2－2　北京市文化创意产业从业人数(2006－2012)[②]

单位：万人、%

	2007	2008	2009	2010	2011	2012
从业人数	102.5	107	114.9	122.9	140.9	152.9
占第三产业就业人数比重	15.7	15.1	15.6	16.0	17.8	18.3
占全市就业人数的比重	10.9	10.9	11.5	11.9	13.2	13.8

与此同时，随着文化产品种类日益丰富，文化消费市场也日益繁荣。北京市 2012 年居民人均文化消费增速超过 25%，文化消费支出已经占到家庭总收入的 10%以上，文化消费已经开始成为百姓家庭日常生活中的经常性支出，且发展势头强劲[③]。截止到 2013 年底，北京市城镇人均教育文化娱乐服务支出为 3 985 元，同比增长 7.8%；农村人均教育文化娱乐服务支出为 1 331 元，同比增长 15.4%。以演出行业与艺术品行业为例，2013 年北京市主要演艺剧场全年营业性演出达到 23 155 场，同比增长 6.6%，吸引观众 1 014 万人次，实现票房收入达到 14.42 亿元[④]；艺术品拍卖成交额突破 300 亿元，同比上涨 10%，占全

① 姚林青. 文化创意产业积聚与发展(北京地区研究报告)[M]. 北京：中国传媒大学出版社，2012.

② 本文中出现的数据，如无特殊说明，均根据国家统计局网站、国家统计年鉴、北京市统计信息网等上面的数据整理获得。

③ http://www.gmw.cn/sixiang/2013－09/17/content_8928882.htm.

④ 2013 年北京市演出市场统计与分析[EB/OL]. http://www.bjycxh.com/c95340.jsp.

国成交额比重超过 50%，持续稳居全国首位①。

作为特色发展路径，北京市文化创意产业集聚区经过近年来的发展积累已逐步趋向成熟。2006 年以来，北京市共认定了 30 余个市级集聚区，涵盖了全市 16 个区县及 9 个文化创意产业行业。这些集聚区的产生发展与形成机制各不相同，目前主要有"自发生成型"、"改造升级型"、"主导建设型"等三类，并且对应着不同的发展阶段。而改造升级而来的文化创意产业集聚区则一般保持了在国内相应专业领域内的发展前沿与资源特色，形成了自身的生存方式与品牌号召力。截至 2012 年底，北京市认定的 30 余个市级文化创意产业集聚区内的 779 家规模以上文化创意企业共实现收入 1 323.2 亿元，形成了以市级集聚区为龙头，区级集聚区、文化创意街区、文化创意新村协同发展的北京文创版图。

在文化创意产业集聚区逐步发展成熟的基础上，进一步规划与建设实施文化创意产业功能区发展格局成为北京市 2013 年的工作重点。文化创意产业功能区是依据北京市委市政府 2013 年度重点改革任务要求，遵循文化创意产业发展规律，在国家文化产业基地、市级和部分区县文化创意产业集聚区等基础上进行的资源统筹与转型提升。目前，经与市统计局共同测算，功能区内规模以上文化创意企业增加值占到全市文化创意产业增加值的 65%以上，并基本涵盖了全市文化创意企业主要集聚区域和各区县规划的文化创意产业重点发展区域。文化创意产业功能区已经初步具备了整合资源平台、促进产业集聚、引导区县错位竞争、带动全市文化创意产业发展和区域全面提升的良好基础，有望在 2020 年实现功能区内文化创意产业增加值占全市文化创意产业增加值的 80%以上，并通过集聚发展、特色发展，有力保障全市文化创意产业增加值占全市 GDP 的比重达到 18%，顺利实现将北京建设成为社会主义先进文化之都的宏伟目标。

在取得上述成绩的同时也必须看到，当前北京市各区县文化创意产业发展水平还很不均衡，各功能区因行业特色不同、建设进度不同、发展阶段不同、产业成熟度不同，所需要的促进政策和分类指导措施也不尽相同。尽管北京市文化创意产业的发展水平目前处于国内领先地位，集聚区与功能区建设也已经初现成效，但仍存在着不少问题和发展瓶颈，亟须在未来的各项工作中予以妥善

① 北京市文化局 2013 年工作总结. 北京文化热线[N/OL]. http://www.bjwh.gov.cn/34/2014_3_11/3_34_88637_0_0_1394528226718.html.

解决。其主要包括：

首先，产业政策还未能深入匹配不同产业门类特性。文化创意产业的门类繁多，北京市的分类包括文化艺术、广播影视、新闻出版等九大类型，其中各产业门类的发展特性、依托资源、面向市场都存在较大不同，很难通过一套政策法规予以协调发展，尤其是在扶持产业发展的过程中更需要实现精细化指导。目前北京市文化创意产业相关政策，尤其是集聚区政策尚不够精细，涉及资金投入、产业孵化、人才引进等相关政策未能根据集聚区的特征实现分类指导。

其次，文化创意产业发展的要素支撑体系尚不健全。主要表现在：①文化创意投融资机制不够成熟。政府主导的基金投入量少、平均且倾向于基础设施建设，未能把握文化创意产业发展的特点；银行等大型金融机构对文化创意产业的评估体系滞后，资金支持力度较弱；风险投资等市场投资由于版权保护等问题尚未形成完善体系。②文化创意人才还比较缺乏，尤其是兼顾创意与市场的人才较少，且缺乏相应的行业协会、教育培训体系。③文化创意产业的用地保障不足。文化创意产业内多为小微企业，承租能力相对较差，倾向于使用城市中的非正规用地等，但目前北京市相应法规体系还难以保证文化创意产业利用居民住宅、废弃工矿等用地的权利。④文化创意氛围尚未形成。相比较国际发达文化经济都市，北京市的中小型文化交流设施相对缺乏，尤其是集聚区中的公共空间、交流空间、中介空间相对较少，运行机制不健全，导致创意氛围难以形成。

最后，文化消费的综合水平有待进一步提升。根据中国人民大学文化产业研究院发布的“中国文化消费指数(2013)①”(见图2—2、图2—3)可以看出，北京市文化消费水平分指数和文化消费满意度分指数分别为84.6和87.9，在全国各省市排名中，分别位于第四位和第三位，这与北京市致力打造全国文化中心地位的战略性目标是不相称的。

① 2013年11月9日，在由中国人民大学和文化部文化产业司联合主办的“文化中国：中国文化产业指数发布会”上，中国人民大学文化产业研究院首次向社会发布了“中国文化消费指数”(2013)。该数据是在历时四个月、覆盖全国的文化消费专项调研数据基础上，综合《中国统计年鉴》、《中国文物统计年鉴》等客观数据，经过系统计算和分析得出的，该指数不但描绘了我国各省市的文化消费版图，还从总体情况、城乡差异、区域差异、消费结构、消费偏好和影响因素等方面系统勾勒了我国文化消费的现状。

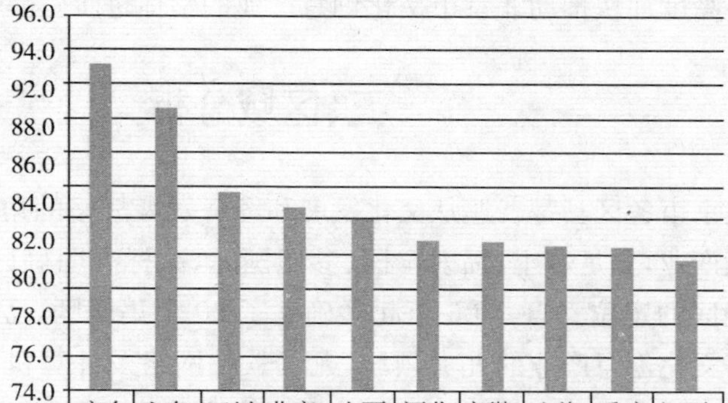

	广东	山东	四川	北京	山西	河北	安徽	上海	重庆	江西
文化消费水平分指数	93.2	90.5	85.6	84.6	84.0	82.8	82.8	82.4	82.3	81.6

图 2—2　2013 年我国文化消费水平分指数排名前十位的省市

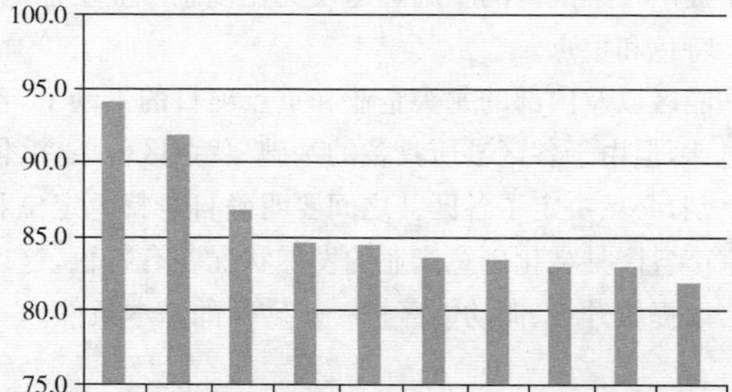

	山西	天津	北京	江苏	广西	贵州	浙江	陕西	甘肃	海南
文化消费满意度分指数	96.2	93.5	87.9	85.5	85.2	84.4	84.2	83.9	83.8	82.8

图 2—3　2013 年我国文化消费满意度指数排名前十位的省市

北京市人均 GDP 已经达到了中等发达国家水平。根据调查显示，当前北京市民对于文化创意产品的消费主要集中在文化制品的购买、特色餐饮消费、主题娱乐消费、网络及游戏消费等。其中收入和学历阶层特点不明显，但年龄特征十分突出(半数以上消费者集中在 20～29 岁)，消费层次、范围与主体都还显得较为局限。在北京市文化创意产业未来的发展中，要进一步加快提升北京市的综合文化消费水平，强化文化消费质量，充分释放首都文化消费市场的活力与潜力，建立与“社会主义现代文化之都”规划相匹配的现代文化市场体系，从战略高度加快推动北京市文化创意产业的整体进步。

二、区域分析

北京市各区县都普遍从文化发展和经济发展战略的角度出发，大力发展文化创意产业，立足本土、辐射全国、参照国际，高标准明确区域内文化创意产业和功能区的定位。自2006年起共确立了30个集聚区，已初步实现了广覆盖：覆盖了文化创意产业的九大领域，尤以软件网络及计算机服务、广告会展两个领域发展较为突出；区域范围上，首都功能核心区有集聚区4个，城市功能拓展区有15个，城市发展新区有6个，生态涵养发展区有5个；聚集方式上，已形成人才聚集、企业集群、规划兴建和旧厂房改造等四类文化创意产业集聚区多样化发展的格局。但是各个集聚区在发展中出现了同质竞争的问题，因此2013年北京市提出在集聚区的基础上建设文化创意产业功能区，明确各个区县及园区的发展特色和重点。

在功能区以及内部的龙头企业和重点项目的带动下，各区县的文化创意产业发展迅速，但由于各区县所具备的基础禀赋、区位条件、创意人才等因素上存在较大差别，必然决定了各区县之间要明确自身特色定位和走差异化发展的道路。北京市各区县文化创意产业的发展状况各有特色，这也是未来各文化创意产业集聚区提质升级、向功能区进一步转化的基本条件。

(一)首都功能核心区文化创意产业发展概况

根据《北京市主体功能区规划(2012)》的要求，首都功能核心区的发展定位为“是首都‘四个服务’职能的主要承载区；是元明清三朝都城遗址主体所在地，历史文化遗产分布的核心地，古都历史文化风貌的集中展示区；是文化旅游和公共文化服务集中分布区；是金融机构、总部企业聚集地，国家金融管理核心区”。首都功能核心区具备发展文化创意产业的关键优势即丰富的历史文化资源，以及浓厚的文化氛围。

1. 东城区

文化创意产业已经成为东城区最具成长性、融合性、创新性的支柱产业，并在艺术品交易、全媒体出版、戏剧演艺市场和旅游业四个领域处于北京市领先地位。

东城区艺术品交易产业 2012 年全年增加值 7.7 亿元，1—11 月收入合计 67.7 亿元，截至 11 月资产总额 109 亿元①。戏剧演艺业上，东城区演艺演出资源极为丰富，各类艺术剧场占北京市总数的 40%，其中艺术表演团体 51 个，有以首都剧场、刘老根大舞台、保利剧场、长安大戏院为代表的剧场 28 个，电影院 13 家。2012 年，东城区举办了 6 000 场以上的演出，上演 900 余个剧目，观众 300 万人次以上，实现票房收入 2.51 亿元，在全北京市树立了“看戏剧，到东城”的品牌。在全媒体出版领域，构建了完整的产业链，包括中文在线、国际版权交易中心等著名的版权机构，以及歌华有线、光线传媒、优视网等新媒体机构和当当网等渠道终端资源。文化旅游业上，东城区历史遗迹等旅游资源十分丰富，在旅游业上取得了长足进步，2012 年全年接待旅游人数 7 400 万人次，位居北京市第一，旅游综合收入达到 566 亿元，位居北京市第二。

东城区文化创意产业发展的重点区域主要有两个：①中关村科技园区雍和园。该园区以发展高新技术产业和文化创意产业为主，打造知识产权、数字内容和文化旅游休闲、中医药科技与文化四大产业集群。该园是国家认定的“国家网络游戏动漫产业（北京）发展基地”及“国家版权贸易基地”，2012 年被认定为首批十六家国家级科技和文化融合示范基地之一。②前门传统文化产业区。该区域以具有浓厚韵味的古都风貌和历史文化资源为主，借助雄厚的传统商业基础，发展容纳北京建筑文化、商贾文化、梨园文化、会馆文化、民俗文化等多种内容的特色历史街区。通过前门大街、中国台湾文化商务区、刘老根大舞台等项目带动特色商业和文化产业集群化发展，目前年均营业收入达 13 亿元，已经初具规模。

2. 西城区

西城区深入贯彻“服务立区、金融强区、文化兴区”的战略，依托丰富的文化资源、齐备的文化设施，构建文化创意产业发展的基础平台，推动了文化创意产业的快速发展。

在文化演艺业方面，国家大剧院等众多高等级演艺场所和机构分布于西长安街沿线，中小规模剧场集聚于北京城市中轴线西侧。西城区已形成天桥演艺

① 各区县的数据如无注明，均来自两个渠道：各区县下发的文化创意产业统计公报；国务院发展研究中心“文化创意产业功能区发展建设规划”课题组去北京市各区县文创办调研所搜集的数据。

区为引领，国家大剧院、梅兰芳大剧院与繁星戏剧村、德云社等演出小剧场相呼应，原创剧目创作与引进国内外知名剧目相结合的发展格局。在新闻出版业方面，拥有中国新闻社、新华书店总店、新华社、高教社等新闻出版单位 808 家。2010 年，中国北京出版创意产业园落户西城区德胜科技园，成为我国首个国家级民营新闻出版的政策试点园区，目前已有北京磨铁图书有限公司、凤凰新媒体等三十余家企业签约并陆续入驻园区。在艺术品交易业方面，坐落在西城区的琉璃厂自明清以来就是闻名遐迩的古籍文玩交易集散地，目前集聚有荣宝斋、北京文物公司、槐荫山房、古艺斋等数百家文化企业，以及中国最大的古旧书店——中国书店，琉璃厂街与大栅栏街的贯通还将形成北京市最长的步行街和最大的古玩艺术品交易聚集地。在文化旅游业方面，西城区拥有国家级重点文物保护单位 32 处，占北京市的 32.7%，市级重点文物保护单位 65 处，占北京市的 25.6%；非物质文化遗产保护项目 107 项，国家级占北京市的 32.4%，市级占 34.6%。其中有全国首个“中华老字号集聚区”大栅栏传统商业区、“中国历史文化名街”烟袋斜街、“中国茶叶第一街”马连道茶叶特色商业区以及什刹海等著名景观。在设计服务业方面，中国工业设计的最高奖“红星奖”永久落户西城，DRC 工业设计创意产业基地共吸引 138 家工业设计企业入驻，西城区被确定为设计之都核心示范区。

西城区文化创意产业发展的重点区域主要有 3 个：①天桥演艺区。天桥演艺区是北京市的重大产业项目，是国家音乐文化产业基地之一，是北京市建设世界城市的重要文化名片和文化承载区。天桥总占地面积 2.07 平方公里，将打造以演艺产业为核心，文化、科技与金融相融合为导向，满足文艺演出、演艺总部、文化展示、旅游休闲、文化商务等多种功能的综合性演艺产业园区。②北京 DRC 工业设计创意产业基地。基地位于中关村德胜科技园，毗邻北二环，位于中央政务区腹地，周边分布着中国有色金属研究院、中国航空规划设计院、北京煤炭设计院等国家级科研设计单位以及北京师范大学、北京邮电大学等著名高校，具有得天独厚的产、学、研资源优势。DRC 基地旨在为产业提供持续的资源保障，促进创意产业的长足发展和竞争力拓展，服务于设计机构、企业和政府。在培育孵化企业方面，DRC 基地在孵企业 48 家，2012 年上半年实现税收 776 万元，领先北京市各文化创意产业集聚区。③琉璃厂历史文化产业区。该区将创意产业、文化产业和旅游业进行有机融合，形成了字画、古玩、图书、文房四宝等文化艺术产品的集散地，汇集了一批原创技术及特色产品，强化了骨干企业的龙头示范作用，整合形成了鲜明的品牌群，并成为著名的古都风貌游览区。

(二)城市功能拓展区文化创意产业发展概况

城市功能拓展区是北京市开发强度相对较高，但未完全城市化的地区，是北京市未来的重点开发区域。拓展区的未来发展路径是以“三化”——产业高端化、发展国际化、城乡一体化相结合，充分发挥商务中心（CBD）、中关村核心区等高端成熟产业区的辐射带动作用。

1. 海淀区

海淀区是北京文化创意产业最发达的区县之一，产业规模一直稳居北京市16个区县首位，北京市占比超过40%。分行业来看，在北京市16个区县中，海淀区的排名如下：软件网络及计算机服务、广播电视电影、设计服务排名第1，新闻出版业排名第2，广告会展、旅游休闲娱乐以及文化辅助服务业排名第3，文化艺术和艺术品交易排名第4。海淀区的网络媒体业、网络游戏业、数字出版业、数字影视业、设计服务业、文化装备业6个细分行业在全国范围内具备广泛影响力，领军企业云集。

网络媒体产业上，著名搜索引擎企业如百度、搜狗等入驻海淀，市场份额占比超过80%，网络媒体企业如乐视、优酷网、搜狐视频、爱奇艺等占据了北京市大部分市场份额，门户网站龙头企业如新浪、搜狐等国内领先，重点园区如中关村多媒体创意产业园和清华科技园等示范效应明显。网络游戏产业方面，海淀区处于全国领先的位置，区内网络游戏研发企业数量占北京市的40%，游戏企业自主研发出口的网络游戏数量占北京市总数的58%，其中“中关村动漫游戏孵化器”是进行动漫游戏培育的重点基地，在孵化中小型动漫游戏企业上成效显著，获评“国家网络游戏动漫产业（北京）发展基地”。数字出版产业方面，集聚了方正阿帕比、同方知网、书生、汉王等掌握了数字出版核心技术的全国领先的出版平台供应商，“国家版权贸易基地”、“国家数字版权研究基地”多个国家级数字出版项目落户于海淀区。数字影视产业方面，拥有歌华有线、永新视博、时代今典等涵盖内容提供、网络设备生产与运营、终端设备生产产业链各环节的领军企业。设计服务产业上，海淀区拥有一批创意设计单位，其中不乏国家级设计机构，还有一批设计领军企业，如水晶石科技是亚洲规模最大的数字视觉技术及服务企业。文化装备产业上，海淀区已成为数字视听设备、数字广电设备的供应中心，其中数字视听设备企业如紫光数码、爱国者、纽曼等占据了大部分国内市场份额，广电设备企业中的中科大洋、捷成世纪、新奥特成为全国前三强。

2. 朝阳区

2013年规模以上的文创企业年收入超过2 100亿元，实现增加值480亿元，占地区GDP的比重达到13.2%，占北京市文化创意产业增加值的比重超过20%。2011年文创企业就业人数达17.5万人，吸纳了北京市1/5的文化创意产业从业人员。其中，广告会展业成为全区贡献最大的行业，占全区文化创意产业总收入的22.2%。产业构成上，根据《"十二五"时期文化创意产业发展规划》，朝阳区要"形成以文化传媒业为龙头，以高端会展、旅游休闲、设计创意、信息服务业为主导，以古玩及艺术品交易、文艺演出、时尚消费业为特色的产业结构"。从现状来看，朝阳区在北京市处于领先地位的行业有艺术品交易业，广告会展业，旅游、休闲娱乐业，其他辅助服务业，文化创意产业的其他五大行业收入在北京市也排名前三，综合优势非常明显，产业集聚、联动发展的格局基本形成，已经成为北京市文创资源最丰富、文创企业最密集、文化消费市场最活跃、文创产业竞争力最突出的区域，未来是引领北京市文化创意产业跨越式发展的重要承载区和强力引擎。

文化传媒业方面，朝阳区由广播、电视、电影，广告会展，新闻出版，软件、网络及计算机服务构成的文化传媒业，其收入、资产总数、从业人员和企业数四大经济指标在全区文化创意产业中的比重均超过50%，利润超过40%。2011年广播、电视、电影业规模以上企业共实现收入33.9亿元，广告会展业的增速迅猛，占全区文化创意产业总收入的比重从2006年的14%增长到2011年的21.6%，吸纳从业人员占比达29.3%。新闻出版业2011年实现收入112.7亿元，资产累计194.7亿元，继续成为文创产业的主力军。软件、网络及计算机服务业稳步推进，资产总额和吸纳就业逐年上涨。艺术品交易业一直以来就是朝阳区的优势领域，潘家园古玩艺术品交易区是北京市艺术品交易行业的重要区域，在交易企业数量、行业总收入和从业人员数等指标上占北京市比重的1/3。旅游休闲业蓬勃发展，涵盖商务旅游、民俗旅游和体育休闲多种形式，同时进一步加大对时尚消费和娱乐行业的重视，2011年该产业收入水平达到253.8亿元，比上年增长近三成。设计服务业上，重点进行内容原创关键环节的发展，工业设计、美术设计、室内设计、平面设计发展迅速，国内外著名的艺术设计工作室加快集聚。

(三)城市发展新区文化创意产业发展概况

城市发展新区是北京市开发潜力最大、城市化水平有待提高的地区。对于文化创意产业而言，城市发展新区具有生态环境较好、发展空间广阔、租金相对低廉等优势，未来是文化创意产业集聚发展和优化布局的重点区域。

1. 通州区

通州区注册文化创意企业近 5 000 家，注册资金共计 90 多亿元，其中规模以上的文化创意产业企业 83 家。通州区文化创意产业的主导行业主要是出版发行、艺术品创作交易、原创音乐、旅游休闲。已建成以宋庄文化创意产业功能区、文化旅游区两个功能区为核心的重要区域，形成了北京出版发行物流中心、九棵树数字音乐产业园等多点支撑的空间布局。

通州区文化创意产业未来发展的重点区域有 2 个：①宋庄文化创意产业区。宋庄文化创意产业区位于通州新城东北部、宋庄镇南部，规划面积 14.6 平方公里，其中通州新城范围内 10.3 平方公里，新城以外 4.3 平方公里，是北京市面积最大的文化创意产业区和国家级动漫产业基地。这一区域融合了原创艺术的创作、展示和交易三种功能，对通州区内的原创资源起到了有效的整合作用。目前区内已建或在建的重要项目包括国家时尚创意中心、国家文化创意设计园区、北京电影学院新校区以及未来中国最大的中国艺术品交易中心。②以万达文化城为核心的文化旅游区。万达文化城项目是万达集团拥有知识产权、由世界顶级设计团队设计、创意项目丰富的文化旅游商业综合项目，在世界范围内首屈一指。项目内融合了旅游、创意、办公、商务、公园、酒店、会议会展等多重内容，力图打造国际吸引力。

2. 顺义区

顺义区文化创意产业中，广告会展、设计服务、出版印刷、时尚文体休闲较为突出，同时一些新兴产业如创意农业、影视业、软件信息服务业、民俗文化业等发展迅速。

顺义区文化创意产业未来重点建设区域主要有 2 个：①国家对外文化贸易基地。位于天竺综合保税区内部，由国际文化商品展示交易中心、国际文化贸易企业集聚中心、国际文化仓储物流中心三个功能区组成。由天竺综保区管委会与歌华文化发展集团合作开发，总投资额超过50亿元，力争成为国内一流的大型文化贸易服务基地。基地旨在为文化产业的各个环节如生产、传输、贸易等提供保税服务。截至目前，已有苏富比（北京）拍卖有限公司、歌华国际文化金融服务有限公司、歌华诺亚文化科技有限公司等近30家国际文创产业知名企业意向入驻文化保税区，涉及领域有中高端文化产品展示、影视制作、艺术品拍卖、软件设计等。②顺义国展产业园。该园的核心区以中国国际展览中心（新馆）项目为主。2008年3月新国展一期展馆建成，总投资约26亿元，室内展览面积10.68万平方米，填补了北京市10万平方米以上展馆的空白。顺义国展产业园已吸引140余家会展企业入驻，如北京中展投资发展有限公司、北京国展国际展览中心有限公司、北京中投创展置业有限公司等大型企业。

3. 大兴区

从北京市位置看，2011年大兴区文化创意产业在北京市排名第七，在城市发展新区（房山、通州、顺义、昌平、大兴新区）中文化创意产业收入排名第二，税金排名第一。产业构成上，大兴区的文化创意产业主要以软件服务业、新闻出版业、广播影视业为主。

未来大兴区文化创意产业重点建设区域主要有3个：①国家新媒体产业基地。该基地是北京市30个文化创意产业集聚区之一，由政府主导建设，以新媒体产业为清晰定位，形成“两区四园”的发展格局：两区是指基地北区和基地核心区；四园是指星光影视园、多维创新园、北普陀影视园、北京时尚体育公园。管理体制上，大兴区文化创意产业领导小组办公室设于新媒体产业功能区，统筹全区文化创意产业发展。政策上，既享受中关村高新示范区政策，又享受亦庄经济开发区政策，是唯一“双政策”覆盖的文化创意产业园区。未来国家新媒体产业基地将集中发展互联网、移动互联网、户外数字媒体、IPTV、数字电视五大新媒体产业领域。②星光影视园。作为目前国内唯一的国家级电视节目制作基地，星光影视园从2006年至今承接了中央电视台、北京电视台、河北卫视、广西卫视、旅游卫视、辽宁卫视等中央及地方主要电视台的节目制作业务，园区与全国近100家影视制作、灯光舞美、影视设备等公司建立了长期合作关系，平均每年录制大型节目2 000场以上，每年为全国90多个剧组提供广播级的演播服务。③多维创新园“中国设计瑰谷”。该园区是北京唯一的设计产业园。该项目的空间布局包括“一谷五园”：“一谷”即中国设计瑰谷，“五园”即西曼国际工业设计园、设计企业创意园、建筑和工程设计园、服装文化创意产业园、博洛尼都市工业设计园。园区重点发展电子信息产品、汽车和服装设计，建筑和工程咨询设计，传播设计，家居家装设计以及设计产品展示交易五大领域。

4. 房山区

房山区文化创意产业分布总体呈现“东多西少”的局面。未来文化创意产业发展的重点区域主要是北京房山历史文化旅游区。该区涵盖中国房山世界地质公园的起步区和核心区，总面积70.1平方公里，规划核心区面积13.23平方公里，主要包括“古”文化旅游区周口店、“经”文化旅游区云居寺、“石”文化旅游区大石窝、“山”文化旅游区上方山和“水”文化旅游区长沟。未来房山历史文化区将继续把文化旅游产业做大做强，同时发展设计服务产业和广告会展业，依托自然文化资源培育新型产业如演艺娱乐产业、创意农业和数字内容产业。在未来五年，房山区要打造成为北京市乃至全国范围内具有高吸引力、高品质的历史文化旅游区：将周口店景区和云居寺景区打造成为国际一流水平的世界级人类进化和佛教文化主题旅游区；将大石窝景区打造成为“石”文化主题区；将上方山山地、森林等生态资源与佛教文化相结合，打造佛教文化与自然高度融合的旅游胜地；将长沟古泉水资源打造成为“北方水乡”式的休闲度假区。

(四)生态涵养发展区文化创意产业发展概况

生态涵养发展区是保障北京市生态安全和水资源涵养的重要区域，因此主体功能是限制开发，限制大规模高强度工业化城镇化开发。文化创意产业是未来生态涵养发展区的重点领域之一，良好的生态环境和广阔的发展空间对于部分文化创意产业具有较强的吸引力。该区域文化创意产业虽然起步较晚，但是部分区域特色鲜明。

1. 门头沟区

门头沟区文化创意产业尚处于起步阶段，产业规模较小，行业结构单一，文化创意产业收入总量过低。2011年北京市规模以上文化创意产业收入门头沟仅占北京市的0.1%，与平谷区、怀柔区、延庆县、密云县处同一发展阶段。但门头沟区文化创意产业充分利用丰富且具地域特色的古村落古道文化、永定河文化、民间民俗文化、宗教寺庙文化、革命军事文化、生态山水文化、特色物产文化等，文化创意产业格局初步形成，增长潜力较大。2012年1—11月，门头沟三大重点产业收入分别为旅游、休闲娱乐产业 2.70 亿元，广告会展业 1.22 亿元，软件、网络及计算机服务业 1.65 亿元。其中旅游、休闲娱乐业依然是重点行业，占门头沟区文化创意产业总收入的 36%。

门头沟区未来文化创意产业发展的重点区域是斋堂古村落古道文化旅游产业区。该区域是门头沟区唯一的市级集聚区，位于斋堂镇，地处西部深山区、永定河畔，涉及六条沟峪及九个景区，规划总面积 392.4 平方公里，重点建设集文化观光、文化休闲、文化创意、主题会议及养生度假等多功能于一体的文化旅游产业区。项目总投资 36.51 亿元，目前成立了北京斋城文化有限公司负责整体开发，对外引进了中坤集团、树唐投资公司、双龙峡景区、谷临门食品有限公司等入驻。2012 年爨柏景区、双龙峡、珍珠湖 3 个景区接待总人数共 42.5 万人次，营业收入共 3 600 万元。

2. 平谷区

平谷区的文化创意企业集中在广告会展业、旅游休闲娱乐和其他辅助服务业三大行业。未来文化创意产业发展的方向有 2 个：(1)中国乐谷文化创意产业区。中国乐谷是北京市重点文化创意产业集聚区之一，是国家新闻出版总署命名的国家音乐产业基地，是中国轻工业联合会、中国乐器协会联合授予的“中国提琴产业基地”，已列入北京市“十二五”规划，是北京市发展、繁荣文化产业和文化事业的重点项目，是平谷区“一区三化五谷”建设的重要组成部分。(2)桃花音乐节。平谷区将传统的桃花节与中国乐谷建设有机结合起来，在旅游中注入了文化内容，提升了旅游的档次，又借助旅游的品牌效应推广了文化，起到了良好的经济社会效益。2012 年的桃花音乐节共吸引游客 216.9 万人次，实现旅游收入 14 312 万元。

3. 怀柔区

2012 年，怀柔区规模以上的文化创意企业共 115 家，实现营业收入 42.3 亿元，实现利润总额 7.3 亿元，分别比 2011 年增长 13.9%和 13.6%。主导行业为广播电视电影、其他辅助服务、广告会展、旅游休闲娱乐，四大行业实现营业收入 38.1 亿元，比 2011 年增长 17.9%，占全区规模以上文化创意产业营业收入的 90.0%。“十二五”期间，怀柔被定位为文化科技高端产业新区，文化创意产业未来将要成为建设高端产业新区的重要手段。

怀柔区未来文化创意产业发展的重点是中国(怀柔)影视基地。中国(怀柔)影视基地是北京市首批文化创意产业集聚区之一。截至 2012 年，影视基地累计实现固定资产投资45亿元，集聚华谊、海润、金英马、小马奔腾等影视企业360家，影视产业年度税收达到2.4亿元，累计接待剧组拍摄或制作影视作品超过1 300部。中国影视基地是亚洲第一、世界一流的大电影生产基地，拥有国内顶尖技术人员和专业研发人员300余人，设备、技术媲美好莱坞，制作数量不断增加，2012年超过200部。目前中影体系23家企业落户怀柔，涵盖了制片、营销策划、发行、演员经纪等各个产业环节，年纳税超亿元。在影视基地的带动下，影视产业成为怀柔区文化创意产业的核心，2012年影视产业实现营业收入20亿元，税收达2.4亿元，占全区文创收入一半以上。

三、工作建议

增加文化消费，提高文化消费水平，是文化创意产业发展的重要驱动力和关键环节。因此必须以“建立多层次的文化产品和要素市场，强化政策扶持”为手段，以“建立政府引导、市场运作、企业主体、社会参与的社会齐动机制”为目的，同时强化以下配套措施，建立健全现代文化市场体系，充分发挥北京市政府引导文化创意产业发展的积极作用，积极培育新的文化消费增长点，进一步提升北京市的文化消费能力。

（一）促进管理体制改革创新

创作生产更多适应人民群众需求的文化创意产品和服务，促进精品力作不断涌现，是进一步培育北京市新的文化消费增长点的重要环节。

一方面，北京市各级文化行政部门要统一思想，把创新文化创意产品生产机制、促进文化创意产业发展，进一步扩大文化消费计划列入重要议事日程，认真履行职责，积极加强与发展、财政、科技、改革、税务、教育、金融、土地等部门的协调和沟通，建立相应的工作机制，确保各项政策措施落到实处；另一方面，应加快成立北京市文化精品工程办公室①。为进一步满足广大人民群众的精神

① 随着首都文化体制改革不断深化，越来越多的经营性文化企事业单位转企改制走向市场，2012年6月18日，北京市国有文化资产监督管理办公室（简称“市文资办”）成立，其职责在于负责文化投资、资本运作、国有文化企事业单位资产管理及文化创意产业园区、重大文化项目、重点文化工程的规划立项和组织实施等，这是北京市创新文化管理体制机制改革的重大举措。

文化需求，引导文化消费，应加快成立北京市文化精品工程办公室，创新精品创作生产体制机制，加大优秀文化创意产品推广力度，实行项目化管理，同时加快设立北京市文化创意产品发展基金和北京市文化贡献奖，建立健全文化创意产品激励机制，营造多出文创精品的氛围，集中推出一批原创、当代、北京的精品力作。

（二）加强文化创意产品和服务的有效供给

只有加强文化创意产品和文化服务的有效供给，才能真正从源头上提高北京市的文化消费能力。人们对于文化消费需求的多层次性，使得文化产品和文化服务的生产者、创作者应该积极提供人们所喜闻乐见的文化精品，提供导向正确优质的文化服务，努力满足广大市民日益增长的不同层次的文化消费需求。

首先，在重视报纸书籍、音像制品、娱乐等传统文化创意产品市场发展的同时，强化以互联网为新兴文化创意产品市场载体的现代文化市场建设，积极培育大众文化消费市场；其次，打造一个综合性和区域性的文化创意企业产品和服务交易平台，扩大文化创意产品和服务消费；最后，要加快大型现代文化流通企业和国家级文化创意产品物流基地的建设，鼓励文化企业利用电子商务等先进的物流技术，以发展第三方物流服务为突破口，通过建立城乡一体的文化创意产品流通网络，努力实现文化创意产品和服务的低成本、高效率流通及配送。

（三）降低社会资本准入门槛

设置准入门槛不符合公平的市场准则，降低了市场活力和企业的竞争能力，抑制了资源的有效配置，也不利于进一步扩大文化消费。所以，繁荣和发展北京市文化消费市场，需要投资主体的多元化，以利于吸收更多的社会资本进入文化市场，参与现代文化市场建设，才能更好地释放文化市场能量和内在的驱动力，培育新的文化消费增长点。

首先，要在原有已规定放宽社会资本准入政策的基础之上，进一步减少不合理的准入限制，在国家和北京市政策许可的范围之内，积极引导多元社会资本以多种形式（如投资、收购、租赁等）参与文化创意产业的建设和发展，并引导其积极参与国有经营性的文化单位转企改制，以技术、品牌、知识产权等生产要素作价参股，或采取控股、兼并、承包、托管等形式参与北京市国有文化企业的重组；其次，允许社会资本参与北京市重大文化创意产业项目的实施和文化创意产业园区建设，并在投融资、土地、税收、对外贸易和专项资金申请等方面，给予与北京市国有资本同等的政策扶持力度，努力构建北京市政府主导下的多元化投资格局。

（四）加大中小微文化企业扶植力度

中小微企业是北京市文化创意产业发展的一支重要力量，优化中小微文化企业发展的政策环境，不断扩大中小微文化企业规模，提高中小微文化企业的盈利能力，增强其自身发展动力，将能充分发挥中小微文化企业在丰富文化贸易和文化消费市场、激发文化创意产业发展活力、促进文化体制改革创新、增加社会就业总量等方面的积极作用。

一方面，要允许中小微文化企业积极参与对外和网络出版，允许以多种形式参与国有影视制作机构、文艺院团改制经营，进入文艺表演团体、文化旅游、博物馆、文化艺术品经营、动漫网络、出版物及电影院等领域，并享受与国有文化企业同等的待遇；另一方面，要进一步解放和发展文化生产力，激发北京市文化市场的创造活力，多元化、多渠道为广大人民群众提供丰富多彩的文化创意产品和服务，在投融资等政策上给予有市场核心竞争力和发展潜力的中小微企业重点支持，进一步鼓励中小微文化企业走“专、精、特、新”的路子，逐步做大做强，促进北京市文化贸易和文化消费市场的发展。

（五）加大文创产品版权保护力度

在文化创意产业中，版权保护工作越来越受到重视，版权在法律的保护下逐渐形成一个产业链，即所谓的版权经济[①]。文化贸易和文化消费市场需要健全的版权保护制度，文化创意产品和服务失去有效的版权保护，就很容易被复制，因此建立健全现代文化市场体系，提高北京市文化消费能力，离不开知识产权保护制度的有力支撑和有效的市场监管制度。

首先，要加快立法，统一规则，积极发展北京市知识产权交易市场，减少知

① http://www.ce.cn/culture/gd/201309/25/t20130925_1552653.shtml.

识产权市场交易过程中的各类纠纷，特别是强化对新创作的文化创意产品和服务的有效保护，保障和鼓励更多高质量、高层次的文化创意产品和服务进入市场流通，促进文化贸易和文化消费发展。

其次，支持和积极引导文化创意产品和服务的专利、商标、创意等具有知识产权性质的无形文化生产要素进入市场配置，促进文化生产创新能力和内容产业[①]迅速发展。

最后，严格执行文化市场准入和退出机制，建立和完善质量认证体系，完善相关登记和年检制度，使得最大限度地减少不合格的文化创意产品和服务进入市场，同时建立和完善文化市场综合执法机构，理顺和健全互联网管理体制，尽快形成依法经营、诚实守信、违法必究、公平交易的现代文化市场秩序，多举措保障北京市文化贸易和文化消费市场有序健康发展。

（六）加快建立文化创意产业评价指标体系

由于没有建立权威的文化创意产业评估指标体系，一定程度上影响了政府的科学决策和对文化创意产业发展的支撑力度。因此，应加快建立北京市统一的文化创意产业评估指标体系并与现行的指标分类对接，有助于为政府部门制定文化创意产业政策提供科学的决策依据，也有助于为文化企事业单位就促进居民文化消费提供更直观的指标指导与参照。

首先，针对指标体系的建立，建立全市统一的文化创意产业发展的总指标体系，然后结合各区县文化创意产业的实际发展情况选拔出发展重点指标，通过发展重点指标可以为政策的制定提供参考以及能够了解政策实施后所产生的具体绩效；其次，整顿规范文化创意产品的评价活动。针对北京市不同文化领域、文化创意产品评比评奖活动在不同程度上存在的权威性不够甚至产生负面作用等问题，应当从市级层面加强对文化创意产品评价活动的归口管理[②]，明确文化创意产品评价活动的主管部门及其职责，规范文化创意产品评价活动的

---

① 内容产业的范围包括各种媒介上所传播的印刷品内容（报纸、书籍、杂志等），音像电子出版物内容（联机数据库、音像制品服务、电子游戏等）、音像传播内容（电视、录像、广播和影院）、用作消费的各种数字化软件等。

② 归口管理是一种管理方式，一般是按照行业、系统分工管理，防止重复管理、多头管理。归口管理实际上就是按国家赋予的权利和承担的责任各司其职，按特定的管理渠道实施管理。

举办主体，明确其资格、业务范围和基本责任。其次，实行文化创意产品评价师制度。加强文化创意产品评价行业的从业人员的职业道德建设，培养一支专业能力强、职业道德高尚的文化创意产品评价从业人员队伍，建立文化创意产品执业评价师制度，作为文化创意产品评价行业的基本准入制度，使得文化创意产品评价行业发展更加规范有序。

（国务院发展研究中心东方文化与城市发展研究所：卓杰、牛家儒、姜浩、靳悦）

第三章

天津:依托“双核城市”文创格局,稳步增强文化消费实力

2013年天津文化创意产业发展有了较大的进展。2013年，天津市文化创意产业发展的主要特点有：国家级文化创意产业园区成为发展集群，也成为天津文化创意产业发展的排头兵；民营文化创意企业异军突起，产品跻身国内外市场；迎头赶上先进地区，文创大型展会有了突出成就。海峡两岸文创产业合作达到新的高度；文化和科技融合发展成效显著；“双核城市”文创产业发展格局初步形成。

一、2013年天津文化创意产业发展概况

新时期以来，长期依赖出口和投资拉动的中国经济已无法满足可持续发展的要求，转变经济发展方式已经刻不容缓。在这一大背景下，天津市委市政府于2008年制订了《天津市现代服务业布局规划(2008－2020)》，提出了要大力发展文化产业。“十一五”期间，天津文化创意产业规模增速要达到22%。同时，“天津文化产业‘十二五’发展规划”中也提出，到2020年，天津市的文化与创意产业的增加值要达到3 000亿元，占全市地区生产总值的比重10%以上。截至2012年底，天津已建成各类创意产业园区、聚集区49个，其中市级创意园近20家。国家级游戏动漫产业基地、国家动漫产业综合示范园、中国天津3D影视创意园区、国家影视网络动漫实验园等国家级创意产业园区也纷纷落户天津。[①]

根据天津创意产业协会统计，到2012年底，天津市共有规模以上创意产业单位2 095家，其中企业1 838家，非企业257家。从业人数达18.40万人，营业收入(部分为工业企业销售收入)达到1 896.96亿元，实现增加值458.02亿元。

按照当年GDP核算三次产业门类中行业限上与限下分配比例，加核算补

① 张京成.中国创意产业发展报告2013[M].北京：中国经济出版社，2013.

充因素，天津市 2012 年创意产业增加值为 602.66 亿元，较 2011 年同期增长 13.1%，占当年全市地区生产总值(12 885.18 亿元)的 4.7%。

表 3—1　2012 年天津市创意产业发展情况一览表(按类别分)

单位：亿元、人、个、%

产业类别	单位数	从业人数	收入合计	经营利润	增加值	比重
合计	2095	184040	1896.96	163.00	458.02	100.00
一、影视文化类	63	6619	48.07	0.77	9.80	2.14
二、电信软件类	271	35684	289.99	46.52	129.53	28.28
三、工艺时尚类	65	13623	132.50	14.16	26.33	5.75
四、设计服务类	640	50228	351.17	25.46	109.84	23.98
五、展演出版类	70	6728	24.53	0.28	8.05	1.76
六、咨询策划类	771	46243	951.92	71.11	134.38	29.34
七、休闲娱乐类	118	10618	26.01	−2.94	9.22	2.01
八、科研教育类	97	14297	72.77	7.64	30.88	6.74

资料来源：天津创意产业协会。

滨海新区是天津市下辖的副省级区、国家级新区和国家综合配套改革试验区，是国务院批准的第一个国家综合改革创新区。总面积 2 270 平方公里，人口 248 万人，与天津老市区形成双核城市。根据天津滨海新区的统计，2012 年滨海新区文化和创意产业增加值为 357.72 亿元，占全区 GDP 的 5%，提前实现“十二五”发展目标。2013 年，滨海新区文化和创意产业增加值预计达到 410 亿元。

虽然 2013 年数据尚未完全公布，但根据 2012 年发展的数据推算，天津市 2013 年文化创意产业的 GDP 占比将突破 5%。

2013 年天津文化创意产业发展的特点可以概括为以下几点。

(一)国家级文化创意产业园区齐集滨海新区

由于天津滨海新区强势发展的政策力度吸引着大型国家级文化创意产业项目入驻。目前已经有国家数字出版基地、中国旅游产业园、国家滨海广告产业园、国家海洋博物馆、国家动漫产业综合示范园、中国天津 3D 影视创意园区、国家影视网络动漫实验园、国家影视网络动漫研究院、滨海新区国家级文化和科技融合示范基地9个国家级园区、基地相继落户新区，组成天津市文化创意产业大型“集团军”。目前，各园区布局合理、特色突出，国家数字出版基地、国家动漫产业综合示范园、国家影视网络动漫实验园等园区已成规模，建设发展的良性运营机制不断完善，公共服务平台建设不断加快，园区产业链条日益完善，园区配套服务体系初步确立，产业聚集发展态势强劲。2012年，专业集聚园内新注册企业200余家，注册资金达10.5亿元，其中包括卡梅隆－佩斯集团中国总部、博纳影业、搜狐视频、58同城等一批国内外龙头企业。按照国务院关于“建设国家级滨海新区文化产业示范园区”的总体定位，滨海新区本着依托现有文化产业资源、着眼创新发展新业态、整合规划产业布局的原则，逐步建立滨海新区国家级文化产业示范园区“一区多园”发展模式。

此外，2013年还有宁河县妇女手工艺品发展中心、天津101汽车文化创意产业基地、水滴体育文化创意产业园、天津市和平区创新产业大厦和天津市空港经济区创新创业中心五家新挂牌的市级创意产业园获批。

(二)影视动漫以及游戏产业成绩辉煌

天津市的影视动漫以及游戏产业绝大多数集中在拥有多项行业推动政策的滨海新区，该区的发展可以代表天津的发展水平。

1. 获国家认定奖励的企业与作品有所增多

中国动漫界的最高奖——首届中国文化艺术政府奖动漫奖共评选出12个大类共30个奖项，天津滨海新区获得四项大奖。长篇动画《草莓乐园》获得国家广电总局与中国动画协会颁发的“绿色动画奖”。3D动画大片《兔侠传奇》，目前已与全球60多个国家和地区签订发行协议，全球动画产业巨头美国迪士尼所属的动画频道购买了该片的电视播映权，成为首部在全球范围内大规模公映的中国动画片。该片获得了第14届中国电影华表奖优秀动画片奖和第28届中国金鸡奖最佳美术片奖。

《糖果的魔力》等6部动漫作品获得由文化部、广电总局、新闻出版总署评选的“国家动漫精品工程”动漫产品奖、动漫创意奖；《济公传奇》、《大财神》荣获2012年国家动漫品牌建设和保护计划动漫品牌奖、动漫创意奖；天津猛犸科技有限公司、天津神界漫画有限公司、天津福丰达动漫游戏制作有限公司、兆讯传媒广告股份有限公司四个企业获得国家文化产业示范基地称号；天津神界漫画有限公司被评为2011—2012年度国家文化重点出口企业。

此外，手机动漫作品《寻找自我的世界》和《与红嘴的战争》获得第五届中国原创手机动漫游戏大赛漫画类金奖和银奖；3D网络游戏《三界演义》获得“2011年度最受期待网络游戏奖（金手指奖）”和“最佳创新奖”两项业内顶级大奖。

天津滨海新区文化创意产业协会荣获“龙腾奖——2012第七届中国创意产业年度大奖”之中国创意产业推动奖。

2. 优秀影视作品不断涌现

电影《浮出水面的影子》荣获第44届休斯敦国际电影节故事片类最高奖评审团雷米金像奖最佳外语片大奖，并获得英国、加拿大、美国等国电影节多项大奖；北方电影集团出品的3D动画电影《梦幻飞琴》于2012年10月获好莱坞第八届中美电影节“金天使奖”优秀影片；漫画《三国演义》获西班牙巴塞罗那第三十届国际漫画节特别奖；滨海广播电视台推出的百集动画电视连续剧《三娃传奇》在法国安纳西国际动漫节上亮相；艾美光影出品的故事片《麦积山的呼唤》入围第17届洛杉矶国际家庭电影节最佳外国语影片奖；滨海国际影业出品的电影《都市童话》2012年9月获科隆国际电影节最佳故事片奖。

（三）文化创意产业大型会展有所突破

过去几年，天津在大型会展业方面落后于同类城市，但是这一局面在2013年有了突破。首先，天津创意产业协会成功举办了首届“中国（天津）国际创意产业博览会”。本届创博会紧紧围绕“创意经济·引领未来”主题，集中展示了天津市创意产业重点项目和成果。创博会期间共有95家企业参展；参展作品1 255件（项）；达成意向协议19项；举办创意产业主题论坛等同期活动10项。有来自15个国家和地区及13个省市的展商和业界人士参展或参加相关活动。

其次，举办了第四届“中国（天津滨海）国际文化创意展交会”。2013年展交会观众达到11万人次，其中专业观众达2万人次，据不完全统计，现场成交额近9 850万元，各类项目达成意向和签约总额近16亿元。展交会期间举办首届中国动漫品牌峰会，国内外动漫行业的顶尖级专家、著名学者、资深研究员、优秀企业家及政府管理机构代表参会，人员规模500余人，为天津汇集全国动漫精英产生了积极的影响。此外，滨海新区的动漫企业还承办第30届巴塞罗那国际漫画展中国展区；在第44届美国圣地亚哥国际动漫节期间举办中国天津滨海原创动漫精品交流推介会；举办2013天津滨海魔力动漫游戏博览会，展出面积近2万平方米，展会3天吸引客流量7万多人次，成为中国北方观众参与性、互动性和人数密集度最大的动漫展会之一。

(四)天津、台湾两地合作交流密切

推动天津和台湾两地文化创意产业合作是天津市委市政府大力发展本地文化创意产业提出的一项重要举措。2013年7月4日，由天津市文化产业协会、台湾文化创意产业联盟协会和南开大学滨海开发研究院在天津市迎宾馆举行了《关于进一步深化天津台湾两地文化创意产业发展的合作协议》和《关于共同建设两岸文创人才培训基地的框架协议》的签约仪式。天津市政协主席何立峰，市委常委、市委宣传部部长成其圣，台湾文化创意产业联盟协会理事长林磐耸等出席签约仪式。通过协议，津台两地将发挥各自优势，在推动天津文化创意产业发展的同时，也为天津市文创导师和文创人才提供系统的培训服务。两个协议的签订，为天津市文化创意产业的提升发展拉开了序幕。

为了进一步推动和落实上述协议，天津市文化产业协会计划从2014年开始，在每年的5—6月举办"两岸文创青年艺术节"；通过丰富多彩的展览、展演和体验活动，介绍中国台湾先进文创理念及最新产品，活跃两岸文创青年交流，鼓励两地文化企业合作，共同打造两岸合作的文创产品品牌。

(五)一批新兴民营企业开始发力

2013年，天津一批民营文创企业在力行发展文化创意产业的实践中，又有了全新的举措。其中，由巷肆创意产业园区独家举办的"中意创意教育基地"是中意两国高校针对创意设计领域的教育合作项目，整合中意两国高校优势教育资源，开展教育培训合作项目。主要参与单位包括：天津大学、天津市意斯特教育信息咨询服务有限公司以及由那不勒斯费德里克二世大学、萨萨里大学、博洛尼亚大学、IUAV大学与东方大学五所高校组成的意大利大学联合体。合作内容包括中意高校"硕士生联合设计"、硕士生1+1联合培养、留学预科班教育、语言培训等。

海蓝潮文化发展公司首创的国内首个微电影产业基地已经正式落户天津

市东丽区，该基地凝聚近 30 家民营小微企业入驻，将打造集编剧策划、设备研发、后期制作、导演演员培养于一身的好莱坞式产业集群。

二、文创产品的消费效应分析

从目前来看，天津市对创意产业的建设主要以投资拉动为主，即大规模地兴建文化创意产业园区，并对入园的龙头企业予以政策和资金上的扶持。然而，根据南开大学滨海开发研究院创意产业研究中心对天津市及滨海新区多家创意产业园区的走访调查，发现大多数企业的经营面临市场狭小、消费力不足、企业资金紧张、政策不稳定以及对产业发展规律把握方面带来的压力。本文认为，传统分析中以投资规模、产值等指标进行分析的方法无法准确表现创意产业发展的现状，而消费水平更适合作为创意产业发展的研究指标。本文对创意产业发展的研究建立在以下判断基础之上：文化创意产业是价值导向的，需求偏好对产业发展有着决定性的引导作用。

（一）需求收入弹性分析

如果说传统制造业是成本导向的话，那么创意产业产品更具有价值导向的特性。创意产业链条的核心是创意内容。创意通过进入产业链，附加在产品上，从而实现产品附加值增长。由于价值主要体现为创意性，产品的生命周期就会较短，有些产品在推向市场的一瞬间就已经接近甚至到达了生命周期的终结。这些特性决定了文创产品的消费注定是市场细分的产物，消费者的需求偏好对生产有着强烈的引导作用。在成熟的市场环境中，消费需求对文化创意产业所起到的拉动作用更具有决定性，可以被认为是产业发展的基础。

需求收入弹性是指人均国民收入每增加一个单位时对某一产品需求量的变化额，可以反映市场对文化创意产品或产业的需求状况。假如某种文创产品或文创产业的需求收入弹性较高，就可以反映出该产品或产业具有较高的市场需求，对整个文创产业或其他产业亦可产生拉动作用，并显示出有可能成为未来的支柱产业。

文创产品和产业需求收入弹性的计算公式为：

$S=\triangle Q/Q'/\triangle P/P'$

其中，S 为需求的收入弹性系数，$\triangle Q/Q'$ 为需求变动比率，$\triangle P/P'$ 为收入变动比率。按上式计算，当 $S=1$ 时，表示需求与收入同步增长；当 $S>1$ 时，表明需求增长快于收入增长；当 $S<1$ 时，表明尽管需求的绝对量可能增大，但需求的增长速度慢于收入的增长速度，对文化创意产业发展的拉动作用也会不足。

以天津 2002－2012 年人均 GDP 增长率代表人均国民收入的增加，以天津 2002－2012 年城镇居民人均文化教育娱乐消费增长率作为文化创意产业需求量的代表，经计算得出天津市文化创意需求收入弹性为 0.4，文创产业需求的增长明显慢于经济增长，对国民收入增长的贡献也明显不足。

表 3－2　2002－2012 年天津市人均 GDP 及人均文教娱乐消费增长情况

单位：元、%

指标＼年份	2002	2003	2004	2005	2006	2007	2008	2009	2010	2011	2012
人均 GDP	2 151	2 578	3 111	3 906	4 463	5 253	6 719	7 522	9 224	11 307	12 893
人均 GDP 增长率	12.1	19.9	20.7	25.5	14.3	17.7	27.9	12	22.6	22.6	14
城镇居民人均文教娱乐消费	1 151	1 084	1 232	1 284	1 452	1 639	1 609	1 741	1 900	2 116	2 299
人均文教娱乐消费增长率		－5.7	13.7	4.2	13.1	12.9	－1.8	8.2	9.1	11.4	8.7

（二）恩格尔系数分析

根据国际经验，一定的 GDP 发展水平，与一定的恩格尔系数，以及一定的文化消费支出有相关性。《2003 年中国文化产业发展报告》曾经根据这一理论数值计算，当年中国人均 GDP 达到 1 000 美元，恩格尔系数应该是 44%，文化消费应该在个人消费中占到 18%；如果人均 GDP 达到 1 600 美元，恩格尔系数应为 33%，文化消费在个人消费中应占 20%。[①]

按照这一理论的假设，以 2012 年天津人均 GDP 达到 95 094 元人民币（15 500美元）为计，天津城镇人口人均文化类消费在 2012 年至少应该达到 19 000元人民币。然而国家统计局天津调查总队抽样调查的资料显示，截至

① 江蓝生，谢绳武. 2003 年中国文化产业发展报告[M]. 北京：社会科学文献出版社，2003.

2011年底，天津市城市居民家庭在人均消费性支出为23 360元的前提下，居民人均文化娱乐服务消费支出仅为2 116元，不足人均消费额的10%，远远低于国际认同的20%的水平。本文收集了2002－2011年的天津城镇居民消费水平数据①，发现其中文化类消费所占比重从2002年的12.3%逐步下滑，到2011年时仅为7.9%。这种状况与同期人均GDP的高速增长相比，明显处于落后状态。

三、天津城镇居民文化消费现状及比较

（一）城镇居民文化消费现状

1. 总量增长保持两位数字

表3－3显示，2005年，天津文教娱乐消费总量为98.46亿元，至2012年底增长为188.44亿元，8年间增长了89.98亿元。如果以2005年天津市文化消费总额的98.46亿元为100%，到2012年，消费总量增长了91%，年平均增长率为11.4%。由此可以判断，近年来天津文教娱乐消费总量平均增长率保持在两位数字，仍处于快车道上。

表3－3　2005－2012年天津市文化消费总量增长情况

单位：亿元、%

年份 项目	2005	2006	2007	2008	2009	2010	2011	2012
文化消费总额	98.46	112.36	128.26	127.12	138.99	152.90	171.75	188.44
年度增长率	100	14.12	14.14	－0.89	9.33	10.01	12.33	9.72

注：数据出自历年《中国统计年鉴》、《2013年中国中心城市文化消费需求景气评价报告》。

2. 人均消费保持较高增速

表3－4数据表明，2005—2012年，天津人均文教娱乐消费由1 283.70元增长为2 299.82元，8年间增长了1 016.12元。如果以2005年天津市人均文

① 国家统计局数据 http://data.stats.gov.cn/index.

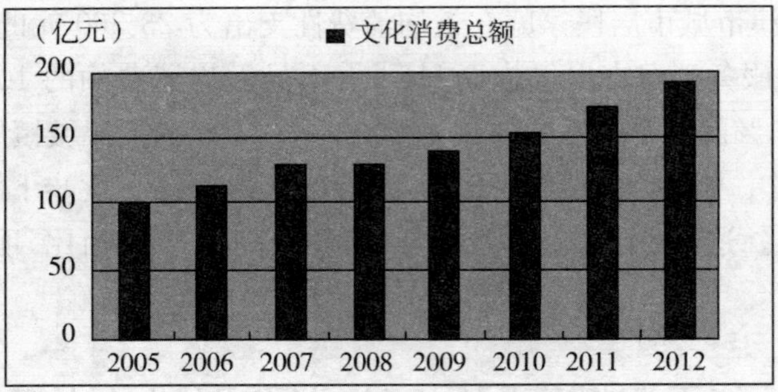

图 3—1 2005—2012 年天津市文化消费总量增长

教娱乐消费为 100%，到 2012 年，人均消费总共增长了 79.16%，年平均增长率为 9.89%，[①]可见，近年来天津市人均文教娱乐消费增长接近两位数字，也在快速增长区间，增长明显。

表 3—4 2005—2012 年天津市人均文化消费增长

单位：元、%

年份 项目	2005	2006	2007	2008	2009	2010	2011	2012
人均文教娱乐消费	1 284	1 452	1 640	1 609	1 741	1 900	2 116	2 300
年度增长率	100	13.12	12.92	−1.88	8.20	9.11	11.40	8.69

注：数据出自历年《中国统计年鉴》、《中国中心城市文化消费需求景气评价报告(2013)》。

3. 文化消费增长趋势总体向上

2005—2012 年，天津人均文化消费增长总体趋势向上。如以 2005 年为基准年份，2006 年增长 13.12%，2007 年增长 12.92%，可谓天津人均文化消费增长的黄金年份。2008 年，因受国际金融危机影响，天津文化消费有所下降，减少了 1.88%。但从 2009 年起继续呈现较为强劲的增长态势。2009 年增长 8.20%，2010 年为 9.11%，2011 年为 11.40%，2012 年为 8.69%。

① 王亚南，高书生．中国文化消费需求景气评价报告(2013)[M]．北京：社会科学文献出版社，2013.

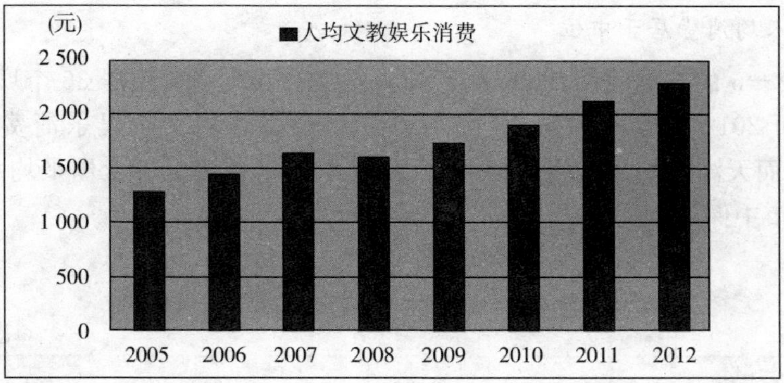

图 3-2 2005-2012 年天津市人均文化消费增长

(二)天津文化消费在全国的排位

1. 总量排行降到 21 位

2006 年,天津文化消费总量占全国 36 个大中(中心)城市①文教娱乐消费份额的 1.64%,排行为第 17 位。2011 年是天津文化消费总量增长较高年份,年度增长率为 12.33%(表 3-3),但仅占全国 36 个大中(中心)城市份额的 1.36%,位居第 20 位。而到了 2012 年,天津文化消费总量占全国的份额则下降到1.32%,排位也退居到第 21 位。见表 3-5。

表 3-5 2005-2012 年天津文化消费总量全国排行

单位:亿元、%

年份 项目	2005	2006	2007	2008	2009	2010	2011	2012
文化消费总额	98.46	112.36	128.26	127.12	138.99	152.90	171.75	188.44
占全国城镇份额	1.62	1.64	1.65	1.56	1.54	1.45	1.36	1.32
历年增长全国排序	—	17	18	27	17	19	20	21

注:数据出自历年《中国统计年鉴》、《2013 年中国中心城市文化消费需求景气评价报告》。

① 全国 36 个大中(中心)城市是指全国各直辖市、省会城市及计划单列市。包括:1 大连、2 广州、3 天津、4 北京、5 上海、6 武汉、7 沈阳、8 南京、9 哈尔滨、10 太原、11 重庆、12 青岛、13 成都、14 西安、15 济南、16 长春、17 长沙、18 杭州、19 深圳、20 乌鲁木齐、21 郑州、22 昆明、23 兰州、24 贵阳、25 合肥、26 石家庄、27 福州、28 南宁、29 宁波、30 呼和浩特、31 厦门、32 南昌、33 海口、34 西宁、35 银川、36 拉萨。

2. 人均消费居于中位

表 3—6 的数据表明，2005 年天津人均文教娱乐消费位居 36 个城市中第 14 名，而 2012 年下降为第 18 名。2012 年全国人均文教娱乐消费增幅为 9.82%，而天津人均文教娱乐消费增长率为 8.69%，略低于全国平均水平，在 36 个城市中保持中位。

表 3—6　2005—2012 年天津人均文化消费增长及排位

单位：亿元、%

项目＼年份	2005	2006	2007	2008	2009	2010	2011	2012
人均文教娱乐消费	1 283.70	1 452.17	1 639.83	1 608.97	1 740.85	1 899.50	2 116.01	2 299.82
年度增长率	100	13.12	12.92	−1.88	8.20	9.11	11.40	8.69
历年增长全国排序	14	12	11	14	14	16	15	18

注：数据出自历年《中国统计年鉴》、《2013 年中国中心城市文化消费需求景气评价报告》。

3. 支出占比有所下降

居民收入与居民文化消费水平密切相关。表 3—7 表明，2005 年，天津人均文教娱乐消费占人均可支配收入的比重为 10.16%。到 2012 年，天津人均文教娱乐消费占人均可支配收入的比重为 7.53%，下降了 2.63 个百分点。2005 年，天津人均文教娱乐消费占人均可支配收入中支出的比重为 13.3%。到 2012 年，天津人均文教娱乐消费占人均可支配收入中支出的比重为 11.21%，下降了 2.1 个百分点。在全国 36 个城市中文化消费水平占收入比的排序中，2005 年天津排名第 22 名，2012 年为第 24 名。

表 3—7　2005—2012 年天津人均文教消费占收入、支出比重

单位：%

项目＼年份	2005	2006	2007	2008	2009	2010	2011	2012
文教消费占收入比	10.16	10.17	10.03	8.28	8.13	7.82	7.86	7.53
收入占比全国排位	22	21	17	24	22	25	24	24
文教消费占支出比	13.30	13.77	13.63	11.99	11.76	11.47	11.49	11.21
支出占比全国排位	21	20	13	19	19	22	22	22

注：数据出自历年《中国统计年鉴》、《2013 年中国中心城市文化消费需求景气评价报告》。

通过数据分析可看出，天津文教娱乐消费需求增长在“十一五”期间显著下降，“十二五”开头有小幅回升，2012年仍呈下降趋势，始终徘徊在全国第22位。

（三）与其他中心城市的比较

中心城市是文化消费的主要市场，具有比较的标杆作用。通过四大中心城市在文教娱乐消费支出增长幅度、人均GDP增长、恩格尔系数变化、人均可支配收入增长，以及人均储蓄余额增长等指标的比较，可全面反映各地区文化消费的实际水平及其影响这一水平的经济因素。

2012年，天津人均GDP增长了11.59%，在全国中心城市中属于增长水平最快城市之一；但是人均可支配收入却仅增长了10.1%，是全国增长最慢的中心城市。受此制约，天津人均文教娱乐消费增长了8.69%，在全国排第18位。同一时期，全国人均GDP虽仅增长了8.97%，全国人均收入却增长了12.63%，高出天津2.53个百分点；全国人均文教娱乐消费增长则达到了9.82%，高出天津1.13个百分点。

2012年，全国恩格尔系数为36.21%。在这一水平下，全国人均文教娱乐消费占人均收入之比达到了8.28%，占支出之比达到了12.2%。2012年天津恩格尔系数为36.7%，而其文教娱乐消费占收入和支出之比仅为7.53%和11.21%，均低于全国水平。与此同时，天津人均储蓄额增长却高达15.23%，从一个侧面反映天津居民文化消费倾向不足。

对比北京、上海和广州三个城市。2012年北京人均GDP增长仅为7.12%，但是人均可支配收入却增长了10.8%，在恩格尔系数已降到31.3%的水平上，文化消费支出比却增长了15.54%，高于人均储蓄额13.17%的增长，文化消费增长位于全国第三。2012年上海人均文教娱乐支出增长14.20%，既高于人均可支配收入10.92%的增长，也高于人均储蓄余额9.06%的增长。同年广州市人均GDP增长8.53%，收入增长11.4%，文化消费增长13.55%，文化消费占收入比增长14.8%，文化消费占支出比则高达17.97%，居全国第一。从全国看，东部地区整体文化消费增长较快，而天津则处于东部地区文化消费增长较慢行列。

(四)文化消费结构的比较

“居民家庭人均文教娱乐支出”是国家统计年鉴中反映大众文化消费的一个重要指标。其内涵包括:文娱耐用消费品、教育、文化娱乐服务三个中类的消费数据。“文娱耐用消费品”包括电视机、激光视盘机、摄像机、电脑、钢琴等高档耐用消费品;“教育”包括中高等教育学杂费、专业技能培训学费、托幼费、纸张钢笔等文具、书报、杂志等消费;“文化娱乐服务”则包括电影票、景点门票、卡拉 OK、歌舞厅门票、文艺演出门票、有线电视初装费等。

表 3—8 第 1 栏的数据显示了天津市文化消费构成的基本情况。第二栏以后是全国平均的数据,以及其他直辖市和高消费地区代表广东省的数据,以便比较。

2012 年,天津文教娱乐消费中教育支出高达 40.23%,占据了文化消费比例的 4 成之多;文娱服务消费占 33.73%,文娱耐用品消费占 24.05%。在京津沪渝四直辖市和广东省中,天津市的教育支出占比最高。而最直接反映消费潜力的电影、演唱会、艺术演出、歌厅舞厅的文娱服务类消费却是四大直辖市中最低的,仅占到 33.73%。北京市该项消费占比高达 44.85%,上海高达 42.04%,重庆也高达 44.70%。而广东省,该项消费也达到了 44.81%。可见,包括艺术演出、影视、文化博览、歌厅舞厅、大型文艺活动等在内的文化娱乐服务消费成为天津文化消费的弱项。

表 3—8　2012 年人均文化消费构成分析表

单位:元、%

项目地区	消费性支出	文教娱乐消费及占比		其中					
				文娱耐用品消费及占比		教育消费及占比		文化娱乐服务消费及占比	
天津	20 024.24	2 299.82	11.49	553.15	24.05	925.25	40.23	775.82	33.73
全国	16 674.32	2 033.50	12.20	451.88	22.22	819.62	40.30	762.0	37.47
北京	24 045.86	3 696.98	15.54	823.54	22.27	1 214.34	32.85	1 658.20	44.85
上海	26 253.47	3 723.74	14.20	917.08	24.63	1 214.36	32.61	1 565.31	42.04
重庆	16 573.14	1 470.64	8.9	332.67	22.62	480.59	32.68	657.39	44.70
广东	22 396.35	2 954.13	13.19	552.09	18.69	1 078.38	36.50	1323.65	44.81

注:数据出自《2013 中国统计年鉴》、京津沪《2013 年统计年鉴》和《2012 年重庆国民经济和社会发展统计公报》。

四、天津文化消费的实例分析

(一)天津大剧院:2013 年的场次及观众

截至 2013 年 12 月 30 日,天津大剧院 2013 年共举办文艺演出 312 场,观众 30 万余人次。

1 月份,天津大剧院上演国家话剧院话剧《欲望花园》、林兆华戏剧工作室话剧《海淀之北》、《莫斯科国立交响乐团新年音乐会》、《皇家苏格兰国立交响乐团新年音乐会》、《布拉格爱乐乐团新年音乐会》等精彩演出 17 场。

2 月份,天津大剧院特别举办了"春节演出季",上演了《俄罗斯国立模范小白桦艺术团访华演出》、《洛林·马泽尔与芝加哥交响乐团音乐会》、《金蛇狂舞——天津新春音乐会》、《甲子四折——裴艳玲》等精彩演出 8 场。

3 月份,天津大剧院承办了《贝多芬全集——天津歌剧院交响乐团系列音乐会 2》、《泱泱国风——中央民族乐团音乐会》、《普契尼三幕歌剧〈托斯卡〉》、《舞的盛宴——美国杰佛逊青年舞蹈团中国巡》、《独角戏〈我这一辈子〉》等精彩演出 17 场。其中,《普契尼三幕歌剧〈托斯卡〉》连续演出两场,拉开了大剧院当年歌剧制作大幕。天津大剧院发布"天津大剧院 & 天津音乐厅 2013 演出季日历",并配合举办艺术普及讲座 30 余场。

4 月份,天津大剧院推出《乐士浮生录——古巴哈瓦那沙龙音乐会》、《约尔格·德穆斯钢琴独奏会》、《柯林·安德鲁斯经典管风琴作品音乐会》和现代舞《玫瑰之名》、小剧场话剧《你好,打劫》等 28 场精彩演出。

5 月份,天津大剧院推出首届天津国际室内乐音乐节,为观众奉上了《德国伍腾堡室内乐团音乐会》、《克莱默、德瓦瑙斯凯特和陈萨钢琴三重奏音乐会》、《天交弦乐四重奏音乐会》等 33 场重磅精彩室内乐演出。

6 月份,天津大剧院为观众奉上了歌剧《蓝胡子公爵的城堡》、《端午节音乐朗诵会》、《耶鲁大学合唱团音乐会》等 39 场精彩演出。其中,6 月 5 日,《唐诺·鲁尼克斯与费城交响乐团音乐会》在天津大剧院成功上演。通过 LED 大屏幕现场直播,千余名市民在亲水平台上免费观看了演出,与音乐厅内的观众共同感受了"费城之声"的美妙与震撼,让天津观众感受了高雅艺术的魅力。

7月份，天津大剧院为观众奉上《夏尔·迪图瓦，王羽佳与英国皇家爱乐乐团音乐会》、匈牙利歌剧《弄臣》、《游吟诗人》、《阿依达》等33场精彩演出。

8月份，天津大剧院上演《西班牙民歌之夜——纳瓦拉室内合唱团音乐会》、大受欢迎的《久石让和宫崎骏作品视听音乐会》、《辉煌的历程——钢琴大师殷承宗卡耐基音乐厅首演30周年音乐会》、江苏省昆剧院昆曲《南柯梦》全本、芬兰魔术儿童剧《消失光芒的灯泡头》等精彩演出40场。一直延续"打开音乐之门暑期音乐节"的天津大剧院为天津的观众尤其是少年受众提供了很好的寓教于乐的精彩演出场所。

9月份，天津大剧院上演歌剧《俄狄浦斯王》、《但愿人长久——中国唐宋名篇音乐朗诵会》、小剧场话剧《大前门》、《伊莎贝拉的房间》等24场精彩演出，让天津观众感受了高雅艺术的魅力。

10月份，天津大剧院上演的俄罗斯马林斯基剧院芭蕾舞剧《天鹅湖》、《安娜·卡列尼娜》，《双甲之约——纪念梅兰芳诞辰120周年梅派经典剧目展演》，中国台湾国光剧团《金锁记》、《王熙凤大闹宁国府》，《平夏斯·祖克曼和加拿大国家艺术中心交响乐团音乐会》等精彩演出23场。

11月份，天津大剧院上演濮存昕主演话剧《刺客》、《建筑大师》，《放牛班的春天——法国圣马可童声合唱团音乐会》，《中国国际钢琴比赛获奖选手音乐会》等精彩演出25场。

12月份，天津大剧院上演的王君安越剧《柳永》、《玉蜻蜓》深受观众喜欢，君迷们欢聚一堂。天津大剧院还重磅推出《祖宾·梅塔与西班牙瓦伦西亚皇后歌剧院交响乐团音乐会》，成为中国最重要演出之一。另外天津大剧院12月还上演了《蓝色多瑙河——世界名曲新年音乐会》、连续六场《维也纳管弦乐团新年音乐会》以及《铃儿响叮当——圣诞合唱音乐会》、《平安夜——世界经典合唱音乐会》等精彩演出25场。

(二)2013年天津电影院线票房分析

2013年度，天津市电影院线的票房取得了很大的突破，全市全年票房达到3.312亿元，较2012年增长25.17%；观影人次10 243 115人次，较2012年增长25.14%；放映场次555 056，较2012年增长20.53%。2013年新增影院10家，新增银幕数量70块，全市数字影院数量已经达到51家，银幕总数接近350

块。从影片结构上来看，2013国产片票房约为1.917亿元，2013进口片票房约为1.394亿元，两者比例约为6∶4。

五、制约文化消费增长的障碍及政策建议

(一)制约天津文化消费增长的因素分析

1. 收入分配增长缓慢，文化消费缺乏动力

2010—2012年三年间天津GDP增长均位于全国首位，分别为17.4%、16.4%、13.8%；但可支配收入仅增长了9.7%、5.6%、10.1%，处于全国最低行列。与这种较缓的收入增长相对应，天津市人均文化消费的增长仅为9.11%、11.40%、8.69%，处于全国中等水平以下。2012年的其他数据显示，天津城镇人均可支配支出中，居住支出6.26%，医疗保健支出5.25%，通信支出3.64%，必要支出占比较高；另外CPI居高不下，恩格尔系数也高于全国水平，造成消费预期较差，抑制了居民文化消费。

2. 文化产业供给简单，难以满足文化需求

文化产业作为文化产品的主要供给方，其发展程度直接影响着居民的文化消费。盘点2013年天津的文化节庆活动，除了“第六届中国·天津妈祖文化旅游节”较有特色之外，其余如“和平杯”中国京剧票友邀请赛、“天穆杯”全国农村小品展演等均为文化惠民活动，不涉及直接的市场消费。而面向普通大众的艺术演出和文化节庆活动仍然太少。而且，文化产品的供给者大都为政府行为，还未形成完全的市场主体，也没能从市场细分角度有针对性地开发文化产品，造成文化产品和服务的供给与消费者的实际需求之间出现脱节。

3. 消费主体观念滞后，教育支出挤占文化消费

在文化消费链条中，最终起决定作用的是居民文化消费的意愿和倾向。文化消费作为一种较新的消费观念，目前还未被天津市广大居民所接受，一些消费者仍秉承“以满足生存需求为特征的节约型消费”原则，宁愿将财富用于居住、交通和通信消费等基础生活方面；由于更加关心下一代的教育问题，因此会将较多支出用于教育，从而挤占了其他文化消费份额；一些中老年居

民文化活动主要集中在电视、报纸、听广播等传统方式,对新兴的文化活动参与较少。

4. 处于投资拉动阶段,内容产品供给缺位

目前天津市文化投资方向基本是文化基础设施建设。依据市统计局发布的报告和文化部数据,近三年天津连续投入1 000亿元建设文化基础设施,如津湾广场的国际影城和小剧院,银河广场中的大剧院、博物馆、图书馆等;3年增加了七成。2012年,投资亿元以上的文化大项目更是达到128个之多。而针对文化内容特别是原创内容的投资规模不超过1个亿,相比基础设施建设投入微乎其微,直接影响了文化产品供给的数量和质量。

(二)推动文化消费增长的政策建议

1. 完善收入分配制度改革,增强居民文化消费能力

推动天津市文化消费的需求,须从主客观两方面入手。客观方面来看,天津市人均可支配收入较低、CPI居高不下、恩格尔系数高于全国水平、文化产品价格较高,均直接抑制文化消费。CPI和恩格尔系数短期内很难通过政策手段调节,但人均可支配收入较低、文化产品价格较高的现状是可以在短期内通过政策调整的。因此,建议天津市政府继续加快完善收入分配制度改革,提高居民人均可支配收入,以增强市民对文化产品及服务的消费能力。这对于文化消费的拉动,以及对天津文化创意产业的发展将起到直接推动作用。

天津市在2013年2月国务院发布《关于深化收入分配制度改革的若干意见》后,也制定了框架性的收入分配改革意见,确定了居民收入倍增、将收入差距控制在合理区间、重点提高劳动报酬在初次分配中的比重三个目标,意见目前还未公布。同时,有专家呼吁,尽快制定天津市居民收入增长计划与实现措施,使居民收入增长具有更明确的预期和更高的透明度;加大对提高居民收入水平的督导和考核力度,可以将提高居民收入水平纳入市、区两级政府考核的约束性指标。

2. 出台文化消费补贴制度,提升文化消费意愿

文化消费需求的主观因素即市民文化消费的意愿和倾向对文化消费起决定作用,天津居民的文化消费尤其是对于文化服务的消费意愿较低。

2013年9月,天津市在全国率先出台了《支持高端演出、高端展览和公益文

化普及活动专项经费管理暂行办法》，市财政专门拨付经费 1 500 万元，支持高端演出、高端展览和公益文化普及活动。

高端演出补助标准原则上为演出直接费用的 50%，每场补助最高为 60 万元，每年补助不超过 12 场。高端演出补助专项经费按照“政府补助、降低票价”的原则，全部用于观众购票。同一高端演出项目，按照演出的场次予以补贴。对市财政给予演出补贴的高端演出，票价在 300 元以下的应占 50%以上。对天津博物馆、美术馆引进的国内外高端展览，根据引进成本给予经费补助，对各文化场馆举办的公益性文化讲座、培训和文化普及活动给予补助，免费为市民服务。

此外，为方便广大市民参与天津文化中心各文化场馆举办的各项文化活动，天津文化中心管理办公室还统一印制、免费发放“天津文化中心公益文化消费券”。

建议从市级层面出台科学系统的文化消费补贴制度，目前全国文化消费补贴制度有两种做法：一种是补贴文化类企业，一种是直接补贴市民消费。补贴文化类企业一般采取企业申报、政府有关部门择优审批的方式；直接补贴市民的一般是面向困难人群如低保户的定额定向补贴。建议探索将两种方式结合的消费补贴制度，可建立全市文化企业数据库，在这个数据库范围内的消费对居民进行直接补贴；同时每年通过消费金额、市民评价、专家评价等指标对数据库内企业进行以奖代补，实现需求与供给的联动补贴，既促进文化消费，更推动文化创意产业长远的良性发展。

3. 加大对小微企业的扶持，丰富文化供给结构

天津市文化创意产业不乏大项目，也不乏高端文化产品，缺的是多元丰富的文化产品结构，症结在中小型文化企业的弱小。文化创意产业发展初期可以通过投资引导和政策支持扩大规模，但随着产业发展，应将政策重心向下延伸。政策指向不应当仅仅为重点企业服务，更应该覆盖中、小、微类文化企业，吸引大批从事文化创作、创意设计的人才进入这个行业，提高企业数量规模，而不仅仅是提高单个企业的规模。天津市政府应出台系统性的中小微文化企业的投融资扶持政策、税收政策、人才政策、知识产权保护政策等，加强对文化创意产业中小企业的扶持及人才引进。

同时，天津市政府可引导银行等金融机构和文化创意产业园区对中小微企业进行有效扶持，如天津分行与天津滨海高新区国家级文化与科技融合示范基

地智慧山签订战略合作协议，北京银行向该公司提供5亿元信贷额度，用于支持园区内科技型与文化创意型企业的发展，还向智慧山入园企业提供以“创意贷”为代表的多种贷款融资产品，助推中小企业发展。

2013年10月，天津首家文化类小额贷款公司——天津文化产业小额贷款有限公司开业运营，主要面向文化产业企业提供小额贷款等金融服务。该公司由天津北方文化产业投资集团发起成立，是经主管部门批准成立的非银行金融企业。公司服务对象是全市的文化企业，主要业务包括小额贷款、票据贴现、贷款转让等。目前已向天津滨海广告产业园等十余家公司发放贷款4 000余万元。

4. 加大对内容产品的扶持，大力提高供给数量

天津市目前面向普通大众的艺术演出、文化节庆活动、特色文化消费产品数量仍然太少，一个重要原因在于政策倾斜文化基础设施建设和重大项目建设，这在产业发展初期是合理的，但随着产业发展步入发展期，对原创内容的政策扶持应成为重点。天津市财政局、市委宣传部自2010年设立天津市文化产业发展专项资金以来，聚焦原创文化产品，对具有一定规模实力、成长性好的文化科技企业投资的文化产业项目进行多渠道的资金扶持，有效丰富了天津文化消费的供给。文化部将通过继续实施国家动漫品牌建设和保护计划，培育和建设一批民族动漫原创品牌，推动社会资本与动漫企业的合作。天津市尤其是滨海新区在扶持原创动漫品牌方面进行了卓有成效的工作，例如滨海高新区将每年拿出专款用于动漫游戏作品原创的补贴、奖励、贴息等。企业申报动漫游戏产业项目，经专家评审确定为重点扶持的项目，最高按项目实际完成投资额的20%给予资助，最高不超200万元。同时，在滨海新区申报、国家广电总局批准的原创电视动画片，在省级电视台黄金时段播出的，最高奖100万元；在中央台黄金时段播出的，最高奖励200万元。此外，滨海新区原创动画电影在全国院线上映，播映所属权限区域内的首轮票房达到1 000万元以上的，奖励出品方40万～100万元。公开播映、发行的原创动漫游戏作品在国内获国家级政府类及行业类重大奖项的，根据其获奖等级，给予最高不超过100万元的奖励；在国际上获得权威大奖的，根据其获奖等级，给予100万～200万元的奖励。

（南开大学滨海开发研究院文化创意产业研究中心：康军、王琳、谢思全、尹良润）

第四章

大连：加速聚集，走向创新，全力打造“智慧城市”的大连模式

一、2013 年大连文化创意产业发展概况

二、大连市文化消费基本情况

三、大连市文化消费对文创产业的提升作用

四、大连市文化消费促产业发展的典型事件

五、以文化消费带动文创产业发展的探索实践及前景

一、2013 年大连文化创意产业发展概况

2013 年，大连文化创意产业出现了四大典型特征：一是走向规范、加速发展的产业环境与机遇；二是走向稳步提升的产业实力；三是走向特色、前沿、创新的产业趋势；四是大连文创产业亮点不断。

(一)走向规范、加速发展的产业发展的环境与机遇

1. 全面构建智慧城市，文化创意产业加速发展

2012 年 8 月，大连市委十一届三次全会提出坚持全域城市化、新型工业化、城市智慧化和农业现代化的"四化"统筹战略。2013 年 10 月，大连市成为辽宁省唯一入选的全国首批"智慧城市"试点示范城市。借入选东风，在"智慧城市"战略引领下，目前大连市文化创意产业取得了快速发展，形成智慧产业、智慧政府与智慧社会三大生态体系，实现可持续发展的城市与产业共繁荣格局。目前，大连正力争在 3 年示范期内，达到区域与行业联动、创新与产业并进、示范经验领先的目标，并全力打造"智慧城市"的大连模式。

大连市文化创意产业发展受到市委、市政府的大力关注。2013 年 4 月 8 日，市委常委第二次集体学习，省委常委、市委书记唐军强调要做好传统产业优化升级和培育战略性新兴产业两篇文章，把智慧和创造融入服务业，促进服务与创意对接；7 月 29 日，唐军在市委十一届五次全会报告中指出，要把创新驱动作为提升经济发展质量效益的重要途径，加速发展现代服务业，突出抓好研发设计、文化创意、信息服务等生产性服务业；10 月 16 日，唐军主持市委常委第五次集体学习时强调，坚持品牌导向，大力发展现代服务业和创意产业。

显然，大连的城市管理者已经意识到文化创意产业肩负着对中国城市整体

转型的战略引领作用，是驱动城市转型发展的重要动力。

2. 政策环境：政策规划与发展平台同步搭建

近两年，《大连市文化产业发展规划（2011－2020年）》、《大连市创建国家公共文化服务体系示范区建设规划》、《大连市公共文化服务体系建设规划（2013年—2020年）》、《大连市绿色经济发展规划》相继出台，为文化产业发展做出了强有力的规划。目前《关于加快文化产业发展的若干政策规定》、《大连市文化产业促进条例》等文件法规正在抓紧制定。到2020年预期和导向目标："十二五"期间，文化产业增加值年均增长20％以上，到2015年争取达到700亿元，占当年GDP的7％以上。到2020年，文化产业增加值争取达到1 600亿元，占当年GDP的10％以上，把大连打造成为文化强市。构建发展平台方面，大连正在着力构筑三大服务平台：文化创意产业信息引导平台、创意产业技术产品交易平台和创意产业投融资平台。

各区市县政府也逐步对文化创意产业规划、政策的制定和平台建设予以重视，如中山区出台了《中山区促进区域文化创意产业发展扶持办法（试行）》、《中山区文化创意产业发展实施方案（草案）》等政策文件；高新区致力于打造国际一流的设计产业孵化平台、设计产业服务平台、设计产业交互平台，努力建设中国最好、世界知名的设计产业集聚区。

3. 市场环境：人才、产业、项目快速聚集

2012年，大连市以优异的综合评价指数跻身中国十大创新型城市行列，全社会研发投入GDP占比达2.1％。大连市已有文化经营法人单位7 000多家，从业人员近8万人，借长期发展的积淀，2013年人才、产业、项目快速向大连聚集。大连市委、市政府倡导建设全国首个"中央文化区"——大连生态科技创新城，目前，研发设计产业园已经初具规模，面积达到80万平方米，500强企业5个，预计2014年底企业数量达100家，研发人员达到5 000人，投融资平台预计引入基金投资100亿元。北方金融科技产业园正在建设；文化产业园、锦联新经济产业园，以创新产业和创新产业的孵化等为主，正在选址；大连广告创意产业园成为"国家级广告创意产业试点园区"。万达集团的金石文化旅游区项目、文化产业创新城项目和凤凰文化创意产业城项目等几个大项目总投资额达1 300亿元之多。为加大文化产业人才培养，由人力资源和社会保障部组织实施的文化产业创意师培训工程2013年12月6日在大连启动；为加大文化产业

版权保护,2013 年 10 月 25 日下午,“辽宁省版权局大连世品版权工作站”正式挂牌,这是辽宁省版权局在大连设立的第三个工作站。

4. 融资环境:政府与企业并进

全市层面:2013 年 3 月 6 日,大连市文广局与中国工商银行大连市分行签署了金融支持文化产业发展战略合作协议,这标志着大连市文化产业投融资平台正式建立。工商银行今后五年内为大连市文化产业将提供不少于50 亿元的融资服务。

各县市区层面:近年来,中山区委、区政府大手笔设立千万元文化创意产业扶持资金,先后扶持了十大文化创意产业基地;金州新区每年拿出 10 亿元文化产业发展资金,在财政、税收、规划土地、工商注册、投资融资、人才培养和引进六项政策上,六力并发建立扶持保障机制,打造文化新区。

企业层面:一批产业加大融资,实施品牌发展战略,如广播电视台和报业集团为依托的新闻传媒业,大连乾豪数字原创三维动画和大连博涛多媒体 3D 互联网引擎等产品的研发生产为依托的动漫游戏业,工程勘察设计、广告和会展等为依托的文化创意和设计服务业,海昌集团海洋文化,旅顺口近代史文化、金石滩综合体验文化等项目为依托的文化旅游业,出版大市的出版和印刷业,“高满堂”工作室、华臣、万达电影院线为引领的影视业,杂技团、歌舞团和艺隆演出公司为依托的文化艺术服务业,阿托拉斯乐器制造公司和大青集团为依托的乐器和青铜雕塑制造业。

5. 基础环境:区位优势发挥、国际交流扩大

大连作为东北地区对外开放的窗口和经济发展的龙头,具有交通便利、商贸活跃、国际交往频繁、对外文化交流广泛、文化的吸纳和辐射空间广阔等独特区位优势,对发展文化创意产业具有巨大的辐射力和吸引力。《2013 年两岸城市文化创意产业竞争调查报告》公布两岸 42 个城市的文化创意竞争力排行榜,大连文创竞争力位居第十。根据国家统计局《文化及相关产业分类》对文化产业划分的 9 大类别,目前大连市文化产业涵盖这 9 大类别。从全市情况来看,大连新型、高端的文化产业发展及产业链条,已见端倪。其中,可圈点的有:中山区的“两圈一带”及“四大功能区”的建设;沙河口区已形成的“四大园区”和“四大产业链”交叉融合的综合性文化产业布局;高新园区大连动漫游戏产业已形成原创动画、3D 技术及国际合作产业为核心的企业集群。高新园区“大连设

计城”的设计产业“官、产、学、研”相结合，按照“低成本、高起点、国际化”三大发展战略，以“设计产业化、产业设计化”的发展道路，打造国内一流的设计产业孵化平台、国际一流的设计产业服务平台和交互平台。截至2013年底，大连市拥有国家级文化产业示范基地5家（大连普利文化产业基地、大连大青文化产业集团、大连发现王国、大连圣亚海洋世界和大连海昌企业发展有限公司），省级文化产业示范基地3家（大连世纪长城光电子科技有限公司等），省级文化产业示范园区1家（大连金石滩文化产业园），全国文化重点出口企业6家（大连理工大学出版社有限公司、大连博涛多媒体技术股份有限公司、大连金山互动娱乐科技有限公司、大连坐标数码科技有限公司、大连新世纪印刷信息产业有限公司、大连杂技团）。

（二）走向稳步提升的产业实力

1. 总体实力进一步扩大

2013年，大连市在动漫游戏、数字会展等文化创意产业领域都取得了重大进展，培育出了一批龙头企业，建设了一批产业化基地，创新了一批文化产品。此外，作为国家级文化和科技融合示范基地建设的依托载体，大连高新园区也已经建立了涵盖科技创新、产业发展、创业孵化等各方面的政策体系。大连的目标是把大连建设成为具有巨大辐射能力的区域文化产业中心城市和文化强市。

2012年，大连被评为全国文化体制改革工作先进地区，11月6日，大连又成为首批国家公共文化服务体系示范区城市。大连独创了一个满足人民群众文化需求、引领个体和社会健康发展、激发城市创造力和凝聚力的载体——“打造文化大连”，2013年已经是第11个年头了，已经成为大连市持续时间最长、惠民力度最大、群众参与面最广的品牌文化活动，广大市民在积极的人生追求、高尚的情感境界和健康的生活情趣中获得了精神上的丰富和满足，真正实现了文化自觉、文化自信乃至文化自强。

近年来，大连市文化创意产业呈现出健康快速的发展势头，保持长江以北城市电影票房第二的业绩，动漫游戏、影视剧制作、传媒产业、文化旅游等也已成为大连文化创意产业发展的新亮点，文化创意产业增加值一直高于同期GDP增速，年产值过亿元甚至十几亿元的文化企业超过十余家，一批投资规模达到几十亿元、数百亿元的大型文化创意产业项目相继落户大连。117家央企中唯一总部设在大连的华录集团，已逐渐向文化创意企业转型，已经成为国内领先的智慧城市技术产品供应商和文化创意企业，电视剧《媳妇的美好时代》、电影《建国大业》等在国内外产生良好的反响。

2. 创意领军人物影响力彰显

王健林，大连万达集团股份有限公司董事长。中共十七大代表、第十一届全国政协常委、第十届全国工商联副主席。2013 年福布斯中国富豪榜榜首富豪。

万达集团从 2005 年起投资文化产业，2012 年成立北京万达文化产业集团，注册资本 50 亿元，资产 310 亿元，年收入 208 亿元，已成为中国最大的文化企业，在世界文化企业中排名第 38 位。万达文化产业版图涵盖电影院线、影视制作、影视产业园区、舞台演艺、电影科技娱乐、主题公园、连锁娱乐、报刊传媒、字画收藏、文化旅游区 10 个行业。

2013 年，万达文化产业迅速壮大。哈尔滨"万达城"、长白山滑雪场、西双版纳大型主题公园、50 家高端旅游度假酒店和多个国际顶级水平的大型舞台等都在顺利推进，万达即将在大连金石建立的世界最大的影视文化产业园，会将影视外景地、影视制作区、影视体验区、影视会展区以及旅游、商业、酒店群结合，形成一个完全闭合的影视产业链。

大连万达并购全球排名第二的美国 AMC 影院公司，总交易金额高达 26 亿美元，成为迄今为止中国在美国娱乐业中最大的一起并购案，这也使得大连万达集团成为全球规模最大的电影院线运营商。

万达文化集团已明确发展目标，2016 年资产达到 500 亿元，收入达到 400 亿元，进入世界文化企业前 20 名；2020 年资产和收入均达到 800 亿元，进入世界文化企业前 10 名，成为世界一流的文化企业。

3. 收入效益持续改善

2013 年，大连文化创意产业连续多年超过全市 GDP 的增幅，高新技术产业年产值突破 7 000 亿元，服务业产业增加值达到 3 000 亿元，电影票房达到2.58 亿元，同比增长 19.3%，从对全市经济的贡献看，高新技术产业增加值占 GDP 的比重达 25.6%，同比提高 4.5 个百分点。

各区县发展形势喜人，2013 年前三季度，高新区文化创意产业健康发展，实现销售收入 66.2 亿元，形成了数字传媒、影视制作、动漫游戏、创意设计、文化培训五大文化创意产业板块，未来5～10年，高新区将建设成为世界多媒体加工处理基地、动漫游戏文化产业集散中心和文化创意产业输出中心。同时，国家级文化和科技融合示范基地将充分发挥带动与辐射作用，至2015年，大连市文化产业增加值争取达到500亿元，占当年GDP的6%以上。培育100个文化和科技融合示范企业，实施100个重大文化科技创新项目。金州新区2013年，新登记注册文化企业30家，完成招商引资额28亿元，文化产业增加值47.52亿元，同比增幅达到30.2%。文化创意产业项目层次显著提升，投资500亿元的世茂嘉年华定位为目前国内规模最大的高端综合旅游项目；金州湾古城文化产业示范区总投资240亿元，通过“建旧如旧”将千年金州古城风貌重现于世人，打造具有历史风情的文化旅游项目。两大文化创意产业龙头项目将拉动金州新区相关配套产业成几何倍数激增，推动全域城市化实现新的跨越。中山区文化创意产业年营业额20亿元左右，利税总额1亿元左右；现代传媒年营业额20亿元左右，利税2亿元左右。

4. 就业人数逐步增加

2013年，大连市文化创意产业就业人数持续增加。各类文化创意产业单位，目前已有20 000多家，从业人员超过20万人。中山区文化创意产业形成一定规模，为区域经济提供了新的增长点。其中，演艺文化基地以长江路为轴线，集聚了200多家文化演艺企业，从业人数5 000多人；现代传媒基地聚集了文化传媒企业200多家，从业人数8 000多人。

为吸引大学生创业，2013年9月11日，预计投资18亿元的大连学子创意产业园项目进行签约仪式。项目建成后，大学生们可以在学习时就进行创业，同时为那些从就业转为创业的大学生提供创业平台。建成后五年内拟支持200家创业企业，每家企业实现2 000万元营业额的目标，创意园内企业合计实现年销售收入40亿元，同时成为每年万名大学生就业、创业的培训基地。

(三)走向特色、前沿、创新的产业趋势

1. 城市特色产业结构明晰

大连的文化创意产业形成了五大特色：一是动漫产业，指以“创意”为核心的动画制作、网络游戏等数字娱乐行业。重点发展文化创意相关软件支撑技术和应用服务模式，推动软件技术与文化创意内容的融合，催生一批先进文化软

件产品和公共技术平台。如高新区，以软件和服务外包为主导的特色产业企业已达1 500多家，区内东软、华信、文思海辉三家企业出口收入连续7年蝉联全国前三名。

二是创意设计业，重点发展工业设计、平面设计、服装设计、城市与建筑设计、室内设计，以及广告创意与设计、品牌策划与营销等行业的产业集聚园区。如729艺术空间项目投资总额为15亿元，是集文化、艺术、购物、餐饮、商务、休闲等多功能为一体的大型城市文化产业基地，成为大连的“798”。

三是教育培训业，按照城市发展和产业转型升级要求，重点加快发展高等教育、继续教育、职业技能培训、社会文化生活教育和考试辅导及其他教育产业等。仅高校毕业生，每年约7万人。

四是文化会展业，指文化类会议经济和富有文化创意特色的展览业。重点培育服装设计、动漫游戏、工艺美术、金石书画、雕塑摄影、作家作品等文化研讨峰会和展览会。如大连西城国际旅游商务区智慧谷，将辖区85平方公里区域规划成集国际旅游、国际会议、国际度假、休闲体育、文化创意、总部经济于一体的示范区，打造东北地区最好的文化创意、总部经济聚集区。

五是海洋文化休闲旅游业，指大连沿海地带以人文资源为内涵的休闲旅游业。重点发展从事涉海文化产品生产和提供涉海文化服务的行业，具体包括滨海旅游业、涉海休闲渔业、涉海休闲体育业、涉海庆典会展业、涉海历史文化和民俗文化业、涉海工艺品业、涉海艺术业等。如2013年6月21日，2013大连长山群岛国际钓鱼节在小长山乡正式拉开了帷幕，全方位展示小长山乡丰富的自然风光和特色渔家风情。

2. 跨界融合日益显现

当前文化创意产业正在呈现出新的发展趋势，表现出在生产方式与商业模式上发生变革、基于信息技术跨界融合、全球生产网络浮现等新特征。通过科技融合、空间融合、产业融合与社会融合，文化创意产业对城市转型发展形成驱动作用。

2012年12月20日，科技部、文化部等四部门联合发布了认定国家级文化和科技融合示范基地的通知，大连被认定为全国18个国家级文化和科技融合示范基地之一。为此，大连市制定了《大连国家级文化和科技融合示范基地建设规划》，成立了科技文化融合协同创新联盟，实施了科技文化创新工程专项。大连被认定为国家级文化和科技融合示范基地后，科技、宣传、文化、新闻出版和广播电视等单位将进一步整合资源，加速技术、人才、资金、政策等要素集聚，促进文化科技成果产业化；加快推进文化科技产业新兴业态的形成和发展，促进区域产业结构调整和优化升级；加强文化科技产业集群建设，探索集群式创新发展的新模式，切实发挥示范基地的示范、辐射、带动作用。

以金州新区为例，正在促进文化和科技融合、文化创意和产业融合，文化产业与周边产业融合度高。在英特尔、路美芯片等龙头生产型电子信息企业的发展基础上，中合北大荒文化产业综合体项目将塑造成一个工业经济时代文化科技创新的综合配套试验区；鲁美创意大厦以艺术设计为龙头，以动漫创意产业为核心，打造高校与市场紧密对接的产学研创意产业基地。金石滩国家旅游度假区提出“打造最美滨海旅游文化产业带”的构想，用文化内涵吸引游客、留住游客。向应街道以千亩薰衣草花田为主打，将农耕文化、红色文化做强做大，2013年荣获“中国最美乡村”等三项国家级大奖。金马国际图书广场建成后将填补东北区域无大型原版图书市场的空白；“电子图书馆”将推动社会快速进入网络和信息化的时代。

3. 产业聚集区各有风情

大连文化产业创新园区目前已经规划了“一城一带多组团”的布局，形成了大连云文化产业创意城、星海嘉年华海洋文化产业带以及由传媒广告出版组群、文化创意产业项目组群、高校文化创意项目组群、设计产业项目组群、时尚产业项目组群、旅游海洋运动项目组群等多组团组成的重大龙头项目。

金州新区文化产业品牌化、集群化趋势明显。目前，有大青集团、发现王国2家国家级文化产业示范基地，金石滩国家旅游度假区为辽宁省文化产业示范园区，大连世纪长城光电科技有限公司为首批省级文化产业示范基地。在这些品牌示范性项目的引领下，金州新区文化产业集聚效应逐步凸显。自东向西依次形成了城山头自然保护区与古城文化集聚点、金石滩旅游文化集聚点、大学城文化孵化产业集聚点、开发区文创休闲产业集聚点、金州老城传统文化产业集聚点和金渤海岸现代文化服务业聚集点，由点到面形成了业态丰富的文化产业集群。

高新区“十二五”期间，将以总投资额350亿元的大手笔进行凌水湾区域改造和总部经济基地的建设。形成以高端服务业为载体、以高端产业为核心、以高品质生活为文化底蕴的总部生态经济圈。甘井子区，整合现有广告创意产业相关资源，创建大连广告创意产业园，推动大连乃至东北地区的广告创意产业向专业化、规模化、品牌化、国际化的方向发展，促使广告产业由传统产业向现代服务业方向转变。旅顺口区正着手建设太阳沟历史文化街区，定位为全市最具特色的文化创意产业示范园区。届时，太阳沟的老建筑和街区将实现历史与现代的有机融合，焕发出新的生机与活力。

4. 文化会展创新不断

根据大连城市特点——“住在大连、游在大连、学在大连、创业在大连”，将大连会展定位为国际风景旅游城市、国家级文化产业名城、东北亚重要中心城市和辽宁省政治、经济、文化中心；根据大连的城市规模和国际化程度，培育并鼓励大型会展集团进军国际市场，扩大经营范围，参与国际会展业竞争，成为在国际上具有相当知名度的会展旅游城市；根据大连的区位特点，将大连会展的区域定位为我国黄渤海地区的重要会展中心城市、辽宁的会展联动城市；根据大连会展业的专业特色，将大连定位为充分发挥当地产业优势的一个有文化品位、讲究生活质量、组织完善、服务周到的会议主导型会展城市；根据大连会展规模，将大连会展定位为可举办超大型专业性会议、展览规模中等的会议与展览协调发展的会展城市。充分利用大连众多名片、品牌的影响力，培育属于大连自己的具有大连特色的国际化会展品牌，走以特质化取胜之路。

“十一五”期间，大连软件交易会、海外学子创业周、服装纺织品博览会等一批本土出生的会展项目，经过精心培育，历经探索打造，先后成长为国家级展会，成为大连会展业的龙头展会，发挥示范引领作用。2013 年，第十八届大连国际汽车展览会、中国大连进出口商品交易会暨大连国际工业博览会、第八届中国(大连)国际服装纺织品博览会、第十一届中国国际软件和信息服务交易会、第十届中国国际专利技术与产品交易会等 12 个本土展会展出面积都已超过 2 万平方米，继续保持领先态势，牢固占据展会规模第一方阵。

2013 年 7 月 24 日，集拍卖交易、展览展示、艺术创作、文化交流、现代物流五大平台于一体的综合性文化产业综合体——壹号文化港正式启幕。该项目是目前国内最大的单体文化项目，将打造成集文化艺术品展示拍卖、文化交流、藏品鉴定等功能于一体的全国性文化产业平台，填补大连市文化产业上下游衔接的空白。中国美术家协会主席刘大为认为，壹号文化港的启用给文化产业，特别是拍卖行业带来了前所未有的创新，通过有效的资源共享，这里将成为拍卖行、收藏家、艺术经纪人、画廊甚至艺术家的资源共享空间与沟通交流平台。

(四)大连文创产业亮点不断

1. 鲁美文化创意产业带形成

截至2013年11月,大连鲁美文化创意产业带已完成初步建设。该项目以鲁美文化创意产业大厦为主体,辐射文化创意产业及衍生品的街区建设,提出“学生艺术文化市场”概念设想。该项目首批已入驻企业25家,拟注册30家,实现注册资金3 000万元,2013年产值将达2 000万元,预计三年后产生经济效益10亿元。①

鲁美创意产业大厦利用鲁迅美术学院大连校区原2万多平方米的艺术博物馆,在保留原博物馆功能基础上改建增项,开发出了供创意产业办公、研发、经营、展示需要的不同空间。鲁美创意产业大厦主要依托鲁美专业优势,打造创意产业发展所需的设计、研发、制作、会议、展览、办公等功能和环境,同时以动漫创意产业为核心,引进相关产业公司入驻,打造有特色、有示范性、有辐射力的中国最大创意产业产学研发展平台。鲁美创意产业大厦综合了孵化器、写字楼和公共技术平台等创新载体,是支撑科学文化创意产业自主创新与科技进步的重要公共科技创新服务平台,将进一步提升新区科技载体整体水平,大规模承载以智力为引领的创新创业活动,积极推进“艺术”与“科技”融合,助推新区产业转型升级,加快新区科技发展与转化,打造文化创业产业新亮点。

2. 大连设计节打造生活新创意

2013年6月28日,由光华设计基金会、大连市人民政府联合主办的“2013中国(大连)设计节”在大连世界博览广场开幕。设计节举办了中国·大连国际创意产业博览会、DDF中国设计论坛、2013中国海外学子创业周开幕式、全国设计产业园区联盟代表座谈会、设计产业协会代表座谈会等活动。自2008年以来,大连设计节已成功举办五届,逐步发展成为一个集展览、论坛、大赛于一体的综合性、专业性、国际性的设计界盛会;成为展示中国设计业最新成果的窗口、展示设计人才的舞台、交流设计信息的桥梁、推动设计产业的引擎。本次设计节有近百家国内外著名创意设计机构和企业参与,200多位中国设计教育领域泰斗、设计创意产业领袖、中国设计业十大杰出青年代表、国际设计奖项负责

① 杨艾璐,辛敏娟.大连鲁美文化产业产值两千万[N].半岛晨报,2014-03-23.

人、境内外机构代表等专业高端人士参展参会，各类设计创意展品突破 1 500 余件。①

中国创新设计红星奖，作为中国当前最具影响力的专业设计类奖项，自 2006 年设立开始，其奖项的国际水准和社会公信力始终备受关注。2010 年和 2012 年，红星奖分别与韩国“好设计奖”、澳大利亚“国际设计奖”实现了标准互认，这使得中国设计红星奖在评审标准水平上又迈上了一个新的台阶。2013 年的博览会上，红星奖携带 2012 年度近百件优秀获奖作品参展，涵盖了创意家居、户外运动、办公用品、3C 电子等多个领域。

3. 2013 大连首届墙画艺术大赛举办

2013 年 7 月，一个在墙上作画的创意启动，11 月，她已经变成了东港商务区内壮观的千米手绘墙。让创意描绘梦想，为城市穿上彩衣。“2013 大连首届墙画艺术大赛”自 7 月 16 日启动以来，得到了大连市 15 所艺术院校（系）和社会美术机构及众多墙画爱好者的热烈响应，共收到参赛作品 500 多幅，进入复选的作品 240 幅，由于场地及绘画规模所限，最终有 50 余幅作品被展示在东港之滨的千米画墙上。11 月，组委会组织专家评审团对参赛作品进行了公正权威的评审，最终评选出一等奖 1 名，二等奖 2 名，三等奖 6 名，优秀奖 37 名，入围奖若干名；并评选出大赛优秀组织单位奖 15 名，优秀指导教师奖 17 名。

从扮美树洞到扮靓楼院，大连市民用自己独特的方式表达了对“美”的敏锐感受和热烈追求。为了将这份对大连的“美”与“爱”进一步延伸，大连日报积极组织推进墙画大赛，用艺术扮美城市“里子”和“细节”，展现大连这座城市的艺术品位、梦想活力和生活追求。墙画大赛被中央电视台在国庆日新闻联播“祝福祖国”栏目中播出。

4.“大连国际机场文化艺术长廊”启动

2013 年 8 月 10 日，大连国际机场，600 多延长米和 4 个展厅组成的文化艺术长廊正式面向过往旅客开放。市文联与大连国际机场达成共识，依托大连市丰富的文化资源与独特的本土艺术，在候机厅腾出厅室，共同建设了艺术品展示基地，展出了包括中国民间文艺最高奖山花奖得主韩月琴、面塑艺术家刘吉程等大连民间艺术家的作品。从 2013 年开始，大连国际机场投入资金，按标准

① 2013 大连设计节隆重开幕——东道会上做“用户至上”发言[EB/OL]. http://www.shijue.me.

建造了展柜、橱窗和展示板，雕刻了由中国书法家协会主席张海先生题字的牌匾，并且又辟出了三个展厅，形成了“四点一线”立体式，融本土性、艺术性和公益性为一体的文化艺术长廊。

该文化艺术长廊设计古朴，装潢典雅，既有民族特色，又融合国际气息，令人赏心悦目。在600多延长米和4个展厅组成的总面积2 600平方米的范围内，展出了近百位大连本土文艺家创作的文学、绘画、书法、陶艺、摄影、民间艺术等各门类200多件作品，琳琅满目，格调高雅，成为大连国际机场与大连市文学艺术界联合会共同为中外旅客和广大民众精心营造的文化高地和艺术殿堂，向来往群众和国际游人展示大连人的精神风貌和建设成就。

大连国际机场还辟出展室，以贝壳标本、海鸟照片等形式向中外游客展示了大连的海洋文化。

大连国际机场2012年进出空港的中外旅客已超1 300万人次，国际（境外）旅客吞吐量居全国第4位。展示内容将不断充实更新的“大连国际机场文化艺术长廊”，实际上等于在客流最为密集的地段建了一座艺术馆。①

二、大连市文化消费基本情况

（一）大连居民文化消费现状与趋势分析

改革开放30多年来，大连市城乡居民收入大幅度增长。从消费情况看，居民生活质量明显提高，消费的社会化、市场化程度在进一步增强。“恩格尔系数”回落到37.1%，城乡居民的食品消费已从温饱型开始向营养型转变，消费习惯呈现出多样化态势。社会购买力的普遍提高，使得居民对于艺术产业生产的价格较高的消费品有了更高的承受能力。随着大连市居民物质生活条件的改善，居民对于精神生活的要求逐渐提高，对艺术产业的需求日益加强。

2013年，全市实现地区生产总值7 820亿元，增长11%；公共财政收入850.01亿元，增长13.3%；固定资产投资6 750亿元，增长20%；社会消费品零售总额2 513亿元，增长13%；城市居民人均可支配收入30 238元，农村居民人

① 大连机场文化艺术长廊为国内外旅客送上一道文化大餐[EB/OL]. http://news.sina.com.cn.

均纯收入 17 717 元，分别增长 9.8%和 10.8%；城镇登记失业率控制在 2.61%。经济实现逆势发展，保持了区域竞争的优势地位。

2013 年，大连现代服务业不断壮大。高新区、生态科技创新城聚集多家世界 500 强企业研发和设计中心。恒隆广场等 10 大项目加快建设，市区集聚企业总部 115 家，“亿元楼”增至 8 座。旅游总收入 910 亿元，增长 18.6%。服务业增加值 3 280 亿元，增长 9.2%。

2013 年，大连人民群众共享发展成果。民生支出大幅增长，就业、教育、社会保障等方面的投入达到 712.4 亿元，增长 26.3%。文化体育全面发展，普湾新区“三馆”建设加快，大连京剧院新建工程等有序推进，公益性文化场馆全部免费开放，艺术院团演出 1 400 多场、送戏下乡 300 场。大连市成为首批国家“公共文化服务体系示范区”城市，大连文化产业创新园区全面启动。①

2013 年，大连市圆满完成国家公共文化示范城市创建工作。公共博物馆(包括遗址类和非遗址类)、图书馆、展览馆、文化馆、纪念馆、电子阅览室、图书室等公益性文化场馆全部免费开放，公益性博物馆、展览馆全年共举办展览 41 个，接待观众 207 万人次，较上年增长 128%，其中未成年人 34 万人次，较上年增长 136%，均创历史新高。由于免费开放和精品展出，大连市博物馆参观人次实现井喷式增长。旅顺博物馆共接待国内外游客近 50 万人次，较上年增长 2.62 倍；大连现代博物馆更名为“大连博物馆”，改陈取得重大进展，全馆共接待观众 65.9 万人次，较上年增长了 3.64 倍；旅顺日俄监狱旧址博物馆接待观众 40 万人次，是上年的 2 倍。②

2013 年，大连市依托村级文体活动室、农家文化大院和城市广场，组织开展各类群众文化演出 1 524 场，较上年增加 1/3。各艺术院团在国内外演出 1 417 场，其中对外(含港澳台地区)演出 567 场。人民文化俱乐部先后推出新春演出季、话剧、舞剧、交响乐演出季等，2013 年承办演出 457 场。宏济大舞台举办演出 78 场。高层次、多门类的演出和惠民的票价，让更多百姓走进剧场。2013 年城市影院票房收入超过 2.58 亿元，同比增长 19.3%。大连华臣影业公司积极开拓外地市场，迄今为止已在 7 个城市建设了 20 家影院，旗下影院票房总收入 2.25亿元，同比增长 7%。大连市 26 处文化遗产被列入第七批全国重点文物保

① 来源于“大连市政府工作报告 (2014 年 1 月 7 日 李万才)”。

② 黄华. 博物馆接待观众同比增长 128%[N]. 新商报，2014－01－23.

护单位，42 处被列入第六批市级文物保护单位。新增市级非遗项目 12 项。2013 年，大连市文化产业发展势头良好。目前正在建设的几个大项目总投资超过 900 亿元，一批文化创意产业项目相继落成。大青文化产业集团投资 2 亿多元的“729”艺术空间正式对外营业，壹号文化港投入运营，大连皮尔蒙特服装文化创意产业园一期工程竣工并投入使用。

(二)大连居民文化消费的诉求分析

国家统计局大连调查队日前基于城市居民住户的调查显示，近 10 年来，城市居民文化娱乐消费增速高于同期收入和消费增长，成为除衣、食、住、行、医疗保健外的最大消费。文化娱乐消费是用于文化娱乐用品和文化娱乐服务方面的消费支出。调查显示，2012 年大连市城市居民人均可支配收入 27 539 元，比 2003 年增长 202.6%，年均递增 13.1%；人均消费支出 20 417 元，比 2003 年增长 163.1%，年均递增 11.4%。其中，2012 年人均文化娱乐消费达到 1 473 元，比 2003 年增长 268.3%，年均增长 15.6%。相对收入水平的提高和消费支出的增长，文化娱乐消费呈现了更快的增长态势。

从文化娱乐消费在总体消费构成中的地位看，文化娱乐消费已成为大连市城市居民衣、食、住、行、医疗保健之外的最大一类消费。调查同时显示，文化娱乐消费支出占消费支出的比重从 5%左右，迅速增长到 2012 年的 7.2%，文化娱乐消费的增长速度和比重增加幅度仅次于交通通信类，远高于其他各类消费。仅次于衣食住行医排第六位，大连人文娱消费更舍得“砸”钱了。①

调查根据户主特征分组分析显示，从年龄看，户主年龄在 40 岁以下的青年家庭的人均可支配收入、消费支出均最高，相应的文化消费及其占消费支出的比重也最高。从就业情况看，收入越稳定，闲暇时间越充足，文化娱乐支出越高。从受教育程度看，受教育程度越高，人均可支配收入、消费支出和文化娱乐支出越高，文化娱乐支出占消费支出的比重越大。大连时尚消费投入度在 50.0%以上；人均可支配收入增长在 14.0%以上，高于一线城市水平。

① 徐伯元. 大连人文娱消费更舍得“砸”钱了[N]. 大连日报，2013－06－12.

三、大连市文化消费对文创产业的提升作用

(一)以促进文化消费带动产业规模扩大

在大连,每到周末人民文化俱乐部、宏济大舞台、大连国际会议中心大剧院、中升文化中心都会有国内一流的演出,不少文艺爱好者只能顾此失彼。从过去要靠坐飞机去外地看演出,到现在常为选择哪一场演出而犯愁,大连文化市场的变化不仅是演出密度的增大,演出水准也在不断提高,大连人的业余文化生活越来越丰富,欣赏水平越来越高。与此同时,以惠民低价票为主的文化惠民措施,让更多的市民走进剧场欣赏高雅艺术,成为寻常百姓也能负担的日常文化消费。这一切,源于政府的"文化购买机制"。

"文化购买机制"形成了政府买单、百姓欣赏、剧场和院团受益的发展模式。通过对人民文化俱乐部、宏济大舞台、大连国际会议中心大剧院等企业给予资金扶持和奖励,推出 30 元惠民票,票价整体亲民;四大专业艺术剧团深入北三市农村及敬老院、中小学举办公益演出及艺术普及活动,让更多的人群走近艺术;非职业性的大连城市国际交响乐团深入社区、广场,演出锻炼队伍。此外,群众特色文艺基地巡演 400 场,夏季广场演出 100 场,为农民工聚集地和敬老院免费放电影的"2151 工程"以及为城市农民工集聚地放映公益电影 100 场;文化志愿者举办 1 000 场城乡广场(农家大院)文化活动……"文化购买机制"以更多元化的形式,将演出、电影、图书直接送到市民、农民身边。

以大连现代博物馆为例,2013 年 9 月份,国宝"勾践剑"展出创下了 13 天 10 万人次的纪录。年底参观人数突破 70 万人次,这个数字将是历史新高。为耐心培养市民文化消费习惯,大连现代博物馆相继举办过 20 余场专题展出,2013 年,越王勾践剑引起大连市民极高的观展热情。第一天,前来观看越王勾践剑的市民已经超过 1 500 人。"文化购买机制"激励了博物馆、展览馆举办精品展的积极性,好展览也引发参观者的蝴蝶效应。现代博物馆已经签订了第二年的一部分展览,如非洲的兵器展、湖南省博物馆的马王堆展等。

"文化惠民"带来的影响近两年真正凸显。"文化惠民"的意义在于,当物质极大丰富后,可以为市民提供源源不断的精神供给,让人们有足够的修养去认

知幸福感的真正含义。政府的“文化购买机制”为“文化惠民”开了好头，下一步还应引入更多的竞争机制，让购买的产品种类和品质不断提高，惠及更多的市民。[①]

为促进文化发展和消费，近年来，大连市建设了大量公共文化设施。老百姓在家门口就能参加文化活动，十分便利。在市区，仅以西岗区为例，“500米文化圈”的公共文化布局，通过完善公共文化设施建设，让百姓走出家门，就能近便找到自己感兴趣的文化活动场所，开展喜爱的活动。“500米文化圈”，就是让市民走出家门，在500米以内就能享受到公共文化服务设施和文化服务。西岗区勾画了城区内市、区、街、社区四级公共文化设施分布图。在一份“西岗区‘500米文化圈’黄河社区布局示意图”上，密密麻麻地布满了圆点、方块等标识，这些标识代表了9个活动室、4个校园文化广场、5个书店和报亭、2个市民大舞台、8个综合文化广场和西岗子公学堂旧址。在全区公共文化设施分布图中，居民们可以清楚地找到157个文化活动室、14个小型剧场、9个文化广场等文化设施的地址路线，出门走上几分钟，就有地儿可以唱歌、跳舞、看演出、看电影。

作为公共文化服务体系建设的一项重要指标，文化服务的便利性在大连市城乡各地得到了很好的贯彻。在普兰店市安波镇综合文化站，一曲《好日子》让大婶们跳得红光满面，全不顾天色已晚要回家做饭。“不着急，离得近，5分钟就走到家了。”居民黄桂静说。据了解，为了体现文化服务的便利性，大连市在文化服务设施和场所上下足了功夫。还通过流动服务车、移动图书馆、电影放映队等流动性服务，将文化生活带给广大市民。近年来，通过农村公益电影“2151工程”，大连市每年在全市行政村、敬老院和农民工集聚地放映公益电影1.3万场次以上，不让一个人遗漏在文化服务之外。未来，这种文化服务便利性还将得到进一步加强。

（二）以文化消费市场化推动文创产业发展

大连文化消费市场化渐入佳境。2013年，人民文化俱乐部第三届“亿达之声——大连夏季国际艺术节”开幕还有9天时，由刘晓庆、郭晓冬主演的四场话剧售票已近告罄，其他的场次也出票良好。买票看演出的人越来越多，这一可喜变化得益于几年来大连市委、市政府及文化部门、演出场馆对市场的精心培

① 黄华.30元，市民享文化大餐[N].新商报，2013－12－03.

育，对市民观赏习惯的用心培养。大连的高端演出越来越多，像人民文化俱乐部每年能接200多场国内外高端演出，交响乐、芭蕾舞、歌剧、话剧、相声等艺术形式都有，让大连观众的艺术视野更加开阔。如今，周末去剧场看演出已经成了大连人的一种生活方式。

这几年通过政府票价补贴、与企业联姻办文化、推出年卡等方式，人民文化俱乐部每年票价都有所下降。支持文化消费市场化的还有很多意识超前的企业，如亿达集团，虽然是艺术节的主办方之一，也要花钱买票。

大连在“慈善公益活动、私人party/酒会等”社会活动和“观看时装秀、艺术展、画展、音乐剧、话剧等”文化艺术活动消费支出方面相对较高。借此，中山区合理引导，现有从事文化创意产业的企业2 400多家，从产业布局上初步形成了六大基地，即文博会展基地、创意设计基地、服装服饰设计基地、演艺文化基地、茶文化基地、现代传媒基地；从空间布局上形成了“三片二区一带多点”格局。三片即民主广场片文化演艺业、特色主题酒吧业，青泥洼桥片互动演艺业，南山片日韩风情文化和私人会所业；二区即发展创意设计、文博旅游、会展业的东港区，发展咨询策划类及时尚消费类创意产业的人民路CBD区；一带即南部滨海路的观光旅游带。未来3～5年，中山区将加快“六大基地”和“三个中心”（民主广场周边演艺中心、老虎滩海洋公园周边大型户外演艺中心、文学与艺术品原创中心）建设，将文化产业培育成为全区的支柱产业之一；培育5到10家富有地方文化特色和具有区域产业竞争力的品牌企业。[①]

四、大连市文化消费促产业发展的典型事件

（一）大连演出市场红火，欲打造“大东北演艺圈”

2011－2013年，王菲、蔡琴、张学友、周杰伦、孙楠等华语乐坛的一线歌手都在大连举行过个人演唱会。张惠妹、梁静茹、周华健等以组合形式开唱，数十位巨星来连吸金。2013年10月，欧美偶像巨星贾斯汀·比伯来连开唱。越来越多的巨星瞄准大连。随着顶级场馆大连新体育馆的落成以及天歌传媒等专业

① 中山区在我市率先设立千万文化创意产业资金[N]. 大连日报，2011－10－21.

演出商的名声大噪，打造“大东北演艺圈”成为未来趋势。

过去几年，大连缺少开个人演唱会的场馆。2013 年，地标性文化场馆的相继建成和投入使用，让大连在承接高端演出时有底气，不比北京、上海逊色。比如，大连体育馆十二届全运会后，由全球最大的演出商之一——AEG 打造成一个文化演出中心，这是 AEG 继上海梅赛德斯奔驰中心、北京万事达中心之后，在中国管理运营的第三个场馆。这个场馆既有可以容纳万人和四五千人的场地，也有可以容纳千八百人的小剧场，而且场地各项设施以及场效、音效在目前中国都是顶尖的，AEG 手中还有一批如席琳·迪翁等国际巨星的签约。另外，保利旗下的大连国际会议中心大剧院投入使用后，也将成为大连文化演出的地标性场所，它所依靠的全国 32 家保利剧场连锁的演出资源，也将为大连演出市场带来新气象。①

(二)大连新《小红帽》红遍全国 20 余个城市

2013 年 8 月 29 日，大连艺隆演出公司旗下七色画艺术剧院的儿童剧新《小红帽》的全国保利院线 30 场巡演在内蒙古呼和浩特完美收官。本次巡演从 7 月 8 日启幕，54 天时间走遍了全国 16 个省份，这也是大连本土民营院团在国内巡演城市和场次最多的一次演出。

七色画艺术剧院是大连本土的一支民营艺术剧团。新《小红帽》邀请到权威团队进行打造，从编剧、导演等主创到舞美、灯光等后期制作的工作人员，都是国家一级专业人员，在舞美、灯光、道具等多方面进行了创新，舞台背景更富有现代感和立体感。

通过这次演出，国内的观众都知道了大连有这样一支民营院团。而新《小红帽》在国内的走红，也刚好在一定程度上缓解了目前儿童剧市场剧目空缺的局面。陈晓红说，事实上与一些成人剧目的“大制作”相比，新《小红帽》的模式算是小成本运营，但是团队的目标是将剧目做到精致、专业，只有这样才能获得全国观众的认可。②

① 大连演出市场欲打造大东北演艺圈[N]. 半岛晨报，2013－08－06.

② 大连新《小红帽》红遍全国 20 余个城市[N]. 大连日报，2013－09－03.

(三)大连国际沙滩文化节缤纷启幕

炫彩的沙滩、璀璨的大海、热情的表演、浪漫的巡游、鼎沸的人声……大连金石滩黄金海岸,大海的宁静被激情点燃,2013 大连国际沙滩文化节缤纷开幕。时间从 6 月 22 日至 8 月 24 日。沙滩文化节,是最能体现大连夏季旅游 3S 产品的特点、独具海滨文化特色的国际性旅游节庆活动。作为“浪漫之都 · 时尚大连”的一张靓丽名片,沙滩文化节为推动对外交流合作、提升大连国际知名度,拉动旅游消费、促进经济发展,推进现代化国际城市建设做出了重要贡献。

十年来,大连人独创全国首屈一指的沙滩文化节,宣泄激情,放松生活。沙雕艺术作品展暨市民沙雕大赛、沙滩节摄影暨微电影创作大赛、沙滩极限飞盘乐园暨国际沙滩极限飞盘公开赛、沙滩狂欢月活动、全国业余沙滩排球邀请赛、中国式摔跤跤王邀请赛、大连发现王国“狂欢加勒比”暑假庆典、“大连小姐”大赛、金石滩黄金海岸狂欢戏水季、中国(大连)体育舞蹈公开赛、“魅力中国行”全国青少年才艺大赛暨颁奖庆典、大连金石滩帆船邀请赛等多项活动异彩纷呈。金石滩作为首批国家级旅游度假区、国家级滨海地质公园、国家 5A 级旅游景区,文化产业发展成绩骄人,区内的大青文化产业集团、大连发现王国主题公园被评为国家文化产业示范基地;金石滩国家旅游度假区被评为“辽宁省文化产业示范区”。

(四)大连国际服装节暨国际狂欢节

2013 年 9 月 14—17 日,第 24 届大连国际服装节暨国际狂欢节和 2013 中国(大连)国际服装纺织品博览会成功举办。本届“两节一会”活动主要呈现三个特色:一是突出服装产业与文化相结合。为大力宣传和推广大连市服装品牌,加大服装平台影响力和服务功能,服装节期间举办大连 2013 秋季时装周、“大连杯”青年服装设计大赛、“大连杯”时装画大赛、大连地工服装展等活动。二是专业性与国际性相结合。2013 中国(大连)国际服装纺织品博览会由商务部、中国纺织工业协会和大连市政府共同主办,展会期间举办开幕式和产品展示、明星展演、模特走秀、高峰论坛、品牌发布等 24 项活动,进一步彰显服博会专业品质和国际色彩。20 多个国家和地区近 200 家海外品牌,以及国内 30 多个城市的 600 多个厂商、400 余个品牌参展本届服博会。三是节日狂欢与群众参与相结合。时尚购物嘉年华暨国际时尚周活动,以“时尚就在你身边”为主题,向市民普及时尚文化。服博会举办参展服装品牌专卖。继续举办“我要美起来”等“五要”群众文化系列活动,举办“决战 T 台”等活动,进一步扩大群众参与。①

五、以文化消费带动文创产业发展的探索实践及前景

(一)以文化消费促产业发展的探索实践

《中共中央关于深化文化体制改革推动社会主义文化大发展大繁荣若干重大问题的决定》明确指出,要创新商业模式,拓展大众文化消费市场,开发特色文化消费,扩大文化服务消费,提供个性化、分众化的文化产品和服务,培育新的文化消费增长点。这为我们提高文化消费水平、促进文化产业发展指明了方向,提供了坚实的政策保障。

1. 强化政策引导功能

政府行为推动力在文化产业竞争力构成中比重大,作用尤为重要。一是要积极拓宽融资渠道,扶持中小型文化企业发展。不仅要出台相关的政策文件,完善与文化产业及文化市场相关的法律法规及制度体系,还要进一步加快投资、融资体系的建设。可适当放宽民间资本和外资进入文化产业的限制,支持一批有潜力的中小型文化企业上市。加快大连文化产权交易所建设,对缺乏抵押资产的小企业,探索以知识产权提供贷款担保等。二是扶持重点行业,构建现代文化产业体系。在发展壮大出版发行、影视制作、印刷、广告、演艺、娱乐、会展等传统文化产业的同时,加快发展文化创意、数字出版、移动多媒体、动漫游戏等新兴文化产业。按照“发展潜力大,成长性好、竞争力强”的标准和要求,做大、做强、做优文化产业的重点领域,重点扶持打造航母型文化企业,重点培植新兴文化业态,重点培育专业文化园区。三是求精做特,努力培育区域文化产业品牌。充分挖掘现有的文化资源优势和某些品牌优势,打造一批具有核心竞争力的知名文化品牌。四是形成生产与消费之间的良性互动循环,政府部门

---

① 第 24 届大连国际服装节暨狂欢节 9 月 14 日开幕[N]. 大连日报,2013—06—06.

应进一步采取切实有效的措施,控制城镇房地产价格,减轻居民的医疗负担,从而降低消费热点对文化消费的挤出效应。五是立法积极保护居民享有的文化服务和文化消费的权利,尤其是涉及文化产品的知识产权保护问题。

加强文化消费市场的制度建设方面,建立文化产业的市场化运作机制:一是建立健全文化产品和服务的维权机构,加强文化产品和服务的维权力度。二是提高信息透明度,降低文化消费的交易成本。三是建立针对自主知识产权的交易平台并完善产权交易体系,为企业投融资和产权交易提供高效、便捷和规范的服务。

2. 创新文化产品和服务

文化消费与城镇居民的收入水平及消费结构存在着密切的联系。鉴于目前我国城镇居民收入的差异性,文化产业的发展必须确立多元化与多层次性的发展战略,提供从高端精品到低端普及型的系列文化产品,以适合不同收入阶层对文化消费的个性化需求。

文化企业的创新力度状况直接决定文化产业竞争力。一是文化企业战略要确立创新理念。文化企业始终要具有超越现实面向未来的“设计”,而不是“等待、观望、模仿”,要避免格式化,避免跟风,文化企业要以塑造创新理念来打造企业精神。二是引导企业进行优势互补,结成战略联盟。文化企业要想进一步提高自己的竞争力,必须拥有足够雄厚的实力。要充分发挥市场对文化资源的基础性配置作用,引导企业主动寻找适当的合作伙伴,通过优势互补,结成战略联盟关系,增强综合实力,抢占更多的文化市场份额。三是文化企业的产品要找准文化切入点,要有高水平的创意。在市场发展需求与大连自身文化资源属性特色相结合的基础上,文化企业可以大胆创意组合,实现产品创新。在文化资源产业化开发过程中,要推动文化资源与旅游、创意等行业的融合,重视原创能力的不断提升。四是充分利用大连高新技术产业的优势。可以将数字和网络等方面的高新技术融合到文化产业中来,加速发展与信息技术、网络技术相关联的文化数字业、网络游戏业、动漫产业、数字电视业等。

3. 提高文化消费意识

培育文化消费热点的关键是引导文化消费心理。深化文化认知,提高文化消费能力。文化消费能力主要由两个部分构成,一是文化购买力,二是文化鉴赏力。提高文化消费能力,增加国民收入是基础,关键是提高消费者文化鉴赏力。文化消费向时尚化发展是现代社会文化消费的重要特点，消费与时尚已密不可分。在潮流性消费和时尚消费中，消费者不仅接受着文化内涵，同时也通过自己的主动性理解和重构积极地进行着意义和自我的建构。

大连居民文化倾向比较务实，创新性文化需求不足。一是在消费观念上，要把文化消费作为扩大内需的重要组成部分，通过丰富人们文化消费知识，宣传、倡导文化消费观念，培育高质量文化需求，提升民众文化消费素质，促进文化消费需求升级；二是在消费心理上，要加强对群众消费需求的塑造和引导，鼓励积极的文化消费行为，引导健康的文化消费心理，矫正不良的文化消费习惯，培养人们对文化产品特别是文化创意产品的心理需求；三是在市场导向上，要加强对群众文化需求和文化市场消费的调查，对高、中、低消费群体要做市场细分，要研究不同层次的消费需求，强化市场反应能力，为文化产品和服务的创新指明方向；四是在产品供给上，要加大创新文化产品的生产和供给，让文化创新成果尽可能快地转化为消费的需要和动力。要加快文化创意产品的供给，造就一个崭新的创意示范城市；大力发展会展文博旅游业供给，打造世界品牌；大力拓展文化演艺娱乐业供给，努力提升城市艺术品位；加快网络文化产品供给，实施文化遗产和文化资源的数字化战略。

政府应考虑城镇高收入阶层与低收入阶层之间消费能力的差异性，引入宏观调控手段，利用财政、税收等政策合理调节、引导文化产品的生产及价格，采取差别定价、票价补贴等多种方式，降低城镇居民文化消费的成本，促进文化产品的消费均衡。

4. 培育新的消费热点

大连市“北方不夜港工程”项目建设进展顺利，并取得阶段性成果。大连“夜经济”产业更加炫亮，推进了全市产业结构调整，成为大连市经济新的增长点。借助临港临海的优势资源、完善的城市功能和良好的生活环境，在全市范围内整合城市夜间生活的各类要素，以炫丽的灯光系统为背景，以旅游消费和文化景观为载体，打造集文化、休闲、娱乐和商务于一体的“夜经济”产业，塑造独具特色的“夜大连”品牌。

目前大连市已培育 20 个“夜经济”特色商业街区，各商家通过调整营业时间，最大程度上满足市民及游客的夜间消费需求。部分公交线路也相应延长营运时间，主要商业区周边的公交线路末班车时间都在 23 时左右。大连市对主要大型商业网点的监测数据显示，入夏以来，大连市共举办了大型“夜经济”活动15项。近两个月,青泥洼桥、天津街、西安路、和平广场等商贸服务业集聚区的夜间客流量提高了15%。大连市还挖掘出特色美食、晚场演出、夜景观光、祈福购物、乡村体验、温泉滑雪六大系列发展“夜经济”的有关旅游线路。大连国际啤酒节是“夜经济”繁荣画卷上浓墨重彩的一笔。

大连市还积极搭建平台,大力发展文化产业,加快文化产业基地建设,正在筹办中的“旅游+文化+商业”的创新“3X”商业模式引起了各级领导乃至全国兄弟城市及同行的广泛关注。大连将迎来中国最大的旅游文化购物中心。中央大道建筑总长度450米,总建筑面积35万平方米,位于大连核心商圈西安路的核心地段,创造性地提出了“旅游、文化、休闲、娱乐、餐饮、体验、购物”七大中心功能概念于一体的经营模式,将整个购物中心打造成为一个旅游观光区。

(二)发展方向与未来展望

1.“顶层设计”宏观战略与“主题集聚”特质战略

大连市政府及各区市县政府,应进一步重点加强文化产业发展规划、政策的“顶层设计”,明确政府投入保障政策、文化经济政策、文化贸易促进政策、版权保护政策、法制保障政策五个方面的政策措施。建议成立以市领导为总负责人、相关单位负责人为成员的大连市文化产业指导委员会,负责全市文化产业发展战略、规划布局和重大事项的决策。强化大连市文化产业发展领导小组办公室管理、协调职能,进一步落实人员和经费。在全市11个区市县分别下设文化产业办公室,负责本区市县文化产业规划指导和日常管理工作。各区市县文产办由市文产办统一领导。

强调通过发展特质化“主题集聚”的文化产业,避免文化产业同质化,区域自身和区域之间能够围绕“主题”形成较完善的文化产业链条。按照文化产业发展的特殊性及规律,全市深入调研文化产业发展的资源,突出“产业主题集聚”、“产业元素特质”、“产业链条合理”、“产业规模成长”、“产业效益倍增”等文化产业发展的必备要素,在大连全域和区域互动谋划文化产业发展布局、方向、模式、链条、规模及效益。

2.“两个面向”市场战略与“三大核心”引领战略

大连市的文化产业发展,既要追求经济效益,又要确保社会效益,而且还必须体现大连特质文化、地理及开放优势,把面向居民生活、就业、收入、幸福感的内需拉动和面向国际市场外部需求发展文化产业统一起来，深入市场调研，准确把握需求，优化服务消费结构，赢得市场，努力实现社会效益与经济效益的最大化。

重点要把握实施好“三大核心”引领战略：以创意、创业、就业为核心，引领中小型文化产业的发展孵化，即为其提供“主题聚集”的场地、融资等有利成长和成熟的良好孵化环境，努力改变中小型文化产业“自生自灭”的发展困境，提升中小型文化产业孵化的成功率；以产业更新升级为核心，引领基地和园区的文化产业的发展成长，即以扩大产业总量、优化产业结构、完善产业链条，加快区域统筹发展，促进文化科技融合，推动产业与行业融合，来提升产业规模化水平和产业融合化水平，从而夯实基地和园区的文化产业的产值规模和增加值；以政府规划、政策扶持为主导，通过投资标志性的大项目引领城市的文化产业高端发展，即以创大品牌为圆心，规划高辐射带动力，强化对外交流，实施品牌带动，以提升文化产业国际化水平。

3.“四大维度”空间战略与“四大平台”建设战略

第一个维度：面向大连各区域谋划，重点是整合资源，资源共享；一域一品，突出特质；全市互补，联动共进；规模发展，提升效益。以之避免文化产业同质化，形成真正有双重效益的大连文化产业链条，建构具有大连特色的新兴文化产业体系。第二个维度：面向大连全域谋划，重点是做大做强“高端”的海洋生态文化观光产业、大连温泉文化产业、教育培训产业、非物质文化遗产开发等具有大连特质的文化产业，以促进就业、促进文化消费。第三个维度：面向中国，培育市场。重点是引进和推销市外的“品牌”高端科技智能产业和高端智能服务业，提升大连文化在全国的影响力。第四个维度：面向世界，走出去，请进来。重点是引进和推销国内外的“大牌”高端科技智能产业和高端智能服务业，提升中国文化在世界的影响力。

引进文化产业领军人才固然重要，培养和发现及重用本土文化产业管理、原创、领军人才更重要；完善相关平台的建设，更是至关重要。按照产业导向、统筹推进、市场配置、引培结合的原则，围绕大连市重点发展的文化产业，建设创新创业平台、人才培养平台、投融资平台、产品交易平台四大平台，为全市文化产业的发展，进一步创设更优的发展环境，进一步提供有效的公共服务。

4.“政策扶持”政策战略与“先扶后奖”优惠战略

目前，大连市文化产业增加值占全市 GDP 仅为 4%左右，处于初步发展阶段，因此政策扶持仍起重要作用。一是继续出台扶持文化产业发展的优惠政策，从产业政策、项目用地、财政税收、融资服务、工商管理等方面为文化企业提供有利的政策环境。二是继续加大资金扶持力度，在现有扶持资金的基础上，继续增加财政投入。三是完善公共服务体系，为文化企业孵化、成长搭建平台；积极培育和扶持文化产业中介组织和机构，使其充分发挥在政府、文化企业、消费者和市场之间的桥梁和纽带作用，加快完善大连市文化产业链。

研究设立大连市文化产业“基金”，为大连市文化产业提供发展资金保障。制定以文化产业“主题集聚”的中小型文化产业孵化机制，以促进就业、促进文化消费。“先扶”，即制定以文化产业“特质化”错位发展的优惠政策，以做大做强大连“独秀于林”具有可持续发展和后竞争力的文化创意产业；“后奖”，即制定以文化产业规模、产值、增加值为依据的奖励办法，以增强文化产业的社会效益和经济效益。以“先扶后奖”优惠战略，促进文化产业真正成为大连市国民经济新的支柱性产业，把大连建设成为具有巨大辐射能力的区域文化产业中心城市和文化强市。

（大连市创意产业协会、大连外国语大学文化传播学院：张恒军）

第五章

哈尔滨：引领冰城文化消费，促进文化产业发展

2013年，哈尔滨市全面贯彻落实十八大精神，按照加强“文化名城”建设的战略部署和建设国际化现代化城市的总体要求，着力加快发展文化产业，推动文化产业成为支柱性产业，注重文化产业与城市功能优化结合、文化与科技融合、文化与相关产业结合，落实促进文化产业发展的规划、人才、资金、财税等各项政策，使文化产业逐步成为国民经济新的增长点。近几年，哈尔滨市文化消费能力不断增强，文化消费结构不断优化，注重文化消费中的城市特色表达，扩大文化消费，积极推动文化产业快速发展。

一、2013年哈尔滨市文化产业发展情况

(一)文化产业发展现状

1. *总量规模逐步扩大*

哈尔滨市文化产业增速明显快于经济发展速度，为哈尔滨市转变经济发展方式做出了积极贡献。2012年，哈尔滨市文化产业实现增加值232.48亿元，按可比口径和现价计算增长22.7%，高于地区生产总值现价增速15.5个百分点；文化产业增加值占地区生产总值的比重为5.10%，比2011年提升0.64个百分点；对全市地区生产总值增长的贡献率为13.98%，拉动GDP增长1.01个百分点。文化产业增加值总量在副省级城市中居第十二位，增加值占GDP的比重居第七位，较2011年分别前移三位和五位。[①] 2012年，哈尔滨市文化产业单位数量稳步增加，吸纳就业能力不断增强。全市从事文化产业活动的经营单位共有1.98万家，按可比口径计算，比2011年增加650家，增长3.4%；从业人员

① 《2012年哈尔滨市文化产业发展情况公报》发布[EB/OL].哈尔滨新闻网，2013－10－26.

18.37万人，增加0.97万人，增长5.5%，占全市就业人员的比重为3.28%。①

2. 文化服务业占主导地位

一是文化创意和设计服务业发展迅猛。以广告服务、文化软件服务、建筑设计服务和专业设计服务等为主的文化创意和设计服务业实现增加值33.51亿元，比上年增长24.6%，高于全市文化产业增加值增幅1.9个百分点。其中：广告服务、文化软件服务、建筑设计服务和专业设计服务分别实现增加值18.75亿元、11.52亿元、2.44亿元和0.80亿元，分别增长24.3%、27.7%、16.7%和15.4%。二是哈尔滨市文化服务业总量最大、增速最快。从文化产业生产、销售和服务三大领域来看，2012年，哈尔滨市文化制造业实现增加值41.58亿元，比上年增长23.8%；文化批零业实现增加值52.97亿元，增长17.0%；文化服务业实现增加值137.93亿元，增长24.7%。文化制造业、文化批零业和文化服务业增加值占全市文化产业增加值的比重为17.89%、22.78%和59.33%，与上年的17.73%、23.89%和58.38%相比无明显变化。在十大行业类别中，从增长速度看，增速最快的三个行业是文化信息传输服务业、文化休闲娱乐服务业和文化创意及设计服务业，同比分别增长29.6%、28.5%和24.6%，分别高于全市文化产业增加值平均增速6.9、5.8和1.9个百分点。②

3. 中心城区与所辖县文化产业发展特点不同

近几年，哈尔滨市深化文化体制改革，加大文化产业扶持政策，文化产业快速发展。根据自身文化产业发展的优势条件，结合自身发展实际，各区、县(市)文化产业均得到不同程度的发展。从中心城区和所辖县文化产业统计结果看，一是中心城区文化产业占主体地位。从文化产业实现增加值来看，2012年，八区十县(市)中文化产业增加值超过20亿元的有四个区，分别为：南岗区(79.22亿元)、道里区(41.82亿元)、香坊区(30.07亿元)和道外区(26.91亿元)，这四个区实现的增加值占全市文化产业增加值的76.6%；从文化产业增加值占GDP比重来看，高于全市平均水平(5.10%)的地区有：南岗区(8.91%)、道里区(8.80%)、道外区(7.27%)、松北区(6.62%)、香坊区(6.00%)。二是所辖县文化产业增长速度高于主城区。从增长速度看，居前三位的是木兰县、平房区和延寿县，分别增长34.3%、32.9%和31.4%，分别高于全市文化产业增加值增

① 中共哈尔滨市委宣传部，哈尔滨市统计局.哈尔滨文化产业统计概览(2013).

② 同①。

幅11.6、10.2和8.7个百分点。[①] 平房区属于非主城区，是黑龙江省数字动漫产业园区坐落地，数字动漫产业发展迅速，有较大发展空间。

（二）文化产业发展环境优良

1. 加大文化产业政策扶持力度

近年来，哈尔滨市加大对文化产业政策的扶持力度，先后出台了《哈尔滨市深化文化体制改革工作实施方案》、《关于支持文化体制改革和文化产业发展的若干政策》、《关于鼓励和扶持动漫产业发展的意见（试行）》、《哈尔滨市文化发展规划纲要（2011—2015年）》、《哈尔滨市文化产业发展规划（2011—2015年）》和《中共哈尔滨市委关于加强文化名城建设的实施意见》等政策性文件。2012年哈尔滨市委宣传部、哈尔滨市金融办出台《关于金融支持文化产业发展的若干意见》指出："哈尔滨市鼓励开发适合文化产业特点的信贷产品，支持符合条件的文化企业上市融资，符合条件的文化企业可享受贷款贴息和保费补贴。"2013年出台《文化产业引导资金管理暂行办法》，拓宽融资渠道，支持符合国家和省、哈尔滨市鼓励发展的文化产业项目以及哈尔滨市委、市政府重点支持的文化企业，首批8家文化企业获得了3 180万元文化产业引导资金贷款。同时完善人才政策，落实各项财税优惠政策，有针对性地制定和实施一系列促进文化产业发展的优惠政策，为文化产业发展奠定了坚实基础。

2. 建立健全文化产业组织机构

哈尔滨市各级党委和政府在落实科学发展观的同时，始终坚持"两手抓、两手都要硬"的方针，以对人民高度负责的精神，非常重视对文化产业的组织领导，成立了由市主要领导任组长，各成员单位一把手为成员的哈尔滨市文化体制改革工作领导小组，主要负责文化体制改革和文化产业发展工作。同时为适应哈尔滨市文化产业发展，还成立了哈尔滨市文化产业发展协会。协会的成立将有效整合文化产业资源，促进产业结构调整，发现培养文化产业人才，推动哈尔滨市文化产业快速发展，为不同所有制、不同行业业态的文化企业和文化机构搭建一个更高层次、更为广泛的发展平台，为实现哈尔滨市文化产业又好又快发展贡献力量。

---

① 中共哈尔滨市委宣传部，哈尔滨市统计局. 哈尔滨文化产业统计概览(2013).

3. 完善文化产业发展的平台建设

哈尔滨市按照“上项目、创品牌，抓改革、促发展，积极打造支柱产业”的工作要求，积极完善文化产业发展平台建设。一是发挥项目引领文化产业发展的作用，着力推动文化产业跨越式发展，重点文化建设项目的拉动作用日益明显。二是依靠文化品牌活动促进文化产业发展，深入挖掘现有资源，运用现代市场手段，培育树立文化品牌。三是加强文化产业园区基地建设，大力发展以文化创意、数字出版、动漫游戏等为主的新兴文化产业。同时为更好地服务企业、促进文化和科技融合，哈尔滨国家级文化和科技融合示范基地还配套各类服务平台，建立生产力促进中心、新媒体支援中心、动漫专业孵化器、政府行政审批服务中心、黑龙江北方经济研究所、哈尔滨知识产权服务中心、黑龙江省北方文化产权交易中心等，为企业提供了良好的配套服务。金融一条街聚集了各大银行，为企业提供投融资服务。举办冰雪节、大学生动漫展、哈洽会、哈科会、韩国周等大型专业展会为哈尔滨新媒体产业发展搭建了宣传展示平台。这些平台的建设，促进了哈尔滨市文化产业的快速发展。

4. 加快文化产业人才队伍建设

哈尔滨市充分发挥优秀文化人才作用，整合文化教育资源，推进文化人才队伍建设。选拔一批有潜力的中青年文化人才，赴国内外知名媒体、文艺院团、大型文化集团研修考察或赴著名学府学习深造，培养一批优秀文化艺术人才、文化经营管理人才、文化经纪人才。建立与文艺发展规律和市场经济规律相适应的激励机制，确立知识、技术和管理等生产要素参与分配的原则，探索生产要素入股和期权分配制度，重奖有突出贡献的文艺人才。探索建立符合文化发展规律的文化人才考核评价体系，规范文化人才的资格证书制度。特别是哈尔滨国家级文化和科技融合示范基地与多所知名高校展开了人才合作，年培养技术人员 1 500 余人，其中高端复合型人才 300 余人，为创新型文化产业人才建设可持续发展奠定了基础。

5. 文化产业统计工作得到加强

按照国家统计局《文化及相关产业分类(2012)》的有关精神，2013 年哈尔滨加强文化产业统计工作，不仅在文化产业统计类型上有较大突破，统计文化生产单位数量显著增多。文化产业统计首次将 8 区 10 县纳入统计范围，为分析文化产业发展特征提供了基础性的数据。

二、哈尔滨市文化消费现状及影响因素

(一)哈尔滨市城乡居民文化消费现状与趋势分析

随着经济社会的快速发展以及人们生活水平的提高,哈尔滨市居民消费正由生存型、温饱型向小康型和享受型转变,居民文化消费在数量、质量上都发生了很大的变化。2012 年,哈市城镇居民家庭人均可支配收入 22 498.6 元,其中,家庭人均文化娱乐用品及服务支出 1 050.3 元,增长 18.5%,占城镇居民家庭人均消费性支出的比重为 5.96%,比上年提高 0.51 个百分点。农村居民家庭人均文化娱乐用品及服务支出 517.3 元,增长 22.7%,占农村居民人均生活消费支出的比重为 8.11%,提高 0.47 个百分点。[①] 从以上数据可以看出,随着哈尔滨市城镇居民收入的增加,用于满足自身精神娱乐和文化需求的文化消费也随之增长,人均娱乐支出由 2010 年的 642.7 元增长到 2012 年1 050.3元。[②] 见表 4—1。

表 4—1　2010—2012 年哈尔滨市居民文化消费支出表

单位:元

指　标	2010 年	2011 年	2012 年
城市居民人均文化娱乐支出	642.7	886	1050.3
文化娱乐用品	218.7	284.6	389.7
文化娱乐服务	424	601.4	660.6
农村居民人均文教娱乐用品及服务支出	337.1	421.6	517.3

1. 基础性文化消费

目前,哈尔滨市公共文化服务体系建设初见成效,公共文化服务网络日益完善,文化基础设施较为齐全。截至 2013 年底,全市共有专业艺术表演团体 6 个;文化馆(艺术馆)21 个;公共图书馆 18 个,图书馆分馆 50 个;各类电影放映

① 中共哈尔滨市委宣传部,哈尔滨市统计局.哈尔滨文化产业统计概览(2013).
② 中共哈尔滨市委宣传部,哈尔滨市统计局.哈尔滨文化产业统计概览(2012)、(2013).

单位 40 个；综合档案馆 19 个，专业档案馆 1 个。[①] 与此同时，哈尔滨市各类公共文化服务机构如图书馆、文化馆、博物馆、文化基地、少年宫等基本全部实现免费开放，并向社会公开服务时间、服务内容、服务标准和服务程序，认真做好窗口接待、场所引导、资料提供和内容讲解等工作，进一步增强了服务能力，提高了服务水平。随着哈尔滨市公共文化体系建设的不断发展和文化基础设施的不断完善，哈尔滨居民能够享受到更多的公益性文化资源和服务，进而为提高文化消费的水平和质量提供了平台。

2. 文化耐用品类消费

从 2010 年到 2012 年，哈尔滨市居民家庭文化娱乐耐用消费品按照类别划分，每百户城市居民家庭彩色电视机、照相机的拥有量变化不大，摄像机、家用电脑、健身器材、移动电话的拥有量保持增长，钢琴的拥有量减少。2012 年，每百户城镇居民家庭拥有彩色电视机 110.5 台，家用电脑 75.0 台，照相机 47.2 架，摄像机 14.1 台，移动电话 204.8 台；每百户农村居民家庭拥有彩色电视机 108 台，照相机 13 台，摄像机 14.1 台。[②] 每百户农村居民家庭拥有彩色电视机数量和城镇居民家庭拥有数量相差不大，而照相机和摄像机拥有数量相差悬殊。随着收入水平的增加，城乡居民文化耐用消费品的购买和拥有量也都将持续增长，城乡居民的业余文化生活不断丰富，文化消费质量和水平不断提高。

表 4—2　2010—2012 年每百户城市居民家庭文化娱乐耐用消费品拥有量情况[③]

每百户城市居民家庭拥有情况	2010 年	2011 年	2012 年
彩色电视机	111.6	111.2	110.5
照相机	45.2	45.0	47.2
摄像机	11.6	13.6	14.1
家用电脑	63.8	70.0	75.0
钢 琴	2.4	2.1	1.6
健身器材	3.6	3.7	4.0
移动电话	188.8	195.4	204.8

① 2013 哈尔滨市国民经济和社会发展统计公报[N]. 哈尔滨日报，2014—03—19.
② 中共哈尔滨市委宣传部，哈尔滨市统计局. 哈尔滨文化产业统计概览(2013).
③ 中共哈尔滨市委宣传部，哈尔滨市统计局. 哈尔滨文化产业统计概览(2011)(2012)(2013).

3. 娱乐性文化消费

随着收入水平和闲暇时间的增多，哈尔滨市城乡居民文化娱乐消费逐年升温。从统计数据可见，哈尔滨市居民文化消费的主体内容体现在娱乐性消费上，2012 年哈市城镇居民家庭人均文化娱乐用品及服务支出 1 050.3 元，增长 18.5%，占城镇居民家庭人均消费性支出的比重为 5.96%，比上年提高 0.51 个百分点。2012 年，哈市文化休闲娱乐服务业的增长速度位居第二，同比增长 28.5%，高于全市文化产业增加值平均增速 5.8 个百分点[①]。目前，哈尔滨市文化娱乐机构 1 806 家，从业人员7 538人。其中，歌舞娱乐场所 213 个；游戏电子游艺场所 267 家；网吧 1 169 家；各类公园、游乐园 90 个，年接待 7 200 万人次；电影放映单位 126 家，全年放映 158 千场，观影人数 1 075 万人；全市有线电视用户 150.7 万户，其中数字电视用户 142.2 万户。哈尔滨电视台全年公共电视节目播出时间 128 156 小时；哈尔滨广播电台全年公共广播节目播出时间 61 645小时。全市电视综合覆盖率99.95%，广播综合覆盖率 99.85%。[②] 哈尔滨市电影院线消费较为突出，2011 年票房总收入是 1.3 亿元，2012 年票房总收入是 1.5 亿元。[③] 积极发展好文化娱乐业，不断提升娱乐消费水平，满足人民群众的精神娱乐消费需求，对发展好哈市文化产业，提升城市整体经济实力都具有非常重要的意义。

4. 休闲性文化消费

随着哈尔滨市旅游、会展文化的发展，全市休闲型文化消费不断攀升。截止到 2012 年底，全市 A 级旅游风景区 81 个，五星级宾馆 2 家，四星级宾馆 24 家；旅行社 313 家，从业人员 2 550 人；全市旅游总收入达 554 亿元，比 2011 年增长 17.1%，接待游客 5 076 万人，入境旅游人数 24 万人。哈尔滨市目前共有演出剧场 10 个，座席 5 236 个，2012 年全年演出 513 场，观众人数达 26 万人。[④] 全市会展活动也蓬勃发展，2012 年主要会展活动共计 41 个，主要包括中国·哈尔滨国际冰雪节、第 23 届中国·哈尔滨国际经济贸易洽谈会、第十三届哈尔滨民间民俗艺术博览会、首届“迷人夏都”青少年文化博览会、2012 动漫产业博览

---

① 中共哈尔滨市委宣传部，哈尔滨市统计局. 哈尔滨文化产业统计概览(2013).
② 2013 哈尔滨市国民经济和社会发展统计公报[N]. 哈尔滨日报，2014－03－19.
③ 中共哈尔滨市委宣传部，哈尔滨市统计局. 哈尔滨文化产业统计概览(2013).
④ 中共哈尔滨市委宣传部，哈尔滨市统计局. 哈尔滨文化产业统计概览(2013).

会、第七届龙江文化产业博览会等。会展业的蓬勃发展不仅丰富了哈市市民的文化生活，同时也带动和刺激了文化消费的增长。

5. 发展性文化消费

2013年全年出版报纸51 664万份，出版杂志5 381万册，出版图书5 364万册。全年出版机构主营业务利润达56 106万元，比2011年增长5 438万元；全市动漫基地从业人员达2 000人，动画作品完成量2 096集，共15 600分钟；原创产品收入13 590万元，衍生产品收入16 503万元。[①] 可见，报纸杂志、图书等传统文化产品依然是居民文化消费的主要内容。但随着互联网的发展以及电脑等文化消费品的普及，网络文化以及动漫、游戏等新兴文化产品也将逐渐占据文化消费市场的主流，消费水平呈现明显上升趋势。

6. 教育培训类消费

随着生活质量的提升，哈尔滨市居民对教育文化类消费投资比重逐年增大。2012年，哈尔滨市促进学生文化素质和能力提升的各类培训班市场表现繁荣，由此推动教育培训类消费不断增长，该项目支出增长19.5%。[②] 与此同时，农村居民文化教育消费意识不断提升，一方面不断增加对子女教育经费的投入，另一方面也通过各种培训班来提高自身的知识水平和工作技能。2012年前三季度农村居民人均教育服务支出为230.7元，增长22.7%，占文化教育娱乐用品及服务支出的61.9%。其中，人均支出托儿费、小学初中教育费、高中学杂费、私立学院就读费等174.2元，增长26.0%。[③] 与此同时，各种塑形美体、瑜伽、舞蹈等艺术特长培训的学习者也从学生扩展到白领。由此可见，哈尔滨市的文化教育类消费不断提档升级，从消费内容到消费层次和质量，都有了很大的提升。

(二)影响哈尔滨市居民文化消费的原因分析

2011—2012年，哈尔滨市旅游、网络、娱乐休闲等文化消费都保持增长态势，但从总体上看，哈尔滨市文化消费水平和层次仍处于低位。国家统计局哈

① 中共哈尔滨市委宣传部，哈尔滨市统计局. 哈尔滨文化产业统计概览(2013).

② 2012年哈尔滨城市居民人均消费17 614元，居住支出增幅居首[EB/OL]. 东北网，2013—02—06.

③ 哈市农村居民有钱肯花1—9月人均生活消费支出4 185元[N]. 黑龙江晨报，2012—10—27.

尔滨调查队数据表明,2012年哈尔滨市居民消费性支出增幅为11.4%,仅比上年上升1.0个百分点,教育文化娱乐服务支出居末位,消费水平处于全国下游。分析原因,主要有以下几个方面。

1. 消费观念落后,对文化消费认识不足

目前,哈尔滨市居民在文化消费观念上还不够成熟,还处于盲从的、低端的状态,多数停留在网吧、游戏、看电视等传统的文化消费形式。因此,只有改变落后的消费观念,才能有力提升哈尔滨市的文化消费水平和层次。

2. 收入水平不高制约了文化消费的增长

影响文化消费的原因很多,但居民可支配性收入是其中最重要的原因之一。只有收入水平不断提高,才会把更多的精力投入文化消费中,从而拉动文化消费的增长。2012年,哈尔滨市人均可支配收入实现稳步增长,但收入水平在副省级城市中仍居末位,仅为第一位深圳市的55.2%,第二位广州市的59.1%,绝对值分别低18 243.3元、15 554.9元。比位次相邻的长春市低471.1元,与副省级城市年均收入差距由上年相差7 469.3元,扩大到8 858.7元。在东北地区四市中,哈尔滨市居民工资性收入和财产性收入水平最低,大连市、沈阳市和长春市工资性收入分别比哈尔滨市高出5 405.0元、2 904.2元、757.2元;财产性收入分别比哈尔滨市高349.1元、253.5元、0.2元。① 因此,要想提高哈尔滨市的文化消费,就必须提高当地人民群众的收入水平。

3. 公共文化服务能力不足,抑制文化消费需求的增长

近年来,哈尔滨市的公共文化服务体系建设得到了有效开展,但是从整体上看,由于投入资金匮乏等原因,哈市公共文化服务基础设施还比较落后,综合服务功能受到制约,与其他省市相比存在较大差距。哈尔滨市作为省会和副省级城市,文、博、图等代表文化水准的市级公益性重点文化设施严重滞后。市群艺馆、市博物馆、市图书馆现有设施面积和条件滞后于国家标准,特别是市群艺馆在全国15个副省级城市中居末位,只达到县(市、区)二级馆标准。哈尔滨市在册影院数相比沈阳和长春拥有的影院数是最少的,沈阳20家以上,长春13家,哈尔滨8家。同时文化人才储备不足,文化建设的领军人物、经营人才和专业人才相对匮乏。这些都制约了文化消费的增长。因此,必须加快哈尔滨市的

① 统计分析.哈尔滨统计网.

公共文化服务体系建设,不断满足人民群众的精神文化需求,从而带动文化消费的增长。

4. 文化产业发展滞后,制约文化消费水平的提高

哈尔滨市文化产业的发展还存在诸如结构不够优化、文化资源开发利用不足、缺乏具有竞争力的文化产业主体等问题。2012 年,哈尔滨市文化产业实现增加值 232.48 亿元,比上年提升 0.64 个百分点,拉动 GDP 增长 1.01 个百分点,文化产业增加值总量在副省级城市中居第十二位。虽然比 2011 年位次有所前移,但尚未形成规模优势,文化产品供求结构性矛盾较为突出。一方面大量文化产品难以进入市场,另一方面群众真正需要的文化产品却严重匮乏。从整体上看,哈尔滨市文化供给的规模、种类和质量与文化需求存在一定差距,阻碍了文化消费的扩大。因此,提高文化消费能力和水平,必须积极发展好哈尔滨市的文化产业,为广大群众提供更多更优质的文化产品和服务,进而带动整体消费水平的提升。

三、哈尔滨市扩大文化消费促进文化产业发展

(一)文化消费的日益增长为文化产业的发展提供了良好机遇

根据国际经验,人均 GDP 在超过 3 000 美元时,社会消费处于向发展型和享受型升级阶段。2013 年,哈尔滨市人均 GDP49 565 元,折合 7 999 美元,[①]正处于文化消费爆发式增长阶段。城乡居民文化消费重点发生明显变化,推动娱乐、休闲、旅游、游戏、传媒、通信、数字等文化产业的发展。据哈尔滨市统计局数据显示,居民人均文化娱乐支出由 2008 年的 432.9 元增加到 2012 年的 1 050.2元;农村人均文化娱乐支出由 237.6 元增加到 517.3 元。[②] 同期,哈尔滨市城镇居民人均可支配收入从 14 588.57 元上升到 22 498 元。2012 年,城镇居民的文化娱乐服务的支出已经是 2008 年的 2.43 倍,农村人均文化娱乐

---

① 2013 哈尔滨市国民经济和社会发展统计公报[N]. 哈尔滨日报,2014-03-19.

② 中共哈尔滨市委宣传部,哈尔滨市统计局. 哈尔滨文化产业统计概览(2009、2010、2011、2012、2013).

支出是 2.18 倍，[①]城镇和农村人均文化娱乐支出增速快于同期可支配收入增长。事实证明，随着经济的发展和收入水平的提高，哈尔滨市文化消费已经进入快速发展时期。

（二）注重文化消费中的城市特色表达，积极推动文化产业快速发展

1. 节庆活动引领消费

哈尔滨市充分发挥各类节庆活动促进文化消费作用，依托中国·哈尔滨国际冰雪节、中国·哈尔滨之夏音乐会、中国（哈尔滨）青少年动漫周、哈尔滨国际时装周、哈尔滨民间民俗艺术博览会等文化节庆活动打造出哈尔滨文化消费品牌。此类文化节庆活动的定期举行有助于集聚行业资本，优化产业结构，激发文化需求，引领文化消费理念，促进文化产业的发展。

2. 优化消费空间，提升集聚效应

哈尔滨的文化消费空间与城市“北跃、南拓、中兴、强县”的城市发展空间结构衔接，发挥文化消费的集聚效应，推动文化产业的发展。道里、道外、南岗、香坊 4 个主城区依托现已形成的文化消费聚集区，重点打造中央大街文化街区、南岗区果戈里大街文化街区、道外区中华巴洛克文化街区、香坊动力广场文化街区，重点发展文化旅游业、休闲娱乐业、老字号餐饮业、演艺业、民间民俗艺术业。平房、松北、阿城、呼兰 4 个非主城区依托文化产业园区（基地），重点打造平房“黑龙江动漫产业基地”、太阳岛文化产业园区、国家级文化产业示范基地“冰雪大世界”，重点发展数字出版和动漫产业、工业旅游业、文化旅游业、娱乐休闲业、工艺美术业。加快哈尔滨所属 10（市）县文化创意产业园区建设和发展，突出县域文化特色，在规划哈尔滨市城区文化产业发展的基础上，统筹规划县域文化产业发展。

3. 打造特色消费品牌，提升影响力和扩张力

对重点文化内容进行开发培育，整合文化资源，利用哈尔滨市东北文化消费中心优势，扩大外围的“回波效应”和“扩散效应”，注重发挥品牌效应和地区特色，主要包括：把“中国·哈尔滨国际冰雪节”打造成世界冰雪迪士尼品牌，把

① 中共哈尔滨市委宣传部，哈尔滨市统计局. 哈尔滨文化产业统计概览（2009、2010、2011、2012、2013）.

"哈尔滨之夏音乐会"打造成主要承载"音乐之城"的音乐文化品牌,把"哈尔滨国际时装周"打造成新锐时装设计品牌,把"哈尔滨啤酒节"打造成在国内具有影响力的饮食文化品牌,把"COOL·哈尔滨"打造成国内文化旅游常态演出的知名品牌,把中国(哈尔滨)青少年动漫周打造成国内青少年动漫体验品牌,把"哈尔滨民间民俗艺术博览会"打造成北方黑土文化艺术特色品牌。

(三)典型案例

1. 以"中国·哈尔滨国际冰雪节"推动冰雪文化产业发展

中国·哈尔滨国际冰雪节和日本札幌雪节、加拿大冬季雪博会以及挪威的冬季狂欢节并称为世界四大冰雪节。深厚的冰雪文化,使哈尔滨成为冬季旅游首选地和重要的冰雪文化消费城市。"十二五"以来,三届冰雪节共接待游客4 148.5人次,旅游总收入409.52亿元人民币。仅2013年第29届冰雪节期间就接待游客1 461.2万人次,同比增长5.16%,旅游总收入154.65亿元人民币,同比增长15.64%。[①] 从1963年哈尔滨市第一届冰灯游园会开始,哈尔滨的冰雪文化产业已经走过50个年头。冰雪节也从1985年至今,迎来30届盛典。从最初简陋的、自发的群众性冰灯雪雕发展成集国际化、市场化、标准化、人性化和艺术性、科技性、群众性、互动性兼备的国际级冰雪盛会。

(1)营造全城的冰雪文化氛围

发挥冰雪艺术顶尖造诣,建设满城冰雕雪塑。将城市文化与冰雪文化相结合,在市区重要街路及主要广场建设冰雪景观,在主要街道、广场、沿江和楼体布置灯饰亮化景观,使冬天的哈尔滨成为冰雪之都、艺术之城。2014年第30届冰雪节组织"冰雪节回顾展"、"魅力冰雪油画巡展"、"冰雪风光艺术摄影作品大赛",展示冰雪节30年发展历程,以及哈尔滨城市建设和社会经济发展成就。2014哈尔滨冰雪婚礼庆典暨第30届国际冰雪集体婚礼、第7届"冰雪情"国际青少年儿童综艺大赛、第26届老年舞蹈百花赛、第18届图书博览会、2014新年音乐会等群众性文化活动,极大丰富了市民冬季文化生活。省、市群众性冰、雪雕比赛和中小学生冰、雪雕系列比赛等冰雪艺术活动,进一步普及了冰雪文化。

---

① 哈尔滨市冰雪办提供。

(2)拓展冰雪文化产业内容

哈尔滨正以冰雪节为引领,整合冰雪大世界、太阳岛雪雕艺术博览会、兆麟公园冰灯艺术博览会等现有冰雪文化资源,把冰灯艺术博览会、雪雕艺术博览会、冰雪大世界作为核心产品,打造成为中国冰雪文化旅游的执牛耳者。以国家级文化产业示范基地"冰雪大世界"为基础,以太阳岛雪雕艺术博览会、冰灯艺术博览会为依托,拓展冰雪文化产业内容,推动冰雪文化旅游、冰雪艺术创作和冰雪文化产品开发生产,进一步扩大冰雪文化影响力、提升冰雪景观艺术观赏性,形成哈尔滨市冰雪文化旅游景观带和产业群。

2014 年哈尔滨国际冰雪节首次增加"艺术哈尔滨"主题活动,将哈尔滨的艺术机构、艺术作品、艺术市场、艺术交流、艺术研发、艺术家整合在一个平台,通过常设展馆举办"艺术哈尔滨"国际博览会及"艺术哈尔滨"大奖赛,打造贴近市民、适应市场需求的"艺术哈尔滨",提升市民艺术欣赏水平,促进当代艺术与城市文化产业的融合发展。

(3)打造国际化冰雪品牌项目和活动

冰雪节通过举办传统的国际顶级冰雕大赛、国际雪雕大赛、国际大学生雪雕比赛、中国企业家论坛年会、哈尔滨国际冰雪之约等国际化活动,固化了一批国际品牌。2013 年第 29 届冰雪大世界与迪士尼、ROVIO 等国际知名动漫企业首次实现实质合作,打造世界级的冰雪动漫乐园。通过一系列国际化冰雪品牌项目和活动,大大提升了哈尔滨的国际知名度和影响力。

(4)培养冰雪文化人才

深厚的冰雪文化积淀,让哈尔滨储备了大量冰雪人才,哈尔滨是中国最大的冰雪技术人才输出地,培养了 6 万多名冰雕、雪雕艺术从业人员、滑雪教练员。哈尔滨市冰雕、雪雕艺术从业人员促进了冰雪文化艺术发展,促进了哈尔滨市冰雕、雪雕对外文化输出交流。

2. 以"中国·哈尔滨之夏"音乐会推动文艺演出业的发展

"中国·哈尔滨之夏"音乐会创办于 1961 年,自 1996 年起由地方音乐会晋升为国家级音乐盛会。已成功举办 31 届,是我国举办时间最长、届次最多的音乐节,与"上海之春"、"羊城音乐会"同称为国家三大音乐盛会,是中西文化交流与合作的国际性舞台。"哈夏"音乐会品牌经过 52 年 31 届的维护与发展,为哈尔滨的文化产业积累了巨大的精神财富和文化资源。

(1)营造全城的音乐文化氛围

哈尔滨是中国最早接受现代音乐文化的城市。19世纪末至20世纪初,随着中东铁路的修筑,大批才华横溢的俄罗斯演奏家、歌唱家、指挥家和犹太音乐家移居哈尔滨,兴办了一批音乐学校,培养了大批音乐人才,创建了全国第一支交响乐团,提高了哈尔滨的音乐品位和知名度。新中国成立后,从哈尔滨走出了一大批全国知名的音乐家。音乐文化是哈尔滨市文化传承的体现,特别是哈夏音乐会常年坚持,使哈尔滨市具有浓厚的音乐文化氛围。2010年,哈尔滨市成功获得了联合国授予的"音乐之城"荣誉称号,之所以授予中国哈尔滨为"音乐之城",是因为这座城市具有百年的音乐传承历史,音乐是这座城市的固化品牌。近几届"哈夏"音乐会举办超过1 000场次广场和室内演出,以及近万人参与的群众文化活动。群众文化活动几乎就是"哈夏"音乐会本身。第31届"哈夏"音乐会群众文化活动共举办了10项有特色、有亮点、有影响的演出、比赛和展览活动,突出了群众性、艺术性、时代性、国际性、开放性的特色,演出1 148场,参演人员近万人,观众达百万余人次,为全市人民奉献了丰富多彩的文化盛宴。

(2)市场化运作,加强音乐会产业链的拓展

一是加大市场化力度。借鉴国际国内音乐节庆经验,以市场化为主要方式开展运营。积极鼓励社会各界参与"哈夏"音乐会,吸引社会资本和优秀企业参与品牌建设,围绕品牌的资本聚集,发挥品牌的聚合效应,形成了新的文化产业示范模式。二是打造"哈夏"文化产业带。深度挖掘文化与市场之间的关联,通过符合市场和企业的创新策划,实现"三节一博览"的打造,"三节"即哈尔滨房地产文化艺术节、哈尔滨茶文化节、哈尔滨汽车音乐节,"一博览"为哈尔滨图书博览会。产业带的打造旨在烘托产业氛围,形成产业机制,增强"哈夏"自身造血机能,进一步激发"哈夏"的产业活力。三是挖掘"哈夏"音乐会产业链。"哈夏"音乐会在市场化运作方面实现新突破,参与企业数量逐年增加,参与程度更深,形式更丰富。"哈夏"音乐会产业链得到进一步挖掘。演出经纪机构在邀请演出、票务运营、灯光、音响、舞美设计制作等方面进行了市场化运作;策划运营公司在"哈夏"音乐会总体策划、广告设计、制作、发布、礼品开发及招商等方面按市场规律开展工作,推动哈尔滨市文化产业发展。

(3)引进音乐演出项目和活动,带动文艺演出业发展

一是争办固定高水准音乐赛事。全国声乐比赛被文化部固定在"哈夏"音乐会,是"中国文化艺术政府奖"的子项,比赛突出学院派,强调权威性、规范性

和科学性，所颁奖项为“文华声乐节目表演奖”，是中国目前赛事规格最高、专业性最强、影响力最大的国家政府奖声乐比赛。2012年第31届“哈夏”音乐会全国声乐比赛首次将合唱纳入其中，共设美声、民族、流行音乐、合唱四个项目组，实现了国家级赛事的完整统一。二是引进国际化高水准的演出项目。2012年第31届“哈夏”音乐会汇集美国、法国、西班牙、俄罗斯、芬兰、奥地利、加拿大等20个国家演出团体，为哈尔滨市民带来较高层次的演出精品。三是国内高端演出多。第31届“哈夏”音乐会汇集了中央芭蕾舞团的舞剧《卡门》和《阿莱城的姑娘》、百老汇音乐剧中文版《妈妈咪呀!》、东方天籁——广东音乐精品音乐会等20余台剧(节)目。四是实现“哈夏”音乐会的成功推介。第31届“哈夏”音乐会与中央电视台进行了较为深入的合作，后者全程参与“哈夏”音乐会整体策划，精心打造开幕式演出及各项活动。以欧洲广播电视联盟为国际传播平台，50家以上的欧洲主流媒体转播开幕式实况，实现了“哈夏”音乐会的历史性突破，实现真正意义上的“国际化”。

四、经验及未来展望

(一)构建现代公共文化服务体系，为群众提供基础性文化产品

基础性文化消费不仅在形成全市浓厚的文化氛围方面有积极的作用，而且在提升城市文化品位、促进文化产业发展方面也具有重要作用。哈尔滨市自2007年以来，连续7年开展惠民行动，其中文化方面主要是完善公共文化服务体系，包括公共文化服务基础设施建设、城市文化标志性设施建设、基础性文化供给等方面，着力实现人民的文化权益，提高城乡居民的文化生活质量。特别是2013年哈尔滨市南岗区被列入创建国家公共文化服务体系建设示范区行列，在我国中部地区一枝独秀，这为南岗区乃至哈尔滨市建立现代公共文化服务体系提供了很好的机遇，也为哈尔滨市居民的文化消费创造了条件。

1. 形成全市统一的供给体系

一是强化政府公共文化服务职能。发挥政府供给公共文化产品的主渠道作用，统筹安排公共文化惠民年度规划，形成政府主导、多元参与的公共文化产品供给方式。二是鼓励社会力量参与。发挥哈尔滨市国有大企业、大学等参与

公共文化服务，积极促进大企业、大学图书馆、博物馆、文化场馆对社会的开放；鼓励企事业单位，特别是民营企业参与到公共文化服务供给链上，通过托管的方式，将私人的、社团的和国家的文化产品和服务引入供给领域，形成全市统一的供给体系。

2. 强化文化资源整合和传播方式创新

哈尔滨依靠现代科技与网络技术，推进公共文化服务体系数字化、网络化建设和应用。从公共文化服务理念、提供手段、文化内容、业务流程等方面入手，加强传统服务与现代网络传播的融合，提高文化创新和传播能力，加快广播电视有线网络整合发展，坚持均等、普惠原则，为群众提供更多的公共文化产品；抓住三网融合契机，加快双向高清数字电视机顶盒推广，通过电视可直播、点播文化资源，公民可上网享受文字、图片、音视频、数字图书馆、数字博物馆等各类文化服务等等。

3. 创建长效、固定的公共文化配送体系

哈尔滨正在逐步建立完善公共文化配送体系，孵化相对稳定的公共文化服务产品；配送针对社区、乡镇的文化产品，满足居民日益增长的精神文化需求；配送对流动人口，特别是进城农民工的公共文化产品；配送针对未成年人的公共文化产品。

(二)加快城市数字化建设，促进新兴文化产业发展

文化与科技融合是文化产业发展的趋势，以科技做支撑的文化产业更能占领文化产业制高点，提高核心竞争力。在发展新兴文化业态方面，城市发展高科技的基础性条件和文化产业基础性条件二者缺一不可。哈尔滨市被列入全国首批 20 个“智慧城市”试点示范城市，力争用 3 年时间建设成为中国重要的物联网、云计算产业基地中心之一。

1. 推进“数字城市化”建设

哈尔滨正在健全完善城市信息化基础设施，优先构建数字化城市网络，加强数字化、社会信息化和城市管理信息化建设，大力推进包括文化信息等资源共享的信息化项目建设。以信息技术融合应用和通信基础设施整合及信息资源共享为主要手段，推进“智慧城市”的重点项目建设，力争物联网、云计算等新

一代信息技术在文化消费领域的应用取得突破性进展。

2. 加快发展云计算产业

哈尔滨已布局城区南北两座新城为云计算发展区域，启动哈南工业新城“中国云谷”和松北科技创新城“北方智谷”两个云计算产业集聚区，打造国家级重要云计算产业基地；重点建设“文化云”服务平台，为哈市文化消费提供科技支撑。

3. 加强“三网”融合建设

哈尔滨市作为国家首批“三网融合”试点城市，积极推进电信、广电、计算机网络等多网融合，实现互联互通、资源共享，实现无线通信网络无缝覆盖，实现广播电视播出机构数字化和网络化。

(三)推动公共文化服务社会化发展，培育文化非营利组织

党的十八届三中全会《中共中央关于全面深化改革若干重大问题的决定》中对非营利组织中的文化类组织特别加以强调，指出“引入竞争机制，推动公共文化服务社会化发展。鼓励社会力量、社会资本参与公共文化服务体系建设，培育文化非营利组织”。文化非营利组织是除政府部门和企业外的提供公共文化服务的重要载体。在发达国家和世界城市，文化非营利组织一般从事国民文化教育、提供文化消费服务、扶植传统文化和民族特色文化等方面的业务。它们已经成为社会文化领域中不可忽视的力量。总体上看，哈尔滨市文化非营利组织在公共文化服务领域所占的比重还很小，其发展仍处于萌芽阶段，需要政府大力扶持和培育，使之走上适合国情市情的法制化、规范化的发展道路。

1. 承接更多的公共文化服务，扩大文化消费

哈尔滨积极制定具有针对性的政策措施，营造发展环境，鼓励和引导文化非营利组织参与到公共文化服务的建设和管理中来，如承接组织开展国际性、全国性、群众性文化活动，政府给予适当的补贴，承担政府的部分管理职能，赋予社会公众选择文化服务和产品的权利，最终提高公共文化服务供给的质量与效率。

2. 重点开展以社区服务为主的文化非营利组织

哈尔滨市群众性文化组织有着雄厚的基础，全市组建 524 支群众文艺团

队、101 个文化艺术辅导基地。这些组织不断扩大社区文化服务，为外来工、妇女儿童、老人等提供戏剧、音乐、培训等门类多样的文化服务；增加对弱势群体的文化产品供给和服务，提高社会文化服务水平和消费能力。

3. 加强文化非营利组织的培育

为保障文化消费品质，哈尔滨将加强非营利组织的认证管理，消除制约非营利组织参与公共文化服务的体制机制障碍；试行直接登记制度，简化登记手续；开展社会组织直接登记试点工作，适时启动直接登记制度，逐步放宽文化非营利组织的市场准入限制。

（哈尔滨市社会科学院社会学所：刘轶梅、丁继成、刘惠音）

第六章

上海:引领中国时尚消费潮流,巩固文化创意产业领先地位

上海市正努力把发展文化创意产业作为“创新驱动，转型发展”的重要抓手和强大动力。上海文化创意产业进一步深化发展，呈现出体制机制完善、新兴业态发展提速、产业平台能级升级、产业生态环境优化、国际交流合作拓展等特点。

一、上海文化创意产业发展概述

(一)产业规模持续扩大，结构趋于优化

1. 产业规模不断扩大，逆势上扬幅度达两位数

2012年，上海文化创意产业平均从业人员129.16万人，实现总产出7 695.36亿元，比上年增长11.3%；实现增加值2 269.76亿元（见表6—1），按可比价格计算，比上年增长10.8%，高于全市GDP增幅3.3个百分点；占全市生产总值的比重为11.29%，比上年提高0.42个百分点，对上海经济增长的贡献率达到20.2%。[①]

① 上海市文化创意产业推进领导小组办公室. 2013年上海文化创意产业发展报告[R]，2013—06.

表 6—1　2012 年上海市文化创意产业分行业总产出、增加值及增长情况

单位:亿元、%

行业	总产出	增加值(现价)	增速
总　计	7 695.36	2 269.76	10.8
第一部分:文化创意服务业	6 803.14	1973.07	11
一、媒体业	433.39	143.82	—4.7
二、艺术业	201.05	67.25	15.4
三、工业设计业	527.29	196.54	15.3
四、建筑设计业	1 235.63	301.93	11.8
五、时尚创意业	768.46	143.52	4.4
六、网络信息业	216.33	96.46	5.8
七、软件与计算机服务业	1 138.65	395.33	10.4
八、咨询服务业	789.4	256.97	19.7
九、广告及会展服务业	887.09	214.67	16
十、休闲娱乐服务业	605.84	156.58	10.6
第二部分:文化创意相关产业	892.23	296.69	9.4
十一、文化创意相关产业	892.23	296.69	9.4

资料来源:上海市统计局。

其中,根据国家统计局《文化及相关产业分类》标准测算,2012 年上海文化产业实现总产出 3 811.96 亿元,实现增加值 1 188.43 亿元,同比上年增长 9.5%,占上海生产总值的比重为 5.91%。①

2. 增加值增幅高于同期全市 GDP 增幅 3.3%,七大行业增速超过两位数

2012 年,上海文化创意产业增加值的增幅高于全市 GDP 增幅 3.3 个百分点,高于全市第三产业增幅 0.2 个百分点;占上海生产总值的比重为 11.29%,比上年提高 0.42 个百分点;占上海第三产业增加值的 18.8%,比上年提高 1.5 个百分点。②

从文化创意服务业的增加值来看,咨询服务业、广告及会展服务业、艺术业、工业设计业、建筑设计业、休闲娱乐服务业、软件与计算机服务业等七类产

① 上海市文化创意产业推进领导小组办公室. 2013 年上海文化创意产业发展报告[R],2013—06.

② 上海市文化创意产业推进领导小组办公室. 2013 年上海文化创意产业发展报告[R],2013—06.

业的年增长率超过10%。

咨询服务业、广告及会展服务业、艺术业三大类产业的增加值增长速度居前三甲，分别达到19.7%、16.0%和15.4%。

会展服务业是增加值增长最快的中类产业。广告及会展服务业中的“会展服务业”增加值为46.69亿元，增幅高达32.7%。

媒体业增加值增速下降4.7%。其中，“新闻出版服务”发展平稳，增加值增速为6.9%；“广播电视电影服务”增加值较2011年增速下降24.0%，主要原因是2011年“广播电视电影服务”骨干企业成功借壳上市，母公司投资收益超过15亿元，带动行业出现跳跃式增长，增加值较2010年增长35.1%。2012年“广播电视电影服务”未有重大资本或投资收益发生，扣除资本运作与收益影响，“广播电视电影服务”的发展有序平稳，全行业营业收入仍在稳步增长。

3.文化创意服务业比重大，集中度较高

从2012年上海文化创意产业分行业结构来看，文化创意服务业比重大，全年实现增加值1 973.07亿元，比上年增长11%，占文化创意产业增加值的86.9%；文化创意产业相关产业实现增加值296.69亿元，比上年增长9.4%，占文化创意产业增加值的13.1%。①

文化创意服务业总产出居前五位的建筑设计业、软件与计算机服务业、广告及会展服务业、咨询服务业和时尚创意业，占总量的70.84%；增加值居前五位的软件与计算机服务业、建筑设计业、咨询服务业、广告及会展服务业和工业设计业，占总量的69.20%。

4.文化创意服务业的梯度结构特征逐步呈现

从总量结构来看，上海文化创意产业呈现三类不同规模的产业。总产出超过千亿元的产业有2个，分别是建筑设计业和软件与计算机服务业；超过500亿元的产业有5个，分别是广告及会展服务业、咨询服务业、时尚创意业、休闲娱乐服务业和工业设计业；500亿元以下的产业有3个，分别是媒体业、网络信息业和艺术业。

从增加值结构来看，也显示出梯度特征。超过300亿元的产业有2个，分别是软件与计算机服务业和建筑设计业；150亿～300亿元的产业有4个，分别

① 上海市文化创意产业推进领导小组办公室.2013年上海文化创意产业发展报告[R]，2013－06.

是咨询服务业、广告及会展服务业、工业设计业和休闲娱乐服务业;150 亿元以下的产业有 4 个,分别是媒体业、时尚创意业、网络信息业和艺术业。

从增长结构来看,不同的产业类别增长率也呈现出差异性。年增长率超过 15%以上的产业有 4 个,分别是咨询服务业、广告及会展服务业、艺术业和工业设计业;年增长率超过 10%的产业有 3 个,分别是建筑设计业、休闲娱乐服务业和软件与计算机服务业;年增长率在 10%以下的产业有 3 个,分别是网络信息业、时尚创意业及媒体业。

(二)产业载体多元化发展,企业活力不断增强

1. 产业载体丰富,重大项目集聚效应和品牌效应呈现

2012 年,上海文化创意产业形成了产业基地、产业平台和产业活动并举的多元化产业载体格局,重大项目的集聚效应和品牌效应显现,有力地推动了文化创意产业的深度发展。

三类重要产业载体形成:一是以产业园区为主体的文化创意产业基地成为产业集聚化发展的重要载体;二是以公共服务为主要功能的文化创意产业平台成为产业专业化发展的重要载体;三是以展示交易体验为特色的各类文化创意活动成为产业品牌化发展的重要载体。

一批具有代表性、引领性的基地类、平台类、活动类、功能提升类重点项目发展良好,包括“国家数字出版基地”、“国家音乐产业基地”、“国家绿色印刷产业区”、“国家网络视听产业基地”、“国家动漫游戏产业示范区”、“环东华时尚产业基地”、“上海国际时尚中心”、“江南智造创意产业集聚区”、“昌平路时尚设计集聚带”、“碧海金沙文化旅游创意园”、“环同济建筑设计基地”、“国际黄金珠宝产业创意园”、“上海迪士尼项目(一期)”、“上海国际汽车城设计研发港”等列入《上海市文化创意产业发展“十二五”规划》的 14 个重点项目,这其中 10 个项目已有实体单位负责推进,总占地面积在 12.2 平方公里以上,总投资额在 377 亿元以上,入驻企业数也在稳步提升,文化创意产业的集聚效应和品牌效应正逐步显现。

2. 企业活力增强,“大、中、小”各种所有制企业齐头并速

2012 年,上海文化创意产业的国有骨干企业加快了转型升级步伐,企业规模、经济效益和综合竞争力显著提升。上海文化广播影视集团 2012 年完成营

业总收入214.5亿元，同比增长11.9%；上海东方传媒集团2012年主营业务收入达154.7亿元，形成了金融与商业信息服务、新媒体、娱乐服务、动漫产业、电子商务五大板块；上海电影集团2012年利润总额同比增长超过20%，经济效益居全国电影企业前列；上海世纪出版集团和文艺出版集团两大集团的重组在2012年里迈出了实质性的步伐；2012年东方网转企改制顺利完成。

2012年，上海民营文化创意企业发展迅猛，呈现了巨大的发展潜力和活力。2012年7月，新文化传媒集团在A股成功上市，成为上海市首家民营影视制作类上市企业，上市一年企业市值已从14亿元增加到40亿元；上海指南工业设计有限公司是目前全国最为优秀的产品设计和创新机构之一，为全球近20个国家的知名企业提供产品设计与咨询服务，服务行业覆盖通信、家电、快速消费品、工程机械、公共设施等，合作企业包括西门子、三星、宝洁、联合利华、日立、英特尔、三一重工、中华药业、九阳、耐克、松下等；同捷科技开发了“超级平台技术”，实现本土汽车设计的新飞跃，至今累计开发了400多个车型，积累了300多个整车车型的数据库，拥有3.3万项工程技术标准，设计开发流程2.2万多项；大众点评网2012年加强在移动互联网英语的产品研发和布局，目前活跃用户数超过6 000万，点评数量超过2 500万条，收录的商户数量超过260万家，覆盖全国2 300多个城市，已成为全国领先的本地生活消费服务平台。

2012年，首批30家上海市设计创新示范企业创建工作开展，一批“专精特新”企业继续表现出上升态势。如在网络视听、网络资讯、动漫游戏、影视制作等领域的“PPTV”、“东方财富网”、“淘米网”、“巨人网络”、“新文化”等，在设计、时尚等领域的泛亚汽车设计、指南工业设计、木马工业设计、溯洄(上海)设计咨询、家化集团、罗莱家纺、恒润数码科技等，在细分市场中优势显著，具有较强的竞争力和市场占有率。上海东方传媒集团有限公司、上海电影(集团)有限公司、上海文广演艺(集团)有限公司、百事通新媒体股份有限公司、上海盛大网络发展有限公司5家文化企业入选第五届中国“文化企业30强”。

(三)产业空间布局向“一轴、两河、多圈”集聚，呈现产城融合态势

1.延安路城市发展轴

2012年，上海延安路城市发展轴的文化创意产业项目从稳步推进走向深度

发展。大虹桥商务区、环东华时尚产业集聚区、静安时尚创意产业示范区、淮海中路国际时尚消费区、南京东路—环人民广场文化旅游消费区、陆家嘴金融贸易旅游会展集聚区、张江文化科技创意产业基地和动漫谷等重要节点上的重大项目影响力不断提升。

2. 黄浦江滨江文化创意产业集聚带

黄浦江沿线的文化创意与旅游休闲融合发展，文化创意与体验消费市场对接成为发展的新亮点。其中，上海国际时尚中心、杨浦滨江工业设计功能区、十六铺上海码头文化创意旅游功能区、“江南智造”创意设计功能区、徐汇滨江等重点区域进一步提升。

3. 苏州河滨河文化创意产业集聚带

普陀、长宁、静安、闸北和虹口等苏州河沿线的文化创意产业在 2012 年上了一个新台阶。沿河普陀区的长风生态文化园、M50、长宁区的创邑·河、湖丝栈、京南区的安垦绿色、闸北区的苏河湾、虹口区的 1933 老场坊、国家音乐产业基地等重点园区的品牌效应和辐射效应逐步体现。

4. 产城融合态势渐显

各区县文化创意企业进一步向产业园区集聚，多圈型集聚和产城融合态势明显。2012 年，上海 87 家创意产业集聚区总建筑面积为 336 万平方米；入驻企业 9 298 家，同比增长 10.76%；从业人员 20.55 万人，同比增长 15.32%。上海围绕区域产业定位，结合城区改造，出现了一批特色鲜明、主题突出的集聚区；通过园区、社区、街区三区联动，形成了一批集聚区的集群化发展，如中心城区的黄浦区结合街区改造，依托原有创意产业集聚区的基础，在原有的“一区六园”的基础上整合产业资源，将 SOHU 丽园纳入核心板块，形成了“一区七园”的产业集群；郊区的嘉定南翔镇和松江泰晤士小镇以文化创意产业为引领，拓展了产城融合和城镇整体转型的创新之路。在“2012 中国城市榜——全球网民推荐中国创意名城”活动中，上海以创意设计特色入选“最中国创意名城”。2012 年，上海结合“智慧城市”建设，以高端软件、云计算、移动互联网等领域为着力点，积极推进“中国软件名城”的创建工作，聚焦“名企、名人、名牌和名园”建设，打造“中国软件第一城”。

二、上海文化消费基本情况

(一)文化消费国际化特征凸显,消费热点几乎与国际同步

当前,上海国际文化大都市的形象越来越清晰,色彩越来越浓郁,这也表现在文化消费上。世博会大大提升了上海的国际声誉及文化消费国际化水平。上海的国际文化交流活动越来越多。2012 年上海与巴黎的中国文化中心共同开展对外文化交流项目 17 个,在演艺、美术、电影、非遗等领域展示了上海文化建设成就,“上海之窗”项目联通了巴黎与上海图书馆电子资源库,“上海与巴黎之间——上海现当代绘画展”、昆曲《牡丹亭游园惊梦》演出、“上海文化”讲座、“敦煌新语”音乐会、“上海风情”非遗展等在巴黎的成功举办,增加了世界了解上海的机会。当然,更多的是世界上其他国家来上海这个舞台展出他们的文化。2012 年,通过各种文化节庆及展览活动,先后有 100 多个国家的展览团来沪办展,促进了上海市民文化消费的国际化。国际电影节等文化交流活动的举办、《猫》等音乐剧的引进,让上海人几乎同步欣赏到世界上最好的电影、最好的音乐剧等文化产品。上海书展的国际童书嘉年华活动、上海国际艺术节、双年展等上海品牌活动日益受到国际追捧,国际化程度加快。在这样的背景下,文化消费娱乐显露出国际化视野:来自英国的“达人秀”在上海“变身”普通中国人的梦想舞台;风靡欧美的音乐剧《妈妈咪呀》在上海第一次有了原味中文版;国粹京剧演绎《王子复仇记》、《巴黎圣母院》;10 多个国家和地区的青年作家应邀驻点上海进行探索性的文学创作;上海交响乐团牵手纽约爱乐乐团共创亚洲一流。

近年上海掀起的汽车休旅热、文化旅游热、都市修行养生热等文化消费热点,几乎都与国际潮流同步。比如,电影消费方面,2012 年,作为上海国际电影节的组委会共收到来自 100 多个国家和地区的 1 600 多部影片参加金爵奖主竞赛单元的角逐,又一次刷新电影节的历史纪录。本届上海电影节迎来观众 20 万人次,创 19 年新高。有来自世界各地的 805 家影视公司和 2 600 多位买家参加了本次电影节交易市场和项目市场的活动。据统计,2012 年前 5 个月,上海电影票房达到 5.24 亿元,比 2011 年同期增长 44.28%;观影人次、放映场次与

2011 年同比分别增长31.22%和 25.4%。[①] 上海是中国电影消费的主力城市，总票房占全国的 10%。

演唱会、音乐会等作为最富娱乐性的文化消费，在 2012 年持续发展，引领了新一轮演艺的消费热潮。2012 年上半年，西城男孩、加拿大朋克大牌 SUM41、罗克塞特乐队、美声男伶等欧美歌手及组合在上海分别举办演唱会。这表明演艺业在上海的蓬勃发展。从长期看，上海具有成为亚洲演艺业中心的潜力。

(二)文化消费时尚特征鲜明，在全国具有领先地位

根据《2012"中国时尚指数"白皮书》发布的数据，上海荣登全国城市时尚消费力榜首。具体来看，上海以人均年时尚消费支出 86 132 元领衔中国 20 大城市消费力排行榜，并且还在饰品、珠宝、腕表、化妆品、电子产品等多项时尚消费力排行榜上名列第一。

时尚消费的典型案例——外滩 18 号位于外滩南京东路口，原名麦加利银行，建于 1923 年，原为英国渣打银行驻中国总部。1995 年，上海市政府将外滩 18 号大楼列为市级保护建筑。上海珩意房地产等公司取得大楼经营权并进行保护与整修；自 2004 年 11 月底改造竣工重新开放以来，集顶级奢侈品专卖店、顶级餐厅、顶级酒吧和艺术画廊于一身，已发展成上海都市时尚消费的新地标。一、二、三楼是世界顶级珠宝、时装品牌专卖店；四楼设为跨领域的多功能使用空间；五楼中餐厅"滩外楼"以顶级粤菜为主打；六楼为法国餐厅 Mr&Mrs Bund；七楼是上海高端典雅的露台酒吧。外滩 18 号的创意亮点在于瞄准高端消费群体，着力打造成"亚洲最大的奢侈品店"。面临黄浦江美景，"缔造品位，引领趋势"是外滩 18 号的经营理念。

上海正逐步成为继美国纽约、法国巴黎、英国伦敦、意大利米兰和日本东京之后又一时尚都会。近年来，上海时尚文化消费愈加风靡。国际服装文化节、上海时装周等活动的举办让上海在亚洲时尚文化中占据了一席之地。时尚文化消费不仅成为一种消费实体对象，更成为一种价值理念。坐落于上海杨树浦路的上海国际时尚中心是亚洲规模最大的时尚文化产业中心，二期建设已经竣工，这里正崛起一座以时尚为核心、集创意文化及现代服务经济于一体、跨界融

---

① 上海电影票房居各省市排名第三[N]. 新闻晨报，2012－06－15.

合国际名品和各界休闲娱乐业态、引导时尚潮流、远东地区规模最大、时尚元素最为丰富的时尚创意园区；这里同时具备时尚多功能秀场、时尚接待会所、时尚创意办公、时尚精品仓、时尚公寓酒店和时尚餐饮娱乐等六大功能。上海国际时尚中心已经逐渐成为人们接触时尚、了解时尚、感受与体验时尚的新天地。2012 上海国际时装周闭幕盛典暨上海国际模特大赛总决赛在此落下帷幕，来自国内外著名时装品牌、设计师、模特、企业家、专家学者等云集此处，构筑全新的时尚图景。

(三)文化消费呈多样性、创意性特点，文化产品及其消费形式丰富

政府引导型文化消费持续繁荣，艺术欣赏型高端消费快速增长，生活促动性文化消费稳步提升，民间精神文化消费隐形爆发，这些都凸显了上海文化消费的多样性特征。文化创意产业繁荣发展为市民提供了更丰富的文化产品，文化消费的样态也不断更新。《上海文化创意产业报告 2012》统计数据显示：上海动漫产业 2011 年产值约为 63 亿元，同比增长 23.7%；网络游戏产业年产值达到 149 亿元，同比增长 24%，约占全国网络游戏产业的 30%；网络视听产业 2011 年整体规模超过 30 亿元，同比增长超过 100%。

创意性文化消费初步形成规模。以传统的影视创意性文化消费为例，2012 年最新电影的放映量和观影人数都创新高，通过上海国际电影节的推动，形成了更为鲜明的冲击。上海影城、大剧院、东方艺术中心、奔驰文化活动中心等影视演艺中心受到追捧。广告创意构成了上海 2012 年文化消费的另一个主体，新颖的创意思想带动相关产品的消费。原创文学的收入呈现出新的发展趋势，以网络为载体的网络文学消费，更是蒸蒸日上。但是创意性文化消费如何摆脱传统的影视、文学等框架，以全新的面貌来培育文化消费市场，仍是一个需要继续思考的问题。

相对于主流文化消费群体，亚文化消费也初露蓬勃迹象。如前文所述的灵性消费受到都市白领热捧；驴友文化在青少年群体中引爆了消费热潮。其中，“骑行西藏”成为青少年、大学生热衷的梦想之旅，一种信仰的践行，一种个人主义的狂欢仪式。摩托车旅行、自驾游旅行也受到追捧。“边打工，边旅行”逐渐成为新一代年轻人梦寐的生活方式。这些亚文化消费，形成迥异于传统和主流的文化消费方式。

三、文化消费促进文化创意产业发展

(一)文化消费需求拉动动漫产业发展

文化消费需求的增加势必会拉动相关文化产品与服务企业的迅猛发展,比如人们对动漫、网络游戏及书刊等消费需求的增加必定会导致制造这些文化产品的上游企业扩大生产规模,且也会促使文化生产企业增加对内容原创力及下游衍生品的投资。

例如,上海立足巨大动漫消费潜力与产业融合集聚优势,正在打造衍生品风向标作用的“动漫品牌消费之都”。大量相对高端的动漫消费人群,造就了上海巨大的动漫消费潜力。在这股浪潮的推动下,上海动漫产品和衍生品服务取得了长足进展,从而促进了整体动漫产业的发展。

产业基地和产业园区的集聚效应初步显现。经过多年努力,上海现有上海炫动传播股份有限公司、上海美术电影制片厂、国家动漫游戏产业振兴基地、张江动漫谷等动漫产业基地,以及宝山动漫衍生产业园、普陀天地软件园、徐汇数字媒体娱乐中心、长宁多媒体产业园等动漫产业园区,初步形成了产业发展的集聚效应。其中,张江动漫谷涵盖了动漫创作传播、衍生产品开发、动漫人才培训、主题场馆运营及公共平台服务五大领域,不仅汇集了炫动传播、河马动画、城市动漫等领军企业,还建立了国内第一家动漫博物馆,已成为上海动漫产业发展的核心地带。

重大产业项目和公共服务平台的助推作用不断增强。近年来,上海以实施重大产业项目、搭建公共服务平台为抓手,在加快动漫产业发展上取得了明显成效,部分项目在全国产生了示范引领作用。其中,由文化部与上海市政府共同主办的中国国际动漫游戏博览会已成功举办八届,观展人数、现场交易额、项目合作意向签约额逐年增长。2012 年上海市动漫行业协会正式成立,产业的发展有了行业组织的引领与服务。动漫企业和作品获国家奖励扶持比例逐年上升。近年来,上海动漫产业涌现出多部优秀动漫作品,被文化部、国家广电总局给予重点扶持和奖励。此外,多家企业和作品获得国家广电总局少儿精品发展专项资金、国产电视动画发展专项资金、国产原创动画作品及创作人才扶持资金等多项资金扶持。上海河马动画设计股份有限公司主打3D科幻电影，陆续推出了《超蛙战士》系列电影两部和一部《绿林大冒险》，成为国内3D原创动画电影的领先者。此外，上海美术电影制片厂也推出了《大闹天宫3D版》、《邋遢大王奇遇记》等多部怀旧风格作品，上海淘米动画有限公司推出根据其网络游戏改编的大电影《赛尔号》、《摩尔庄园》，均引起了市场的强烈反响。

网络动漫等新兴业态发展势头强劲。在动漫产业快速发展的大背景下，上海的网络动漫、手机动漫、动漫舞台剧等新兴业态发展势头强劲，特别是网络/手机动漫领域，在较短时间内就形成了小破孩、绿豆蛙、蘑菇点点等全国知名的动漫形象。其中，上海拾荒动画设计有限公司创作的网络/手机动漫形象——小破孩，已推出动画、游戏、应用等作品30多部，网络点击率达到3亿人次，多次荣获文化部"原创动漫扶持计划"奖、最具人气网络动画奖等奖励，在新浪、腾讯等知名网站上被持续连载，是上海网络/手机动漫形象的典型代表。新兴业态的成熟将改变动漫生产和传播传统方式，推进动漫产业升级，将成为上海动漫产业领先全国新的突破口和增长点。

上海现有300余家企业的营业执照经营范围含有"动漫创作制作"内容，正常开展业务并有产品问世的动漫企业150家。其中，漫画创作企业25家，动画创作、制作及发行企业67家，新媒体动漫创作及运营企业32家，动漫舞台剧创作演出企业6家，动漫衍生品研发设计企业16家，动漫会展类企业4家。据统计，2012年上海动漫产业规模约70亿元人民币，比2011年增长近16.7%。其中，漫画2.5亿元，电视动画4亿元，动画电影4.5亿元，网络/手机动漫、动漫舞台剧及动漫衍生品45亿元，动漫会展等相关业务产值约14亿元人民币。[①]

未来上海一方面应鼓励授权交易，促进动漫产业通过产业融合延伸衍生品产业链，另一方面应推出针对性举措吸引动漫衍生领域巨头在沪布局，尤其是知名动漫品牌入驻商业中心打造实体体验空间，营造城市整体动漫消费氛围，通过打造"动漫品牌消费之都"为上海"国际动漫产业中枢"奠定消费基础。

(二)文化消费需求的高边际倾向促推视听产业发展

根据凯恩斯的乘数理论，文化消费的增长不仅会导致投资需求的成倍增长，而且会拉动经济成倍的增长。网络视听已成为最普及的互联网应用形态，

① 《2012上海动漫产业报告》发布[EB/OL].中国新闻网，2013－07－12.

其相对应的消费者数量逐渐遍地开花，其市场规模也在逐渐扩大。2011 年，上海网络视听产业规模超过 30 亿元，占据中国网络视听产业“半壁江山”。上海在投资领域也处于全国领先位置。上海自 2011 年起每年设置 1 000 万元，以扶持网络视听产业发展。这是我国首笔扶持该产业的专项资金。上海于 2011 年末正式设立上海市网络视听产业专项资金，确定了原创网络剧、原创网络短片、原创视听栏目等八大重点扶持类别。经过初评和终审，12 家企业的 22 个项目最终获得资助。《欢迎爱光临》是土豆网独立制作的第一部电视剧，此次获得了原创网络剧资助。①

由于消费和投资的影响，上海网络视听产业突飞猛进。网络剧、微电影等网络视听节目生产大幅增加；自制能力明显提高，部分自制网络剧和自制栏目成功分销到上星频道播出。

2012 年，上海 IPTV 用户达 170 万户，同比增加 20 万户；智能电视一体机活跃用户 300 万台，同比增加 100 万台；手机电视用户达 300 万，同比增加 100 万。上海已累计发展 CMMB 用户 63 万。东方明珠移动电视已在公共交通、楼宇、水上巴士等拥有共 32 000 个收视终端，节目每天传至近 1 800 万市民。

2012 年元旦，“中国 3D 电视试验频道”(以下简称 3D 频道)正式开播，上海广播电视台是 3D 频道六家联合开办台之一。到 2012 年底，节目送播量达到每周 7 小时，顺利实现既定播出目标。

四、典型案例：上海的网游文化消费

(一)上海网游产业发展现状

2012 年，上海网游产业的总产值(包括互联网游戏和移动游戏以及其他游戏产品)达到 187 亿元，同比增长 25.3%，约占全国网游产业的 28.3%。其中，互联网游戏产值(包括客户端游戏和网页游戏)约 167 亿元，约占上海网游总产值的 89.3%；移动网游戏(基于移动网络和智能终端的游戏)约 12.53 亿元，约占上海网游总产值的 6.7%。国产网游出口数量约 70 款，海外市场收入超过 1.2 亿美元，比 2011 年增长 20%，约占全国网游出口总额的 21%。2012 年营

① 上海设立我国首个专项资金 每年 1 000 万支持网络视听产业[N]. 人民日报，2012－04－01.

收超过 5 000 万的共有 19 家企业。[①] 上海网游产业发展呈现出以下特点：

1. 网页游戏高速发展

进入门槛低、可利用碎片化时间、吸金能力强大、营销策略强势等因素催生了大量的网页游戏从业企业和大批的网页游戏玩家，使得网页游戏市场持续升温，市场规模不断扩大。以心动、游族、起凡等为代表的上海网页游戏企业快速发展，部分企业 2012 年营收突破亿元大关。其中，自主研发类企业主要通过产品授权金形式转让或联合运营方式获得收入。联合运营模式主要依赖运营平台的用户量，将平台流量迅速通过网页游戏用户付费变现，实现快速的资金回笼。随着网页游戏市场的发展，未来会有更多从业企业选择研运一体的方式来增强企业自身的行业竞争力。

2. 移动游戏市场潜力巨大

上海移动游戏发展处于一种稳步提升阶段，市场潜力巨大。这主要由几方面因素促成：一是上海市民的消费能力特别是智能手机普及率在国内位居前列，为移动游戏发展提供空间；二是移动游戏产品特性满足了用户的时间碎片化利用需求，越来越多的城市居民会选择在乘坐城市交通工具等闲暇之余通过玩移动游戏来消磨时间；三是移动游戏开发技术门槛较低，大量小企业甚至个人开发者都能够加入其中。随着三网融合加速及上海智慧城市建设加快，预计未来两年，移动网游的发展将出现明显提速，一些结合移动社交功能或者 LBS 服务等为用户提供创新游戏模式的移动游戏产品将成为上海游戏市场的新亮点。

3. 网游产品走向海外市场

随着国内网游营销成本的拉高与竞争的日益激烈，网游产品出口已成上海网游企业拓展市场的新选择。如巨人网络、盛大游戏、游族等知名企业通过自建平台、海外运营、海外出口、获得授权金等方式将多款游戏成功推向国际市场。低门槛的移动游戏成为出口主力军，盈游网络、淘米等多家企业通过 App Store 和 Google 市场等应用平台出口移动游戏产品，研发与运营成本都比较低。大多数移动游戏属于休闲类，有效避免了不同国家消费者的文化差异。当然最终决定产品海外出口成功与否的关键因素仍是网游产品本身的质量。

① 浦东网游企业竞相争夺眼球[N]. 浦东时报，2013－07－25.

4. 客户端游戏企业面临转型

随着网页游戏以及移动游戏的发展，特别是70后、80后玩家年龄的增长，对客户端游戏的需求明显下降。再加上本地企业运营的《魔兽世界》、《传奇》等老牌明星客户端产品生命周期接近尾声，新客户端游戏产品内容缺乏创新，同质化现象十分严重，缺少如腾讯旗下的《英雄联盟》、《穿越火线》等具有市场冲击能力的新作品，客户端游戏的核心用户在不断流失。典型的客户端游戏公司不得不面临战略转型，必须通过拓宽游戏业务领域、加强研发创新能力来适应市场，将产品线延伸至网页游戏、移动游戏甚至更多细分领域，才能在未来获得更多新的突破。

5. 游戏展会品牌享誉国内外

以China Joy、GDC游戏开发者大会（中国）为代表的大型国际性网游展会，从办展规模、专业程度、业界评价等指标看，已成为享誉国内外的知名展会品牌。这些展会的成功举办，不仅为上海网游企业与国内外知名企业深层次交流合作提供了重要平台，还在集聚资源推动上海网游产业发展、提升上海网游产业国际形象等方面发挥了重要作用。

6. 电子竞技游戏成为关注亮点

2003年11月，电子竞技被国家正式列为国家体育项目；2009年11月，国家体育局信息中心正式成为电子竞技管理机构；2010年4月，中国电子竞技国家集训队选拔首次举行。上海的电子竞技环境处于全国领先水平，大型电子竞技赛事频繁举办，推动了上海电子竞技体育正规化和职业化道路，通过这些大型电子竞技赛事的成功运作，促进上海电子竞技产业链的形成，电子竞技游戏作为游戏产业组成部分已成为吸引玩家、扩大游戏消费、倡导健康网游的新平台。

7. 文学、影视、网游、动漫跨业融合

文学、影视、网游、动漫等跨业整合速度不断加快，以盛大网络、淘米为代表的网游企业纷纷加速布局跨业娱乐。盛大旗下的网络文学《星辰变》、《鬼吹灯》均被改编成客户端游戏《星辰变》和《鬼吹灯外传》，并且受到大量用户的追捧。网络文学与网游的结合在一定程度上改变了网游内容创意匮乏的问题，还在大量网络文学用户中拓展新市场。专注儿童游戏的淘米在2011年首次推出动画电影《赛尔号之寻找凤凰神兽》后正式进军动漫产业领域，依靠电影和网游之间以及线上游戏、动漫电影与线下衍生品之间的互动营销，继续保持发展优势。

(二)网游产业发展存在的问题

虽然上海作为网游产业的发源地,起步比较早,且已形成完整的产业链结构及合理的商业布局,但随着北京、广东等网游产业的快速崛起,特别是一批重量级企业的出现,上海网游产业整体优势不再。通过比对梳理,上海网游产业主要面临以下问题。

1. 网游人才资源问题

从人才培养角度来看,虽然本地部分院校都有开设游戏研发的相关课程,但在课程内容设计上偏向于理论化教学,与网游产品研发的实际需求并不完全相符,相关专业学生的从业能力不能适应产业发展需求,使得本地网游人才储备出现很大空缺。从人才引进角度来看,随着国内网游市场竞争加剧,高素质网游研发人才供不应求,北京、广东等地与上海网游企业间对游戏人才的争夺愈发激烈。虽然上海网游企业近年来纷纷加大力度引进专业人才,但由于《上海市引进人才申办本市常住户口试行办法》设定的关于本科以上学历等条件制约不少优秀人才落户上海,进一步加剧了专业人才匮乏问题。

2. 网游产品质量问题

页游市场的快速发展吸引了大量互联网企业加入其中,催生了琳琅满目的网页游戏产品,但细究市面上数百款网页游戏,从类型和题材上来看许多都大同小异,甚至还有不少几乎完全雷同的产品存在。这主要因为页游开发成本不高,许多企业往往抱着捞一把就走的心理,选择一些市场上较为火爆的游戏进行复制,迅速获取利润,这种行为不但恶化了市场竞争环境,也严重影响了上海网游产业的创新发展。

3. 移动网络服务问题

随着智能手机普及率的不断提高,移动游戏所能提供的游戏品质和游戏体验也将不断提升,而玩家的诉求也会相应增多,更多的社交性、竞技性的需求必将推动移动游戏由移动单机游戏向移动网游发展。但是从上海移动网络质量上来看,2G 网络网速过慢而 3G 网络收费太高使得大量用户选择绕道移动网游,大多数用户只能在家里通过 WIFI 网络进行移动网游,移动网游变得毫无移动性可言,这不但违背了移动网游的设计理念,也极大制约移动网游用户增加及移动网游发展。

4. 网游媒体资源问题

随着上海网游产业链的不断发展和完善,网游用户对于这些游戏媒体的需求和黏性在逐年提高,游戏资讯网站等对于网游产业规模扩大的推动作用不断加强。从全国范围来看,如多玩、畅游17173、电玩巴士、太平洋游戏网等几家影响力比较大的知名游戏资讯网站都落地在北京、广东,上海知名游戏媒体仅有SiTV游戏风云频道一家,本地游戏媒体影响力略显不足。

5. 网游出口发展问题

对比广东、北京地区的网游出口情况来看,上海网游出口规模并不具备显著优势,随着国内甚至全球网游市场竞争日益激烈,网游出口不仅是网游企业自身发展的需要,也从另一个角度反映了上海网游产业发展的整体形象,因此如何推动网游产业出口,也将是推动上海网游产业发展的重要课题。

(三)推动网游产业发展的思考与建议

从上海网游产业发展面临的问题出发,可从以下方面入手,推动上海网游产业加快发展。

1. 利用自贸区试点和营改增扩围,培育更多合格主体

一是充分利用上海试点自由贸易区"境内关外"的政策优势,吸引更多国外知名网游企业落户上海开展网游研发工作,带动上海网游企业增强创新研发能力。二是要会同相关部门利用营改增扩围契机,深入研究网游企业获得税收政策支持的有效途径,吸引腾讯、网易等国内知名网游企业落户上海,推动提升上海网游企业的运营水平。三是要通过专项资金扶持与政府服务,建立面向盛大网络、巨人网络、淘米科技等本地优秀网游企业的定期重点联系制度,主动帮助企业解决发展中的瓶颈问题,帮助企业做强做大。四是要依托产业园区加大对高等院校网游创意团队和相关社团组织的孵化力度,重点培育中小企业,积聚产业发展后劲。

2. 利用新型游戏发展契机,文教结合加快专业人才培养

游戏产品本身首先是一个充满创意的文化内容产品,其次才是技术的实现。移动端游戏具有开发周期短的优势,使得充分利用高校学生来加大加快游戏产品的创意开发成为可能。加强文化与教育部门的合作,在全市高校范围内举办移动游戏产品的创意开发大赛,搭建企业与高校人才的对接平台,将好的

产品与研发团队留在上海；充分利用在上海召开的GDC（中国游戏开发者大会）这样的平台，资助高校的学生，让他们足不出户便能接触和学习到国际先进的创意开发理念和技术。

通过文教结合平台，鼓励上海核心网游企业将企业岗位与上海高校游戏专业设置进行挂钩对接，解决人才供需不对接的问题。通过一些有针对性的切合实际的课程设计和教学，帮助这些学生在大学学业生涯中更好地掌握一些游戏研发上的实用技术。并且通过企业实习等方式，增加大学生的工作经验、工作技巧，提高岗位的磨合程度，以便在毕业后能够更快更好地投入到实际工作中去，从而有效解决网游企业的用人紧张问题。

建议在加大上海本地人才培养的同时，有效推进对于其他地区人才资源的引进。虽然上海很早开始就通过人才引进政策吸引了大量外省市人才落户来增强上海经济建设和发展，但对于游戏行业而言，这一政策却无法很好地进行落实，主要源于大部分游戏人才学历上与人才引进的政策的要求有较大差距，这也使得许多外省市游戏技术人才对于来沪工作望而却步。因此，应对上海原本人才引进政策进行适度优化，通过人才落户等政策激励，吸引国内的优秀网游人才落户上海。

3. 利用智慧城市建设契机，文化与科技对接推动新型网游发展

上海移动互联网收费过高以及网络服务不稳定大大制约了移动网游用户的增加以及移动网游的发展，而城市免费 WIFI 网络热点是有效解决这一问题的方法之一。建议加快城市免费 WIFI 网络热点的普及，优化移动网络服务质量，为上海移动网游市场的发展提供更多的硬件支持。

作为国际化大都市，上海在推进无线网络覆盖过程中，不仅可以向中国香港、新加坡、伦敦等城市学习成功经验，如在平衡基础设施建设的前期投入上借鉴这些城市市场化手段，通过广告收回成本，还可以通过税收减免、政府资金扶持等政策，鼓励更多企业主动成为免费 WIFI 服务的参与者和新商业模式的探索者，共同推进上海城市 WIFI 网络热点建设。此外，移动资费是影响用户使用的关键因素之一。但游戏再精彩，费用过高，用户也无法承受。应引导运营商在对移动游戏市场进行调查基础上，制定合理的收费方式和收费幅度，提供更多针对移动游戏应用的资费套餐方案。随着移动网络环境的改善，上海网游产业将在移动网游市场找到快速增长的新机会。

4. 利用上海国际大都市平台，大力推动网游“走出去”

建议将网游产业作为文化贸易的重要内容，通过政策引导、资金扶持、搭建平台等，加大力度支持网游企业与网游产业“走出去”。如依托外高桥国家文化服务贸易平台，由相关行业协会牵头组织网游产业商务推介活动，支持参加国内外知名游戏展会，加强本地企业与海外企业间的沟通合作，在推介本地产业的同时，利用海外游戏企业先进的游戏策划理念和成熟的研发技术，提高本地企业的市场竞争力，拓宽本地企业的国外市场空间。

5. 加大重点扶持力度，缓解网游产业融资难问题

建议加大对游戏企业的投融资支持力度，增强其市场竞争力。引导外商投资各类游戏产品的研究开发和创作，鼓励上海大型文化企业通过参股、控股或者兼并等方式进入网游产业，积极支持上海市符合条件的网游企业通过境内外上市进行融资，鼓励担保机构对网游企业提供融资担保或者成立专门的文化产业担保机构和专业的文化产业风险投资机构，鼓励银行和其他金融机构对网游企业开展知识产权质押业务。

6. 加强网游媒体建设，提升网游产业影响力和社会美誉度

一是推动本地游戏媒体建设，强化本地游戏媒体资源优势，更好地满足网游用户日益提高的服务需求，推动上海虚拟经济的发展。从 SiTV 游戏风云频道的例子来看，作为上海知名游戏媒体，每年为广大电视用户提供各种游戏产业动态资讯和大量高水平竞技赛事的转播，全年原创节目总量突破 2 000 小时，覆盖全国近 5 000 万家庭用户，并且每年还主办 G 联赛吸引全球顶尖电子竞技高手加盟，为上海乃至全国电子竞技运动的发展做出了长足的贡献。另外，游戏风云基于自身积累的媒体资源优势还推出了游戏风云大厅，它以一种跨界运营、多屏互动的方式，以专业数字媒体平台为依托，与游戏产业成功实现对接，以跨媒体、跨平台、跨产业的全新经营模式为用户带来多屏同享游戏娱乐服务内容新体验。SiTV 游戏风云频道在游戏产业中多元化的发展为后来者提供了良好的参照榜样。二是社会上现在还存在许多对于网游行业的偏见，主观地将网游与颓废、消极等贬义词联系在一起，一定程度上阻碍了上海网游产业的发展。因此，可以通过推动本地网游媒体的建设来提高网游行业的宣传力度，更正一些片面的观点，提高网游行业的社会评价，使得更多的高素质人才愿意投身到网游文化产业的建设中。

五、上海文化创意产业发展的经验及未来展望

(一)上海文化创意产业发展经验归纳

1. 文化政策较为完善

上海扩大文化消费的需求政策保障。上海市政府通过制定文化消费优惠政策,包括税收、标准、品牌等来鼓励和满足消费者文化消费的条件。如规定企业税前利润的百分之几用于企业员工的文化消费,规定企业每年或每季度要有一定的特别休假日用于提高职工的文化消费。政府还实施积极的引导政策,建立专项资金或基金,通过贷款贴息、项目补贴、补充资本金等方式,支持国家级文化产业基地建设,支持文化产业重点项目及跨区域整合,支持国有控股文化企业股份制改造,支持文化领域新产品、新技术的研发,支持大宗文化产品和服务的出口,扶持一批具有先进技术和优秀人才的文化企业,增强文化消费的供给环节。政府还给予民营文化公司以宽松的环境,政策倾斜,资金扶持,以此促进文化产业的发展,带动文化消费市场的繁荣。

2. 形成较为完善的文化孵化和文化生产中心,原创文化蓬勃发展

近两年以来,一大批上海出品的优秀节目和扎根上海的文艺人才在多项国内外比赛和评选中获奖,这股态势被很多人解读为上海的文化原创实力正在崛起。

2012 年,上影出品和联合出品的影片在各类奖项评选中共获得 55 个奖项。其中:由上海申报的电影《辛亥革命》以及由其他省市申报的电影《建国大业》、《建党伟业》、《唐山大地震》、《可爱的中国》和动画片《西柏坡》荣获“五个一工程”奖;《唐山大地震》、《辛亥革命》分别荣获第 31 届中国电影百花奖最佳影片奖和优秀影片奖;《大耳朵图图之成长快乐多》荣获中国广播电视大奖·第 22 届电视文艺星光奖电视动画片大奖;《少年岳飞传奇》荣获第八届杭州国际动漫节动画电影金猴奖;《大闹天宫 3D》荣获美国夏威夷电影节杰出成就奖、2012 年度中国动画学会美猴奖评委会特别奖,以及联合国知识版权署“版权金奖”。

还比如,2012 年 CCTV 第七届全国青年京剧演员电视大赛,上海京剧院共有 19 位青年演员进入决赛,并全部获奖。其中,蓝天等 7 人获得金奖,陈麟等 12 人获得银奖,成绩创历史纪录。文化部十年一次的全国青年京剧演员评比演

出，上海京剧院6人参赛，获得“4金2银”的佳绩，位于同类院团之首。昆剧《景阳钟变》、《烂柯山》参演第五届中国昆剧艺术节，黎安、余彬、袁国良获“优秀表演奖”，季云峰、陈莉获“表演奖”，李樑、顾兆琳、周雪华、张咏亮获“优秀作曲奖”，高均、林峰获“优秀鼓师奖”，钱寅获“优秀笛师奖”，成绩喜人。通过这次演出，黎安、余彬这一批“昆三班”的学员，作为一个整体，以一代接班人的风貌走向全国舞台，展示了上海昆剧人才传承的软实力。

获奖如此丰厚，是上海文艺界厚积薄发的结果。在政策扶持和市场驱动的合力作用之下，上海文化发展的土壤正日益丰厚。海派电视剧的异军突起，在很大程度上得益于上海文化发展基金会的资助。这个由政府部门主导的基金会每年评审通过六七百个项目，特别是2011年，基金会与上海银行签署了一项总体授信额度达到10亿元的合作协议，打破了金融业对文化产业的信贷扶持大多流向硬件建设的传统格局，同时也扭转了以往主旋律文艺项目单纯依靠政府投入和国有宣传文化系统自有资金的局面。上海东方传媒集团的《誓言今生》在经过基金会评审通过后，获得上海银行1 000万元贷款扶持，同时由基金会进行贴息资助。

2012年，上海戏曲发展基金重点扶持的创作项目既有《景阳钟变》、《敦煌女儿》等重大题材剧目，也有《李商隐》、《唐琬》等以培养青年演员为主体的新剧目。其中，多部原创剧目获得了各类国家级和省部级奖励。昆剧《景阳钟变》获第五届中国昆剧艺术节“优秀剧目奖”（榜首），《烂柯山》获第五届中国昆剧艺术节“优秀剧目奖”；越剧《红楼梦》获“文化部第二届全国优秀保留剧目大奖”。

在政策扶持之外，日益强烈的市场意识，也激发了上海文艺院团的创造活力，从而催生了一批叫好又叫座的作品。如在获得“荷花奖”评委的肯定之前，上海芭蕾舞团的《简·爱》出访英国，在英格兰国家歌剧院连演5场，创造了迄今为止中国芭蕾舞团在英国的最高票房收入。上海歌舞团的《一起跳舞吧》则以“白领舞剧”的概念撬动了原本小众的国内舞蹈市场，在全国各地完成了超过20场演出。

3. 融合文化形成多点开花局面，商业文化、经济文化初步形成

上海文化消费中出现了融合化的特点。上海整合文化资源，突出表现在利用文化消费中心与外围的“扩散效应”和“回波效应”，重点发展一大批战略性新兴文化创意支柱产业，迅速形成产业集聚区，这包括横向集聚和纵向集聚。横向集聚是指发展文化衍生产品和文化增值产品，以实现不同类型文化的相互补充和相互促进。纵向聚集是指同类文化消费产品或服务形成集聚区，从而形成品牌效应和地域特色。上海加强文化消费环节的反馈和引导，重点抓好三网融合，大力推进信息服务的基础设施建设，建设上海文化“智慧城市”如专设类似消费者热线和“315”的文化消费受理机构和热线，通过专门的文化消费网络平台向消费者提供文化消费的引导和介绍。当上海文化集聚达到一定程度时，适当注重文化传播和扩散的效用，提升文化价值创造功能。上海还通过加大文化产品或文化服务的出口，拓展国际文化市场，发展文化服务外包，如出版物、影视娱乐产品等。一方面，举办文化交流活动和会议等加大文化出口力度，更好地利用好各类文化资源，既大力鼓励文化企业走出去，对一些基础良好又外需性强的特色资源，积极扶持它做大做强，创造条件开拓外向型市场；另一方面，上海考虑如何把国内外其他地区的消费者和投资者吸引进来，在开发本地资源的同时不断提升知名度，以扩大本地文化消费市场。

融合性还表现在文化消费价值链平台的整合上。创新文化链条，整合文化消费平台体系，实现上海文化消费规模扩张。加强示范基地、原创孵化、后期制作、文化贸易、文化交流等文化供应链环节，将文化从最初的创意开始，到建立示范基地、原创孵化、后期制作、文化贸易、文化交流 文化增值产品开发、文化传播、文化出口等文化供应链网络的前后期工序集中开发，实现文化成果的快速转化。构建文化供应链核心企业，以此引导资源，形成文化链条。从文化供应链来看，上海注文化供应链的核心企业的打造，注重核心环节的发展；从平台体系来看，上海着重发展三大平台，包括：吸引并激励原创文化的平台（如盛大网络）、文化贸易和出口平台（体现上海商业文化的特征）、文化融合和文化衍生增值服务平台，从而实现上海文化源动力、贸易和后续增值服务三块的打造。从文化体制改革看，上海正努力重视平台功能，形成文化聚集，并对文化创意产业和竞争性文化事业实施企业性改制，找准上海商业文化相融合的突破口和文化链条的创意包括创意文化生产，重视上海文化品牌建设，将文化作为上海的一张名片。

4. 上海文化品牌效应明显

后世博时代与上海工艺品消费市场的发展。世博园后期建设：围绕后世博打造旅游观光文化消费，开展后期场馆开发、后期观光旅游、后期管理宣传、后期工艺品开发。海洋文化：集中发展多样化海洋特色的海派文化，利用上海的海塘文化、海洋制盐文化、渔村民俗信仰等文化资源形成系列化海洋旅游产品，从而扩大文化消费。娱乐文化：利用迪士尼乐园落户上海和东方梦工厂落户徐汇滨江的重要契机，形成新的文化消费增长点，建成新的文化消费圈，并带动一批新的文化主题公园的创建和发展,形成上海文化消费新增长点。

现有文化设施的进一步开发。如城隍庙改造开发可借鉴苏州观前街的模式,整合周边区域资源,建成上海特色休闲文化旅游片区等。

主题体验文化。①主题场所。主题公园、文化遗迹是最突出的表现形式,各种主题体验越来越渗入各种细微的地方。眼下兴起一个新词汇——第三地,该观点认为现代人的生活状态越来越倾向于"三分":工作、休息、生活;相对地,人的活动场所也就分为家、办公室与第三地。各种第三地如果有精彩主题统领,那么让各种设置、活动、人员、服务通通为深化主题服务,就很有可能会给顾客带来独特又深刻的体验。②主题活动。相对而言,主题场所是固定的,它只能靠特色或品牌来吸引顾客;主题活动则更加灵活,如成都国际熊猫节、上海樱花节、都江堰放水节、广汉保保节、各地春节的庙会……③主题旅游。体验旅游因为主题不同,更有可能吸引游客再次体验。上海在开发体验旅游方面具备自己的优势。首先,上海具有深厚的历史人文传统和浓郁的海派文化风格;其次,上海拥有发达的交通网络环境,以及越来越多的人拥有私家车,自驾游、跟团游愈来愈踊跃;最后,上海拥有很多娱乐休闲场所,比如欢乐谷、外滩、新天地、城隍庙等,都是发展主题旅游的好场所。

(二)上海文化创意产业发展未来展望

在未来的发展中,上海将以"十二五"扩大文化消费为契机,结合上海历史与现实,以上海国际文化中心为定位,以构建思想性、艺术性、观赏性相统一的社会主义核心文化价值体系为方向,扩大文化消费。上海还将以"保障基本文化消费、培育原创文化、发展融合文化,打造上海特色文化品牌"作为扩大文化消费的突破口,实现经济、社会、人文与文化消费综合协调发展,进一步展示上海历史文化名城与现代化国际大都市相互交融的独特文化魅力。

上海将扩大文化消费,发展文化创意产业,实现上海文化元素从"文化融合驱动"向"文化品牌驱动"方向的转变。上海将使文化品牌向横向和纵向扩散的同时,形成文化横向、纵向集聚,进而引领泛长三角的文化消费,最终经过10~20年左右时间,发展成为国内文化创意中心,进而向成为国际文化创意中心的目标迈进。

(上海社会科学院创意产业研究中心:蒋莉莉)

第七章
南京:文化消费促进创意产业园区深度发展

一、南京文化创意产业发展概要

二、文化消费促进南京文化创意产业园区发展

三、南京文化创意产业发展思路及前景

党的十八届三中全会提出，建设社会主义文化强国，增强国家文化软实力，必须坚持社会主义先进文化前进方向，坚持中国特色社会主义文化发展道路，坚持以人民为中心的工作导向，进一步深化文化体制改革。过去的一年中，南京市坚决按照党中央和江苏省委关于发展文化创意产业的相关精神，做出了一系列重要的决策部署，以经济基础支撑文化创意产业发展，用文化创意产业的进步促进经济的腾飞。南京市政协十三届二次会议上明确提出要力争让南京文化创意产业迈进全国第一方阵，文化创意产业的重要性已经不言而喻。南京正在大力培育具有自主知识产权、自主品牌的骨干企业，引领文化创意产业发展，使文化创意产业真正成为南京的支柱产业。

一、南京文化创意产业发展概要

(一)南京文化创意产业发展环境

1. 悠久的历史文化积淀

南京是一座世界闻名的历史文化名城，其 50 万年的人类史、2 480 余年的建城史和 450 多年的建都史成为南京文化的独特基因，500 多处文保遗迹、300 多项非遗项目、上百家文博场馆使得南京这座城市散发着浓郁的人文气息。南京市历史文化遗存数量之多、门类之全、跨越时间之长，在全国都是首屈一指的。对传统文化的发掘和开发、保护与传承，为南京文化创意产业的茁壮成长提供了一片沃土，使得良好的文化基因完美地融合到现代文化创意产业发展体系中。

2. 坚实的政策支持

(1)国家政策引导

早在十八大报告中，党和国家就已经将文化产业列为国民经济支柱性产业。和装备制造业等国家硬实力表现相比，文化创意产业作为软实力产业，在国家经济发展中已然是不可或缺的重要一环。国家文化创意产业支持政策接二连三亮相，也给这个新兴并不断壮大的产业带来了光明的前景。《国家“十二五”时期文化改革发展规划纲要》、《文化部“十二五”时期文化产业倍增计划》、《关于加快出版传媒集团改革发展的指导意见》、《文化部“十二五”时期文化改革发展规划》、《文化部“十二五”文化科技发展规划》、《国家文化科技创新工程纲要》、《中国杂技艺术振兴规划》、《文化部关于鼓励和引导民间资本进入文化领域的实施意见》等诸多文化创意产业政策密集出台，使文化创意产业有了发展的源动力。

(2)江苏省政策扶持

江苏省以其雄厚的经济实力、快速蓬勃发展的第三产业，为文化创意产业的发展奠定了经济基础。同时，大力发展文化创意产业，符合江苏省调整产业结构、发展创新型经济的政策导向。江苏省对本省文化创意产业经济大力扶持，在文化创意产业的税收、土地租用和贷款方面均出台了优惠政策，设立了专项基金，如“十一五”期间设立了省级文化产业专项资金 1 亿元，2009 年已增至 2 亿元。

(3)南京市政策支撑

近年来，南京市委市政府致力于打造具有竞争力的品牌产品和品牌文化企业，积极推进跨区域、跨国际的合作，延长文化创意产业的产业链，拓展国际发展空间。为此，南京市委市政府确立了“大力实施先进制造业和现代服务业‘双轮驱动’战略”，明确提出“优先发展现代服务业，加快文化创意产业园区建设，打造国际、国内创意设计交流平台，努力建成在全国有影响的文化创意中心城市”的战略部署，为南京文化创意产业发展提供了方向指引。南京市专门出台《关于加快发展文化创意产业的政策意见》，保证每一个好的创意都有市场化和产业化的机会，使每一个创业者都能得到有力的制度保证和良好的政策扶持①。

3. 成熟的民间组织

南京文化创意产业协会由南京地区从事文化创意产业的企业单位和个人自愿组成，属非营利性的专业性社团法人。在强调创意对经济的推动力与附加

① 南京市人民政府办公厅，中共南京市委宣传部，南京市文化广电新闻出版局. 南京市文化创意产业发展调研报告——文化发展论坛[EB/OL]. http://www.ccmedu.com/bbs54_138090.html.

值的基础上,协会重点发展五大类文化创意产业,即研发设计、建筑设计、文化传媒、咨询策划和时尚消费。通过整合文化创意资源,为文化创意产业者搭建了公共技术服务平台,加强企业、政府、高校、科研机构之间的对话与交流,提升了南京文化创意产业整体的影响力与竞争力。与此同时,协会主办、合办、协办、承办本地及国内外文化创意产业的相关会展与交流活动,加强与兄弟学会的联络,促进国际、国内行业间的交流与合作,发布有关文化创意产业的学术研究成果和产业信息,发挥了很多政府所不具备的作用。

4. 成长的文化消费市场

南京是东南沿海地区第二大城市,中国科教产业第三大城市,华东区域中心城市,国家重要的政治、军事、科教、文化、航运和金融中心,国家交通枢纽、通信枢纽和科技创新中心。南京是中国内地高等教育资源排名前五名的城市,也是国家第三大高等教育中心,国家四大科研教育中心之一,科教综合实力仅次于北京、上海,居全国第三位,拥有居全国第三位的国家重点学科,在中国高等教育重点城市中排行仅次于北京和上海。南京高等教育毛入学率为 57.9%,人均受教育超过 14 年。南京拥有两院院士近 200 人,截至 2013 年,在宁工作的两院院士近 90 人,每万人中大学生数量超过 1 100 人,2009 年被推选为“中国最具教育发展力城市”。截至 2013 年,南京共有 54 所普通高等学校,在校大学生超过 70 万人,在校研究生 9.57 万人,研究生培养机构 31 个,每万人拥有在校大学生数量居中国第一,每万人拥有在校研究生数量居中国第二,在南京的中国科学院和中国工程院院士数量居全国第三。文化创意产业是在一个区域工业化程度较高时,社会注意力开始向服务业、高附加值的制造业转变的产物。而这一产业需要的正是经济发展水平较高情况下社会培育的高层次人群,这类人群才会成为文化创意产业的消费者和推动者。

(二)文化创意产业发展概况

南京连续 3 年取得全省文化产业绩效考核第一,荣获省文化发展水平先进地区称号。目前,南京市共有文化创意产业园区 58 家,文化创意企业 14 580 家。2013 年文化产业增加值 386 亿元,占全市 GDP 比重达到 5.1%,居全省第一,也是唯一超过 5%的城市,这标志着文化产业初步成为南京国民经济的重要产业,符合产业转型的方向。南京市正多方面采取措施,改变大型文化创意企业数量偏少、相关企业之间协作程度不深、高层次文化创意人才不足等发展困境，力争 2014 年文化产业增加值达 570 亿元，占全市 GDP 比重提升至 5.7%。

南京从 2012 年起，连续 3 年每年从全市文化产业发展专项资金中提取 1 000万元，建立总计 3 000 万元的南京市文化产业信用保证专项资金，主要用于文化企业贷款风险补偿和信贷利息补贴。由市文化集团与江苏苏豪集团、江苏凤凰传媒集团、江苏广电集团等省属重点企业合作成立的江苏省文化产权交易所，是全省唯一的省级文化产权交易机构。目前，江苏省文交所已开展版权登记交易 1 000 余件、各类艺术展卖 10 余场，完成 4 500 万元的艺术品质押融资业务，上线挂牌各类产权 200 余家。目前，南京市已形成了以计算机软件设计、动漫网游、广电传媒、新闻出版、工艺美术、表演艺术等产业门类为主导的具有本地特色的文化创意产业发展格局。这其中，民营企业以生力军的姿态引领全市文化创意产业新业态。值得一提的是，在南京市文化创意产业发展序列中，以南京云锦、金陵刻经、南京金箔、秦淮灯会“金陵四绝”为代表的世界或国家传统手工艺类非物质文化遗产项目，成为我国探索非物质文化遗产生产性方式保护的典范。

(三)重点行业发展情况

1. 突出行业增速明显

(1)广播影视和广告设计行业迅速发展

从 2013 年南京市文化创意产业分行业统计数据来看，广播影视行业实现总产值为 130 亿元，广告设计行业也实现了 120 亿元的总产值。二者的增长幅度相当大，在政府政策大力扶植和相关配套产业园区不断完善的背景下，广播影视和广告设计行业的前景不容小视，其在文化创意产业总产出的比重会呈现不断增长的趋势。

(2)动漫游戏行业正在成为新的驱动引擎

从文化创意服务业总产出和增加值的比重来看，动漫游戏行业并不占优势地位，但是动漫游戏行业的驱动效果十分明显。2013 年，南京市动漫游戏行业总共产出作品达到 4 000 分钟，在浦口国家动漫产业园以及河西“中国游戏谷”的双引擎驱动下，该行业正在成为南京文化创意产业的驱动引擎。

2. 优势门类增速加快

(1)出版发行行业规模可观

一直以来,出版发行行业就是南京文化产业的重中之重,在年总产出中占的比重相当大。2013 年出版发行行业实现总产值达到了 300 亿元之多,超过增速明显的广播影视和广告设计行业的产出之和,同时相较于上年的产值,该行业本身的发展速度也很快。

(2)艺术行业增长快速

2013 年,艺术业实现总产出达 5 385.7 万元,其中艺术表演团体 2 224.8 万元,艺术表演场馆 2 614.8 万元,总体增加量很明显。该行业本身在南京文化创意产业中的地位并不算高,但随着场馆建设的不断完善,以及团体种类和数量的不断细化,无论从存量还是增量上来看,艺术行业的发展都上了一个新的台阶。

(3)文化市场经营机构营业盈余明显

从数据来看,2013 年南京文化市场经营机构实现总产出达到 18.19 亿元,营业盈余达到 6.36 亿元。这些数据在整个南京文化产业的数据统计中非常显眼,其强劲的活力非其他行业可以比拟。随着相关规章制度的出台,发展前景一片大好。

(四)文创产业发展重要事件

1. 南京以排名第一的成绩获评国家级文化和科技融合示范基地

2013 年 12 月 13 日,南京市以排名第一的成绩出现在由科技部、中宣部、文化部、新闻出版广电总局四部门联合公布的第二批“国家级文化和科技融合示范基地”名单中。

南京于 2012 年年底全面启动申报工作,2013 全年的工作主要分为三个阶段。第一阶段从 2012 年底到 2013 年 4 月,包括整合全市优质资源申报的工作思路,明确了以高新区等园区为依托;市政府邀请 12 位全国知名专家成立专家委员会,全面负责协调指导申报工作;并通过详细认真的调研和分析,形成了国内文化与科技融合领域第一份专项规划——《南京市文化与科技融合发展规划纲要》。第二阶段从 2013 年 5 月到 8 月,主要工作包括拍定全市 95 个“策划、签约、开工、竣工、落地、产出、做优”“七个一批”重点项目,明晰相关部门的责任,并规划进度安排；启动建设南京数字文化产业公共技术服务平台；召开市文化改革发展领导小组会议，吸收南京市委相关负责领导突出的申报工作相关具体要求；细致挑选和组织申报省首批重点文化科技园区和重点企业，在保证入选企业质量的同时尽可能扩容数量，入选数量列全省第一；成立全国第一家文化金融服务中心，出台《南京市文化产业投融资体系建设计划》，为探寻金融支持文化科技企业发展找出路子等。第三阶段从2013年9月到11月。主要工作包括根据上级部门申报通知要求，编制了翔实的《南京申报国家级文化和科技融合示范基地发展规划》；经省科技厅组织评审获得高度评价，最终按照占据江苏省排序第一的位置上报科技部。11月6日，市委宣传部、市科委、市文广新局、高新区组团来到北京参加国家文化示范基地评审答辩会，南京前期准备工作得到相关部委领导和专家评审组成员的一致好评，最终从29个申报城市中脱颖而出，并在18个获评城市中总分名列第一。

2. 南京鼓楼文化创意产业GDP达13%

鼓楼区地处南京市区主要地段，总面积十分狭小，仅26.62平方公里。但经济数据却十分可观，财政收入3.23亿元，每平方公里产出GDP14.4亿元，在全国主要城市的核心城区中名列前茅。“聚全区之力，发展文化创意产业”是鼓楼区的口号，文化创意能更大程度充分利用鼓楼区的各种优势资源，升级现有落后产业，延伸无穷的产品和市场链条。鼓楼区文化创意产业国民生产总值占全部国民生产总值已达13%，未来5年增幅还将在3%以上，成为全区最重要的支柱型产业。鼓楼区政府承诺每年将拿出2 000万元文化专项扶持引导资金，成立文化创意产业创业投资基金，搭建金融服务平台。鼓楼区花大力气打造资本运作体系，建设完善多元化投入机制。

鼓楼重点打造以南京艺术学院、河海大学、南京工业大学和南京邮电大学为中心的四大文创产业集聚区。改造大学周边，设创业基金、搭公共平台，吸引高校师生创业，推动高校周边形成文化创意产业带。重点建设信息共享、技术支撑、金融服务、成果转化、项目分包、孵化加速、价值评估、宣传包装八大公共服务平台，鼓楼着力于减少文化企业尤其是微型企业的运营成本，并成立文化创意产业发展服务办公室，提升行政服务效能，将全区的目光集中到文化产业。

3. 海峡两岸城市文创产业协会联盟在南京成立

文创产业合作专题论坛在南京圆满举办，该论坛由两岸企业家紫金山峰会文化创意产业合作推进小组主办，南京市委宣传部、市文广新局承办。论坛上，由南京牵头发起成立了首个海峡两岸城市文创产业协会联盟，成员包括杭州、珠海、广州、上海、青岛、长春文化产业协会与(中国)台湾亚太文创产业协会。该联盟将依托紫金山峰会等交流平台，推动两岸文创协会和企业间的直接沟通交流。

论坛仪式现场，各大文创机构如紫东国际创意园动漫体验馆、南京文创大厦等一批两岸文创合作重点项目也正式签约，总金额超过10亿元。

4. 南京未来网络与文化融合创新产业联盟成立

2013年，南京未来网络与文化融合创新产业联盟成立。该联盟将通过建立创新、交流、合作的开放式平台，推动南京未来网络与文化产业深度融合与发展，进而推动南京文化产业转型升级。联盟以“搭建平台、汇聚资源、融合技术、共同发展”为目标，通过促进政府、企业、各类资本在技术、资金、市场、产业、高等院校、科研机构、人才等战略层面的深度结合，发挥各联盟成员的各项突出优势，进行深化沟通、合作和交流，携手促进南京市文化产业与未来网络与融合发展。目前联盟已有近60家会员单位，政府层面包括南京通信技术研究院，高等院校方面包括南京理工大学，企业层面包括江苏可一文化产业集团股份有限公司等。

5. 南京河西地区着力构建中国(南京)游戏谷基地

南京河西地区集中部署了以幻方朗睿科技、魔盒科技、原力动画为代表的近50家游戏动漫类企业机构，该地区将形成规模庞大、设备先进的国家级游戏基地。相信在未来五年时间里，该基地将依托中国移动、中国联通、中国电信三大运营商，力主构建中国最有辐射力、示范力和带动力的国家级游戏创新基地，南京河西地区也将建成国内最具特色的游戏产业基地。预计2015年底，仅游戏和动漫产业总投资额就将超过500亿元，形成40万平方米专业载体，区域内从事游戏动漫行业的企业和机构超过100家。目前，建邺区幻方朗睿科技、魔盒科技、原力动画等接近50家游戏动漫类企业汇聚在这片热土。伴随着中国移动、中国联通、中国电信等运营商进入游戏基地，园区游戏动漫产业集聚度有了很大的提高，产业贡献效率显著提升。该基地投资6 000万元的技术平台，并承诺游戏谷的游戏动漫及文化创意类中小企业都有公平机会享受此待遇。影视动漫制作、广告新媒体、现代创意设计、移动娱乐数字化、文化资源数字化五大领域是该平台重点关注的对象，同时基地力图满足动漫企业渲染、测试、动作捕捉数字后期制作等在研发产品时涉及的需求，文化产业跨平台技术领域的限制性因素也得到了解决。数据显示,南京的游戏动漫产业已经进入全国前十名的行列,其中以建邺区为核心推动游戏产业成为区域经济主要带动引擎,建设目标是形成长三角创新创意中心和中国(南京)游戏谷。这项举措对凝聚产业资源和力量、拓展产业地区性影响、促进产业健康稳定发展具有深远影响。中国(南京)游戏谷目前已经吸引国家层面和地区层面相关大中型企业和研发机构落户,计划经过3~5年的发展,将该基地打造成为中国具有示范力、辐射力和带动力的游戏创新创意国家级基地。

二、文化消费促进南京文化创意产业园区发展

(一)晨光1865创意产业园:综合性时尚创意文化产业基地

南京晨光1865创意产业园的前身是清末洋务运动期间,时任两江总督的李鸿章于1865年创建的金陵机器制造局,它开创了我国近代工业和兵器工业发展的先河。园区占地面积21万平方米,建筑面积约10万平方米,以老的工业厂房为主,其中清朝的建筑9栋,民国的建筑19栋,共计4.6万平方米,园区的整体定位是打造南京地区高档的商务活动和文化交流中心,集商务办公、科技研发、文化传媒、风险投资、餐饮、酒吧、时尚会所等于一体。园区的发展得到了省市区政府的大力支持,分别被授予国家动画产业基地、江苏省现代服务业集聚区、南京市都市产业园、南京市文化产业基地、南京市广告产业基地、南京对外交流基地,以及建设新南京先进单位等多项称号,并位列南京市“十一五”规划都市型产业园区十大推进项目之首。

1. 园区促进文化消费建设举措

(1)打造一体的综合性时尚创意文化产业基地

1865创意产业园充分发挥了历史文化优势,以文化创意和科技创新为主题内容,将园区打造为国内外知名的融文化、创意、科技、旅游为一体的综合性时尚创意文化产业基地。其产业总体定位为文化艺术和创意设计,重点引进文化传媒、艺术设计、创意设计、科技研发、总部经济企业、高端人才等。

(2)形成国内最具历史文化底蕴和特色的文化创意产业园区

2013年内,园区获第七批全国重点文物保护单位、江苏省文化产业示范基

地、首批江苏省重点文化园区、江苏省省级文化科技企业孵化器等荣誉，正在积极打造申请国家级文化产业示范园。园区先后获国家动漫产业基地、国防军工文化教育示范基地、江苏省现代服务业集聚区（创意产业）、江苏省高品质城市空间示范项目、江苏省科技产业园、南京市文化产业园、南京市对外文化交流基地、新金陵48景等称号。

(3)成为区域文化创意产业地标

园区近两年围绕“产业提升、服务深化、环境提质、文化显现、质量提优”的目标，深化以文化、创意为主题的产业定位，推动业态模式由传统型向创新型提升，产业规模由松散型向集聚型提升。截至2013年12月，园区年度税收超过1.2亿元，已清退、调整低质低效企业14家（近两年已超过50家），通过调整和集聚，园区已形成以高端文化艺术、创意设计、总部经济为主导的产业形态。园区更是通过引进合作如“1865凡德艺术街区”，打造集“艺术品、艺术家、艺术与生活”三位一体的，南京首家高端文化艺术街区（平台），是一个集艺术品研发、创作、展示、交易于一体的综合文化产业平台。街区中的先锋当代艺术中心，也是以一流的空间、展览与眼界，融合美术馆、艺术空间、沙龙、休闲时尚地标等多项功能，江苏省内第一个高规格、国际化的艺术空间。

(4)形成企业、园区、政府高效协作机制

政府高度重视园区的发展工作，紧扣打造“三中心、一高地”，建设现代化国际性人文绿都核心区目标任务，从规划、建设、选址、服务、资金等各方面全力支持园区的建设和发展，指导和支持园区发挥好带头示范作用，提升在文化产业、品牌效应、经济和社会效益上做出新的贡献。通过在园区成立1865园区管委会和服务中心，搭建“企业—园区—政府”协作平台，形成高效协作机制，进一步规范园区管理，为企业提供全方位服务。同时1865园区“客户服务三原则”深入企业、深入人心，运行有效，园区服务能力、服务质量、服务水平都得到了大幅提升，并得到客户广泛认可。

2. 园区特色文化活动

(1)映像1865·影视文化艺术节

“映像·1865影视文化艺术节”活动邀请南京五大高校（南京艺术学院、中国传媒大学南广学院、金陵科技学院、南京航空航天大学、南京师范大学）学生，分别从人物、产品、建筑、事件、文化五个角度拍摄制作短片，探寻和记录金陵机器局的文化底蕴，了解园区的历史变迁，体悟兵工文化和工业文化的使命感和神圣感。该活动集跨越式的文化参与性、探索性、趣味性于一体，旨在鼓励众多热爱军工文化、创意文化，参加此次艺术节的成员，用镜头记录下园区的兵工文化、近现代工业文化、现代创意文化的独特风采，将会向各界人士推出一场近距离感悟 1865 创意产业园历史文化的盛宴。园区特邀曾在此拍摄过影视剧的导演和演员，以及南京的影视创作人和爱好者共同参与，内容包括观影、参展、评选等众多交流形式。

(2)“1865 创意园杯”第二届南京网络模特大赛

一年一度的南京网络模特大赛为年轻的追梦人提供一个创造“民星”、成就梦想的平台。“1865 创意园杯”第二届南京网络模特大赛通过互联网、镜头，不仅让世界看到了新时代南京美女的青春风采，更把南京网友对于亚青和青奥的期待与祝福传递给了世界。决赛围绕“青春”与“梦想”两大主题，15 位经过层层选拔，在全国千余名报名者中脱颖而出的美丽姑娘，为现场的观众与评委带来了一场华丽的视觉盛宴。大赛开展两年来，每年都吸引全国千余名年轻女性报名。在报名选手中，不仅有风华正茂的大学校花，也有已经参加工作的企业白领，还有怀揣梦想的高中“萝莉”，更有已为人母的“无敌辣妈”。他们中绝大部分均来自南京市内高校，得钟山灵秀与秦淮香艳，个个水灵清秀、娇俏可人，活动开展两个月来共收到网络投票 20 余万张。

3. 园区文化创意产业建设成效

晨光 1865 创意产业园文化产业集聚和资源提效活动开展成效显著，入驻园区的 210 家企业，文化创意类企业的比重达到了 80%以上，同比提高 35%；单位面积税收由 560 元提高到 890 元，2012 年园区实现税收超过亿元，2013 年上半年，在经济形势总体下滑情况下，税收超 6 000 万元。

园区截至 2013 年底，进驻企业数量超过 200 家，文化创意与科技研发业态高度集聚，其中永银文化、凡德文化、长江都市、摩尔猫猫、芒冠光电、天珑电子、唯晶科技等均为行业内领军企业。园区 2013 年整体营收达 25 亿元，为地方贡献税收约 1.2 亿元，同时，园区容纳就业人数接近 5 000 人次，减轻了地方就业压力。

2013 年，园区举办各类活动共计 20 余场次，电视台、电台、报纸、网络等媒体都对活动进行了宣传报道，社会反响良好，进一步提升了 1865 品牌知名度。作为南京市乃至江苏省内的代表性产业园，每年前来参观、考察、调研的团队超过 100 个，达 3 000 人次以上。

(二)1912 文化街区:城市商业文化创意产业基地

南京 1912 街区于 2004 年创建,有机兼容历史文脉和时代风尚,经过 9 年多的培育和锻造,已经成为具有示范和标志性意义的文化休闲商业街区。业界有民谣可以凸显其重要地位:北京有三里屯,上海有新天地,南京有 1912。南京 1912 街区由四个文化休闲广场组成,分布着 21 栋民国初年建筑风格楼宇,总建筑面积为 4.2 万平方米。街区投资总额在 8 000 万元左右,街区客日平均客流量 1.5 万人/晚,街区平均停车量约 500 辆/晚,街区年营业额超 2 亿元。目前,南京 1912 文化街区在国内外已具有一定影响力和知名度。

1. 园区建设举措

(1)规范商业服务标准

1912 街区通过了 ISO9001 和 ISO14001 贯标,先后参与拟定南京市地方标准《南京"1912"旅游时尚休闲街区服务规范》和江苏省地方标准——《1912 街区服务规范》;截至 2012 年 2 月,已获得"中国著名特色商业街"、"中国城市商业文化创意奖"、"江苏省文化产业示范基地"、"江苏省质量奖"(服务业)、"江苏省名牌产品(服务业)"、"江苏省著名商标"、"南京市质量奖"(服务业)、"南京市名牌产品"(服务业)、"南京市著名商标"、"南京市百城万店无假货示范街"、"南京市餐饮计量诚信一条街"、"南京市特色旅游街区"、"南京市对外文化交流基地"、"南京商业街区工作卓越贡献单位"和"南京市最具影响力商业街区"等市级以上 19 项荣誉称号。

(2)发挥优势乘积效应

1912 文化街区的主要领域是主题酒吧、商务餐饮、品牌娱乐、休闲等现代服务业。通过街区建设和集约化经营,各业态已布局合理、融合一体,形成了综合服务型的富有文化气息的商业名街;成为填补南京城市商业形态空白、浓缩南京城市人文魅力、代言南京城市时尚品位的城市客厅;成为历史风情与现代风貌、民国文化与商业文明、特色旅游与休闲消费和谐相融的城市名片。根据 2013 年《1912 集团文化街区复评报告》最新数据显示,1912 街区由 54 家商户组成,其中主题酒吧 24 家、各类餐饮 22 家,各占总经营商户总数约 44.4%和 41%;休闲业 8 家,约占 14.8%;其中全国知名品牌或连锁已达 5 家以上的商户有 21 家,约占 40%。南京 1912 街区洋酒的消费量占南京洋酒消费总量的 50%以上。其成功运营显著拉动周边土地和住宅价格上涨。1912 正式运营后,以

1912为中心的商业配套格局迅速发展，其中便捷酒店从3家发展到14家、增长了470%，KTV从1家发展到4家，增长了400%。周边文化、休闲、餐饮商业面积迅速增加了8万平方米以上①。

2. 园区特色品牌

(1)*More Than 1912* 杂志

More Than 1912 是由1912文化传播有限公司主办的一本时尚生活类杂志，它所宣扬的理念是创造力、活力和年轻的生活方式。该刊物以原创报道、人物访谈为特色，特设专题讨论；同时划分穿着美容版块、生活方式版块、历史文化版块、社会焦点版块、美食鉴赏版块、电影娱乐版块、时尚理财版块以及连载漫画版块。*More Than 1912* 是致力于打造1912街区品牌形象、提升其品牌知名度的生活类月刊杂志。它的读者对象多为年轻时尚的白领，其特点为：具备一定消费能力，乐意前往一九一二街区，认同时尚与创意，热爱生活的价值理念。

该杂志内容丰富多元，涉及电影、音乐、美食、旅行、理财等与生活相关的方方面面，所选取的人物专访、封面人物也都是彰显独立个性、热爱生活、紧跟时代潮流的青年男女。它的每一期会有一个核心主题，包括音乐、时尚、电影等，例如2013年9月以摇滚音乐为主题，形式多样、内容充实，有对普通人的微访问、有对岁月中的摇滚巨星进行整理汇总、有对某个当代摇滚乐队的专访、有谈及关于摇滚与自己缘分的散文等，由此组成了一个专题，而封面人物也围绕此主题，是北京摇滚乐的一名知名吉他手，对他的个人专访则是以"我"为核心，围绕他的个人经历以对话访谈的方式探寻封面人物丰富的人生经历，杂志充当了一名对话者的同时向读者娓娓道来身边人的传奇人生，不仅呼应期刊主题、开阔读者们的视野、引起大家的共鸣，也让读者们感受到这本期刊以人为本、贴近读者的理念。

(2)新星星艺术节

新星星艺术节是由1912集团、新星星艺术节组委会和艺术广东主办的全国性青年艺术家海选展览平台。艺术节打破"艺术曲高和寡"的市场定论，首次引入文化休闲消费街区品牌"1912"作为总冠名，呈现了文化与商业结合的良好典范。1912的基因和内涵，与新星星艺术节非常契合。当年星星画会就是基于自由、民主、情感表达等的活跃讨论，继而演变为一场艺术层面的思想解放运

① 张仲金.南京1912主题街区发展战略研究[D].南京理工大学硕士论文，2012－03－15.

动，而1912所代表的民国文化的精髓，正是自由、民主、开放、创新。

该艺术节面向全国公开征集艺术家和作品，杜绝反人类，反社会和色情主题。同时与雅昌艺术网、南方人物周刊、腾讯微博、ELLE形成战略合作，与南方周末、外滩画报、新京报、周末画报等十多家知名媒体有合作关系。新星星艺术节一直在努力搭建艺术和大众、艺术和生活的桥梁，努力通过年轻独立艺术家富有激情的探索方式，展现当今商业社会艺术生态的部分真实面貌。艺术节不仅仅是推出青年艺术家的平台，更加积极地希望参与城市文化建设和推动公共艺术的建设活动，把艺术的创造力和多视角对社会思想的表现和思考，把艺术的审美和艺术的情感更深入地与我们的城市、我们的大众生活进行交流和分享。

新星星艺术节旨在推动艺术走进平常人的生活中。艺术严格来说，是文化事件，很难具备娱乐性，并不会像选秀节目那样受到大众强烈关注，而新星星艺术节就是为了给予艺术家们一个成长的机会，让他们保持坚持的动力，推动艺术文化事业的进步和普及。它秉承着自由、独立、创新、探索的艺术态度和艺术精神，努力为中国青年艺术家搭建平台，其巡展的足迹已经遍布全国各大城市。新星星艺术节的成功举办已经受到业内重要人物的关注，数百位社会各界名流也到现场支持。

3. 园区文化创意产业建设成效

街区开业后，有百余位明星光临街区，年均举办30余场明星见面会；每年举办超过70场的街区活动，带动街区人流超过350万。街区日平均客流量逾万人次，节日高峰客流达6万人次，曾创下平安夜10万人齐聚1912的盛况。1912街区与超过10家国内外知名品牌娱乐餐饮商家达成战略联盟，已有数十家入驻商户通过1912平台实现了由本地品牌向区域知名品牌的跨越式发展。近三年以来，1912街区纳税额分别为385万元、507万元和473万元；文化产业相关营运额分别为1 126万元、1 304万元和1 380万元；文化产业相关营业额分别为4 793万元、5 346万元和5 095万元；文化消费相关客流量为700万人左右。据不完全统计，2013年全年共接待全国近百个城市代表团的参观、交流和学习，并收到国内100余个城市的合作邀请。

（三）南京台湾创意农业旅游园：乡村创意农业文化产业基地

南京台湾创意农业旅游园（以下简称台创园）于2008年12月，由国家农业部、国台办批准设立，总规划面积120多平方公里，由横溪核心区（86.31平方公里）和溧水白马、高淳固城辐射区（共40平方公里）组成。园区2009年5月揭牌，2010年6月，区委区政府成立了园区管委会和发展有限公司进行独立开发建设。2011年底，江宁区成功创建为全国休闲农业与乡村旅游示范区，2012年初，南京市出台了《休闲农业与乡村旅游发展工程实施意见》，园区顺势转型，通过对自然环境的梳理和整合、台湾地区文化的挖掘与提炼，主打“宝岛风情体验”品牌，实现“农业产业”与“旅游产业”的完美融合，打造具有中国台湾乡村风情、优美田园风光与精致人文景观的高标准“南京江宁台湾主题文化园”景区，于2012年12月被命名为江苏省省级四星级乡村旅游区。

1. 园区建设举措

景区规模庞大，内设有农艺馆、台湾精品花会馆、宝岛风情馆、台湾特色精品屋、梦幻蝴蝶园、琅池农业生态园、台湾新源宝城市生态农场、海棠花鸟园等十多个景点。景区具备了“吃、住、行、游、购、娱”旅游六要素，具备休闲农业、科普培训、娱乐健身、旅游度假、会务休闲等功能。

农艺馆，由创意景观区、高新栽培区、品种展示区三部分组成。以五福送瓜雕塑为中心，有独具特色的孔雀开屏门、金龙火龙赛龙舟、西瓜创意雕饰及独特的蔬菜景观树，极大地丰富了农业科普的趣味性。奇特的“麦克风”南瓜、巨型南瓜、台湾紫玉番茄等特色果蔬，展现园区乡村旅游、农业科普教育的亮点招牌；宝岛风情馆，根据台湾岛地形设计，由台湾全景展示区、台湾特色文化展示区和台南特色果树种植区三部分组成。通过植物花卉景观的塑造打造出阿里山、日月潭等台湾标志性风景名胜区，同时还可以观赏到莲雾、蒲桃、旅人蕉、人参果、国王椰子等数十种台湾特色果树植物，欣赏蓝鹊登梅、感受赛龙舟风俗等；台湾精品花卉馆，有100多种花卉品种，巧妙地将台湾花卉文化和园林艺术完美融合，可以欣赏到来自不同国家和地区的近百种特色植物，玩赏游憩间轻松感受花的历史文化，体验生态自然之美；梦幻蝴蝶园，以各色花卉，台湾水果雕塑、爱情文化体验功能为亮点，展示中国古典有关爱情的经典名篇，同时，作为“浪漫人间”婚纱拍摄外景地，将蝴蝶谷与爱情完美结合，体现人类和自然的和谐；台湾特色精品屋，网罗了台湾各地的“伴手礼”，如凤梨酥、牛轧糖、宜兰饼与金门高粱等，极具民俗风味和地方特色；文化园接待中心，建筑面积7000多平方米，内设有垂钓、水果采摘等旅游项目。餐饮以本地山珍、农家土鸡、仙字潭鱼头及农家菜为主。内部设有多个高档餐厅包厢，能容纳200余人同时就餐的大厅一个，三星级标准客房数十间，可同时容纳 150 多人入住。

2. 园区特色活动

创意农业园就是以“创意农业”为核心，以有机农业为依托，充分发挥资源、区位、生态三大优势，以创意农场为载体，以休闲娱乐为主线，形成创意农场区、有机农业示范区、生态休闲服务区、新农村建设示范区和生态长廊防护带，从而挖掘农业文化内涵，发挥农业生产、生活、生态功能，将农业生产、田园风光和农村自然环境有机融合。台创园凭借自身禀赋，借力外围优质资源，不断内增动力，强势出击，已成为南京市现代休闲农业新窗口，实现在乡村旅游的新突破。园区以突出“美好田园，精致生活”为主题，精心打造独具特色的“农业嘉年华”，园内已建成南京地区少有的野外跑马场、生态垂钓中心及别样的户外婚纱摄影基地；占地 2.5 万平方米的“台湾主题文化园”也已初具规模，融入台湾元素的三馆一园（农艺馆、台湾精品花卉馆、宝岛风情馆及梦幻蝴蝶园）。台创园打破传统农业种植，积极开展农业创新，实现农业成功转型，以高新技术推进农业科技成果在园区开花结果，着力发展科技农业、生物农业、新能源生态农业、绿色休闲农业四大产业，多举并措力争率先实现农业现代化发展。

3. 园区文化创意产业建设成效

2013 年 5 月 20 日成功对外试开园，并与多家旅行社签订了合作协议，建立了良好的业务合作关系，接待游客达 10 万多人次，实现旅游综合收入 1 100 多万元。2013 年，南京江宁台湾农民创业园以休闲农业为抓手，统筹抓好项目建设、招商引资、科技创新等各项工作，连续创建成为国家级农业休闲和乡村旅游五星级示范园区和国家 3A 级旅游区。园区全年利用台资 1 500 万美元、外资 500 万美元，建成智能兰花产业基地，顺利运营台创花博园项目，形成完整的花卉产业链，正在建设成为华东地区最具影响力的花卉市场。同时农业物联网、厨余循环处理技术的引入，帮助园区实现农业产业升级转型目标。2013 年，台创园被评为全国休闲农业与乡村旅游五星级园区，下一步还将向国家 3A 级风景区迈进。

三、南京文化创意产业发展思路及前景

(一)文创产业及文化消费发展的经验体会

在促进文化与科技融合的道路上,南京充分展现了创新求变的城市精神,利用好独一无二的历史文化资源发展别具匠心的创意园区基地,构建优化区位因素和服务环境,注重文化和科技产业集群化建设,大力促进文化与科技、文化与旅游、文化与金融实现融合发展,着力培养相关人才和引进大师级人物。

1. 优化文化消费区位因素和服务环境

(1)加快公共服务平台建设

一是建立南京科技广场动漫技术服务中心。南京科技广场动漫技术服务中心,是南京市鼓楼区区委、区政府重点建设的一家为影视动漫企业提供专业服务的公共技术服务平台。“中心”通过整合行业各种优势资源、集合政府多项产业扶持政策,以集约化为目标,定向孵化南京乃至全省的影视动漫制作企业,满足中小企业市场需求,创造产业良性经济体系,为文化产业科技融合提供支撑,为国家文化市场繁荣发展、地区绿色经济建设奠定基础,满足产业长远规模化发展的整体需要。

二是建立南京动漫图书馆。位于金陵科技学院江宁校区的南京动漫图书馆共6 000多平方米,分为阅览室、动漫视听区、产品展览区、多媒体区、咖啡吧、珍藏馆等9个区。该馆藏有中国台湾漫画家潘志辉先生捐赠给南京的17万册动漫书籍、2 000件动漫玩具和300部动漫影片光盘,涉及包括中国大陆、台湾地区、香港地区和日本、韩国近几十年出版发行的近4 000多名国际著名漫画大师的作品。图书馆动漫迷在这里可以阅读各个年代、各种风格的动漫书,观看动漫影像作品,下载动漫资料,参观动漫作品展,甚至动手进行动漫创作①。

三是建立江苏省文化产权交易所。江苏省文化产权交易所在江苏省委宣传部领导下,由江苏凤凰出版传媒集团有限公司、江苏爱涛文化产业有限公司、江苏省广播电视总台(集团)、南京市文化投资控股(集团)有限责任公司四大省

① 全国唯一动漫图书馆落户南京[J].玩具世界,2013(2).

市国有文化企业共同出资组建，注册资本1亿元。江苏省文化产权交易所是全国唯一一所由两家“全国文化企业30强”单位参股的省级文化产权交易所。文交所遵循“三公”原则，以产权为基础，以市场为导向，以信用为根本，以金融创新为动力，以科技为手段，促进文化要素跨领域、跨区域、跨所有制合理流转，并积极引导其与相关产业融合，在提高产业与产品价值的同时，满足人民日益增长的文化投资和消费需求。文交所重点致力于文化产权业务、金融创新业务、文化企业投融资三大业务拓展，力争成为立足江苏、服务全国的文化产业权益资本市场。

(2)利用金融企业对文创产业和文化消费进行深度支持

浦发银行金融支持文化企业创新产品。该行利用“投贷赢”产品为企业提供了一套“债权融资＋股权融资”的综合解决方案，及时解决中小企业所处的需要大额融资但现有抵质押物又不足以满足传统业务模式的困境。多种担保方式综合使用，在合规章、控风险的前提下，一方面有效地提供风险缓释手段，另一方面使优质文创企业最大限度地得到持续支持。

南京银行“鑫动文化”系列金融产品。南京银行针对文化企业建立了专属的“鑫动文化”系列金融品牌，设计出八大产品体系，全面满足影视制作、文艺演出、新闻出版、动漫网游等文化产业发展的融资需求。南京银行同时为文化企业融资成立了专业的客户经理团队，提供专门的绿色审批通道、专门的信贷额度以及专门的服务网点，为文化企业提供高效、便捷、全面的金融支持。

2. 注重文化消费和科技产业集群化建设

(1)构建文化消费装备产业集群

集大学、大院、大所、大企为一体的江苏模范路创意设计产业集聚区，是国内最具资源禀赋的科技与文化融合基地之一，是构建文化装备产业集群的中坚力量。该集群由紫金智梦园、江苏工程设计创意产业园、南京邮电大学物联网科技园、“艺术金陵”文化创意产业园、“智慧谷”动漫软件园、“世界之窗”软件园六个园区组成。该集群主导发展产业涵盖工业设计、动漫设计、文化创意、广告设计、物联网、软件设计开发等方面。文化知识产权著名商标有华软、全信传输、巨鲨、苏福特科技股份。园区内的龙头企业有：南京中图数码科技发展有限公司、南京国瑞科技(集团)有限公司、南京盘龙广告有限公司、安元科技；小微型文化企业有：米田科技发展有限公司、南京妙趣数字科技有限公司、南京维色企划有限责任公司等。同时新建、完善、引进等多种方式建设研究开发平台、公共服务平台，为创意设计活动提供高水平服务。引进世界级中介专业服务机构入驻为集聚区文化企业提供更专业的服务。依托南京邮电大学和南京工业大学建立大学生文化创业孵化器，依托特别社区建设，在紫金智梦园建立文化企业孵化器和加速器。依托紫金启明国际金融俱乐部，创新投融资方式，形成多元化、辅导性创投机制，打造为创意设计集聚区提供金融服务的"科技华尔街"。

(2)构建广告开发产业集群

南京国家广告产业园区是主要建设的广告开发产业集群，其广告产业园集聚区规划有广告企业创业区、广告企业发展区、广告媒体区、公共服务区、广告主题公园"五区一园"。园区已引进大贺传媒、银都奥美、世纪之声、原力动漫等70多家广告创意企业入驻，并与南京艺术学院、南京师范大学、南京财经大学等高校合作共同建设广告创意设计培训基地和广告产业研究中心，形成辐射长三角乃至全国和世界有较高影响力的规模化、高集聚、地标式广告创意产业中心。同时积极营造有利于广告创意创新人才的集聚、培养、成长的环境。根据规划，南京国家广告产业园将集聚500家以上广告企业，培育10家年产值10亿元以上的规模广告企业，广告经营额达到200亿元以上，并将重点打造广告创意设计、广告制作、广告传媒等全产业链，推进广告企业与其他文化创意产业的融合发展，成为立足南京，辐射长三角地区，并在全国具有较高影响力和知名度的长三角创新创意中心、华东广告资源交流中心、南京广告企业集聚中心、全国广告人才培训中心。①

(3)构建科技文化消费产业集群

白下高新科技创意文化产业园强调突出"科技+文化"的消费主题，坚持以科技带动文化产业升级和发展，重点发展云计算为主的新一代信息技术产业和文化创意产业等新兴产业，建设成集规模、品质、创新和活力为一体的"文化发展集中区、产业孵化集聚区、创业投资活跃区、集约发展先导区"。现已形成了"创意设计区"、"动漫数码区"和"云应用服务文化区"的"一园三区"的基本布局。创意设计区主要以省住建集团、省交规院、市建筑设计院、智方智能研发中心等工业设计、模具设计、建筑设计、环境设计等创意设计为主。动漫数码区构建37万平方米的数字游戏动漫产业聚集区，以园区守望者、火网、汉恩动画等一批从事网络游戏动漫产业的企业为主。云应用服务文化区已集聚云创存储、

① 建邺. 发展文化创意产业 构筑科学发展增长极[N]. 新华日报，2013－01－21.

杰迈视讯、圣克拉等一批云计算文化企业。

3. 促进文化消费与科技、旅游、生活实现融合发展

(1)文化消费与科技融合发展

文化是科技的源泉,科技是文化的支撑。南京依托国家和省级高新技术园区、紫金特区等平台,积极发挥高校、研究机构等知识源的创新作用,以战略性新兴产业为基础,以产学研螺旋发展为抓手,促使文化与科技创新资源及要素互动衔接、协同创新,推动新兴科技文化产业集群化发展。同时构建科学研究综合体,带动高新技术成果向文化领域的转化,提升文化产业的创新性,促进南京科技、文化双向交流,相互渗透,协调发展。

(2)文化消费与旅游融合发展

南京有着得天独厚的旅游资源,素来有春游"牛首烟岚"、夏赏"钟阜晴云"、秋登"栖霞胜境"、冬观"石城霁雪",四时佳景,遍地遗珍的佳话。"金陵四十八景"在历史上享有盛名,南京的十大风景区更是构成了金陵旅游好风光。南京聚焦文化特色塑造,在系统梳理、深度挖掘的基础上,打造具有震撼力的文化品牌,注重对旅游文化资源的深度开发,挖掘打造广空间、深内涵、高水平的文化载体平台,提高文化的表现力和丰满度。

(3)文化消费与生活融合发展

南京充分地发挥历史文化资源底蕴深厚的优势,增强文化引领风尚、教育人民、服务社会、推动发展的作用,开创历史文化特色充分彰显、城市文明发展繁荣新局面。文化建设走在全国前列,朝着世界历史文化名城迈进,打造独具魅力的人文都市。确立以"文化为魂",推进创新创业名城建设,严格实施历史文化名城保护规划,严格执行紫线管理规定和古城保护强制性规定,推进历史文化整体脉络的系统保护。通过加强公共文化设施网络体系建设,实施文化惠民工程,城乡公共文化设施水平大幅度提升,群众文化生活更加丰富多彩①。

4. 着力培养相关人才和引进大师级人物

人才队伍的建设在任何领域都是不可忽视的,南京始终着力培养本土的文化创意产业青年人才,以及积极引进国内外大师级人物,通过一系列政策的出

① 徐继昌.南京市政协推动"文化惠民"[N].人民政协报,2011—11—12.

台实实在在地支持文创产业人才的培育。自2012年起,南京重点培养新媒体、新业态、文化企业创意领域优秀骨干人才、复合型人才。南京开展了理论、新闻、出版、文艺和经营管理等领域的“五个一批”人才选拔培养工作,为全市提升文化软实力、促进文化事业和文化产业大发展大繁荣提供了有力的智力支持和人才保障。同时,南京制定了领军型文化创业人才引进计划,花大力气引进在国际国内文化产业学科、技术领域内,主持过重要科研课题或工程项目,拥有高技术含量的科研成果,且具有产业化的可行性,并能够取得明显经济效益的大师。特别是对国家文化名家(中宣部或文化部授予国家文化名家人选)、全国“四个一批”人才(全国宣传文化系统“四个一批”人才入选对象)提供了很好的优待政策。

(二)对南京文化创意产业总结和趋势前瞻

1. 居民文化消费能力稳步提升,文创产业工作扎实推进

2013年南京万人拥有公共文化设施面积达1 153平方米,比上年增加167平方米;公共文化设施网络覆盖率达到94%,比上年提升12.5%。2012年南京城市居民人均文化娱乐支出2 471元,同比增长12.3%。南京城镇居民的文化消费系数呈直线上升态势,自2002年以来,每年都保持着2个百分点的增长。与同类副省级城市相比,南京居民更舍得在文化消费上花钱,在文化上消费的增幅比收入的增幅大。统计数据显示,近12年以来南京的文化消费支出增幅均高于可支配收入增幅和消费支出增幅。相比之下,绝大多数副省级城市的文化消费增幅都是低于可支配收入和消费支出增幅的状态,部分城市的文化消费甚至出现了负增长。接下来,南京将继续在财政、税收方面给文化消费更多便利,致力于创造一个更加经济的消费市场,并逐步优化文化消费市场环境。

2. 文化消费发展突破口和思路

南京会进一步加大对文化创意产业的扶持力度,并力主于2014年实现540个亿的经济增加值,在国民生产总值中的比重也有望从5.1%上升为5.7%,在2015年计划突破6%大关。早在2006年,市委市政府就制定了《关于加强南京市文化产业的意见》,南京文化创意产业开始起步,但始终没有一个全方位的健康发展。主要不足体现在:一是重量不重质,上亿、上千万的企业很多,但核心

的技术和思路却没有掌握在手中；二是文创产业没有深入到位、贴近群众，没有整合产业使之与百姓生活息息相关，缺少了为百姓提供精神食粮的能力；三是部分文化创意产业园区缺乏明显的区分度和特色，走上了一直在模仿、从不想超越的路子；四是文化创意产业涉及动漫、广播影视、工艺美术、计算机软件设计、工业广告、建筑时尚、表演艺术、出版发行、绘画会展博览等领域，虽然在全国省会城市中涉及面相对广泛，但是与北京、上海、苏州、杭州相比仍显不足。下一步，南京将在以下几个方面做好打算，努力推动文化创意产业工作再上新台阶：

(1)强化集群化发展

整合现有园区资源，完善投融资、产权交易、共性技术、产品展示和信息交流等公共服务体系，打造一批具备研发、投资、孵化、制作、培训、交易等功能的高端文化创意产业集聚区，发挥产业聚集效应和企业创新能力，促进创意园区规模化、主题化、地标化发展，逐步形成高端、高效、高辐射力的文化创意产业集群。

(2)强化特色化发展

依托南京的资源禀赋和产业基础优势，鼓励和支持自主研发和技术创新，促进文化创意产业与高新技术产业的高度融合，深度挖掘、依托、吸纳、整合相关产业资源，打造特色产业链，改造提升具有相对优势的特色产业门类，促进南京市文化创意产业向“专、精、特、新”方向发展，把南京建成动漫游戏研发制作中心、计算机软件设计中心、创意设计中心、广播影视节目制作和交易中心、出版发行和版权贸易中心、工艺美术和艺术品交易中心。

(3)强化品牌化发展

依托一批投资规模大、辐射带动作用强、创意和科技含量高、市场前景好的重大项目建设，优化产业布局和结构，推进产业融合与联动发展，着力培育和引进具有一定影响力和竞争力的品牌产品、品牌企业和品牌活动，塑造南京文化创意产业的城市品牌。

(4)强化国际化发展

在加强与长三角及国内其他城市优势互补的基础上，着力构筑文化创意产业发展的国际合作平台，提高承接较高层次国际外包业务的能力，积极参与高端分工，支持和鼓励文化创意产品和服务出口，构建发达的文化创意产业营销网络，提高南京文化产品在国际市场的占有率和竞争力。①

（感谢南京市文化广播新闻出版局、南京市旅游局、南京晨光 1865 创意产业园、南京 1912 集团对本文的支持）

（南京政治学院：汪亚青、刁裕军、张明之）

① 南京市人民政府办公厅，中共南京市委宣传部，南京市文化广电新闻出版局. 南京市文化创意产业发展调研报告——文化发展论坛[EB/OL]. http://www.ccmedu.com/bbs54_138090.html.

第八章

常州:文化消费助推文化创意产业转型发展

一、常州文化创意产业发展概述

二、常州城镇居民文化消费总体情况

三、文化消费推动产业发展的典型案例

四、进一步促进文化消费的对策建议

十八届三中全会将文化板块单列为十五项改革之一，显示了国家对文化软实力的重视和对文化体制改革的决心，意味着文化产业将迎来新的历史发展期。2013年，常州人均GDP达9.3万元，按平均汇率折算，已首次超过1.5万美元，这是全国平均水平的2.2倍，江苏省平均水平的1.2倍。一般来说，人均GDP达到一定水平后，社会消费结构将向发展型、享受型转变，居民的消费重心开始向精神产品消费领域转移。统计显示，常州城镇居民的文化消费占其可支配收入的比例已经达到了发达国家10%～15%的比例区间，但与发达国家相比仍有一定差距，增长趋势尚不明朗，“文化消费倍增”的井喷效应也没有出现。当前，常州正处在率先基本实现现代化的重要时期，也是推动经济转型升级的关键时期，伴随着“苏南现代化建设示范区”步伐的推进，大力挖掘文化消费市场潜力，把文化创意产业作为优先发展的支柱产业比以往任何时期都显得更为重要和迫切。

一、常州文化创意产业发展概述

常州文化创意产业呈现做大做强的趋势：拥有1个国家级文化产业示范基地及6个省级文化产业示范基地，常州创意产业基地和武进工业设计园成为首批江苏省文化科技产业园；创意产业基地、运河五号成为江苏省重点文化产业园区；恐龙园、吟飞科技、卡米文化、卡龙动画、金刚网络等10家企业入选江苏省重点文化科技企业。产值规模从2009年的63.5亿元，发展到2013年突破210亿元，实现“五连升”且年均增幅达到36%；企业数量从2009年的300多家，扩大到目前的600余家，上亿元企业数量突破两位数。文化产业作为一种“核心财富”，其对地区和城市发展影响并不仅仅局限于直接的文化产业领域，而是对相关产业、就业、社会生活等方面产生一种综合的整体性影响。①

(一)文化精品力作不断涌现

常州历史人文资源丰富,不仅历史古迹众多,而且历来兴文重教,享有“天下名士有部落,东南无与常匹俦”的美誉。如今,常州正依托其深厚的历史文化底蕴,逐渐把文化融入经济发展、科技创新、城市建设和社会进步的全过程。文化创意产业如雨后春笋般迅速发展,正成为常州市经济发展新的增长点、城市转型升级的新引擎和城市品牌形象的新标志。

近年来,一大批独具江南地方特色的民间工艺美术品如龙城三宝(常州梳篦、武进乱针绣、武进百家留青竹刻)以及砖刻屏、彩绒画、木雕、剪纸等都因工艺精湛而享誉海内外;“中国(常州)国际动漫艺术周”已连续举办了10年,逐步成长为有区域影响力的动漫产业展示、交易、生产和推广中心;精品创作卓有成效,原创舞剧《格桑花·茉莉花》荣获剧目金奖,并包揽7个单项奖,电影《秋之白华》、儿童剧《留守小孩》和广播剧《君子史良》荣获全国“五个一工程”奖,市滑稽剧团创排的《飞扬少年》成功入选第九届全国儿童剧展演,市锡剧院大型原创交响锡剧《天涯歌女》获省“五个一”工程奖,市曲艺团首部常州方言长篇评话《常州白泰官》获得中国曲艺最高奖“牡丹奖”文学奖;中华恐龙园的恐龙文化、春秋淹城园的春秋文化、环球动漫嬉戏谷的游戏动漫文化逐渐成为国内外知名的文化旅游消费热点。

(二)文化生产力充分释放

常州作为近年来经济迅速腾飞的一座现代化城市,紧随时代潮流,高度关注文化创意产业的发展和创新,文化创意企业家们正努力挖掘常州的自然和文化资源,依靠新颖独特的创意和高精尖的科技,塑造常州的城市品牌形象,以提升常州市的整体文化竞争力和影响力。科技创新、文化创意双轮驱动产业升级的故事每天都在常州不断涌现,如中华恐龙园,融入创意元素,以“动漫+乐园+商品”的全新商业运营模式开发多元经营,通过动画、漫画、表情、游戏、衍生

① 金元浦.文化创意产业:大竞争时代的城市品牌构建[M]//中国城市营销发展报告.北京:中国社会科学出版社,2009.

商品等形式的品牌和市场推广正在加速。

与此同时，整合常州创意产业基地创意企业上下游资源，组建起恐龙创意产业联盟，走内容和渠道融合之路；引入中科院自动化所研发团队，建设全省首个3D数字公共平台，以“恐龙复活计划”为核心架构国家战略性新兴产业；依托国家级动漫艺术周平台力推“金恐龙”品牌。再如，春晖动画瞅准市场对立体电视片的需求，以常州篦箕巷为背景、江南水乡文化为特色推出的《果然一町》3D动画立体版，一经推出，就被韩国LG电子购作LG立体电视机全球卖场的样片。哈酷那软件以赛马文化为创意灵感创作的手机游戏《赛马大亨》，通过APPstore打入35个国家和地区，在中国港澳地区一度占据排行榜榜首。赞奇科技自主研发的基于GPU的云3D渲染技术，助推企业转型升级，2011年已成功跨入亿元企业行列。

最近两年，常州企业申报的创新创意成果共有345项，获得国家、省、市的资金扶持5 000多万元；新增认定的软件产品67件，累计达532件；企业申请专利共159项，其中发明专利53项，获得专利授权120项，其中发明专利授权35项；国家重点动漫产品3款，国家重点文化出口项目5项。累计有22部动画片、动画电影在中央电视台、全国院线播出；22款动漫游戏产品远销海外。由中华恐龙园担纲制定的首个国家标准《主题公园服务规范》正式颁布，填补了国内主题公园行业标准的空白。

2013年，基地管委会主任、中华恐龙园董事长沈波荣获首届“江苏服务业专业人才特别贡献奖”和“中国创意产业领军人物奖”，带领常州这样一个自然旅游资源相对匮乏之城，开创了主题乐园、文化演艺、创意旅游、动漫行业等多产业的持续良性发展，为中国旅游界创意生产力发展模式提供了成功范例。

（三）文化创意产业园区集聚效应明显

政府是产业引导、产业发展的重要推手。作为经济转型的重要载体，文化创意产业受到常州市委、市政府的高度重视。常州市文化创意产业发展领导小组由市委书记亲自挂帅。常州每年配套5 000万元文化创意产业扶持资金、文化创意产业发展规划贯穿前后两个五年计划、作为国内地市级城市首个成立专业协会、首个发布年度发展蓝皮书等系列重大举措，成为常州市文化创意产业步入发展快车道的得力引擎。

根据《常州市文化创意产业发展专项规划》，"十二五"期间常州将按照产业集聚原则，以现有创意产业集聚区为基础，结合产业结构调整、旧区改造和历史建筑保护，从完善上下游产业链和优化资源配置出发，根据各辖市区的区位优势和产业基础，形成功能定位合理、区域特色明显的创意产业空间布局。北部以规划面积 9.6 平方公里的市创意产业基地为主体，形成以游戏产业为龙头的数字娱乐产业；以工艺美术、文化休闲旅游为主的人文旅游区；以主题公园为核心、中华恐龙园为代表的创意生活体验社区。中部以"运河五号"创意街区、中华纺织博览园、大观楼景区、青果巷历史文化街区为主体，结合古运河申遗、古运河石龙嘴传统风貌区改造，围绕"运河文化、工业遗存、创意产业"三大主题，依托古建筑群和工业遗存，建设成运河文化创意产业带。南部板块建设以科教城、国家动画产业西太湖基地、江苏环球数字狂欢谷——动漫游戏主题文化世博园为主体，建成创意产业产学研结合中心和江苏数字文化产业振兴基地。

从总体看，常州文化创意产业园区集聚效应日益彰显，显现出分类、分区域发展的特点。以北部创意产业基地为例，凭借日益完善的基础设施和创新的运营模式，园区吸引了许多新兴文化创意企业的进驻，并带动了一部分创新型人才的创业，为园区招商引资逐步树立起了"创业常州"的城市品牌形象。

(四)公共文化事业覆盖广泛

随着常州文化创意产业的蓬勃发展，政府坚持文化为民、文化育民方针，对公共文化事业给予了高度重视。"十一五"期间常州市政府累计投入资金超过 100 亿元。在中心城区，先后建成了奥林匹克体育中心、常州大剧院、常州博物馆、武进区文化艺术中心、新北区文化艺术中心、钟楼区群艺馆等公共文化基础设施。2008 年起，常州市所有符合条件的文化馆、图书馆、博物馆、纪念馆等场馆开始实行对群众免费开放，基本形成了都市"15 分钟"免费文化圈和农村"十里文化圈"。2012 年，常州市图书馆建成全省首家电视图书馆，覆盖终端用户突破 100 万户。同时，为了满足老百姓日益增长的精神文化生活追求，常州市政府还坚持以文化亲民、高贵不贵的原则努力贯彻落实各项文化惠民政策。各类免费开放公益文化单位全年举办各类文化艺术展览超过 500 场。全年送戏 300 场，送电影超过 1 万场，如常州大剧院坚持市场化道路的同时凸现公益化职能的运营思路，努力在市场化和公益化之间寻找平衡。2010 年，常州大剧院 2 000 张免费票回馈弱势群体，每月组织免费开放日，每场演出都设有 50 元低价票，推出近 30 场普及类音乐会。“智慧社区”第一批建设任务基本完成，惠及市民 10 万户。随着这些举措的陆续启动和实施，常州市民将享受到更加丰富多彩的免费或优惠的“文化大餐”。[①]

二、常州城镇居民文化消费总体情况

据《2013 年常州市国民经济和社会发展统计公报》显示，[②]全年市区城镇居民人均可支配收入 36 946 元，比上年增长 10.0%，扣除价格因素实际增长 7.6%；人均生活消费支出 23 090 元，比上年增长 12.5%，居民恩格尔系数为 35.5%，比上年下降 0.6 个百分点。农民人均纯收入 18 643 元，比上年增长 11.4%；人均生活消费支出 13 563 元，增长 12.8%，居民恩格尔系数 35.4%，比上年下降 0.7 个百分点。不断优化提升的经济社会发展水平为常州文化消费市场的启动和提速奠定了良好的基础。

(一)城镇居民文化消费水平逐年提高

据国家统计局常州调查队[③]对常州市区 300 户城镇居民家庭抽样调查结果显示，随着城镇居民收入和消费水平的不断提高，居民用于教育文化娱乐服务方面的支出也不断攀升。2000－2012 年，常州城镇居民年人均可支配收入从 8 540元增加到 33 587 元，年均增长 12.1%；年人均消费性支出从 6 759 元增加到 20 519 元，年均增长为 9.7%；年人均教育文化娱乐服务支出从 826 元增加到 3 107 元，年均增长 11.7%，比城镇居民消费性支出增速快 2 个百分点。从分项情况看，城镇居民用于文化娱乐用品、文化娱乐服务和教育方面的支出均有较大幅度的增加(详见表 8－1)。

① 包兰姝，仲逸智. 文化创意产业发展与城市品牌建设研究[R]，2013.
② 2013 年常州市国民经济和社会发展统计公报[EB/OL]. 常州市人民政府网，2014－02－25.
③ 李歆生，徐燕，陈漪. 常州市城镇居民文化消费及需求实证研究[R]，2013.

表 8-1 2000 年、2012 年常州市区城镇居民人均收入、消费性支出、文教娱乐支出情况

单位:元、%

年 度	2000 年	2012 年	增幅	年均增幅
人均可支配收入	8 540	33 587	293.3	12.1
人均消费性支出	6 759	20 519	203.6	9.7
人均教育文化娱乐服务支出	826	3 107	276.2	11.7
1. 文化娱乐用品	223	673	201.8	9.6
2. 文化娱乐服务	160	1 561	875.6	20.9
3. 教育	443	873	97.1	5.8

数据来源:国家统计局常州调查队数据。

1. 家庭文化娱乐用品逐年增加

近年来,常州市区城镇居民家庭文化耐用消费品的拥有量明显增加,据调查资料显示,2012 年,常州城镇居民文化娱乐用品人均支出 673 元,比 2000 年增长 2 倍。2012 年末每百户城镇居民拥有彩色电视机 191 台,比 2000 年末增长 41.7%;摄像机 11 架,比 2000 年末增长 11 倍;照相机 58 架,比 2000 年末增长 61.1%。

2. 文化娱乐服务消费增长较快

常州市区城镇居民文化娱乐服务方面的支出从 2000 年的 160 元增加到 2012 年的 1 561 元,增长 8.7 倍。近几年,全市的文化休闲游览、主题公园等新的文化消费方式得到长足发展,如中华恐龙园、淹城春秋乐园、环球嬉戏谷等国内知名景点,及常州特色"三河三园"水上游览项目等,吸引了越来越多的市民参观游览。此外,随着国家有关国民休闲制度的出台,有力促进了居民外出旅游度假的热情。

3. 家庭教育支出增长明显

2012 年,常州市区城镇居民在教育方面人均消费 873 元,比 2006 年增长 29.1%,占文化娱乐服务消费的 28.1%。2012 年,常州城镇居民人均教育费用为 853 元,比 2006 年增长 36.3%,其中托幼费 151 元,增长 57.3%;成人教育费 66 元,增长 4.8%;家教费 32 元,增长 2.9 倍;培训班费用 281 元,增长 2.7 倍。促成教育消费增长迅速的原因主要有:一是家长们对子女的教育培养投入不断增加;二是很多城镇居民在工作之余会参加各类培训和在职学习班,以应对现代社会巨大的竞争压力。

(二)常州城镇居民文化消费结构逐步优化

随着收入水平的不断提高,常州城镇居民消费方式正由生存性消费向享乐消费、精神消费、发展消费以及个性消费过渡,用于文化娱乐产品和服务方面的消费明显增多,文化消费逐渐成为居民生活中越来越重要的组成部分。

1. 文化消费增势强劲

调查资料显示,从 2000 年至 2012 年,常州市城镇居民文化消费支出增幅明显,在八大类消费支出增幅中位列第二,仅次于交通通信支出增幅,常州市城镇居民对文化消费的重视程度日益增强,对于文化教育娱乐方面的支出也逐渐提高。2000—2012 年,食品支出年均增长 8.7%,衣着支出年均增长11.5%,居住支出年均增长 4.9%,家庭设备用品服务支出年均增长 5.7%,医疗保健支出年均增长 11.1%,交通和通信支出年均增长 19.2%,其他商品和服务年均增长 3.1%(详见表 8—2)。

2. 教育文化娱乐服务支出比重上升

对比 2000 年与 2012 年,常州市区城镇居民八大类消费性支出占比呈现"四升四降"的态势,教育文化娱乐服务支出的比重上升明显。食品支出 12 年间的比重由 40.1%下降到 36.1%,降幅达 4 个百分点;居住、家庭设备用品及服务、其他商品和服务支出比重分别下降 4.6、2.8 和 3.3 个百分点;而衣着、医疗保健、交通通信和教育文化娱乐服务支出比重则分别上升了 1.8、1.0、10.0 和 2.9 个百分点(详见表 8—2)。

表 8—2 2000 年、2012 年常州市区城镇居民家庭消费性支出结构对比

单位:元、%

	2000 年	占比	2012 年	占比
人均消费性支出合计	6 759	100	20 519	100
1. 食品	2 710	40.1	7 406	36.1
2. 衣着	536	7.9	1 993	9.7
3. 居住	746	11.0	1 317	6.4
4. 家庭设备用品服务	708	9.5	1 383	6.7
5. 医疗保健	411	6.1	1 449	7.1

续表

单位:元、%

	2000 年	占比	2012 年	占比
6. 交通和通信	396	5.9	3253	15.9
7. 娱乐教育文化	826	12.2	3107	15.1
8. 其他商品和服务	425	6.3	612	3.0

数据来源:国家统计局常州调查队数据。

3. 消费结构不断改善

一是居民注重休闲娱乐,外出旅游受到青睐。从 300 户市区城镇居民家庭抽样调查数据来看,2012 年,常州城镇居民人均团体旅游支出 1 135 元,比 2000 年增长 12.5 倍。二是娱乐用品购置升级换代,从购买普通彩电演变成液晶、LED 电视,从往年购买台式电脑升级成笔记本电脑、平板电脑,照相机从以前胶片相机升级到数码相机、单反相机,钢琴等中高档乐器也走入寻常百姓家。三是网络成为城镇居民文化消费的亮点,至 2012 年末,常州市区城镇居民家庭每百户拥有家用电脑 101 台,比 2000 年末增长 15.8 倍之多;接入互联网的计算机每百户 77 台,接入互联网的移动电话每百户 66 部。2012 年常州城镇居民人均上网费用 117 元,通过互联网购买商品或服务支出 222 元,快捷优惠的网络消费已成为常州城镇居民生活中非常重要的组成部分。

(三)常州城镇居民文化消费的基本特征

通过抽样调查结果显示,随着生活质量的稳步提高,城镇居民在紧张的工作、生活之余,对文化娱乐活动的参与热情较高,活动样式丰富。

1. 居民可供文娱消费的闲暇时间较多

我国实行每周五天工作制和每年"十一"、"春节"长假,以及清明、端午等小长假制度以来,人们的闲暇时间(除花在工作、学习、家务劳动以及必要的吃饭、睡觉上的时间)明显增多,但个性差异明显。调查显示,常州城镇居民的日均闲暇时间大约为 4.4 小时左右。201 位受访者中,日均闲暇时间相对最多的是 60 岁及以上老年人,平均达 7.2 小时。人们的闲暇时间增多,对文化精神享受提出了更高的要求。

2. 文化消费的形式呈现多样化

调查显示，看电视、上网（工作时间不算）和阅读是居民闲暇时分最常参与的文化活动。201位受访居民中（多选），日均看电视、上网和看书报杂志的时间依次为1.6小时、1.1小时和0.6小时，分别占其日均闲暇时间的36.4%、32.4%和13.6%。除此以外，受访居民中，平均每周听广播有0.6小时、每周听音乐2.5次、每周锻炼健身0.9次、每月麻将或棋牌1.3次、每年到市内景点游玩3.1次、每年看电影2.8次、每年去外省市或境外旅游0.8次。此外，去文化娱乐场所（酒吧/茶室/歌舞厅）、参观各类展馆和观看体育比赛也是部分居民喜欢参与的文化活动形式。

3. 文化消费的需求不断扩大

随着生活水平的日益提高，越来越多的普通居民注重通过参加各类文化娱乐活动来放松心情，获得精神满足。调查中，当问及“您参加文化娱乐活动给您的最大收获”这个问题时（多选），43.3%受访者认为可以“获取信息、技能”；40.8%受访者认为可以“缓解压力，放松心情”；38.8%受访者认为能够“满足精神需要和提高生活质量”；36.8%受访者认为可以“锻炼身体，促进身体健康”。此外，受访者认为参加文化娱乐活动，还可以达到增进人际交往、消磨闲暇时间等目的。

三、文化消费推动产业发展的典型案例

（一）以“淘常州”为代表的电子商务欣欣向荣

2013年常州市电子商务交易额达850亿元，相当于全市GDP的20%。电子商务在常州呈现出产业规模不断壮大、业态模式日趋多元、企业品牌初具影响、产业集聚逐步形成、产业带动稳步增强的发展态势。[①] 全市共有6.2万家企业和个体工商户，利用阿里巴巴、中国制造网等平台，进行大宗采购和销售，从事网络零售的电子商务经营者达到4 500个，电子商务直接从业人员超过10万人。2013年全市电子商务交易额850亿元中，B2B交易额达720亿元，占比

① 常州市商务局数据。

84.7%;网络零售额130亿元,占全社会消费品零售总额的8.2%。

目前,常州一批具有地区特色、在行业有一定影响的品牌电商也在悄然崛起。本土B2C电商平台“淘常州”已有5 897家本地商家和中小企业“入驻”,超过50万种商品和服务项目上线,成为常州规模最大的城市消费电子商务平台。“淘常州”公司董事长张建宏是常州人,在电子商务领域里摸爬滚打了多年后,回到常州自立门户进军“电商”。2011年6月正式成立“淘常州”,拥有近300名员工,2013全年营销额超过3.8亿元。“淘常州”每年的油类销售量超过全市任何一家大型超市;从2011年没有流量到现在迅速成长为常州“第一网”。与淘宝、京东这些电商“老大”相比,他们在价格和货品种类上几乎没有优势。“淘常州”不打价格战,以落地生根优化服务为主,“一天三配,4小时送货到家”的服务,是他们与其他大电商的“差异化”优势之一。水果、大米、油等生活常用品或是淘宝上买不到的本地化产品,都能在这里“一网打尽”。家政、医疗、政府查询等服务类项目也很受本地网民欢迎。如今他们正在着手推出线上线下联动的“智慧社区”。通过定位系统,让社区内的“小商铺”落户网络,市民可以在网上搜索到最近的社区商铺,去“自提点”购买商品。或是通过网络下单,等待商铺工作人员在几分钟内送货上门。预计将建73个社区点,全年计划开300个门店。“淘常州”已在苏州、无锡、镇江、南京、淮安建立分站,覆盖全省是“淘常州”未来谋划的“大计划”。

电商代运营企业“蓝火翼”,在常州建立华东运营中心,为天猫、阿里巴巴、当当网等大型综合平台提供网络运营服务,并成功代运营东阿阿胶、王老吉、红双喜、达芙妮等著名品牌,成为国内知名代运营企业。区域性制造业采购服务平台“通购网”,正式运行3个月以来,交易额突破3 000万元,2014年预计交易额能达到3亿元。另外,常州还有垂直电商“土木在线”、电商技术服务“香传电商”等一批企业。

在产业集聚上,常州大力推进电子商务产业集聚区建设,逐步打造了西太湖电子商务产业园、创意产业基地、新动力电子商务产业园等一批重点电商产业园区。其中,西太湖电子商务产业园已成功引进电商企业近40家,一期10万平方米办公用房入驻率已超过90%;创意产业基地把电子商务作为未来发展的重要方向,目前已入驻近百家电商企业,包括四海商舟、香传等知名电商企业。新动力电子商务产业园是常州第一家由民营资本打造的电商产业园,通过招引电商服务类企业,全力打造常州乃至长三角地区首家智慧低碳型电子商务园区。

在产业带动上，全市钢铁、化工、建材以及纺织服装、灯具、地板、食品等传统产业积极利用电子商务技术，加快自身转型升级。“泰富百货”、“黑牡丹”、“顶呱呱”、“艾贝服饰”、“旷达股份”、“贝尔地板”等传统企业均已着力布局电子商务业务，不断提升线上销售比例，取得了明显效益。申特钢铁通过旗下“斯迪尔电子商务平台”，2013 年完成钢铁销售近 200 万吨，销售额 72 亿元，占公司螺纹钢总销量的 60%以上；顶呱呱服装从 2009 年开始发展电子商务，先后开设天猫商城品牌旗舰店及淘宝网专营店，2013 年电商营收达 1 亿元，占总营收入 20%，预计 3 年后这一比例将突破 50%。上海市现代商务促进中心首席研究员、常州中网世纪信息技术有限公司总经理邵明博士所率领的创新团队，专注于电子商务创新服务模式的探索与商业实践，长期致力于中国企业以互联网为载体、以电子商务为手段开拓海外市场。为了更好地为常州各型贸易企业提供专业的外贸整合营销服务，公司与商务局共同推出了《2014 年度常州市跨境电子商务一体化平台专项资金》，设立了 500 万专项资金服务于常州所有出口型企业，引导和支持全市外贸企业积极借力电子商务拓展国际市场。

(二)花博会带动旅游经济快速发展

节事活动通常被誉为“城市面包”、“城市发展助推器”，节事活动的举办往往会促使城市改善基础设施建设，带动与旅游、经济等相关产业升级，更能借此契机着力宣传城市美好形象，快速提升城市的影响力。2013 年 9 月，常州年度最有影响力的节事活动——2013 年第八届中国花卉博览会在武进区嘉泽镇开幕。中国花卉博览会始办于 1987 年，是我国规模最大、档次最高、影响最广的国家级花事盛会，被称为中国花卉界的“奥林匹克”。常州是江苏唯一申办成功该盛会的城市，本届花博会可以说是历史上最精彩、最圆满、最成功、最难忘、最和谐的花事盛会。围绕“充实丰富常州滨湖新城内涵、集聚发展新兴产业、与太湖周边城市形成差别化竞争”的目标，常州进一步优化了西太湖发展目标，积极推进 5 平方公里科技产业园规划建设，同时加快建设滆湖之星观光塔、星河集团超五星级酒店等一批重点功能项目，规划设计了滨湖新城沿湖天际轮廓线，全面提升沿湖环境水平，使滨湖新城成为常州乃至长三角地区的都市后花园、花木大世界、滨湖水天堂、休闲新天地。

花博园主展区有主展馆、科技馆、自然馆、艺术馆、雅集园五大标志性场馆，有入口服务区、山水展区、室外展区、主展馆区、湿地展区 5 大功能片区，室外展区有 72 个展园。此外，还有国内 12 家知名花卉企业展园，茶花、桂花、荷花 3 个专业分会展园和美国、荷兰、澳大利亚、泰国、南非等国家建设的 21 个国际展园。仅在国庆黄金周期间，常州花博会展区就迎来游客 59.7 万人次（主展区 40.88 万人次，辅展区 18.82 万人次）。之后的重阳节更创下了花博园开园以来最大客流量，单日游园人数达 182 368 人。整个花博会共吸引中外游客超过 268 万人次。同时，花博会的召开极大推动了常州花木产业的发展，由夏溪花木交易市场和江南花都产业园、紫薇园、玫瑰园、盆景园、艺林园组成的“一场五园”，是本届花博会的辅展区，它们与周围花木基地相连，扩大了本届花博会花卉产业互动、商贸对接和观光游览的范围。其中，集生产、经营、科研、销售、推广、服务、旅游、观光为一体的现代花木园林综合市场——夏溪花木交易市场是全国最大的花木交易市场之一，花博会期间举办的第六届中国花卉交易会吸引了国内外专业人士 10 万多人次参展和交流，现场销售额 2.3 亿元，签订单向交易合同 359 份，协议金额达 12.3 亿元。2013 年，夏溪花木市场交易额估计超过 100 亿元。在花博会结束后，更是将以“持续发展、永不落幕”为理念，以打造常州生态旅游新名片——中国花博园为龙头，东借西太湖水景，西融嘉泽农家风情，丰富旅游元素，完善两翼配套，为游客提供多选择、个性化的游园方式、游园路径和游园体验，实现由花博展会向花博景区的华丽转身。

在“花博会效应”的带动下，常州旅游产业快速发展。2013 年实现旅游总收入 597.0 亿元，旅游总人数 4 606.6 万人，分别比上年增长 20.1%、16.0%（原口径同比，下同）。其中国内游客 4 595.6 万人次，国内旅游收入 582.9 亿元，分别比上年增长 16.1%和 20.2%；入境游客 11 万人次，旅游外汇收入 0.8 亿美元。天目湖旅游度假区集散中心、天目湖旅游度假区“智慧旅游”一站式旅游网、常州旅游集散中心和常州智慧旅游一期项目建成投运，有效提升了旅游公共服务能力。花博会的成功举办，有力推动了休闲观光农业升级发展，全市各农游景点共计接待游客 695.5 万人次，实现农业旅游收入 19.8 亿元。截至 2013 年底，全市共有省级旅游度假区 3 家，国家 5A 级旅游区 2 家，国家 4A 级旅游区 9 家；全国工农业旅游示范点 17 家，江苏省四星级乡村旅游点 19 家，江苏省工业旅游点 2 家，江苏省自驾游基地 6 家；旅行社 125 家，2 家旅行社进入全省旅行社 20 强，1 家旅行社进入全国旅行社 100 强；星级酒店 71 家，其中五星级酒店 9 家，四星级酒店 25 家。

四、进一步促进文化消费的对策建议

(一)深入研究文化产业发展趋势,强化文化消费顶层设计

一是建立文化产业研究的专业机构与团队,以开放、前瞻的视角和集成、跨学科的模式研究产业理论与政策,跟踪产业的前沿趋势,尤其是产业发展同知识的演进、技术的变革、内容的创意、艺术的变革紧密联系,与其他产业加速融合过程中复合业态、新兴业态层出,要在观念的转变中不断丰富文化产品和服务的内容与形式,摒除文化发展的思维障碍和体制瓶颈,推动文化产业的多元嫁接和广泛融合,从而进一步明确文化产业可持续发展的市场逻辑和内在规律。[①]

二是以《国民经济行业分类》和《文化及相关产业分类》为基础,依据《统计法》的规定,抓紧出台《常州文化产业分类标准》,在遵循产业规律的前提下,立足常州市产业发展的现实需要,跟踪复合业态和新兴业态,兼顾科学性和现实性,适当拓展国家文化产业统计标准,把常州市文化产业的发展进程与实际业绩全面地反映出来。

三是借鉴北京、上海、杭州的探索经验,研究编制常州文化创意指数和文化消费指数,以产业规模、科技研发、文化环境、人力资源、社会环境等指标替代传统工业统计的产业增加值、就业人数等指标,为文化产业量身打造一套有别于工业文明的、真正属于文化产业的、体现"文化－技术－经济"深度融合的评价体系,为政策设计和规划修订与完善提供科学、系统的量化评价和数据支持。

(二)力推文化产业要素高端化,着重发展新型文化消费业态

数字技术、信息技术、网络技术的全面普及,形成了新型文化业态发展的时间窗口,必须抓住这个难得机遇,突破发展新型文化业态。

一是借助各种以市场导向为基础的创意,用高新技术对传统产业改造升

① 光明日报,中国传媒大学课题组.重科技抓创意塑品牌——关于江苏省文化产业发展的调查[N].光明日报,2011－09－13.

级，促进传统产业从内容层面、服务层面、网络层面以及终端层面和运营主体层面全流程的业态再造。以数字技术等高新科技手段改造、提升传统广告、演出、节庆、会议、展览乃至体育、娱乐等行业，更新产品和服务的设计，策划新的文化产品，丰富文化生产方式与表现形式；以数字化转型等方式推动出版发行、印刷复制、动漫游戏、广播电视、文化旅游、工艺美术等行业向网络游戏、网络视听、网络出版、网络动漫、网络文学、网络广播电视等业态延伸，提升产品附加值，放大产品的市场空间和业绩；以4G带来的碎片化阅读（候机、等车、等人、就餐、购物、会议的间隙）为商机，以手机电视（CMMB）即将在常州全辖区实现全覆盖为契机，推动以手机为移动终端的手机动漫、手机出版（手机报）、手机广播电视、手机社交等业态发展，同时带动以庞大手机用户群为基础的新闻网站、视频网站、社交网站、微博网站的发展，拓展用户群体和市场影响。

二是构建产业价值链，促进新兴业态规模化发展。基于文化产业与其他产业越来越高的关联度，围绕产业价值链的构建进行多元化发展和规模化扩张，在资金、人才、品牌、渠道、管理等方面，实现资源整合和合理配置，特别是要大力推动跨媒体、跨行业、跨地区和跨所有制的联合重组与并购扩张，使业内外和国内外的资源都能够得以利用，以此壮大自身的规模和实力，拓展市场空间和发展空间。如环球数字狂欢谷独创虚实互动商业模型，一期重点建设“一园”、“一馆”、“一中心”（即环球数字狂欢谷动漫游戏主题文化世博园、国际动漫游戏交易博览馆和国家电子竞技运动中心），打造以动漫游戏为核心的长产业链，打通线上、线下理念与技术壁垒，全面构建虚（线上 www. ccjoy. com “嬉戏族”动漫游戏互动娱乐平台）、实（线下“嬉戏谷”实体消费平台）两大互动体验平台，以4亿中国网络用户娱乐需求为服务目标，并通过“国家电子竞技运动基地”这个平台，延揽CCJOY、IEF、WCG等国际、国内各类大型电子竞技赛事。

三是建立产业联盟，推动新兴文化业态集群化发展。利用集群化所独有的专业化分工与互动协作能力，建立研发中心、生产中心、传播中心等不同环节，加快各类要素的聚集，在此基础上结成产业的协作、流通和服务网络，形成基地或园区（动漫基地、影视产业基地、数字交易中心等）。如以“恐龙创意产业联盟”为纽带，打造“形象—内容—媒体—体验—衍生”的产业链，用好用足全国仅有的“产业园＋主题公园”资源，促进“设计＋动漫＋体验＋购物”的深度融合，为动漫产品的生产、传播和消费提供新的渠道和空间，破解动漫企业盈利模式不清晰的困惑。同时，以云计算和物联网为技术支持，借鉴“威客”模式，在实体化的集聚区基础上构建集科研、生产、流通、交易的“虚拟产业集聚区”平台，开展网上信息交换、商务交易和产品推介销售，以最经济的方式放大单位文化企业的生产力和竞争优势，使整个基地文化产业产生巨大经济效应。

(三)培育新型文化消费观，扩大文化产品和服务供给

文化既关乎精神取向，也关乎民生福祉，文化发展最终要落实在文化民生上。十七届六中全会提出，发展文化产业是社会主义市场经济条件下满足人民多样化精神文化需求的重要途径。文化消费作为文化产业链的终端，既是文化产业发展的现实基础和动力，也是文化产业发展的最终目的。

一是把握消费转型的产业特征，加强文化消费引导。紧抓全省国民收入倍增计划实施和生存型消费向享乐消费、精神消费、发展消费以及个性消费转型的契机，提高文化消费支出增长率，扩大文化消费支出占比，逐步确立文化消费的主导地位，增强文化产业发展的内生动力。2000—2009 年，江苏城镇人均文化消费在全国位次从第 9 位上升到第 4 位，乡村人均文化消费在全国位次从第 5 位上升到第 4 位，文化消费对扩大经济内需和拉动产业升级的作用正蓄势待发。

二是扩大文化服务消费，培育新的文化消费增长点。充分发挥各类媒体的力量，加大对文化消费产品(新影视剧、新书、新唱片、文艺演出、大型演唱会、展览展示、动漫艺术品交易以及新软件研发上市等)的推介和宣传，扩宽公众文化消费信息获取渠道，政府出资或借助社会团体力量开展文化欣赏及培训活动，培育文化消费主体，释放消费潜力，引导文化消费结构升级。

三是提高基层文化消费水平，优化改善文化消费环境。加强文化基础设施建设，积极引导民间资本以冠名、赞助、捐助等方式投资兴建文化消费场所，不断提高文化设施的布局密度和质量。规划建设一批文化标志工程和特色产业园，建立起多层次、全覆盖，横向到边、纵向到底，设施完善的县(区)、乡镇(街道)、村(社区)公共文化服务网络，实现“县(区)有两馆(文化馆、图书馆)，乡镇(街道)有一站(文化站)，村(社区)有一室(文化活动室)”，构建覆盖城乡的“15 分钟公共文化服务圈”。

四是创新商业模式，培育新的文化消费形态。立足于整个文化产业的生态链，依托丰富的文化资源，增强文化与上下游相关产业间的联动性，促进文化创意的深入融合，不断创新文化形式和内容，培育新的文化消费形态，进行文化产

品的供给创新，积极扩大文化衍生品消费。在生活消费开始趋向“文化化”、文化消费趋向“生活化”的变局下，大胆创新文化经营模式，依托新媒体、数字化、“三网融合”等高科技手段，调整网络文化市场结构，推进网吧连锁经营，在集团化、规模化、专业化、品牌化的格局下开发更多低收费业务。以书刊销售为平台，加快常州新华书店等图书发行销售集团渠道多元化、门店多元化、衍生产品多元化经营，加强与影剧院、高铁广场、商业步行街、商务广场、游乐中心、健身中心、连锁网吧的联合，打造集文化娱乐、休闲购物、电子商务、餐饮健身于一体的“一站式综合体”，形成“多业融合”的商业运作模式，带动文化产品消费的快速增长。改造传统剧院，创新剧院经营模式，打造以平民消费为主的多元化剧院。

(四)增强文化生产力和传播力，提升文化贸易竞争力

提升文化产品出口贸易竞争力离不开企业的发展，虽然常州在新兴的动漫产品出口上占有一席之地，但是缺少品牌是硬伤，很多时候只能给处于价值链高端的设计者进行加工制造。因此，优化文化产品结构、转变文化发展方式，需要从制度保障上形成内容创新的氛围，加强内容、技术与区域的三位一体合作，从而形成良性循环带动演艺和出版等重大文化产品出口，带动文化产业价值链的升级。

同时，拓展多元的对外文化出口渠道：一是直接文化商品出口，继续发挥动漫产品出口的领先优势，向国外出口具有独立物化形态的文化商品；二是拓展文化服务贸易，将非生产制成品的经济价值量如设计、会议服务、展览、表演、咨询、培训等向其他国家的城市和居民销售；三是国际合作研发，常州文化企业与外国公司共同开发新产品、新项目和新技术，共享国际市场；四是委托国际代理公司和中介机构拓展国际营销网络，增加市场份额；五是境外并购，直接收购外国企业，利用其人员、品牌和销售渠道进入国际市场；六是境外直接投资，常州文化企业在境外设立分公司或分支机构，通过对所在国市场的深入了解，适应该国经营规则和竞争条件直接开展国际运作。

要扩大文化对外影响力，就必须提高掌握文化竞争和主动权的能力，以常州传媒中心全面落成和投入使用为契机，把常州广播电视打造成为全省一流、国内有影响的现代传媒集团，不断增强常州广电传媒对内对外传播的影响力；全面加快科技创新，推进广播电视数字化，大力发展互联网、移动电视、手机电

视、高清电视等新技术新业务，打造以广播电视为核心的传媒产业链，实施原创文化产品“走出去”战略，通过多种渠道和方式推介常州文化发展成果，加强与海内外地区在公共文化服务、艺术创作展演、文化创意产业、文化遗产保护等领域的深度合作，鼓励和支持文化企业产品和服务出口，形成一批有巨大社会影响和市场份额的标志性文化产品，形成独具特色的现代传媒文化品牌，彰显“创新创业城、现代产业城、生态宜居城、和谐幸福城”的城市形象。

（中共常州市委宣传部、市社科联：丁一；常州市创意产业基地管委会、龙控集团：沈波；常州创意产业协会：杨黎明、蔡爱东；常州社科院：苏刚；国家统计局常州调查队：李歆生；常州市委宣传部文改办：游镇坚）

第九章

扬州:古城文化产业亮点纷呈,居民文化消费快速增长

一、2013 年扬州文化产业发展概况

扬州是一座以文化见长的城市。自公元前 486 年，吴灭邗，筑邗城，开邗沟，扬州已有近 2 500 年的历史，曾出现汉、隋唐、明清时期三度辉煌，形成深厚的文化积淀。文化是扬州的“根”，是扬州的“魂”，是扬州的宝贵资源和品牌优势。近年来，扬州实施以文兴城战略，精心保护古运河、古城等历史文化遗址，大力发展文化产业，取得了显著成绩，文化扬州的特色得到了进一步彰显。

(一)发展概况

2013 年，面对外部市场低迷，国内经济下行压力持续加大的复杂局面，扬州主要经济指标呈现了前所未有的逆势上扬，经济社会发展实现重要突破。全市实现地区生产总值 3 252.01 亿元，按可比价计算，同比增长 12%，比上年同期提高了 0.3 个百分点，增长量高于省均 2.4 个百分点，增幅居苏中第一，全省排名第四。这是扬州近年来最高的增幅。财政总收入 660.3 亿元，公共财政预算收入 259.26 亿元，增长 15.2%；税收收入 212.75 亿元，增长 17.8%，占公共财政预算收入比重 82.1%。①

作为首批国家历史文化名城扬州，有着得天独厚的文化资源和手口相传的文化基础。2015 年，扬州将隆重纪念建城 2 500 周年。近年来，扬州以资源转化和产业融合为抓手，重点打造文化产业，文化产业发展呈现良好态势，已初具规模。

1. 文化产业发展速度较快，总量增长较快

近年来，扬州文化产业增加值的增速保持在 30%以上，占 GDP 的比重稳定

---

① 扬州去年 GDP 增幅 12% 位列全省第四[N]. 扬州日报，2014－01－23.

上升，对实体经济的贡献额度不断提高。2012 年，全市文化产业增加值为 114.69亿元，文化产业增加值增幅远高于 GDP 的增幅，占全市地区生产总值的比重由 2011 年的 3.10%提高到 3.91%，文化产业增加值占 GDP 的比重在 13 个省辖市排名第五，苏中排名第一，高于无锡，低于镇江。文化发展绩效考核综合排名连续 5 年位列全省第一方阵。2012 年，文化建设工程监测水平指数排名全省第 5，综合指数列全省第 4。（详见图 9－1、表 9－1）

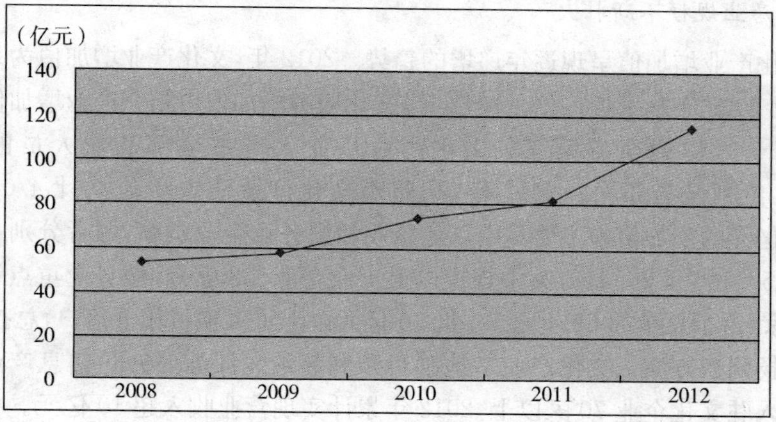

图 9－1　2008—2012 年文化产业增加值增长图

数据来源：历年文化产业绩效考核数据。

表 9－1　2012 年江苏省各省辖市文化产业增加值

单位：亿元、%

地　区	增加值	占 GDP	排名
南　京	366.72	5.09	1
苏　州	599.14	4.99	2
常　州	196.75	4.96	3
镇　江	130.21	4.95	4
扬　州	114.69	3.91	5
无　锡	287	3.8	6
徐　州	134.29	3.34	7
南　通	142.49	3.13	8
淮　安	60.04	3.07	9
宿　迁	46.58	3.07	10

续表

地　区	增加值(亿元)	占 GDP(%)	排名
盐　城	75.63	2.4	11
泰　州	64	2.37	12
连云港	37.48	2.34	13

2. 产业规模不断壮大

文化产业增加值呈现逐年递增的趋势。2012 年,文化产业增加值为114.69 亿元,比 2009 年翻了近一倍。2012 年,文化服务增加值占第三产业增加值的比重为4.24%,位列全省第三。文化产业从业人员占全部从业人员的比重 4.33%,位列全省第一。2012 年,扬州市文化产业法人单位共计 4 047 家,114.69亿元的增加值中主要是由工业企业和服务业企业贡献,两者分别占全部比重的 59.1%和 26.4%,其中规模以上工业企业(58 家)和服务业重点调查企业(36 家)占了总量的 68.1%。一批 10 亿元以上重大项目相继落户,总投资 50 亿元的扬州东方演艺文化产业基地项目顺利签约。江苏(扬州)信息产业服务基地已入驻文化企业 70 家以上,2012 年累计实现营业收入超 10 亿元。扬州智谷邗江文化创意产业园集聚企业 63 家,2012 年营业收入近 3.5 亿元,其中笛莎公主文化创意产业有限公司连续三年实现 100%增幅。本土骨干文化企业支撑有力,2012 年,工艺美术、广播电视、报业三大国有文化集团累计实现营业收入逾 18 亿元以上。一批重大产业项目相继落户。甘泉影视服务外包基地已投资建成清末民初外景区、明清江南水乡景区、明清老宅取景区、欧式建筑街区等设施近 8 万平方米,单体 6 300 平方米的摄影大棚已投入使用,2 个 1000 平方米高标准摄影棚正规划建设中。“翔园”项目占地 40 余亩,建筑面积 1.2 万余平方米,总投资约 2 亿元,融合了明、清两代建筑特色,汇聚了徽派、浙派、扬派三大建筑流派特色,目前整个园林基本成形。五亭龙财富广场项目总建筑面积 7.5 万平方米,目前已进入内部装修阶段,涵盖动漫文化产业办公和研发设计、动漫体验馆、玩具博物馆三大区域。中国人民大学文化科技园扬州分园项目规划占地面积 102 亩,建筑总面积 20 万平方米,目前已启动前期规划,将建设版权贸易交易基地,“数字文化云”(服务)大厦,高层次人才培养基地,文化、科技企业区域性总部基地及文化、科技企业聚集区,以及智力密集型文化创意企业产品制作、后台支持、后台运营基地,文化创意体验消费区及商务区等,项目总投资约 10 亿元。

3. 结构得到优化

2012 年，扬州市文化产业法人单位共计 4 047 家，114.69 亿元的增加值中主要是由工业企业和服务业企业贡献，两者分别占全部比重的 59.1% 和 26.4%，其中规模以上工业企业(58 家)、服务业重点调查企业(36 家)占了总量的 68.1%。(详见表 9—2)

表 9—2　2012 年扬州市文化产业增加值构成

单位:亿元、%

项　　目	增加值	构成
文化及相关产业合计	114.69	100.0
法人单位合计	107.57	93.8
一、规模以上工业企业	56.51	49.3
二、规模以下工业企业	11.25	9.8
三、限额以上批发和零售企业	3.89	3.4
四、限额以下批发和零售企业	0.89	0.8
五、服务业企业	30.31	26.4
其中:服务业重点调查企业	21.54	18.8
补充调查企业	8.77	7.6
六、服务业事业单位	2.98	2.6
七、服务业社团和其他单位	1.74	1.5
八、个体经营户	7.12	6.2

传统文化产业加快转型升级，效益明显提升。2012 年 6 月，隶属于扬州报业传媒集团的扬州国书文化传播有限公司揭牌成立，创造性地提出“国书(古籍线装书)产业”概念，计划用 3～5 年时间在扬州建设中国最大的古籍线装书策划、生产、展示、交易中心，同时启动原大原色原样出版《四库全书》(文津阁本)工程。经过近 1 年半的印制，两套原大原色原样版《四库全书》(文津阁本)将告竣。这项浩瀚工程不仅续写了扬州的文化复兴梦想，更以产业发展的形式，向世界展示了当代扬州人传承、弘扬、发展优秀民族文化，缔造全新产业的文化自觉和文化自信。扬州报业传媒集团旗下拥有《扬州日报》、《扬州晚报》、《扬州时报》、扬州网、扬州晚报网以及 8 个实业公司，集团舆论引导能力和综合实力显著增强，迈入了江苏报业第一方阵。

集北方之雄与南方之秀于一体的扬州园林，历来是扬州文化精致、典雅的代表之一。多年来，扬州文化与旅游完全融合，打造独具特色的文化旅游产业。以瘦西湖"国家文化旅游示范区"为核心，蜀冈——瘦西湖风景区积极打造城市文化轴，力争早日建成"世界公园"。经过近1年的谋划，2013年9月，扬州首台山水实景演出《春江花月夜·唯美扬州》在瘦西湖景区正式对外演出。这台根据唐代诗人张若虚"孤篇盖全唐"的《春江花月夜》意境改编、讲述跨越千年传奇爱恋的演出一经推出，立即收获广泛好评。东关街馥园也同步推出实景演出《千秋粉黛》。国庆黄金周期间，两台演出大放光彩，场均吸引游客千人左右，成功打造出"扬州园林景致＋扬州文化＝不可复制产业"模式。一批历史文化街区相继复兴，"双东"（东关街、东圈门）历史街区创建成了国家4A级旅游景区，东关街跻身"中国十大历史文化名街"，"双宁"（天宁寺和重宁寺）佛教历史文化艺术片区综合改造工程稳步实施，南河下历史文化街区启动复兴规划建设。温泉度假村成为休闲旅游新热点。文化旅游产业链进一步拉长，一批淮扬菜老字号开发的速冻糕点和便携美食走俏市场，五亭龙玩具城成为大型毛绒玩具集散地，依托玉漆器等传统工艺开发的礼品、纪念品受到广大游客的普遍喜爱。

文化创意产业加速集聚。江苏（扬州）信息产业服务基地已入驻文化企业70家以上，2012年累计实现营业收入超10亿元。扬州智谷邗江文化创意产业园集聚企业63家，2012年营业收入近3.5亿元，其中江苏笛莎公主文化创意产业有限公司连续三年实现100%增幅。该公司是一家以"每个女孩都是公主"为品牌核心文化，专为女孩提供从头到脚、从里到外综合产品的时尚文化品牌创意产业公司。通过动画制作播出—衍生产品开发—销售渠道建设—主题公园建设，打造涵盖小女孩学习、娱乐、生活等全方位、一站式的购物、娱乐平台以及网络互动社区，简称"女孩全产业链"，其目标是成为中国的"芭比娃娃"。广陵设计瑰谷由原中船重工七二三船舶研究所老厂区改造而来，已吸引了10余家企业和机构入驻。该单位把工业设计的理念和地方产业有机"耦合"，使无人直升机、3D设计中心等最前端的工业设计走进扬州。

4. 产业载体质态提升

全市拥有各级各类文化产业园、集聚区共27个，其中国家级4个，蜀冈—瘦西湖风景区成为国内首家国家级文化旅游示范区，工艺美术集聚区先后荣获国家文化产业示范基地、中国传统工艺美术特色基地等称号，扬州智谷文化创意产业园先后获得了江苏省、国家文化产业示范基地，国家数字出版基地扬州园区"花落"扬州经济技术开发区。此外，江苏（扬州）信息服务产业基地入选“江苏省重点文化产业园区”，宝应乱针绣文化创意园获得“江苏省文化产业示范基地”称号，五亭龙玩具城跻身“江苏省现代服务业集聚区”。

尽管扬州文化产业发展初具规模，但对照产业政策要求和先进地区成绩仍有一定差距，主要表现在：一是文化资源转化步伐不快。虽然扬州文化资源积淀丰厚，但很多资源未能针对市场需求进行适当产业化开发，有的处于一种乏人问津、惨淡经营的境况。二是文化核心层企业不多。扬州文化企业仍集中在文化制造业和传统的工艺美术行业，文化创意、影视制作等文化核心层的企业较少。三是重大项目支撑不足。基地类项目多，产业类项目少；在谈项目多，落地项目少；结转项目多，新开工项目少。四是文化产业链条不够完善，文化资源转化不成系统，文化产业链条存在缺口，使得部分市场需求得不到满足，部分文化产品却又形不成需求，进而拉低了产业整体的经济效益和品牌形象。五是文化产业集聚化程度不高，科技型文化产业结构升级缓慢。诞生于计划经济体制下的扬州传统文化产业，经营单位众多，企业规模小，产业集约化程度不高，资源分布分散，经济效益较低。以印刷包装业为例，扬州全市印刷包装企业 700 多家，除永丰余等少数企业产值过亿外，其余企业规模都较小。而新型文化产业如 3D 云电视、现代动漫等都只是刚刚起步，扬州以科技为主导的文化产业链还未形成。六是文化产业政府投入不足。目前，全市真正意义上的专业文艺演出场所、大型专业影剧院还偏少。设施硬件投入的不足影响了全市文化消费水平的整体提升。以私营性质和个体工商户主打的文化产业模式，占据了文化产业主导地位，2012 年，扬州国有文化产业单位增加值只有 4.72 亿元，仅占总量的4.1%，相比民营经济来说明显不足。七是人才不足。由于地理位置和经济文化发展水平的限制，扬州难以吸引文化领军人才和高端文化创新人才。“非遗”有些项目尚无相应等级传承人，人数发展不均衡。

（二）发展要素加快集聚

1. 区位优势

扬州位于长江与京杭大运河交汇处，作为上海经济圈和南京都市圈的节点城市，向南接纳苏南、上海等地区经济辐射，向北作为开发苏北的前沿阵地和传导区域，具有先天的地理发展优势。2013 年 12 月 23 日，江苏省委、省政府出台了《关于推进扬州跨江融合发展综合改革试点的意见》。2014 年 3 月 5 日李克强总理在政府工作报告中提出“把培育新的区域经济带作为推动发展的战略支撑。要谋划区域发展新棋局,依托黄金水道,建设长江经济带,推进长三角地区经济一体化。”扬州作为地处长三角核心区域的沿江城市,跨江融合发展,全面融入长江经济带,面临难得的发展机遇。2013 年 8 月,连(连云港)淮(淮安)扬(扬州)镇(镇江)铁路正式立项,为扬州跨江融合发展铺就了一条跨江巨龙。连淮扬镇铁路和已经运营的宁(南京)启(启东)铁路形成十字架,将构成扬州铁路枢纽地位,特别是连淮扬镇铁路为扬州搭上高铁时代打开了一条快捷的通道。积极策应上海自贸区、长三角区域一体化、长江经济带和宁镇扬同城化、苏南现代化示范区建设,加快构建与长三角核心区优联快通的交通网络,使扬州形成了明显的区位优势。

2. 政府意识

2000 年 10 月,江泽民同志看到家乡的变化,欣然题词:“把扬州建设成为古代文化与现代文明交相辉映的名城。”2012 年 5 月,江苏省委书记罗志军在扬州考察时,要求扬州加快建设古代文化与现代文明交相辉映的世界名城。围绕世界名城建设目标,扬州市委、市政府统一决策部署,2012 年被明确为“重大项目建设突破年”,2013 年为“重大产业项目突破年”和“重大城建项目会战年”,2014 年为“重大城建项目决战年”。扬州对《扬州市文化产业“十二五”规划》、《扬州市 2011—2012 年文化产业发展行动方案》和《扬州市文化产业发展行动方案》进行完善充实,制订了具体行动计划,提出要加快发展文化产业,着力在培育新兴文化产业业态、打造扬州文化品牌上取得突破;要进一步深化文化体制改革,着力在增强文化发展活力上取得突破;要积极探索扬州文化国际化,做好鉴真、崔致远、马可·波罗、海上丝绸之路等文化资源的挖掘,发挥和提升扬州文化的国际影响力;要积极创新人才培养引进模式,着力在文化人才队伍建设上取得突破。

扬州深化文化体制改革,突出规划引领,完善扶持政策,强化产业招商,狠抓项目推进,文化产业规模不断扩大,文化产业园区初见规模,文化新兴产业发展迅速,丰富的文化资源优势正不断转化成文化产业优势。市第六次党代会明确提出打造文化产业名城,到 2015 年实现全市文化产业增加值占地区生产总值比重达 6%以上的跨越式发展目标。

认真落实市领导挂钩推进重大项目制度,挂钩联系项目的市领导定期到项目现场召开会议,明确任务分解、责任分担和工作方案,建立“一月一会商”、“一月一汇报”、“一月一公报”、“一月一巡礼”、“一周一信息”等工作制度，强化过程督查、注重进度考核，更大力度、全力以赴、常态化地推进重大项目建设。2014年1月，扬州与联创科技集团股份有限公司签署协议，在建设软件园、人才培育与引进等方面进行战略合作，共同建设智慧城市。按照“顶层设计、分步实施、资源整合、共建共享”的理念，形成可在全国推广的政务云总体框架“1541”：即建成“一”套政务信息基础设施，整合共享“五”大基础数据库，打造“四”大应用支撑平台，支撑“一”系列信息化应用。

为了推进非遗（非物质文化遗产）产业，扬州有关文化产业主管部门深入调研重点文化企业，梳理了部分文化龙头企业发展现状、反映问题和解决方案，跟踪服务、协调解决了部分文化企业反映的问题。发布了《关于扶持发展扬州非物质文化遗产产业的意见》，积极启动了非遗产业基地工艺坊园区和戏曲园区的策划规划、项目论证工作。

3. 政策驱动

扬州争取到江苏省“一市一试点”的专项扶持，跨江融合发展实现新突破。积极实施《沿江地区融合发展行动计划》，组织编制江广（江都广陵）融合地区概念规划、城市设计及“七河八岛”地区空间管制规划，逐步构建“一核多组团”城市空间布局。推动《宁镇扬同城化发展规划》的制定与实施。围绕产业集聚、特色发展，促进各类园区提档升级。实施省级以上开发区个性化考核，出台促进工业集中区、文化产业园区整合提升特色发展的意见。全市园区业务总收入、公共财政预算收入均增长25%以上。7家省级以上开发区分别与上海、苏南等地园区签订共建协议。扬州高新区成为省首批文化科技产业园区。出台支持旅游、软件和信息服务、健康和养老服务发展等8项政策意见。市级以上服务业集聚区达到38个。

争取政策做响品牌。扬州充分利用国家、省文化产业扶持政策，10个文化产业项目获得820万元扶持资金。组织工艺美术集团“中小企业集合票据项目”申报国家级文化产业发展专项资金，获贷款贴息330万元。市图书馆入选省信息化重大示范试点工程。雕版印刷字库等5个项目进入国家新闻出版改革发展项目库。推荐数字信息纳米安全认证系列产品等5个项目申报国家文化产业重点项目。扬州盛德工艺品有限公司、扬州礼瀚工艺礼品有限公司被评为2013—2014年国家文化出口重点企业。新命名了28家市级文化产业示范基地。

4. 人才实现回流

扬州实行6个人才专项政策，即《扬州英才培育计划》、《关于进一步加快科技产业综合体建设集聚创新创业人才的实施办法》、《扬州市金融支持高层次人才创业实施办法》、《扬州市区引进高层次人才住房保障办法》、《扬州市高层次人才子女就学保障实施办法（试行）》和《关于进一步加强高层次人才健康保健服务工作的实施办法》等，以优惠的政策感召人、吸引人，人才实现回流，形成初步集聚。积极实施“科教合作新长征”计划，促进扬州与国内外知名高校和科研院所的合作，建设创新载体、发展科教产业的行动计划。新引进国家“千人计划”20人，入选省创新团队3个和省“双创计划”、“博士集聚计划”人才93名。一批文化产业领军人才获得省级荣誉表彰。

以人才队伍建设为重点，切实增强科技创新活力。全社会研发投入占地区生产总值比重2.3%。专利授权量突破1万件。竣工科技产业综合体120万平方米。新增国家高新技术企业85家、省级以上“三站三中心”61家。大中型企业研发机构建有率85%以上。与中关村、扬州大学签订全面合作协议。清华科技园、中国人民大学文化科技园扬州园区等项目落户扬州。广陵（电子信息）高新技术创业服务中心建成国家级专业孵化器。加强非遗人才梯队建设。2014年2月27日，江苏省文化厅公布了《第四批江苏省非物质文化遗产代表性传承人名单》，全省共有169人当选省级非遗传承人，其中扬州入选23人，占全省1/7，涉及传统音乐、传统戏剧、传统美术、传统技艺等七大类别。扬州竹刻、谢馥春“香粉油”制作技艺、扬州三把刀理发技艺，以及“臣”字门儿科中医术四项省级“非遗”项目，首次有了省级以上代表性传承人。目前，扬州已形成了全国、省、市、县四级名录体系。拥有82位省级“非遗”传承人，在省内数量名列前茅，其中有46项省级“非遗”，16项国家级“非遗”。[①]

5. 加强平台建设

充分利用各类文化产业博览会平台，切实推动文化产业“走出去”、“卖出去”。2013年，烟花三月扬州国际经贸旅游节期间，邀请100多名客商来扬州参观考察。扬州古籍线装产业有限公司的《清代名人书札》获“第四届中华印制大奖赛”铜奖，广陵古籍刻印社的《扬州八怪笺谱》获优秀奖，江扬印务有限公司等

① 扬州新增23“非遗”传承人全市共82人晋级“省队”[N].扬州日报，2014－03－01.

6家印刷企业获江苏省第三届"双优诚信"印刷企业称号。组织评选出广陵古籍刻印社等22家"双优诚信"印刷企业,扬州新华书店有限责任公司等14家"双优诚信"书店。组织一批企业参加"第二届中国·苏州文化创意设计产业交易博览会"、"第八届中国(深圳)国际文化产业博览交易会"、"第22届中国(北京)国际乐器展览会"、"第十届中国(常州)国际动漫艺术周"、"2013上海国际印刷周"等活动。江苏文化产权交易所扬州版权登记中心、高邮市照明灯具版权服务中心挂牌运作,为版权产业的发展提供了新平台。

(三)扬州文化创意产业亮点纷呈

1. 新华社聚焦扬州雕版印刷

2014年2月26日,新华社发布了《图说雕版印刷》的图片专题,聚焦世界级"非遗"——扬州雕版印刷制作技艺全过程,生动再现了扬州报业传媒集团广陵古籍刻印社工作人员保护、传承、坚守这一历史文化瑰宝的工作状态。雕版印刷是最早在中国出现的印刷形式,有2 000余年的历史,凝聚了中国造纸术、制墨术、雕刻术、摹拓术等几种传统工艺,为后来的活字印刷术奠定了基础,是世界现代印刷术的技术源头。2006年,雕版印刷被列入第一批国家级非物质文化遗产名录。随着印刷技术的不断革新,雕版印刷逐渐淡出。为了保护雕版印刷术,1958年,扬州成立了广陵古籍刻印社,承担起雕版印刷技艺传承的重任。目前,广陵古籍刻印社保存着国内唯一的全套古籍雕版印刷工艺流程,从写样上板、雕刻到刷印、装订等共有20余道工序。广陵古籍刻印社为保护雕版印刷术,确立了"以雕版印刷技艺为核心,以活字印刷技艺为补充"的古籍生产模式,以生产性保护方式传承发展雕版印刷技艺。半个世纪以来,对收集到的近30万片古籍雕版进行修缮、保护和出版,研究恢复了失传已久的各种古代活字技术。广陵古籍刻印社书籍制作市场不断拓宽,同时涉及私人礼品定制、收藏品、已发行书籍再加工,以及特殊装帧需求书籍制作等。该社制作的雕版印刷线装书还曾作为国礼赠给法国、日本等国贵宾。2014年6月,广陵古籍刻印社将推出《国学经典丛书》,以传统活字印刷形式再现珍贵古籍。[①] 5月18日是"国际博物馆日"。扬州双博馆(扬州中国雕版印刷博物馆、扬州博物馆新馆)举行雕

---

① 新华社昨聚焦扬州雕版印刷[N].扬州日报,2012-05-18.

版印刷工艺大师现场展示技艺、雕版印刷主题展览、免费鉴宝、公益讲座等系列文化活动，向广大市民、游客献上丰盛的“文化大餐”。

2. 工艺美术声名远播

扬州利用其悠久的历史文化底蕴和联合国人居奖城市的优势，以转变发展方式为主线，加快工艺美术产业结构调整，打造全国最具特色的工艺品集散中心。市政府专门出台《关于进一步做大做强工艺美术产业的意见》，突出抓好玉器、漆器、刺绣、剪纸、玩具、琴筝、水晶玻璃和金银细工八大产业，形成以重点产区为中心、优势产业为支柱、重点产品为骨干的产业体系。在江苏省政府保护的 45 个传统工艺品种中，扬州有 15 个，占全省总数的 1/3，有 16 种制作技艺分别列为国家级、省级和市级非物质文化遗产保护目录。在历届全国工艺美术行业大师作品评比中的 34 个特等奖有 14 个落户扬州。扬州连续 10 年成为全国参评作品最多、获奖总数最多的城市，被全国同行誉为工艺美术界的“扬州现象”。目前全市拥有国家级大师 13 人，江苏省工艺美术大师 38 人、江苏省工艺美术名人 35 人，扬州市工艺美术大师 97 人，形成了一支数量和质量并重的技艺人才队伍。扬州工艺美术集团有限公司围绕“做强产业、做响品牌、做优特色、做大规模”和“三年倍增，保持领先”的目标，积极探索工艺美术传承发展新模式，走出了一条工艺美术业与文化产业、旅游业和商贸业相结合的、多元发展的特色之路。该公司先后建成了扬州工艺美术馆、中国剪纸博物馆、中国玉器博物馆、扬州玉文化创意产业园，组建了扬州工艺品交易中心。扬州工艺坊吸引展示了如上海世博会江苏馆镇馆之宝“螳螂白菜”等稀世珍品，同时招徕全国玉器、翡翠、陶瓷、景泰蓝等品牌企业入驻，成立玉器翡翠工艺品检测鉴定中心，成为全国闻名的工艺品集散中心。扬州工艺美术集聚区 2013 年营销总额超过 20 亿元。扬州工艺美术集团荣获“国家文化产业示范基地”、“中国传统工艺美术特色基地”、“全国工艺美术行业十强企业”等称号。

3. 文博城建设成为标志

2006 年 5 月，扬州市委、市政府做出了建设文化博览城的重要决定。2007 年 1 月，审议批准了《扬州市文化博览城建设规划纲要（2006－2020）》，拉开了全面建设文化博览城的序幕。根据《规划纲要》，扬州计划用 15 年左右的时间，把这一蓝图变成现实。根据《扬州市文化博览城建设规划纲要（2006－2020）》统一规划、分步实施和突出重点、量力而行的原则，分近期（2006－2010）、中期

(2011—2015)和远期(2016—2020)三个阶段实施。文化博览城建设由十类项目组成,即运河文化类、古代城市遗址与遗迹类、学术文化类、园林文化类、名人故居类、民间艺术类、名店与老字号类、宗教文化类、对外交往类项目等。通过三个五年计划的实施,在市区建成100个左右门类齐全、内容丰富、向社会开放的文化博览场所,打造出一批能充分体现扬州地方文化特色的精品项目,形成扬州文化博览城的品牌。扬州在全国第一个提出“文化博览城”这一城市经营理念。2005年10月9日,由江泽民同志题写馆名的扬州中国雕版印刷博物馆及扬州博物馆新馆正式开馆,这座地标性的建筑,揭开了扬州打造“文化博览城”的序幕。连点成线,连线成面,串珠式的文博网络,构成了文博城的鲜活肌理。横贯主城区的文昌路是一条主轴线,双东、教场、南河下和广陵路、唐衙城和宋夹城是文化博览项目集聚区,盐阜路护城河北岸、古运河、国庆路、汶河路等则构成了特色文化线。踏足文昌路,“唐宋元明清,从古看到今”。文博城成为一个强大的磁场,聚集人文,积蓄发展后劲,激发人们对城市的认同感。通过整理、整饬、整修、整合,5.09平方公里的古城全景式地展现了汉、唐宋、明清全盛时期的扬州风貌。目前已建成的90多个历史遗存组成了“文化博览长廊”。古朴的运河、经典的城市,处处彰显了“古得经典、新得现代”的城市特质,并由此赢得了联合国人居奖,成为中国城市群中“诗意栖居”的城市之一。

二、扬州市文化消费与文化贸易基本情况分析

(一)扬州居民文化消费现状与趋势分析

改革开放以来,经济高速增长的红利,为增加居民收入、拓展文化消费夯实了基础。扬州8个产业基地和重大项目列入国家规划,初步形成了沿江动漫制作、现代印务、数字出版三大产业带,新兴文化业态占文化产业比重超过25%,文化产品日益丰富,为文化消费提供了有利条件。

在古城文化长河里“泡”大的扬州人,对文化有着一种与生俱来的亲切感。贤明的先辈创造了璀璨的文化,铸就了扬州鲜明独特的个性和强大的“软实力”。让百姓生活在充满诗情画意的城市意境里,沐浴着优美的城市文化。一方面,为市民们创造丰富的文化生活方式;另一方面,深深融入了对下一代的乡

土文化的养育中。在这种文化意蕴中生活的扬州居民，自然具有爱家乡文化的情结，积极参与文化消费。

2013 年 7 月 22 日，国家统计局扬州调查队发布了扬州城镇居民文化消费状况。2012 年，扬州文化产业增加值为 114.69 亿元，比 2008 年增长 1.7 倍，年均增长 28.2%；2012 年扬州城镇居民人均可支配收入 28 001 元，比 2008 年增长 60.9%，年均增长 12.6%。2012 年，城镇居民人均消费支出 17 550 元，比 2011 年同期增加 1 547 元，增长 9.7%。每年人均培训班支出 388 元，比 2008 年增长 86.5%，每户家庭拥有彩电增至 2 台。① 文化产业的蓬勃发展和城镇居民收入水平的快速提高，为扬州居民文化消费的发展打下了坚实基础。

居民重视个性需求、追求精神文化生活的支出所占比重上升，其中教育文化娱乐服务支出人均 3 275 元，同比增长 14.0%，高出全部增幅 4.3 个百分点。（见图 9—2）

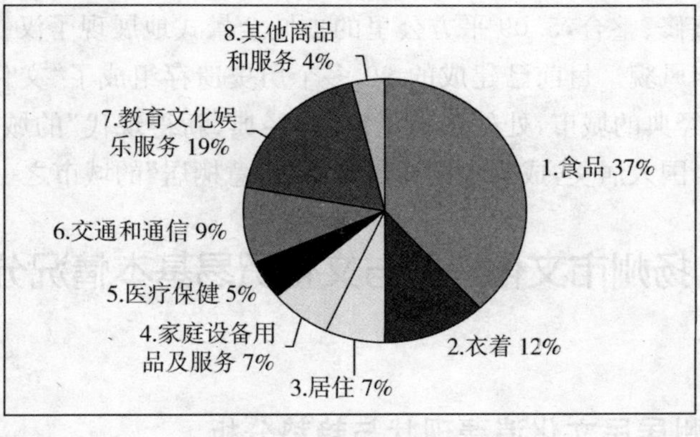

图 9—2　扬州居民生活支出构成情况

1. 亮点

(1)城镇居民文化消费快速增长

文化消费属于享受型消费，居民只有在满足基本的生理需求后，才会在文化领域投入更多金钱。当居民收入增加时，其文化消费能力增强，文化消费量也必然同步增加。2012 年，扬州城镇居民人均文化消费 3 275 元，比 2008 年增

① 扬州文化产业增加值 114.69 亿[EB/OL]. 中国投资咨询网，2013—07—22.

长 54.8%，年均增长 11.6%，快于消费支出 0.6 个百分点；文化消费占消费支出的比重从 18.3%上升到 18.7%，提高了 0.4 个百分点。

2012 年，扬州城镇居民人均文化娱乐服务支出 1 318 元，比 2008 年增长 83.1%，年均增长 16.3%，占文化消费支出的比重由 2008 年的 34.0%上升到 2012 年的 40.2%，其中人均旅游消费 1 005 元，比 2008 年增长 1.1 倍，年均增长 19.8%；人均健身活动消费 71 元，比 2008 年增长 2.2 倍，年均增长 34.0%。近年来，扬州城镇居民家庭利用节假日旅游、健身消费已成为居民家庭文化娱乐消费的热点。

(2)人均培训支出大幅增长

2012 年，扬州城镇居民人均教育支出 1 188 元，比 2008 年增长 52.5%，年均增长 11.1%。近年来，扬州市强化政府对义务教育的保障责任，围绕实现教育公平和义务教育均衡发展的目标，将城市义务教育全面纳入公共财政保障范围，免除城市义务教育阶段学生学杂费，使居民义务教育的负担大幅下降。

2012 年，扬州城镇居民人均义务教育学杂费 4 元，比 2008 年下降 87.9%，但非义务教育学杂费、校外学习费用增长较快，2012 年居民人均非义务教育学杂费 403 元，比 2008 年增长 53.2%；人均家教费 99 元，比 2008 年增长 2.1 倍；人均培训支出 388 元，比 2008 年增长 86.5%，非义务教育学杂费、校外学习费用拉动教育费用增长 49.7%。

(3)居民家庭拥有钢琴数 4 年增 3 倍

近年来，随着科学技术的发展，耐用文化娱乐用品也在不断地升级换代，更加数字化和网络化。彩色电视由 CRT 显像管电视升级到等离子、液晶、LED 电视，电脑由台式机升级到笔记本电脑、平板电脑。[①]

2012 年，扬州城镇居民平均每百户家庭拥有彩色电视机 197.5 台，比 2008 年增加 23.5 台。随着宽带网络的普及，居民家庭购买家用电脑的数量也在不断增加。每百户城镇居民家庭拥有的家用电脑从 2008 年的 70.5 台增加到 2012 年的 106 台，其中接入互联网的计算机 88 台，比 2008 年增加 35 台。随着多媒体、互联网和数字技术的兴起，文化产品发生了新的变化，进而引发了文化消费方式的变革，大大刺激了城镇居民对 IPAD、数码相机、摄像机等文化娱乐用品的需求。2012 年，每百户居民家庭拥有摄像机 19 架，比 2008 年增加 8 架；

① 去年扬州人均旅游消费超过千元[N]. 扬州日报，2013－07－22.

照相机 60 架，增加 14 架；钢琴 4 架，增加 3 架；健身器材 10 套，增长 6.5 套。

2. 问题

(1)收入增长放缓

2013 年，全年城市居民人均可支配收入和农村居民人均纯收入分别比上年增长 9.6%和 12%，增长放缓，扣除价格影响后增幅均低于同期 GDP 增长的速度，势必影响居民消费。2014 年消费品市场将保持相对稳定的增长态势。消费热点向信息、文化、旅游、娱乐、保健、健身等服务性消费转移，商品性消费在城镇进入一个相对稳定的发展阶段。2014 年消费品市场发展也面临一些因素的制约：一是在当前经济增速放缓的情况下，城乡居民增收压力仍然较大，居民消费预期受到抑制；二是受市场影响，集团消费、高档消费短期内难以大幅回升。①

(2)高低收入组消费差距扩大

2012 年，扬州市低 20%收入组家庭的人均文化消费支出为 1 842 元，高 20%收入组家庭的人均文化消费支出为 6 484 元，高低收入组文化消费水平的之比由 2008 年的 2.1∶1 扩大到 2012 年的 3.5∶1。数据对比显示，低收入家庭仍以保障基本生活需求为主，耐用文化娱乐用品、休闲娱乐用品投入有限，但教育费用占比偏高，教育负担仍然沉重。

(3)消费层次、品位有待提高

文化消费层次失衡，表层的、娱乐化的文化消费盛行，而较有内涵的、高品质的文化精神需求不高。KTV、酒吧人头攒动，而图书馆相对冷清，且人群主要为青少年。网吧通宵营业且经常满座，但大部分人是在网吧玩游戏、聊天，却少有人在学习充电。

(二)扬州文化贸易现状与趋势分析

近年来，扬州重视对外文化贸易工作，积极落实国家鼓励和支持文化产品及服务出口的优惠政策，出台了一系列政策措施，着力培育文化出口龙头企业，大力推动文化企业“走出去”，在演艺业、工艺美术业、动漫游戏业、艺术品业等领域取得了显著成绩。扬州对外文化贸易工作呈现出市场主体壮大、自主创新能力提升、多元投入格局形成、国际竞争力增强、优势产业门类凸显的良好态势。

① 扬州消费品零售额首逾千亿[EB/OL]. 扬州网，2014－02－10.

1. 演艺业出口品牌意识增强

扬州进一步深化艺术院团体制改革，在推进院团改革、激发活力的基础上，重点打造品牌院团。扬州木偶研究所制定实施了“小木偶走向大世界”战略，将《琼花仙子》、《白雪公主》等精品木偶剧搬上海外舞台，着力打造传统木偶剧与国际文化接轨的经典精品，不断增强文化交流的亲和力、感染力、影响力。

2. 工艺美术行业出口保持逐年增长

扬州是工艺美术大市，门类广、品种全，国家级工艺美术大师多，全市工艺美术行业产值一直占据全省总量的重要份额，对外进出口额逐年增长。玩具产业是扬州的特色产业，产品主要外销到美国、欧盟等 50 多个国家和地区。2013 年 1—9 月，扬州地区累计出口玩具 6 833 批、货值 1.93 亿美元，同比分别增长 2.84%和 5.27%，在国际市场上继续凸显“中国毛绒玩具之都”的地位。为帮助玩具产业实现转型发展，进一步提升国际市场竞争力，扬州检验检疫局进一步提升国家级重点实验室——江苏轻工产品与儿童用品检测中心的检测能力和国际认可度，为玩具企业提供全面、准确、便捷的本地化检验检测服务。扬州万木春纸制品有限公司以“美国迪士尼授权文化衍生品——DIY 手工纸品研发项目”获得了省级文化产业引导资金 70 万元，与迪士尼续签第二轮合作协议后，仅与迪士尼三年的订单发货量就将达到 2 400 万元，成为文化出口的新亮点。带有扬州漆器元素的保温杯成功进入日本市场，日本人每买四只保温杯，就有一只产自扬州。

3. 艺术品业和专业文化产品(设备)业出口有所突破

依托发达的创意设计行业实力，以及文化与科技较好融合激发的发展潜力，利用传统技艺制作的塑料工艺品、玻璃工艺品、陶瓷工艺品、金属工艺品、木质工艺品等装饰性物品，乐器、演艺设备、铝合金展具(会展用品)、画框画布油画布美术颜料等画材、专业影视器材等专业文化产品，以及卡纸、玩具、文具等文化衍生产品，涉及品种广泛，生产规模、出口创汇逐年增长。以扬州川奇光电为代表的电子纸产业集群研发出的彩色、柔性电子纸等产品，抢占了国际电子纸高端市场，成为全球最大电子纸生产基地，已占据世界电子纸产量的 95%以上，远销亚马逊、索尼等平板电脑生产厂家。以电子阅读终端制造产品为重点，打造电子书产业集群。元太科技在扬州设立 E—ink(电子墨水)技术研发中心，开发应用彩色、柔性电子纸技术，强化扬州电子纸的竞争优势。推动易狄欧扩大生产规模，推进汉王科技建设电子阅读终端生产基地，定向招引亚马逊、索尼等电子书龙头企业布局扬州。整合国宇电子、晶新微电子、位速科技等项目，强化电子书硬件制造的配套服务，加快驱动 IC、CPU 等项目建设进度，不断壮大产业规模。做大群硕软件的产业规模，开发基于电子书使用的专用系统软件和应用软件。同时联合电子书网络运营商和内容提供商，搭建数字读物出版、交易平台，构建由内容原创、编辑加工、数字转换、芯片植入、平台投送、设备生产、渠道运营等环节组成的电子书产业链条。[①]

(三)扬州文化贸易发展建议

1. 加强政策引导，扶持重点企业

整合各部门力量，形成促进文化出口的合力。通过完善对外开放格局，积极实施“文化走出去”工程，完善支持文化开放发展政策，做好文化走向世界的服务保障，着重解决文化企业在出口环节上遇到的突出问题。针对工艺美术业、演艺业、动漫游戏业、工艺品业等领域开展分类指导，组织出口企业积极申报“国家文化出口重点项目”和“国家文化出口重点企业”，争取中央文化产业发展资金的文化出口专项奖励，并获得在市场开拓、技术创新、海关通关、宣传培训等方面的重点支持。以文化产业示范基地为基础，对产品和服务符合国际市场需求、具有一定出口规模、出口潜力较大、出口配套条件较好的示范基地，授予“扬州文化出口基地”称号，享有优先申请省级文化产业引导资金文化出口专项资金的资格。

2. 加强自主创新，形成产业与品牌发展的良性互动

目前，扬州文化出口产品种类多集中在传统工艺行业，文化产品创新能力较弱，科技含量不高，附加值低。要进一步鼓励文化企业增加研发投入，积极开发具有自主知识产权的关键技术和核心技术。提高文化企业的科级含量，推进文化与科技的融合。加强对文化产品和文化服务的知识产权保护。支持文化企业引进用于文化产品和服务创新的先进技术与设备，同时，提升消化、吸收和再创新的能力。支持企业深入挖掘扬州特色文化资源，充分运用高新技术手段提升扬州文化产品的表现形式和质量，开发国外受众易于接受的文化产品和服务。

---

① 江苏加快发展对外文化贸易促进文化走出去[EB/OL]. 中国文化传媒网，2013－12－25.

3. 加快"走出去",提高品牌国际竞争力

结合地方文化特点和实际情况,积极组织文化企业参加境外演艺交易会、艺术博览会、图书展、影视展、动漫游戏节等国际大型展会和文化活动,进一步扩大文化企业国际影响力,对重点文化产品开展面向国际市场的广告、宣传、产品论证、自主知识产权保护、参展费用给予扶持。以美、欧及周边国家和地区为重点,借助区域文化合作等平台,鼓励文化企业按规定与国际著名文化制作、经纪、营销机构合作,采用共同投入、收益分账、保底分成的形式,推动扬州文化企业走出去,在境外建立文化产品营销网点,逐步形成多渠道、多层次国际市场营销网络,加快对外文化贸易平台建设,提高商贸交易量。

三、扬州以文化服务拓展文化市场的成效

近年来,扬州经济驶上了快车道,带动了文化消费。通过建立文化服务体系,拓展文化市场,文化市场经历了从发育到提速发展的新时期。

扬州博物馆、图书馆、文化馆均是国家一级馆,其中,博物馆具备文物收藏中心、文博学术研究中心、市民文化休闲中心、青少年文博爱国主义教育基地四大功能,在省内享有盛名。图书馆在江苏率先实行全数字化运营,硬件水平在省内首屈一指。文化馆功能设施完备,"无障碍、零门槛、全免费","演出天天有、展览不断头",被文化部评估专家誉为"全国文化馆的标杆"。到2013年底,全市1121个行政村,每个村都建成农家书屋。覆盖城乡的"农家书屋"实现文化信息工程电脑终端联网。扬州已建成功能完备的公共文化服务体系。在江苏率先建设的市区、镇村"文化圈",使市区居民15分钟内、镇(村)居民30分钟内即可就近到达公共文化服务场所。每到周六下午,扬州友好会馆成为"周周看扬剧"的固定演出场所,来自四邻八乡甚至镇江、上海的扬剧迷们会聚一堂。甘泉路上的"曲艺书场",场场火爆。2012年,全市共举办公益演出192场,"幸福扬州"广场文艺演出、展览30场,"周周看扬剧"48场,举办免费音乐会12场、免费讲座24次、免费广场舞辅导员培训12次,组织了送戏700多场、送书10多万册、送电影下乡1万多次"进社区"活动。

影院从当初艰难起步,到现在票房"滚雪球"。扬州影院票房年递增率保持在30%以上,在苏中、苏北地区遥遥领先。年轻人爱看电影,老年人跑戏院、书场。不过,扬州的音乐会市场还比较薄弱,除了新年期间比较集中,平时很难听

上一场高档的音乐会。有的人去南京听音乐会。话剧、歌剧、音乐会，这些离扬州人还比较远，还不能满足对现代高雅艺术需求较高的群体。

城市文化圈和农村文化圈有效对接，让广大农民接受现代文化服务，并培育了文化市场。高邮市正泰扬剧团以前都是在市区演出，大都是行政安排，一个月也演不了几场。改为民营后每年演出 300 场以上。每年的秋冬季节到来年的春末夏初，一天演两场是家常便饭。特别是节庆期间，尽管剧团的价码要从平时的 4 500 元一场提高到 6 500 元一场，还是应接不暇。在扬州，像正泰扬剧团这样的民营剧团，已有数十家。现在，在家门口听书，已经融入农民生活中。

“谁投资、谁受益”。扬州鼓励国有企事业单位引入市场机制，兴办相关的文化博览项目。扬州市第一人民医院投资 2 800 万元修复了吴道台宅第。市名城公司相继修复汪鲁门住宅、双东历史街区等，走出了社会力量保护文物建筑、发展文化市场的新路。中国淮扬菜博物馆由扬子江集团投资 600 多万元建设。相邻的卢氏老宅，则是博物馆的延伸——体验区。在三楼开设“淮扬菜研发中心”、“淮扬菜名师大讲堂”，打造淮扬菜生产经营、学习交流、研究开发的中心。中国淮扬菜博物馆形成了展示、创新和推广淮扬菜的磁场效应。扬州双博馆是新中国成立以来扬州投资规模最大、文化内涵最丰富的公共文化设施项目。2005 年 10 月对外开放以来，已经接待了 200 万南来北往的游客。2007 年初，双博馆已面向社会全部免费开放。双博馆镇馆之宝——霁蓝釉白龙纹梅瓶，享有盛名。据此开发的高仿梅瓶，成了扬州馈赠友人的精美礼物，游人还可以珍藏。如果游客对字画感兴趣，可以委托馆方代为复制，带回家后好好观赏。把博物馆“带回家”成了“新宠”。

四、扬州文化消费促产业发展的典型案例

扬州有着历史悠久的运河文化、无可比拟的通史性文化、蜚声中外的生态文化。近年，扬州通过修复一批历史文化古迹和人文景观，建设传统技艺展示游览区，让古老园林散发文化韵味，形成了独具风格的城市形象和文化旅游优势。扬州正从旅游城市向城市旅游转变，成为旅游目的地。2013 中国(国际)休闲发展论坛于 12 月 9 日公布了“第三届中国十大休闲城市”，扬州名列其中。

古老园林散发浓郁的文化气息。扬州市区有 140 余处文物保护单位、30 多

处私家住宅园林。为了让千年古城及其园林发挥效益，扬州启动了“历史文化名城解读工程”，通过设立标志牌、恢复匾额、安置勒石等手段，让游客了解古城的文化内涵与底蕴。位于老城区地官街的“汪氏小苑”为清末盐商的私家住宅，占地面积3 000多平方米，存有清代和近代书画家、篆刻家题写的众多匾额、石额、楹联以及精美的木雕、砖雕作品。扬州迁出占用该宅的制花厂，对其进行了修复整理，作为“清末民初扬州盐商住宅陈列馆”对外开放，已成为扬州一个知名景点。被扬州老百姓称为“九十九间半”的清代吴道台宅第建于1904年，由宅主从浙江请设计施工人员，仿造宁绍道台衙署，结合扬州建筑风格建设而成，是扬州仅有的一处浙派建筑群。扬州在修复中以宁波式建筑风格为主，局部采用扬州传统建筑手法，原汁原味地再现吴道台宅第的本来面目。同时，在此基础上，规划建设了全国首家“院士博物馆”。而对国内外闻名的“扬州八怪”纪念馆，扬州扩建了隋宫铁镬、南柯古槐、保大经栋、莲池映月、竹泉幽境、鹤池窥冰、宋代银杏、翠影补壁等“东园十景”，重点新建了“八怪书画碑刻”和“五代经幢”，充分展示了“八怪”艺术的精髓。

以主题文化为主线打造旅游线路。近年来，扬州旅游部门立足本地文化资源，推出了“淮扬美食修学旅游线”、“宗教文化旅游线”、“古运河水乡文化旅游线”等一批主打文化牌的旅游线路。“淮扬美食修学旅游线”以向扬州名厨学习烹制淮扬菜、学做扬州炒饭等特色项目为卖点，游客不仅能游览扬州名胜古迹，还能品尝到大明寺的素斋、扬州红楼宴等。而“古运河水乡文化旅游线”则包括了瓜洲古渡、高邮湖生态旅游区、江都邵伯湖景区等古运河沿岸的著名景点，把扬州的水文化纳入旅游的范畴中。扬州的明清古城区有500多条小巷，巷连巷、巷通巷、大巷套小巷，浓缩了扬州民俗风情、人文建筑的精髓。以“做一天扬州人”为主题，开通了“古巷风情游”游览线。游客坐上黄包车或步行，就能体验到别具一格的小巷风情。

让游客体验、消费传统文化。扬剧、扬州评话、扬州清曲是国家非遗项目。扬州推出了文化旅游套餐，让游客一边欣赏瘦西湖、平山堂等扬州美景，一边品味扬剧、扬州评话等扬州传统文化，将传统文化的展示与旅游结合起来，使二者相得益彰。国家级风景区瘦西湖公园成为展示特色文化的大舞台，各种地方曲艺纷纷进园，水上扬剧表演已经成了瘦西湖旅游的特色项目。在扬州日月明大茶馆，除了为客人表演扬剧外，经营者还向游客提供清曲、评话、茶道表演等具有扬州特色的演出。扬州的传统工艺品有几十种之多，扬州漆器、玉器都有上千年的历史，扬州剪纸、扬州通草、扬州“八刻”等，都已列入江苏传统工艺保护的范畴。为让游客了解这些传统工艺，扬州建立了一个专业性的工艺美术馆，融观赏、表演、购物、休闲为一体，让来扬州旅游的游客，赏古老文化，逛古玩市场，看八怪书画，购扬州漆器。①

距今约 1 200 年历史的东关街是扬州城发展演变的历史见证，也是扬州运河文化与盐商文化的发祥地和展示窗口。自大运河开通后，这条外依运河、内连城区的通衢大道，逐步成为最活跃的商贸往来和文化交流集聚地。街面上市井繁华、商家林立，行当俱全，生意兴隆。“老字号”商家有开业于1817 年的四美酱园、1830 年的谢馥春香粉店等。前店后坊的连家店遍及全街。经过千年的积淀，街内留下丰厚的历史遗存和人文古迹，堪称中国大运河沿线城市中保存最为完好的商业古街。东关街至今仍是扬州的商业重地，传统色彩浓厚的手工艺、特色小吃和商业老字号集中地。据统计，全街共有个体工商户 232 家。

东关街还是扬州的旅游热线。古街巷风情游从街西首出发，途经逸圃、个园、李长乐故居、华氏园、壶园、谢馥春等地，成为扬州古城旅游新的热点。每年接待国内外游客数百万人。2010 年 7 月，东关街被文化部授予“中国十大历史文化名街”称号。

五、文化消费带动文创产业发展的探索实践及前景

坚持以文兴城。扬州有着深厚的文化底蕴和丰富的文化形态，积极推动两个“转变”发展文化产业：一是从政府为主体的推动转变为政府和市场同步的双轮驱动；二是从静态的文化保护向活化的文化展示、文化营销转变。内容为王，创意至上。近年来，扬州文化产业坚持走特色发展、融合发展的道路，依托丰富的文化产业资源和先进的制造业基础，注入创意元素，加大市场开发力度，积极引导文化消费，文化产业呈现出又好又快的发展势头。

（一）传统产业引入文化创意，使业态有了新面貌

文化部发布的《“十二五”国家动漫产业发展规划》提出要发展动漫产业链，

① 文化与旅游的交融[N].安阳日报，2012－11－14.

加强动漫产业与服装、玩具、食品、文具以及其他产业园的结合。扬州中国毛绒玩具礼品之都的品牌影响力、置之死地而后生的企业创造力、营造宽松发展环境的政府服务力，使毛绒玩具产业向文化创意演变。扬州毛绒玩具产业经过市场的洗礼，普遍获得了新生。笛莎公主创意文化产业有限公司依托笛莎公主，已经开发出多个动漫衍生品，产业链逐步形成，衍生品逐渐增多。2007 年制作了 40 集动画片《笛莎日记》，公开发行后，笛莎玩具的知名度快速提升，但衍生品的设计制作没有跟上，因此后续动画中断拍摄。时隔 5 年后，企业以奥飞公司为效仿对象，于 2012 年开始制作第二季笛莎动漫系列动画片。笛莎动漫 2008 年开始涉足童装 BtoC 业务。这一业务模式使企业快速发展。目前网上销售占 80%。通过“小小设计师”、“给爸爸的一封信”等网上有奖活动快速推广品牌，童装在各电子商务平台市场占有率均居第一。基于扬州动漫人才稀缺，笛莎动漫第一部动漫作品由深圳的动漫公司创作完成。在创作第二部动漫时，公司将动漫制作业务放在了上海。紧紧依靠大专院校，采取多种培养形式，保证动漫产业的人才资源。笛莎公主创意文化产业有限公司成为文化部文化产业示范基地。

依据玩具行业特点，奥飞公司开展与玩具产品相配套的动漫文化的策划与制作，利用动漫文化的影响力促进产品销售，通过盈利反哺动漫的成长，不断打造出深入人心的动漫形象，并进一步带动新一轮产品销售，从而形成良性互动的产品结构。自 1996 年，奥飞公司与国家体育总局、科委、共青团等五个部委联合，共举办了 11 届全国青少年“奥迪杯”四驱车大赛，并配合进行大量的地面推广活动，该活动每年参与人数达 500 万人，累计参与人数近 5 000 万人，为公司培养了稳定的消费群体。奥飞公司由创业初期的玩具制造商，到 2010 年之前的“玩具＋动漫”公司，再到 2010 年后向动漫圈产业链运营商发展，经历了三个发展阶段的战略转型。目前，公司的铠甲勇士、巴啦啦小魔仙、火力少年王等动漫形象为企业带来可观的效益。在奥飞公司 2012 年的 12.9 亿元收入中，动漫玩具收入 7.3 亿元，动漫影视收入 1.6 亿元，与动漫直接相关的产品占收入的 69%。另外，还有不断拓展的电视媒体收入、各类婴童用品收入，产品结构丰富。奥飞公司的营销渠道偏重实体店和电视媒体。建立了经销商—分销商—终端销售商的三级营销渠道，产品已经进入全国 2 万多家百货商场、卖场和玩具销售店。与电视台建立长年合作、长年供片的伙伴关系，确保该公司动漫作品稳定的播出渠道。

扬州小型动漫企业主要做外包业务。扬州博凯卡通文创意有限公司主要做杭州人的生意。扬州鼎业动漫工作室90%左右的业务来自外地，扬州市场只做一点卡通形象。动漫专业人才少，主要流向产业发达的苏南。目前扬州动漫企业二维制作熟手月薪2 500～3 500元，而无锡等城市工资待遇在5 500元以上。扬州要鼓励扶持龙头企业加快发展，融入以上海为龙头，浙江、江苏为两翼的长三角动漫产业带。全市动漫重点企业不足10家，没有一家企业获得国家动漫企业认定。扬州应大力扶持龙头企业做大做强，以发挥示范引领作用，促进扬州动漫集聚、集群、产业链发展。

(二)媒体对文化创意产业进行新探索

扬州报业集团依托雕版印刷和广陵书社致力于古籍和名人古字画的高仿真复制，市场初见端倪。国书公司的原大原样原色《四库全书》复制项目被《人民日报》、新华社等媒体聚焦。广电集团凭借雄厚的实力，抢占新兴媒体市场，开发的云智传媒项目开局良好，广电网络公司增值服务项目前景看好。

(三)政府主导大力发展文化创意产业，使闲置厂房有了新用途

最具代表性的是723所北区厂房，因广陵区政府积极推动，引进文化创意新业态，使得闲置10多年的破旧厂房成为设计瑰谷创智园，成功入驻40多家创意设计公司，初具集聚效应。邗江区政府在四望亭路利用闲置办公用房建立扬州文化创意产业园，成为中小文化创意企业的孵化器。

(四)以园区形式集聚文化产业

2012年10月17日，中国东方演艺集团与甘泉影视文化产业园正式签订战略性合作协议。甘泉影视文化产业园总体规划面积约10平方公里，初步形成以影视制作、艺术会展、演艺活动、休闲旅游为一体的产业布局。作为园区首批入驻项目，江苏(甘泉)影视服务基地总规划面积1 005亩，总投资5亿元。首期工程用地320亩，建筑风格古今穿越。国内单体最大摄影大棚已经投入使用。甘泉影视服务外包基地，被列入江苏服务业重点项目。二期建设的最大亮点是在国内所有影视基地中，复原建设包括马勒公寓、码头、火车站、秦淮河景

区、寺庙景区等在内的唯一民国时期南京城市街景。2013年,《大清盐商》、《大红灯笼高高挂》、《我是特种兵之与狼共舞》、《一飞冲天》等十余部大型剧组相继在甘泉影视服务外包基地进行拍摄。《我是特种兵之与狼共舞》在江苏卫视首播,当天创下1.89%的收视率,为当年国内剧目开播收视率之冠。首播一周后,其收视率更是突破2%,并创下连续三天稳坐全国全天收视冠军。根据规划,中国东方演艺集团将投资50亿元,加盟甘泉影视基地建设,此项目也将成为邗江历史上最大投资规模的文化产业项目。还将陆续建设文化创意营地、1 500平方米外包服务站、2 000平方米物流中心,进一步提升甘泉影视基地园区的承载力。基地将建成为以文化为魂,汇集中华文化精髓和扬州地域文化魅力的"文化博览园";以产业为里,汇集文化产业要素和提升高度的"产业集聚区";以旅游为表,汇集八方宾客和提高城市美誉度的"国际旅游目的地"。基地规划为文化创意、演艺展示、娱乐体验和休闲养身四大产业板块。首发项目将结合扬州旅游,开发建设"驻场演艺、文化体验组团",在建设一个大型演出剧场的基础上,打造一台具有3D视觉效果的,能够诠释"唐宋元明清,从古看到今"的历史传承,集中展示"扬州文化"精髓的,制作水准达到"国际一流、国际领先"的大型驻场演出。同时,将建设一批以年代为纽带、以扬州地域文化为主题、以实景与虚拟手法并用体现互动的高科技场馆群和具有扬州文化元素的大型娱乐设施,以及体味全国各地风味美食的特色餐饮区,弥补扬州大型参与性娱乐活动场所的空白。通过平台建设、主题场馆建设、文艺驻场演出等手段,全景展示扬州文化和城市特质,全力打造全时段的文化消费、旅游消费和城市消费的产业高地。

(五)部分制造安装业大胆创新求变,使文化创意有了新业态

根据市场需求,以胜人一筹的文化创意使制造安装业有了新的发展动力,在新兴市场中崭露头角,企业改变过去粗大笨的形象,代之以内容产业。扬州恒源自来水喷泉有限公司在喷泉市场的开拓中,主动引入创意设计,在上海世博会、印度孟买、常州高铁站广场开发建设音乐喷泉项目,年营业收入近亿元。

(扬州大学:刘怀玉;扬州市统计局:石火培;浙江嘉善县中等专业学校:丁蕾;新疆库尔勒市巴音郭楞职业技术学院:李欢)

第十章

杭州:以文化创新带动文化消费,加速建设全国文创中心

2013年，杭州市深入贯彻党的十八届三中全会精神，紧密结合自身实际，在不断深化文化体制改革的基础上，紧紧围绕建设文化名城、文化强市和打造“全国文化创意中心”的目标，以科学发展观为指导，增强文化自觉，抢抓发展机遇，注重文化创新，大力发展文化创意产业，助推经济转型升级，取得了良好的经济效益和社会效益，有力推动了“东方品质之城、幸福和谐杭州”建设。

一、2013年杭州市文化创意产业发展概况

(一)2013年杭州市文创产业基本情况

1. 进一步完善政策体系

2013年，在认真学习贯彻党的十八届三中全会精神基础上，杭州召开了市委十一届六次全会，会议通过了《关于学习贯彻党的十八届三中全会精神全面深化重点领域关键环节改革的决定》(又被简称为“杭改十条”)，主要围绕推进“一基地四中心”建设等关键环节，部署了改革新任务。新出台了《高层次留学回国人员(团队)在杭创业创新项目资助实施办法》、《杭州市大学生创业三年行动计划(2014—2016年)》、《杭州市文创产业无形资产担保贷款风险补偿基金Ⅱ期组建方案》等具针对性、创新性的政策。其中，杭州成立国内首家文创支行并组建市文创产业无形资产担保贷款风险补偿基金Ⅱ期的举措，被中宣部文化体制改革发展办公室作为典型事例进行情况反映。

同时，积极落实《杭州市文化事业发展专项资金管理办法(试行)》、《杭州市文化类民办非企业单位扶持专项资金管理办法(试行)》、《杭州建设国家级文化和科技融合示范基地的实施方案》、《关于加快推进文创产业西进的实施意见》等政策文件，为大力发展文创产业提供保障。

2. 进一步夯实发展平台

在项目引导平台方面，完成2013年杭州市级文创专项资金公开申报及评选工作，共对全市411个公开申报项目给予立项扶持，带动社会投资88.88亿元。新认定万事利集团等15家企业单位为第二批市级文化和科技融合示范园区、企业、公共服务平台。落实“文创西进”专项资金2 000万元，83个公开申报项目获立项扶持。

在园区集聚平台方面，截至2013年底，全市16家市级文创园区建成面积达386.58万平方米，集聚企业3 128家，就业人数达50 568人，完成招商引资额达5.77亿元。两岸文化创意产业合作实验区、中国国际影视产业合作实验区、国家广告产业园、杭州创意设计中心等重点文创园区建设有序推进。

在投融资平台方面，杭州成立了国内首家文创金融专业化支行——杭州银行文创支行，截至2013年底，已为近60家文创企业提供贷款支持，总贷款金额为5.7亿元。成功发行第六期“满陇桂雨”文创债权信托产品、第二期规模达9亿元的杭州市文创产业无形资产担保贷款风险补偿基金和首期规模为3 000万元的光大银行“融易贷”基金，认定万事利丝绸、永乐影视等5家文创企业成为新一批上市培育对象。在文化会展平台方面，第九届中国国际动漫节和2013中国(杭州)文博会在杭成功举办，完成实际签约项目、意向签约项目、项目实际及意向成交和落地资金均创历年新高。中国(杭州)国际微电影展、中国(杭州)电视剧节目推介会、两岸文创产业对接会等其他相关专业展会顺利完成。此外，杭州推出的“2013文化创意体验之旅”，截至前三季度，已举办900余次体验活动，共计15万人次参与。

3. 进一步优化人才队伍

举办首届杭州文创人才专场招聘会，共吸引全国16个省市、640余家企业参加、近3 000人达成就业意向。启动“杭州影视业国际化青年人才培养计划”、“‘创意杭州’广告大赛优秀获奖选手赴国外培训”、“优秀工业设计师赴国外进修方案”等重点人才建设项目。完成“白马湖文创讲堂”揭牌，举办4期文创企业家孵化工程培训班和1期成长型文创企业家高端培训班。杭州文化创意产业研究中心、中国传媒大学博士后工作站(杭州)等人才培育平台运作有序。全年成功举办12期“创意力量大讲堂”和创意力量俱乐部活动。

4. 进一步扩大开放交流

两岸企业家峰会文创产业合作推进小组秘书处落户杭州，成功举办首届两岸文创产业交流对接会、第八届海峡两岸文化创意产业高校研究联盟论坛等活动。"融——Handmade In Hangzhou"系列作品成功参展意大利米兰设计周、法国卢浮宫"文化中国"艺术展、瑞士卢加诺市专题展，并由瑞士文化博物馆永久收藏。落实"工艺与民间艺术之都"建设十项举措，参加联合国教科文组织创意城市网络年会。成功参展第十七届香港国际影视展、第四届台湾文博会、2013 香港设计营商周、第九届深圳文博会，其中在中国台湾文博会上，杭州展区荣获"最佳展示奖"和"最佳人气奖"。

(二)产业发展成效

2013 年，杭州文化创意产业发展取得了良好成效，主要表现在以下五个方面。

1. 综合实力稳步提高

2013 年，杭州市文化创意产业保持平稳较快增长，据初步测算，实现增加值 1 359.51亿元，增长 18%(按可比价计算，下同)，高于全市 GDP 增速 10 个百分点，高于全市服务业增加值增速 9 个百分点，比上年提高 2.4 个百分点。文化创意产业增加值占全市 GDP 的比重达 16.3%，比上年提高 2.7 个百分点。(见图 10—1)

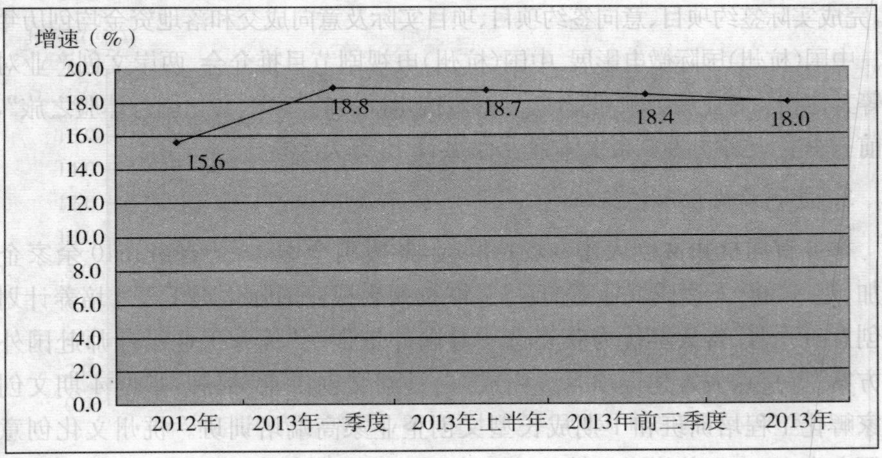

图 10—1 2013 年全市文化创意产业增加值增速变化图

数据来源：杭州市统计局。

2. 重点行业快速发展

2013年，以信息服务、动漫游戏、设计服务、现代传媒、艺术品、教育培训、文化休闲旅游、文化会展八大行业为主的文化创意产业核心层实现增加值1 003.32亿元，增长19.8%，比上年提高2.9个百分点，占全市文化创意产业的比重达73.8%，比上年提高3.7个百分点；外围层实现增加值356.19亿元，较上年增长13.4%，占全市文化创意产业的比重达26.2%。

从核心层增加值构成看，信息服务业以实现增加值474.08亿元和占全市文化创意增加值比重34.9%，位居首位；其次是设计服务业和教育培训业，实现增加值分别为210.72亿元和132.26亿元，占全市文化创意增加值比重分别为15.5%和9.7%，分别位居第二位和第三位。其中信息服务、现代传媒、艺术品业保持较快发展，增速分别为25.6%、23.6%和17.7%，比上年提高0.6、15.6和15.9个百分点，信息服务、现代传媒业分别高于全市文化创意产业增速7.6和5.6个百分点。

3. 收入与效益同步增长

2013年，全市文化创意产业规模以上企业呈现出收入与效益同步增长的良好发展态势，实现主营业务收入2 505.82亿元，增长22.1%，比上年提高2.8个百分点；实现利润总额433.4亿元（含投资收益，下同），增长57.2%，比上年提高11.1个百分点。从企业规模来看，全市主营收入超亿元企业占产业规模以上企业数的11.2%，实现主营收入1 823.54亿元，增长31.4%，占产业规模以上企业主营收入的72.8%，高于产业增速9.3个百分点；从分层来看，杭州市信息服务业在淘宝、网易等核心企业的带动下继续保持快速增长，实现主营业务收入914.23亿元，增长38.4%，高于产业增速16.3个百分点；实现利润总额322.08亿元，增长69.4%，高于产业增速12.2个百分点，对产业利润增长贡献率达83.7%，为促进杭州市文化创意产业的持续快速增长发挥了重要作用。

4. 从业人员稳步增长

随着产业的不断发展，文化创意产业逐步成为杭州市吸纳就业的重要渠道，2013年末，全市规模以上文化创意产业企业从业人员为32.31万人，增长7%，其中核心层从业人员27.39万人，增长8%；外围层从业人员4.92万人，增长1.9%。

5. 综合竞争力排名领先

在由亚太文化创意产业协会发布的《2013年两岸城市文化创意产业竞争力调查报告》中，杭州文创产业竞争力在海峡两岸42个城市中位居第四，在大陆城市中位居北京、上海之后，位居第三。

(三)主要亮点事件

1. 两岸文创产业合作实验区落户杭州

2013年3月11日，国务院台湾事务办公室批复命名杭州市为“两岸文创产业合作实验区”，成为目前国内唯一获此称号的城市。12月31日，两岸文创产业合作实验区、杭州创意设计中心揭牌活动在江干区举行，标志着杭州两项重点文创项目建设正式启动。实验区落地杭州后，杭州将充分利用浙江省及自身在两岸交流合作方面的基础优势，整合两岸产业资源，逐步建立合作机制，加快推进两岸文创产业发展。为此，杭州市委、市政府高度重视，专门成立了两岸文创产业合作实验区建设领导小组，研究制订了实验区建设规划，确定了一批重点文创合作项目。

2. 成功举办系列专业文化会展活动

一是首届两岸文创产业交流对接会。2013年杭州文博会期间，举办了由两岸企业家峰会和两岸文创产业合作推进小组主办的首届两岸文创产业交流对接会，原十届全国人大常委会副委员长、两岸企业家峰会副理事长盛华仁同志和全国人大财经委副主任委员、浙江省原省长、两岸文创合作推进小组大陆方召集人吕祖善同志及台湾亚太文创协会理事长、两岸文创合作推进小组台湾方召集人陈立恒先生同时出席会议并致辞，网易中国、清华大学、中国美院、北京故宫博物院、南京文化控股集团、台湾法兰瓷集团、台湾创业投资商业总会、台湾中华两岸连锁经营协会等60余家两岸文创机构的负责人或代表参加了活动，交流对接会期间，还重点推介了中国影视产业合作实验区、两岸文创产业合作实验区、首钢文创综合体等115项两岸重点文创项目。同期，还举办了由中国传媒大学等单位主办的海峡两岸文创产业高校联盟论坛暨产业项目对接会，重点探讨文创产业产、学、研合作机制。

二是首届中国(杭州)电视剧秋推会。2013年11月3—5日，首届中国(杭州)电视剧推介会成功举办。本届秋推会是我国电视节目制作、传播、管理、学术等专业人士高度聚集的行业盛会,有近 400 家海内外影视制作播出机构、1 200余位行业专业人士参会。据不完全统计,本届盛会共有 490 多部、17 700余集作品参展,三天的最终交易额(含意向)达 58 亿元,超过了年初春推会 50 亿元的数额。中影集团、浙江影视集团、华策影视、华谊兄弟、光线传媒、小马奔腾、海润影视、韩国中华 TV 等 260 多家海内外最具影响力的影视制作与发行公司参展;央视、北京台、浙江台、湖南台等 100 多家强势播出平台参展;百视通、搜狐视频等主流视频网络媒体参展数量也创历史纪录。

三是首届中国(杭州)国际微电影展。由杭州市人民政府与中央电视台、中央新影集团共同主办的首届中国(杭州)国际微电影展于 2013 年 10 月 18 日至 10 月 20 日在杭州成功举办。本届微电影展以"公益·爱心·艺术"为主题,推出"金桂花"奖微电影大赛、论坛讲座、创投会、影片展映等一系列活动,引起业界和媒体的高度关注。来自世界各地的 2 121 部微电影作品参赛,580 多名业内专家和国内外嘉宾参会,中央电视台、中国教育电视台、北京卫视、东方卫视、湖南卫视等多家电视媒体以及人民网、新华网、新浪网、腾讯网等 17 家主流网络媒体聚焦。作为国内首个由中央级媒体和地方政府共同举办的国际性微电影展,其在主题内容、规模档次、运作模式、影响效益和国际化程度等方面都有创新和提升,较国内其他微电影节展活动,更具权威性、引领性和影响力、带动力。

3. 本土品牌"融"——Handmade In Hangzhou 欧洲及中国港台地区巡展

2012 年,杭州市成功加入联合国教科文组织全球创意城市网络后,出台了一系列举措推进"工艺与民间艺术之都"建设。其中,围绕杭州传统文化与民间手工艺,融入现代设计理念所培育的"Handmade In Hangzhou"(杭州高端手工再造)品牌,以传统竹艺为基本元素,创作了一系列设计作品,并于 2013 年整体亮相意大利、瑞士、法国重点城市及中国港台等地区。由杭州市文化创意产业办公室组织的"融——设计衍生品展"成功亮相 2013 香港设计营商周创意馆。展出期间累计接待参观者万余人,30 余家国内外专业设计媒体、大众媒体进行专题报道,与 20 余家境内外企业达成了初步合作意向,意向成交额达 252 万元人民币。展览结束后,部分作品留在中国香港迷你酒店进行展示与售卖。据悉,"融—设计衍生品展"是杭州市首次组织文创设计产品参展香港设计营商周,也是自香港设计营商周举办以来,首个以城市为组团在创意馆设展,充分展示了杭州文创设计实力和城市品牌文化。2014 年 1 月，“融——设计衍生品展”还将受邀在中法建交 50 周年之际，亮相巴黎卢浮宫。

4. 成功举办首届文创人才招聘会

2013 年 11 月 16—23 日，由杭州市文创办、市品牌办、市就业管理服务局等单位联合主办的杭州市首届文化创意人才招聘会分别在浙江传媒学院和中国美术学院顺利举行。本次招聘会突出公益性，采用汇报演出、现场表演等富有新意的招聘形式，为学生提供了有效的展示平台，也帮助企业更直观、更全面地了解应届生的综合素质。据统计，本次招聘会共吸引全国 16 个省市、640 余家企业参加，提供工作岗位近 1 万个，岗位涵盖文创 8 大类 92 个子分类；共吸引 1.4 万余人次的应届生和社会青年前往，近 3 000 人达成就业意向，中国日报网、浙江日报、新浪、网易、杭州日报等 40 余家媒体对活动进行了系列报道，在社会上引起了很好的反响。

二、杭州市文化消费基本情况

文化消费是拉动文创产业发展、助推经济转型升级和发展方式转变的重要因素之一。改革开放以来的 30 多年里，伴随着杭州市经济的发展，居民人均可支配收入快速提高，这导致了人们的消费结构也相应地发生着深刻的变化。本部分，我们将以时间序列数据为样本，运用实证分析的方法，对近年来杭州居民的文化消费行为进行分析考察。要说明的是，在本节中，考虑到数据的可得性，我们将文化消费定义为“文化娱乐用品支出、文化娱乐服务支出和教育支出”之和，这与统计部门相一致。同时，还按照统计部门的分类方法，将研究对象分为城镇居民和农村居民。另外，鉴于从 2002 年起，城镇住户调查对象由原来的城市市区和县城关镇的非农业居民家庭改为居住在城镇区域范围内的常住户，因此考虑到数据统计的一致性和可比性，我们将数据的起始年份选在了 2003 年。

(一)杭州市居民文化消费总体变化趋势分析

根据历年《杭州统计年鉴》，我们整理了 2003—2012 年杭州市城镇居民和农村居民的文化消费支出及其占各自消费支出的比例，具体结果如图 10－2 所示。

自2003年起，杭州市城镇居民和农村居民的文化消费支出总体上都经历了一个"增长—下降—增长"的过程。从总量来看，考察期内，不仅城镇居民的文化消费支出水平明显高于农村水平，而且从年均增幅来看，前者也明显高于后者。根据测算，在过去的10年间，杭州城镇居民的文化消费支出年均增速高于农村居民近3个百分点。

如果从相对水平来考察，我们从图10－2中会发现，城镇居民的文化消费支出占比从2003年起却一直落后于农村居民的文化消费水平，直到2011年，这一现象才开始出现扭转，即城镇居民的文化消费支出占比开始高于农村居民，到了2012年，城镇居民的文化消费支出占比已领先于农村居民2.57个百分点。另外，从城镇居民和农村居民文化消费占比走势来看，我们会发现，两者的走势呈现出与绝对水平不相一致的现象，具体来说，自2003年开始，农村居民文化消费比重总体上是一直处于下降趋势之中；而反观城镇居民文化消费，其在考察期内，基本上呈现出一种U型走势，也就是说2003—2010年，其总体上处于一直下降趋势，但自2010年之后，却呈现出不断提高的轨迹。之所以出现这种现象，我们认为可能的解释是，在考察期内，无论是对于城镇居民还是农村居民来说，住房、医疗等方面的消费支出挤占了文化消费支出。但随着消费结构的升级和文化消费设施与政策不断的完善化，特别是在城市地区，这一趋势出现了扭转现象。

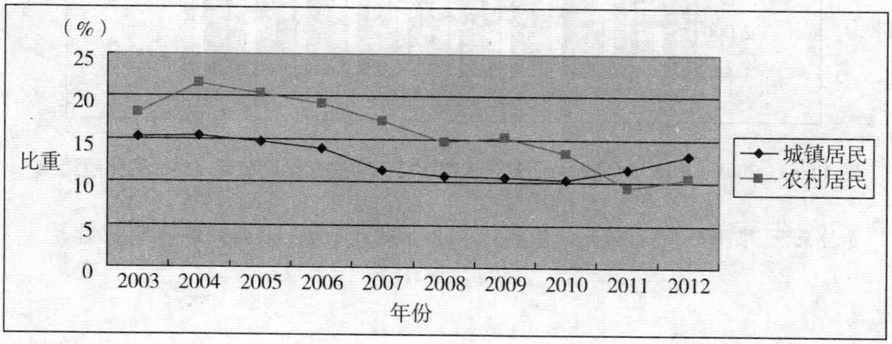

图10－2　2003－2012年杭州市城镇和农村居民文化消费支出占比变化趋势图

资料来源：根据历年《杭州统计年鉴》计算。

为了从更大范围来考察杭州市的文化消费水平，我们计算了同期浙江省和全国城镇居民与农村居民的文化消费支出与占比数据，与杭州市的同类数据进行比较分析，具体如图 10—3、图 10—4 和图 10—5、图 10—6 所示。

从图 10—3 中可以看出，考察期内，杭州市城镇居民的文化消费支出在 2003—2006 年领先于全国和浙江省水平，但自此之后，开始落后于全省水平，最大差距出现在 2010 年，为 497.23 元。不过，这一趋势在 2011 年之后有所收敛。到 2012 年，两者的差距已缩小为 21.2 元。图 10—4 显示的是杭州市、浙江省与全国的占比数据对比变化趋势。从图中可以看出，考察期内，杭州市城镇居民的文化消费支出占比不仅一直低于全省水平，而且自 2006 年起，还低于全国水平。更为严重的是，自此之后，这一现象不仅没有改善，而且还有进一步拉大的迹象，到 2010 年这一差距分别低于全国和浙江省 1.75 和 4.15 个百分点。自 2010 起，杭州市城镇居民文化消费水平开始出现追赶趋势，从 2011 年低于全国 0.67 个百分点，到 2012 年高出全国水平 0.85 个百分点，但仍低于浙江省水平 0.86 个百分点。

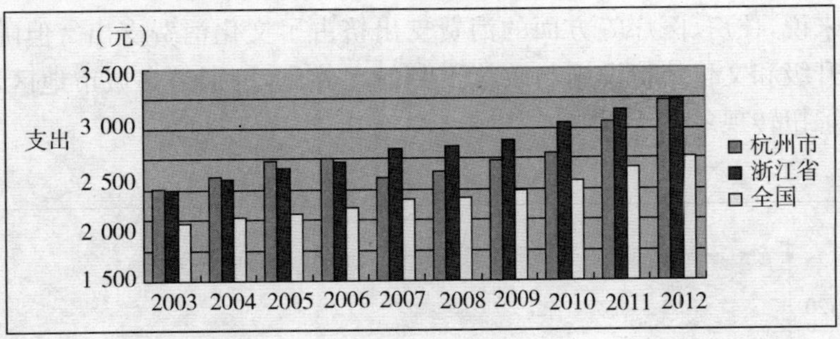

图 10—3 2003—2012 年全国、浙江省和杭州市城镇居民文化消费支出对比变化趋势图

资料来源：根据历年《中国统计年鉴》、《浙江省统计年鉴》和《杭州统计年鉴》计算。

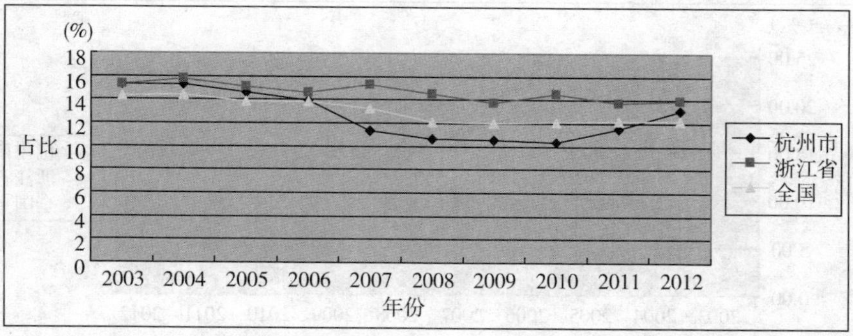

图 10—4　2003—2012 年全国、浙江省和杭州市城镇居民文化消费支出占比对比变化趋势图

资料来源：根据历年《中国统计年鉴》、《浙江省统计年鉴》和《杭州统计年鉴》计算。

从图 10—5 可以看出，考察期内，杭州市农村居民的文化消费支出一直遥遥领先于全国和浙江省水平。具体来说，杭州市农村居民的文化消费支出与全国、浙江省的差距从 2003 年的 395 元和 690.7 元，进一步扩大到了 546 元和 981.5 元。图 10—6 显示了 2003—2012 年杭州市和浙江省、全国农村居民文化消费支出水平的对比变化趋势。从图中可以看出，考察期内，无论是全国、浙江省还是杭州市层面上，农村居民的文化消费水平总体上都是处于一种下降趋势。但更值得注意的是，虽然杭州市农村居民的文化消费水平一直领先于全国和浙江省，但考察期内，杭州市的农村居民文化消费支出占比相对而言下降得尤其明显，这从三者的极差数据 12.21、4.40 和 6.72 可以看出。

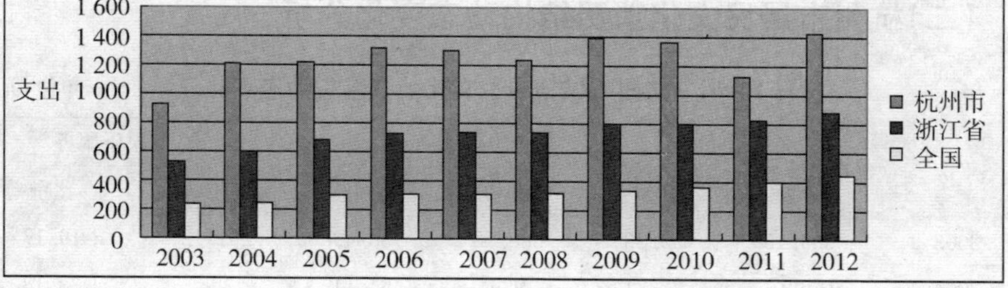

图 10—5　2003—2012 年全国、浙江省和杭州市农村居民文化消费支出对比变化趋势图

资料来源：根据历年《中国统计年鉴》、《浙江省统计年鉴》和《杭州统计年鉴》计算。

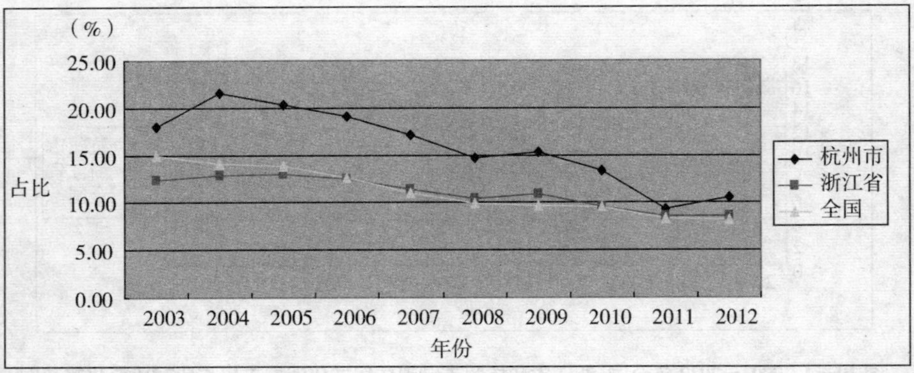

图 10—6　2003—2012 年全国、浙江省和杭州市农村居民文化消费支出占比对比变化趋势图

资料来源：根据历年《中国统计年鉴》、《浙江省统计年鉴》和《杭州统计年鉴》计算。

综上可知，从文化消费支出绝对水平来看，杭州市城镇居民的数据虽领先于全国，但与浙江省相比却没有优势；相对于城镇居民，杭州市农村居民文化消费数据则遥遥领先于全国和浙江省水平。从文化消费支出的相对水平来看，杭州市城镇居民的数据与绝对水平数据相似，总体上低于全国特别是浙江省的水平；在农村居民方面，虽然这一数据高于浙江省和全国水平，但这一数据的下降速度也高于两者。对于杭州市居民文化消费这种相对滞后的现象，我们可以从两种层面理解：一方面，这意味着广大群众长期积累的文化消费潜能有待释放；另一方面，这对于通过发挥政府"看得见的手"的作用，依托政策引导来挖掘与提升群众的文化消费潜力提供了可能。

(二)杭州市居民文化消费结构动态变化分析

表 10—1　杭州市城镇居民文化消费结构动态变化　　单位：元、%

年份	文化娱乐用品		教育		文化娱乐服务	
	支出额	比重	支出额	比重	支出额	比重
2003	339.13	22.33	888.15	58.49	291.15	19.17
2004	390	22.71	929	54.11	398	23.18
2005	407	20.66	1 043	52.94	520	26.4
2006	372.8	18.54	1 148.6	57.12	489.3	24.33

续表

年份	文化娱乐用品		教育		文化娱乐服务	
	支出额	比重	支出额	比重	支出额	比重
2007	441	26.09	727	43.02	522	30.89
2008	396	22.22	712	39.96	674	37.82
2009	482	24.63	714	36.48	761	38.89
2010	518.15	24.8	641.67	30.72	929.18	44.48
2011	688.97	26.36	630.43	24.12	1294.31	49.52
2012	839	28.2	600	20.17	1536	51.63
总体趋势	小幅递增	小幅递增	先增后减	大幅降低	大幅递增	大幅提升

数据来源：根据历年《杭州统计年鉴》计算。

表 10－2　杭州市农村居民文化消费结构动态变迁差异　　单位：元、%

年份	文化娱乐用品		教育		文化娱乐服务	
	支出额	比重	支出额	比重	支出额	比重
2003	105	11.34	405	43.74	416	44.92
2004	97	8.04	540	44.74	570	47.22
2005	114	9.35	484	39.70	621	50.94
2006	167	12.66	496	37.60	656	49.73
2007	174	13.38	464	35.69	662	50.92
2008	176	14.19	412	33.23	652	52.58
2009	223	16.08	452	32.59	712	51.33
2010	227	16.67	428	31.42	707	51.91
2011	268	23.74	268	23.74	593	52.52
2012	309	21.65	420	29.43	698	48.91
总体趋势	大幅递增	大幅递增	先增后减	大幅降低	小幅递增	先升后降

数据来源：根据历年《杭州统计年鉴》计算。

在前面，我们从城镇居民和农村居民两个层面，对杭州市的文化消费水平进行了比较分析。这里我们将从结构分析的角度，对杭州市城镇居民和农村居民的文化消费变化状况进行考察。表 10－1 和表 10－2 列出了 2003－2012 年杭州市城镇居民和农村居民的文化消费结构变化趋势。

从表 10－1 和表 10－2 可以看出，考察期内，杭州城镇居民和农村居民的文化消费结构总体呈现出以下特征：

①杭州市居民的文化消费总体上呈现由“学习型”向“休闲型”的趋势转变。这主要表现在，考察期内，无论是城镇居民和农村居民的教育消费在文化消费中的占比都呈现快速下降的趋势，到 2012 年，两者的比重分别为 20.17%和 29.43%，分别比 2003 年下降了 38.32 和 14.31 个百分点。

②与农村居民相比，城镇居民的文化消费结构更具休闲特征。从表中可以看出，考察期内，城镇居民的文化娱乐服务支出与占比均呈现出上升趋势，具体来说，2012 年，其文化娱乐服务支出比 2003 年增长了 4.27 倍，占比达到了 51.63%，比 2003 年提高了 32.46 个百分点。反观农村居民的文化娱乐服务数据，其总支出额虽然在考察期内增长了 67%，但在总文化消费的占比仅提高了 4 个百分点，到 2012 年仍没有突破 50%。

根据以上分析可以看出，在过去的十年间，伴随着收入的快速增加，杭州居民的文化消费支出快速增加，文化消费结构和消费方式也发生着深刻变化，这为进一步发挥政策杠杆作用，促进文化消费增长提供了良好的机遇与广阔的空间。

三、杭州市文化消费促进经济社会发展的典型案例

文创产业不仅是消费型服务业，也是生产型服务业。文化创意产业在自身拉动经济发展的同时，还通过与旅游业、农业、居民生活等相融合，产生新的业态和消费点。以下将选取两个典型案例，来说明文化消费对于促进经济社会发展的作用。

(一)宋城集团与文化旅游消费

2010 年 12 月 9 日，随着深交所上市钟声的响起，“中国文化演艺第一股”的桂冠最终花落杭州，摘得这一桂冠的是杭州宋城旅游发展股份有限公司(以下简称“宋城股份”)。这是一家历经十几年、深挖杭州历史文化的文化企业，是全国文化体制改革工作先进单位、中国十大最具影响力文化产业示范基地之一，也是全国唯一一家连续四次获“中国文化企业 30 强”称号的民营企业。

1. 深挖文化旅游，“中国文化演艺第一股”诞生杭州

每一座城市都有一段文化传奇，每一个企业都有一种文化追求。杭州自古

以来都是中国历史文化名城，也是首批中国最佳旅游城市。秀美的湖光山色是杭州旅游的魅力，深厚的历史文化底蕴是杭州旅游的灵魂。宋城股份依靠杭州得天独厚的文化底蕴和旅游资源，以“主题公园＋文化演艺”为主营模式，成功打造了“宋城”和“千古情”品牌，为杭州市的文化和旅游品牌抹下浓重的一笔。

目前，宋城股份在杭州有宋城景区、杭州乐园、水公园、烂苹果乐园等四大主题公园和《宋城千古情》、《吴越千古情》、《森林奇遇》、《穿越快闪》等多台演艺秀。其中，宋城股份旗下的宋城景区和《宋城千古情》堪称杭州的文化金名片。《宋城千古情》历经十余载磨砺，是唯一获得国家“五个一工程”奖的旅游演艺类作品，也是中国舞蹈荷花奖获奖作品，被誉为杭州的标志性演出，至今累计演出15 000余场，接待观众4 500万人次，其艺术水平和市场影响堪称中国旅游演艺市场的一朵奇葩。宋城股份在把握“文化为魂”的前提下，创造了良好的经济效益：仅《宋城千古情》一台节目，2012年入园与观演游客逾640万人次，用不到100亩的土地创造了一年3.12亿元的毛利润，年纳税总额1.12亿元，拉动周边消费数十亿元，延长了杭州旅游的过夜时间，成为世界单亩土地效益最高的文化项目。

2.进军城市文化演艺，打造中国的百老汇

在塑造旅游文化演艺的同时，宋城股份一直以博大精深的中华文明为深厚根基，以敢为天下先的大胆创新为融合手段，以最朴实的群众需求为市场导向，致力于中国文化产业的繁荣、进步和创新。

近年来，杭州市政府十分注重对大型文化软硬件的构筑，市内拥有近20个大型演出场馆，每年音乐、歌舞、相声小品等各类演出不下1 000场，为杭州都市文化演出的发展营造了一个良好的环境和市场载体。随着杭州市民消费能力和消费需求的不断提高，杭州文化消费即将进入大幅跃升阶段。据统计，2012年，杭州人均GDP为1.41万美元，常住人口880.2万人，接待游客总量为8 568万人次，杭州演艺节目每年观看人数500多万，仍有巨大的增长空间。庞大的人口基数为演艺市场带来红利，顺应杭州市文化休闲消费升级的趋势，宋城股份开启城市文化演艺道路，打造以演艺文化为主题，以新生活方式为文化内涵的特色休闲目的地——宋城·中国演艺谷。

宋城·中国演艺谷采用类似美国百老汇演艺集群的商业模式，拥有各种形态的剧院13个，总座位数达上万个。以“千古情系列演出”为王牌，以话剧、音乐剧、戏曲、杂技和各类表演形式为支撑，以影视创作和电影院线为补充，增加流行音乐会、街头表演艺术秀、舞蹈舞剧演出、国际文化交流等时尚元素，突破传统，定期组织专业及跨界跨领域的大型活动。并以宋城景区主题公园、艺术小镇、1 500 间千古情主题酒店集群构成吃、住、行、游、购、娱的完整配套，是集实验、创新、展示、交流和交易于一体的演艺平台。建成之后的演艺谷将成为国内第一家大规模的演艺产业集群，使杭州成为中国演艺的第一城、演艺行业的朝圣地，堪称中国的百老汇。2013 年，演艺谷承接话剧《盗墓笔记》全国巡演首站演出，三天便创下观演逾 6 000 人次、票房上百万的佳绩，为演艺谷取得开门大吉。宋城·中国演艺谷未来形成的规模效应将使杭州乃至长三角市民重新关注演出市场，唤醒演出消费，势必以 1∶7 放大其价值拉动相关产业发展。

3. 布局一线旅游目的地，稳步实现全国连锁经营

杭州大本营的项目已遍地开花，宋城股份却并不止步于此。依托在杭州累积了十多年的品牌优势、财富优势，宋城股份继续稳健推动在全国一线旅游目的地城市的战略布局，“主题公园＋文化演艺”经典模式的全国拓展取得突破性进展，成为中国第一个完成了三亚、丽江、九寨沟、石林、武夷山、泰山等一线旅游目的地城市布局的文化企业。

2013 年 9 月 25 日，宋城三亚千古情景区一炮打响，标志着宋城股份在国内一线黄金旅游资源城市的复制取得突破性的成功。三亚项目仍然坚持“主题公园＋文化演艺”的主营模式，深挖黎苗文化元素，无论是公园氛围的营造，还是《三亚千古情》剧目的演出效果，或是科技手段的应用，都令人为之振奋。在不到 3 个月的时间内，景区便揽客近 40 万人次，成为鹿城旅游新热点，填补了三亚夜游与文化品牌的空缺，被盛赞为“开创海南旅游演艺新时代的标杆之作”。即将开业的丽江项目和九寨项目必定会再次创造宋城股份主题公园和文化演艺的新高潮，实现“千古情”系列全国连锁经营的目标将更近一步。

4. 参股大盛国际，迈出进军影视业兼并步伐

一系列的迹象表明，2013 年已经成为宋城股份打造“文化航母”的转折年。这一年，宋城股份由旅游演艺产业延伸至城市演艺产业，在三亚成功复制“宋城模式”，并将触角伸向了电影产业。

2014 年 1 月 21 日，宋城股份与深圳大盛国际传媒有限公司（以下简称“大盛国际”）签署战略投资合作框架协议，获得大盛国际 35％的股权，这意味着宋城股份迈出进军影视业兼并步伐，双方资源共享、优势互补，以期在中国电影票

房高速成长的市场中有所作为，为中国的文化演艺事业再添锦绣。此次投资，不仅是宋城股份兼并收购的第一单，也意味着宋城将朝着打造“中国迪士尼”的目标迈出坚实的一步。以旅游演艺为立业之本，向城市演艺、影视等内容拓展延伸，依托主题公园这个强大的体验载体和未来独木桥线上体验平台，宋城的娱乐传媒产业链已经初具雏形。

未来，宋城股份将继续深化与扩展“主题公园＋文化演艺”的经营模式，拓宽产业思路，通过投资参股并购等手段积极进入文化延伸领域，继续为打造“中国文化航母”而努力。宋城股份还将持续重视社会效益和经济效益共同发展，将满腔热情、满怀创意写遍祖国的名山大川，力争在 2016 年成为世界上最大的演艺集团。

(二)创意市集系列与大众文化消费

自 2008 年起，杭州的创意集市作为草根、新锐的街头时尚的发源地，作为众多才华横溢的原创艺术家及设计师展示、交流、交易、推广的平台和事业起点，已日益成为城市文化生活与吸引大众参与文化消费的一部分。

1. 西湖创意市集

西湖创意市集是由杭州市文创办(节展办)主办，由杭州酷迪创意策划工场负责承办、策划、组织、执行的一个以青年设计师和大学生创意创业、产品设计交流、创意产品展示、创意产品销售活动为一体的创意设计产业化平台。西湖创意市集从创办之初就集合了杭州和全国知名的设计师团队，以促进本地创意设计产业的发展和产业化推动目标。

西湖创意市集活动自 2008 年 7 月在杭州市西城广场举办以来，到2013 年 12 月底，一共举办了 68 次常规广场活动，其中策划了包括杭州文博会、台湾文博会、澳门 MIF、澳门动漫节、香港电玩节、义乌文博会、深圳文博会、苏州站等共计 18 站的大型活动，组织了杭州文博会、西湖创意市集年会论坛、英国设计策展人面对面，乐创教室邀请了刀刀狗之父慕容引刀、渡边宏、奥特曼之父中田和幸等艺术大师举办了 17 场交流活动。共吸引来自北京、上海、广州等 17 个省市的原创创意设计团队近 400 家，展示创意产品超过 7 000 余种，参加集市活动的总人数超过 200 多万，扶植大学生团队 150 余家。创意产品现场成交额累计超过 1 900 余万元，意向销售额达到 650 余万元，后期通过活动产生合作项目金额达到1 500余万元，并与一大批生产企业达成合作意向。

西湖创意市集在历次活动中为了结合大学生创意创新的特点，配合政府进行大学生创意人才创业的引导，专门为大学生创意创业活动和大学生团队设立了专门的展示空间，还成功举办了两次杭州大学生创意创业论坛，邀请了专业的创业服务机构和创意园区以及通过西湖创意市集平台成功创业的大学生创业团队对在校大学生进行创业辅导，这些活动极大地推动了大学生创意创业的热情。为了进一步打造西湖创意市集的创意设计产业平台的功能，我们还邀请了多家风险投资机构对成熟的大学生创意创业团队进行场外辅导和一对一交流。

由市集活动的组织与带动，市集涌现和培养了一大批大学生创意设计人才，现有创意设计团队中在校大学生比例已经高达22%，其中绝大部分是在杭的相关艺术院校在校生，并且大学生团队还在逐渐增加中。目前长期参与活动的大学生团队40余家，已有10个左右的大学生团队已经成立或者筹备成立公司进行商业化运作，其中祁门家秀、墨客烫画、牛奶、黑线条等团队已经成了公司进行商业化运作，并已取得良好的商业效果，为大学生创意创业活动起到了很好的促进作用。

西湖创意市集的集市活动目前已经发展成为目前国内规模最大、参与团队最多、影响力最强的创意市集活动。吸引了新华社、中央电视台、凤凰卫视、人民日报、新浪网及中国香港、新加坡等一大批媒体采访报道或摄制专题片。市集展示的地点已从杭州地区向香港、上海、深圳、东莞、潮州、丽江等地拓展。活动先后得到原杭州市委书记王国平，浙江省委常委、常务副省长，时任杭州市长蔡奇，杭州市政协主席、时任市委副书记叶明，以及市委常委、宣传部长翁卫军等领导的多次批示和肯定。

2. 西泠艺苑假日市集——溜达街

“西泠艺苑假日市集——溜达街”是“西泠艺苑”艺术品交易中心的副项目，是由西泠集团打造的一个崭新、开放、自由的文化创意产业互动平台。它以大学生和青年设计师的创意产品设计交流、创意产品展示、创意产品销售活动为主要内容，目的是促进艺术设计类大学生和其他本地创意设计产业的发展，为他们提供产业化推动以及销售平台，发现优秀人才和优秀企业，并结合主题开展文化表演，提高市集活动的趣味性，使户外活动和室内活动良性互动，成为带动西湖文化广场加快形成更为丰富和有活力的多元文化格局的重要因素。

“西泠艺苑假日市集——溜达街”的创办主要有三个优势:一是品牌优势。“西泠印社”是杭州市最为知名的文化品牌,西泠印社集团是杭州市三大文化产业集团之一,“西泠艺苑”是目前杭州市最高档的集创作、展览、交易、收藏、论坛等功能为一体的艺术品一级交易市场,可以为“西泠创意市集”提供最强有力的品牌保障和后台服务。二是地理优势。西湖文化广场作为全省群众文化活动中心,遍布了省博物馆、科技馆、博库书城等一批省、市重点文化单位,同时,银泰百货、环球娱乐总汇等商业业态的相继入驻,以及地铁开通,使得这一区块成为杭州市人文、商贸的标志性地带,西湖文化广场室外广场面积开阔、环境优雅、滨水亲水、精致大气,是市中心群众休闲的最佳去处,广场文化在这里已渐成气候,到了傍晚,周边居民散步、遛狗、小孩玩耍等,流动极为频繁,人气聚集,十分适合进行市集交易。三是环境优势。西泠创意市集所在的下城区,是杭州市文化创意产业发展的重点区域,有较为完善的文创产业信息、技术、交易、融资等公共服务平台,且地处中心城区,现代传媒业、设计服务业比较集中,也有不少特色街区,文化和创业氛围积极而浓厚,是发展文化创意市集的一块极好的土壤。

“西泠艺苑假日市集——溜达街”从 2013 年 1 月 26 日开始从西湖文化广场起步,经过一年的运作实践,活动已经形成一定的文化影响力,定期的文化表演和溜达街活动给前来休闲娱乐的市民一次又一次的文化熏陶。综观西泠艺苑假日市集的一年历程,主要有以下几个特点:一是市集主题活动丰富,涵盖的文化内容广,市集的文化特色鲜明,完全区别于以往的一般市集。二是市集展卖和舞台活动相结合,市集展卖突出销售,舞台活动展现文化,既有文艺活动,也有主持人现场访谈和现场讲座、现场教学、舞台剧等,形式多样,每一期活动都吸引到电视、报纸、网络媒体来参与宣传报道,累计报道 30 多篇次。三是参展摊位基本免费,对申请摊位的创业者采取初步的筛选,年轻的大学生参与面大,既有创意产品面向市场的检验,也有年轻艺术家面向市场销售自己的创作艺术品,是真正面向学生的实践基地。四是位于城市的核心地带西湖文化广场上,人流集中,群众的参与面广,活动的辐射力和影响力比较大,连续十一期的活动,群众参与人次在 5 万以上。据初步统计,年总成交额在 30 万元左右,大学生们通过活动积累了客户、积累了经验,奠定了事业发展的基础。五是每一期的市集事先都精心准备,管理秩序井然,安全保安措施到位。六是形成一定的品牌效应,拥有相对一批固定的参展摊位,参与摊位的成交有所增加,文创企业参与市集的积极性高。

四、杭州促进文化消费带动经济社会发展的探索实践

(一)主要探索实践

1. 强化政策引导性

新生事物的成长都需要关爱和支持。文化消费总的来说,仍是一种新的工作内容和发展方向,更是需要政策的引导和扶持。近年来,杭州市先后制定出台了《关于打造全国文化创意产业中心的若干意见》、《杭州市"十二五"文化创意产业发展规划》、《关于加快推动文创产业西进的实施意见》、《关于推进电影院线建设加快电影产业发展的实施意见》、《关于鼓励和扶持文化类民办非企业单位繁荣发展的实施意见》、《关于扶持民营书店健康发展的暂行办法》等政策文件,为全市文化消费工作提供政策保障。

2. 突出企业主体性

企业是市场的主体。杭州市促进文化消费的过程中,充分发挥企业主体性,狠抓行业领军企业。

思美传媒股份有限公司是中国 4A 成员单位、中国一级广告企业,2010 年就被认定为高新技术企业,近年来先后服务过宝洁、上海家化、相宜本草、卡夫、百事可乐、肯德基、皇冠曲奇、达能等中外知名企业。演艺界杭州金海岸文化发展股份有限公司创造了"剧院连锁、院团合一"的创新型商业模式,以剧院连锁大型综艺晚会《金海岸演艺大舞台》、大型旅游演出《西湖之夜》和国内外巡演的《中国印象》三大主体产品构筑产业链,两度被国家文化部、商务部等四部委授予"国家文化出口重点企业"。

3. 尊重市场决定性

文化消费活动作为一种典型的非物质追求活动,其发展、成熟、规模的扩大决定于生产力的发展、剩余产品规模的大小以及居民收入水平的提高。近年来,杭州有关政府部门虽然通过制订专项政策对文化产品和服务的提供、购买等环节给予了扶持,但在根本上,仍然尊重市场在文化产品和服务生产、流通、定价等领域的决定性作用,没有用"看得见的手"替代"看不见的手"的,而是通

过一系列增进措施，积极吸引民营资本进入文创产业发展领域，着力建立健全由企业自主经营、公平竞争，消费者自由选择、自主消费，文化要素、用品和服务自由流动、平等交换的市场体系。

(二)下一步工作

1. 增加居民收入，提高消费能力

文化的经济特性决定了文化消费活动是一个经济运动的过程。文化消费活动受市场经济价值规律作用，文化消费总量和结构受消费大众的收入水平及其收入分配制约。未来一段时间，要在大力发展经济、进一步扩大社会财富总量的同时，要把深化收入分配制度改革、增加居民收入摆上突出位置，切实深化收入分配制度改革，健全最低工资保障制度，多渠道增加居民财产性收入，加快推进形成合理有序的收入分配格局，加快提高全市城乡居民的收入水平，提高广大群众的文化消费能力，为进一步促进文化消费夯实物质基础。

2. 加大政策引导，扩大消费需求

未来一段时期，随着城乡居民收入水平的进一步提高，杭州居民的消费结构将加快向教育、文化娱乐、休闲旅游等为主的享受型、休闲型方向转变。要进一步贯彻落实中央、省、市有关文化消费的政策文件精神，研究制定专项政策，加大政策引导，进一步降低文化消费门槛，扩大文化消费需求。具体来说，就是制定必要的税收激励政策，降低文化消费成本，利用税收政策合理调节、引导文化产品的生产及价格，努力满足不同收入阶层对文化消费的个性化需求；探索建立“文化消费激励”机制，试行推出“居民文化消费激励卡”，以杭州现行市民卡进行文化消费，给予优惠折扣；完善农村图书、通信、电视、培训等网络，对低收入群体的基本文化消费给予补贴，向基层、低收入和特殊群体定期提供免费文化服务，释放农民潜在的文化消费需求。

3. 增加有效供给，繁荣消费市场

依托中国国际动漫节、中国杭州文化创意博览会等活动和国家文化重点出口企业，积极推动文化“走出去”。围绕文化消费的新动态、新趋势，在保证基本文化消费的基础上，进一步拓展电子商务、教育培训、体育健身、商贸会展、休闲旅游等与文化相结合的服务型文化消费，逐步增加享受型、休闲型文化产品和服务的供给能力。加快浙江文化城建设，积极打造文化综合体，文化场所与相关生活消费整合为“一条龙服务”或“一站式文化消费”，在市民消费的各个领域积极开发文化衍生产品和服务，变传统的单一型文化经营模式为综合性、集聚式、关联化的文化产业链条。

4. 优化社会环境，提高消费意愿

整合政府管理职能和行为，加强宏观指导和管理。引导树立科学合理的文化消费观，把握好价值取向，通过加强家庭培养、学校教育、传播媒介宣传，重点引导青少年和农民，逐步形成观念先进、消费自律、结构合理、方向正确的消费风尚和社会氛围。营造宽松、包容、大气、开放的环境，加大网络、图书馆、公园绿化、咖啡吧、书店等方面的投入，鼓励建立艺术馆、美术馆、纪念馆群和艺术家村落，支持音乐节等街头艺术活动的开展，定期举办“创意生活节”，进一步营造有利于文化消费的生活空间。开展文化市场调查和预测，掌握文化市场、文化消费规模和结构的变化信息，有效组织、调控文化供给，为引导文化消费和文创产业正确发展提供依据。

（杭州市文化创意产业办公室：陆政品、赵自芳、郁菁）

第十一章

青岛:立足岛城文化消费特点,促进文化创意产业发展

一、2013 年青岛市文化创意产业发展概况

二、青岛市文化消费现状与分析

三、文化消费对青岛市文化产业发展的作用

四、文化消费促进文化创意产业发展的典型案例分析

五、提高城乡居民文化消费水平,促进青岛市文化创意产业发展的策略分析

一、2013 年青岛市文化创意产业发展概况

2013 年是全面贯彻落实党的十八大精神的开局之年。青岛市始终坚持以科学发展观为文化工作的指导方向，并深入学习贯彻党的十八大精神，以满足市民日益增长的精神文化需求为目标，在全面推进基本公共文化服务均等化，创建国家公共文化服务体系示范区，承办好第十届中国艺术节的同时，重点实施文化创意产业跨越工程、公共文化服务和文艺精品创作跨越工程、文化人才培养和引进跨越工程“三大跨越工程”，增强文化创意产业的整体实力和竞争力，提高公共文化服务和文艺精品创作水平，培养和引进文化人才，为青岛率先科学发展、实现蓝色跨越①，建设宜居幸福的现代化国际城市做出新的更大的贡献②。

(一) 青岛市文化创意产业发展的总体情况

党的十八大报告提出，“要推动文化产业快速发展，到 2020 年全面建成小康社会，文化产业成为国民经济支柱性产业”，这为文化产业的发展带来了新的契机。

2013 年，青岛市实现国内生产总值 8 006.6 亿元，较 2012 年增长 10%；高于全国平均速度 2.3 个百分点，高于全省 0.4 个百分点。产业机构方面，三次产业比例为 4.4∶45.5∶50.1，服务业比重首次超过 50%③。尽管 10%的增长率为近年来的最低水平，但经济发展的质量有所改善，结构得到优化，发展更具可持续性。

2013 年，青岛文化创意产业在世界经济增长下滑和国内经济面临下行压力的宏观经济环境下，依旧保持高于地区生产总值的增长速度。2013 年青岛市文

① 2012 年青岛市第十一次党代会上的报告“率先科学发展 实现蓝色跨越”。

② 文广新局工作计划. http://www.wenmi114.com.

③ 2013 年青岛 GDP 突破八千亿增长 10%[EB/OL]. 青岛新闻网. http://news.qingdaonews.com.

化创意产业增加值预计将达到722.04亿元，同比增长20%，较2012年提高了两个百分点，并且远远高于GDP 10%的增速。文化创意产业增加值占地区生产总值的比重为9.01%，比2012年提高约0.8个百分点。据统计，近六年来青岛市文化创意产业一直保持年均为20%的增长速度，在地区生产总值中的比重提高了2.2个百分点。

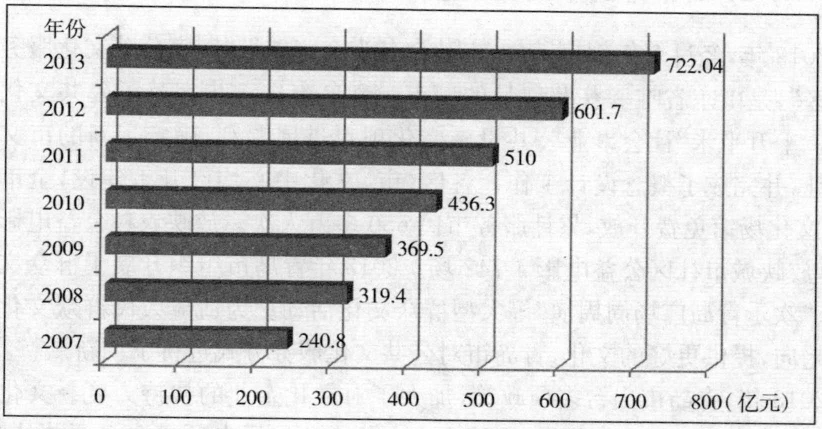

图11－1　2007—2013年青岛市文化创意产业增加值

数据来源：《青岛市统计年鉴》(2013)。

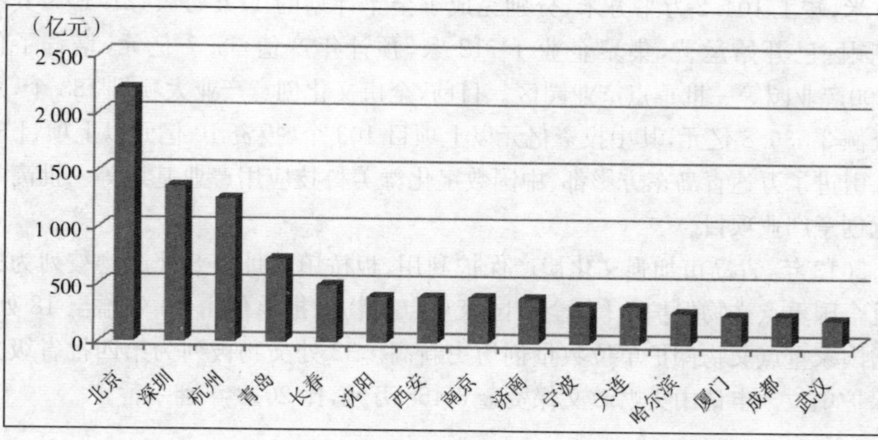

图11－2　2013年全国副省级城市文化创意产业增加值

数据来源：《青岛市统计年鉴》(2013)。

与国内其他副省级城市相比，青岛市文化创意产业增加值位居前列，显示出较强的综合实力。然而与杭州、深圳等领头羊相比，青岛市还存在较大的差距，反映出青岛市文化创意产业仍有很大的发展空间。

(二) 2013 年青岛市文化创意产业主要进展

2013 年，经过 3 年创建，青岛市被命名为全国首批“国家公共文化服务体系示范区”，是山东省唯一获此称号的城市。青岛市进一步完善了公共文化设施网络，“千万平米”社会事业公共设施文化项目进展顺利，确定了新的市文化中心选址，并完成了概念设计工作。各区(市)文化中心均已开工建设，全市共有 47 处文化场馆免费开放，累计服务市民 650 多万人次。放映农村公益电影7.03 万场，放映城市社区公益电影 4 742 场。2013 年青岛市组织开展了群众文化艺术节、“欢乐青岛广场周周演”等大型群众文化活动。为适应人民群众文化需求的新趋向，提供更好的文化，青岛市对公共文化服务方式进行了创新①。

2013 年，青岛市出台多项政策，加大了对文化企业的扶持力度。文化创意产业扶持资金增至 1.48 亿元，申请中央文化产业发展专项资金 5 项共计 3 610 万元，并制定了文化产业投资基金和文化创意产业贷款风险补偿金的实施方案。截至 2013 年底，青岛市文化创意产业园区建设工程已累计施工 201.8 万平方米，竣工 104.2 万平方米，分别完成了全年计划的 119.4%、121.1%，其中 8 家园区已开始运营，集聚企业 1 712 家，预计年产值 55.7 亿元，培育了创意 100产业园等一批重点产业园区。目前，全市文化创意产业大项目 183 个，总投资额 3 536.8 亿元，其中投资亿元以上项目 103 个，投资 10 亿元以上项目 36 个。引进了万达青岛东方影都、中国数字化舞美科技应用产业基地等一批高端文化创意产业项目。

2013 年，青岛市加强文化遗产保护利用，板桥镇遗址等 8 处文物被列为第七批全国重点文物保护单位，全市国家重点文物保护单位由 10 处增至 18 处，新增国家重点文物保护单位数量创历史新高。32 处文物被列为第四批省级文物保护单位。申请中央财政文保资金 6 465 万元，比 2012 年翻一番。

① 青岛市文化广电新闻出版局 2013 年工作总结及 2014 年工作打算[EB/OL]. http://www.sdwht.gov.cn/html.

(三)各区市文化创意产业集聚区发展概况

2012年,青岛市在建的文化创意产业园区达40个,占地总面积58 938.25亩,总投资651.16亿元。新建的文化创意产业园区主要分布在作为重工业和商业中心的四方区、李沧区以及新兴产业发展较快的黄岛经济开发区、城阳区。胶州、胶南等经济比较发达的市辖市也重点开发了一批文化创意集聚区①。

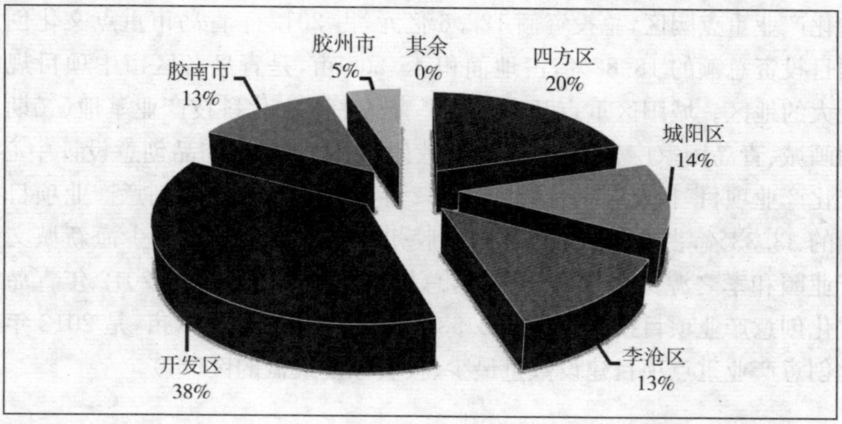

图11-3 2012年青岛市各区(市)重点文化创意产业集聚区分布图

数据来源:《青岛市统计年鉴》(2013)。

四方区重点建设了青岛建筑设计创意产业园、青岛工业设计产业园、城市记忆——四方啤酒街老街城、山东影视文化产业园、欢乐滨海城影视拍摄基地(数字内容及文化休闲娱乐)、红锦坊艺术工坊、海尔智能产业园、海尔数字创意产业园8个文化创意产业项目,总投资154.95亿元,占青岛市重点文化创意产业项目总投资的23.80%,占地面积4 695亩。李沧区重点建设了联创纺织文化创意产业园、中视动画城、青岛华强科技产业基地、国家广告产业园、天安数码城5个文化创意产业项目,总投资19.95亿元,占青岛市文化创意产业重点项目投资总额的3.06%,占地面积588.6亩。黄岛经济开发区规划建设了青岛海上嘉年华、青岛国家级版权交易中心、中国传媒大学青岛传媒文化基地、凤凰岛影视动漫创意城(二期)、中国石油大学出版社创意培训基地、北京乐视金传

① 新文化项目建设实现全市文化创意产业合理布局[EB/OL]. http://www.ccitimes.com/.

媒有限公司动漫及影视制作项目、中视联动漫产业基地等15个项目，是2012年青岛市所有区(市)中文化产业重点项目数目最多的区，总投资额120.21亿元，占青岛市重点文化创意产业项目投资的18.46%。15个重点项目中有5个项目涉及动漫影视产业，投资63.85亿元，占开发区重点文化创意产业项目投资总额的53.12%。胶南市开工建设了东夷文化产业园、金典红树林文化旅游项目、藏马山文化产业园、达尼文化产业园、中国儿童蒲公英培训示范基地等5个文化产业重点园区，总投资额122.6亿元，占2012年青岛市重点文化创意产业项目投资总额的18.82%，占地面积45 200亩，是青岛各区市中项目规划面积最大的地区。城阳区重点开工建设了青岛华强文化科技产业基地(二期)、中视动画城、青岛国家广告产业园、天安数码城、青岛盛文饰品创意设计中心等5个文化产业项目，投资217亿元，占2012年青岛市重点文化创意产业项目投资总额的33.33%，占地面积2 469亩。胶州市重点投资建设了少海新城文化创意产业园和孝之源文化创意产业园，总投资额16.5亿元，占2012年青岛市重点文化创意产业项目投资总额的2.53%，园区占地面积700亩，是2012年全市文化创意产业重点项目建设数量最少、投资额度最低的区(市)。

表11—1　2012年青岛市各区(市)文化创意产业园区重点项目概况

区(市)名称	重点项目(个)	投资额(亿元)	投资额占全市的比例(%)	占地面积(亩)
四方区	8	154.95	23.80	4 695
李沧区	5	19.95	3.06	589
黄岛经济开发区	15	120.21	18.46	—
胶南市	5	122.6	18.82	45 200
城阳区	5	217	33.33	2 469
胶州市	2	16.5	2.53	700

数据来源:《青岛市统计年鉴》(2013)。

(四)青岛文化创意产业的行业发展概况

1.出版发行业

2012年，青岛市出版发行业实现新高。全市出版各类杂志2 866万册，出版报纸108 616万份；编辑出版了《青岛百年史话》等6种适用图书，印制18万册。青岛民营书业的总体规模出现萎缩,销售总额从 2011 年的 3.29 亿元下降到 2012 年的约 2.16 亿元,从业人数从 2 048 人下降到 1 825 人。与之相对的,数字出版业却呈现出良好的发展势头,已经成为青岛出版发行业的重要组成部分和新的增长点。青岛市准确把握了网络媒体和信息技术的发展动向,成立青岛数字出版联盟,设立山东(青岛)数字出版基地,有力带动了数字出版业的结构优化和规模壮大。

2. 影视业

2012 年,青岛市影视业保持稳步发展。广播电视产业加快打造有竞争力的市场主体。一是宣传与经营两大板块分开运行,青岛广电影视传媒集团有限公司正式组建并投入运营,广告代理经营能力大幅提升,广告收入保持两位数增长。二是打造相关产业板块,最值得一提的是广电无线传媒、中视文化等重点企业发展形势较好。三是对外合作取得新进展,与烟台、潍坊、威海等山东半岛五市的广电总局共同出资成立了山东蓝色传媒股份公司。电影院线加速扩张,票房收入高速增长。新增城市影院 7 家,全市共计城市影院 32 家;新增银幕 55 块,全市共计银幕数量 206 块,座席数量 28 684 个。2012 年累计放映电影场次约 310 280 场,同比增长 61.84%;观影人次约 4 763 000 人,同比增长 36.09%;票房收入约 1.5 亿元,占全省 28%,同比增长 30.99%,成为有史以来票房收入最高的年度。

3. 软件信息业

2012 年,青岛市软件信息业保持了快速增长势头。青岛市获批“国家软件和信息服务业示范基地”,软件收入超过 530 亿元,同比增长 34%以上[①]。全市软件企业认定和软件产品登记数量增速迅猛,全年新认定软件企业 58 家,同比增长 128%,新登记软件产品 251 个,同比增长 130%。青岛市共认定软件企业 407 家,登记软件产品 1 523 个。在全国 5 个计划单列市中,2012 年青岛市新认定软件企业数超过大连和宁波,排名上升到第三位;新认定软件产品数超过大连,排名上升到第四位。为促进示范基地建设和软件信息服务业发展,青岛市委、市政府出台了《青岛市软件及服务外包产业发展规划(2012—2016)》、《青岛市关于加快推进信息产业发展的意见》、《青岛市促进软件产业发展规定》、《促

① 青岛软件业年收入 530 亿副省城市中增速排第一[EB/OL]. http://www.2888game.com.

进软件产业跨越式发展的意见》等一系列扶持政策，为青岛软件产业的建设发展带来重大契机[①]。

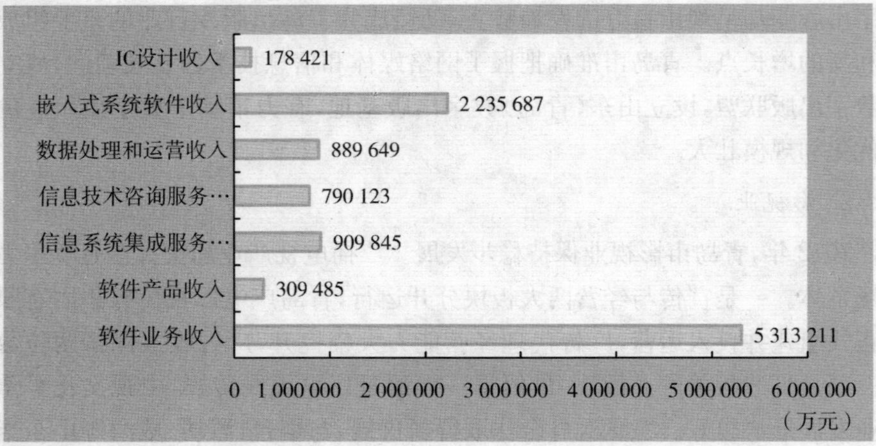

图 11—4　青岛市 2012 年软件信息业各分类产值

数据来源：青岛市统计年鉴(2013)。

4. 文化旅游业

2012 年，文化青岛建设结出的丰硕成果越来越多地通过文化旅游展现出来，从特色博物馆人数的激增到大型旅游演出逐渐成熟，青岛文化旅游含金量越来越高。全市旅游总收入 807.58 亿元，增长 18.5%，在全国 15 个副省级城市中位居第九位。全年入境旅游(外汇)收入 8.25 亿美元，增长 19.6%，位居全国 15 个副省级城市第 8 位。全年共接待国内外游客 5 717.5 万人次，增长 12.6%；其中国内游客 5 590.5 万人次，增长 12.8%；入境游客 127 万人次，增长9.8%。在“千万平米”旅游休闲度假及会展设施工程的带动下，共确定了展现青岛休闲度假、海洋特色、文化科技融合等特点的旅游重点项目 81 个，计划投资总额约 1 400 亿元。总督府博物馆、青啤博物馆等特色博物馆受到众多旅游者的青睐，旅游旺季接待游客量远超过接待负荷。浓缩青岛市井文化、里院建筑的劈柴院成为游客了解青岛民俗文化的重要窗口。奥帆中心改版升级的以青岛海洋文化为主要内容的“蓝色畅想”，每晚上座率达到八成，成为一种富

① 政策推动我市软件企业发展提速[EB/OL]. http://www.qdeic.gov.cn.

有特色的文化旅游产品。即墨港中旅海泉湾推出的大型魔术舞蹈剧《梦归琴岛》，填补了青岛高端旅游演艺市场的空白。

二、青岛市文化消费现状与分析

2010年以来，青岛市文化消费呈现出增长迅速、热点突出、业态革新、充满活力的良好态势，成为消费需求的新亮点。但文化消费仍处于较低的规模和层次，对文化产业的带动作用没有得到充分发挥，也与城市经济社会发展水平不相适应。中国社科院发布的《中国文化消费需求景气评价报告(2011)》，对2009年全国36个大中型城市文化消费景气指数进行了排名，青岛市列第28位，仅高于武汉、乌鲁木齐、郑州等8个中西部城市。

(一)青岛市文化消费的现状

1.文化消费支出稳步增长，但占居民消费支出比重有所下降

近年来，随着全市文化基础设施的不断完善、文化产品的日益丰富和居民收入的稳定增长，群众文化消费热情不断高涨，消费规模呈现逐步扩大的趋势，人均教育文化娱乐支出由2006年的1 639元增长到2011年1 930元。但由此我们也发现，“十一五”以来，居民教育文化娱乐的年均增长率仅为2.8%，不仅远远落后于经济总量和居民收入增长速度，而且占居民消费总支出的比重也呈现下降趋势，由2006年的13.7%下降到2011年的10.0%，成为近几年居民消费支出中唯一比重持续下降的类别。2011年青岛市人均GDP就已经达到中等发达国家水平，但教育文化娱乐的人均消费仅为1 900元左右，仅占居民消费支出的9.8%。可见，青岛市居民的精神文化消费仍然处于较低水平，居民生活的文化品质还不够高，消费潜力有待进一步挖掘。

2.部分消费领域形成热点，但市场整体处于成长阶段

近几年，丰富精神文化生活越来越成为群众的热切愿望，以量贩式KTV、电影、网络为代表的娱乐休闲消费呈现井喷现象，成为文化消费的热点。2010年青岛市娱乐文化创造增加值24.6亿元，“十一五”年均增长42%；全市电影票

房突破1亿元大关，年均增长超过50%[①]；网络文化创造增加值2亿元，年均增长37.9%。但总体来看，青岛市文化市场还处于成长阶段：一方面，文化市场格局有待进一步完善，文化业态的发展还不均衡，市场环境建设需要加强；另一方面，文化消费容易受收入情况、价格变动、消费便捷性以及各种人为因素影响，不同群体之间消费差异较大；低俗、迷信、炫富等背离主流价值观的文化消费受到少数人群的追捧，群众文化消费心理及消费行为还不够成熟。

3.消费层次逐步提高，但消费结构不合理

当前，文化消费的内容不断丰富，网络文化、生态旅游、手机传媒、游戏等逐步走进百姓生活。高端和特色文化消费方式不断增多，艺术品消费、高雅演出、艺术教育、个性书店、创意集市、出境旅游等消费方式蓬勃发展。青岛大剧院建成后，世界顶级演艺团体和明星频繁到来，进一步提升了青岛市文化消费的层次和水平。但也要看到，广播电视等传统文化消费方式仍然是大多数居民文化消费的重要方式，必需的文化教育支出仍然是很多家庭文化消费的主体，居民的文化消费意愿与实际支出差距较大，健康和谐、层次合理的文化消费结构还没有形成。

4.城乡居民消费发展不平衡，呈现明显的二元结构

城乡文化基础设施、市场培育、收入水平等方面的差异，造成了城乡文化消费差异较大。问卷调查显示，青岛市城镇、农村居民排名前三位的文化生活方式均为电视、网络和书籍，但排名四到六位的有明显差异：城区为电影院(44%)、旅游(35%)、手机(35%)；农村依次是文艺演出(27%)、社会文化活动(23%)、广播(20%)。由此可见，目前城市文化生活方式进入转型升级阶段，正由基本文化消费为主向娱乐型、享受型、发展型消费方式逐步过渡，农村文化生活中，网络的逐步普及拉近了城乡文化生活的距离，但其他文化消费仍然比较少，多是文化部门送戏下乡、举办的公益文化活动。另据农业部2008年数据显示，我国平均一个农户全年文化消费金额139.3元，人均不足50元，仅相当于目前2本图书的价钱。

---

① 赵明辉.提高青岛市城市居民文化消费水平的对策研究[J].青岛职业技术学院学报，2013(1)：25—37.

(二)制约文化消费的主要因素

1. 收入和社会保障

目前我国投资、出口、消费失衡的矛盾比较突出，在国民收入分配中，居民收入所占的比例比较低，增速低于财政收入和GDP增速，收入差距也比较大，严重制约了居民消费需求的有效增长。社会保障制度建设相对滞后，居民获得的有限收入主要用于基本生活、教育、医疗和住房开支，居民生活有后顾之忧，用于购买文化产品和服务的支出自然不多。特别是近两年，受金融危机影响，居民收入增速放缓，物价水平保持高位运行，这对中低收入居民消费的负面影响较大。

2. 消费观念

青岛拥有丰富的文化资源和良好的文化传统，京剧、电影、小提琴、演出等都拥有深厚的群众基础，但文化消费观念却比较保守，传统消费观念的惯性很大，表现为“重物质、轻精神”消费，一些消费能力比较强的人群可以在吃、穿、住、行方面一掷千金，却并不舍得在精神享受方面加大投入。以2010年为例，全国居民文教娱乐服务支出占家庭消费支出比重为10.22%，而青岛市仅为10.0%，低于全国平均水平。这种消费观念集中体现在演出市场，多年来形成了“送票”传统，人们习惯于接受内部赠票或千方百计寻找“内部票”，而不愿意买票观看演出，要票现象积重难返，主动掏钱去看演出远未形成气候。

3. 文化产品和服务的结构性短缺

长期以来，文化领域受计划经济体制影响，文化产品生产在一定程度上不是由需求决定的，而是由“要求”决定的；文化产品生产很多不是面向市场，而是面向评奖。由此，一方面国有文化单位生产的大量文化产品束之高阁，另一方面群众对文化产品的多样化的需求得不到满足。

4. 文化产品价格

目前很多文化产品价格虚高，在很大程度上限制了文化消费。比如，近期受到广泛关注的国内网费问题。目前中国的互联网使用价格占收入水平的10%，这一比例是发达国家的10倍，而网速反而不到世界平均水平的一半。又如电影票价，目前一张电影票价约50元，青岛市城镇居民月平均收入仅够看约50场电影。而商业演出的基础票价均在300元左右，对于普通工薪阶层来讲是一笔不小的支出。问卷调查显示，认为当前价格偏高的文化产品，前五名依次是电影票(64.5%)、网络(53%)、文艺演出(49.5%)、书籍(42.5%)和有线电视(35.1%)；其中书籍消费方面，青岛市68%的农村家庭年购书经费在100元以下，在城区这一比例也达到了20%。

5. 文化资源的城乡配置不均等

城乡经济社会发展水平的差异在文化方面表现更为突出，尽管近几年青岛市着力加强农村文化基础设施和文化服务建设，实施了农村乡镇文化站和村文化活动室改造、广播电视村村通、农家书屋、“2131”农村电影放映等文化工程，在很大程度上弥补了农村文化建设的历史欠账，但是城乡文化发展水平仍然差距比较大。农村文化市场发展普遍比较滞后，文化品位不高，非法书刊、盗版光盘、违法演出等问题，更严重危害了农村文化市场的健康发展。这种长期以来的城乡二元结构导致的城乡文化资源分配不均，制约了农村文化消费的规模和水平。

三、文化消费对青岛市文化产业发展的作用

(一)刺激消费有利于拉动文化产业市场需求

当前青岛市文化消费正处于活力增强、转型升级的关键阶段，因此需要采取有力政策措施，发挥“催化剂”和“加速器”的作用，将居民的潜在需求加快转化为消费行为，带动提升文化产业的发展速度、质量和水平，推动青岛市经济社会率先科学发展。通过在市场准入、税收减免、政府补贴、价格调节等方面制定优惠政策，加强文化消费的激励和引导，文化产业市场将得到有效拓展。同时，文化产业发展资金应向文化消费倾斜。目前青岛市文化产业发展资金主要用于对文化项目、企业的补贴，但目前文化产业并不缺乏投资，投资也只有转化为最终消费才有意义。而文化消费正处于消费潜力的释放阶段，一旦有刺激政策，必将爆发出强大的活力，带动文化产业实现跨越式发展。文化产品的消费增长与居民收入具有较强的关联性，我们认为，与住房、医疗、教育一样，文化也需要“最低保障”，在保障他们文化权益的同时，培养低收入人群文化消费的观念，将为今后文化产业的市场拓展打好基础。

(二)文化消费能力的提高是文化产业结构调整的关键因素

文化产业本质上是将意识活动转化为各种形式的物质载体,通过彼此衔接的产业链,进行规模化生产,以满足人们日益增长的精神文化生活的需要。从这个角度出发,文化消费需求是青岛市文化产业发展的源动力。需求一直存在,但如何发现需求、拉动需求,并将需求转化为购买欲望,将是破解文化产业发展壮大的关键。只有通过刺激消费欲望,将消费规模不断扩大,才能带动文化产业长期稳定增长。

2013年,青岛文化创意产业在世界经济增长下滑和国内经济面临下行压力的宏观经济环境下,依旧保持高于地区生产总值的增长速度,文化创意产业增加值达到722.04亿元(估计值),同比增长20%,较2012年提高了两个百分点。文化创意产业增加值占地区生产总值的比重为9.01%,比2012年提高约0.8个百分点。通过数据比较,虽然工业时代的市场经济模式催生了文化的产业化,现代化的技术也为文化产业发展提供了强有力的支持,但全球化和文化资本的竞争,技术、资本、产业等依然是促进文化产业发展的重要因素,如果没有文化的消费需要,就不会产生工业生产和文化产品的市场交换。

消费能力是决定消费行为的核心要素。文化消费能力是一个综合能力,它的形成受各种内部和外部因素,如消费者的收入水平、文化素质、休闲文化偏好和文化基础设施的影响。文化消费能力的重要标志是经济消费力,同时,消费者还须具有对产品价值的评判能力和对自身文化需求的理解,并用自己的经验、文化、价值取向等个性化特点对产品内容进行选择,才能使用产品中的文化价值,从而构成一个完整的文化消费过程。不难看出,文化产品的消费可以分为两个阶段:在第一阶段,消费者的文化诉求、闲暇时间、文化设施的硬件条件构成了文化市场供求特征的基础,第一阶段并不构成实质的市场交易,如果消费者的文化需求未能通过文化设施得到满足,那么这部分未被开发的需求将被视为消费者剩余。第二阶段要做的就是将这部分未被开发的消费者剩余,通过市场手段变现。第二阶段中,消费者购买力是我们需要关注的焦点,市场细分是文化产品销售的重要步骤,根据不同市场的价格弹性设置产品价格,将有助于发掘未被开发的消费者剩余。与文化消费能力不同,文化产品的价格与文化产业所能达到的市场规模和利润程度并不表现为某种确定的相关关系,举例来说,送电影下乡活动、送戏下乡活动已经进行了很长时间的推广,但在有些地区效果并不明显,群众反响不积极,没有达到预期的效果,产品缺乏市场导向和价格机制,由此导致激励机制的弱化,演员积极性不高。同时,群众普遍习惯了享用免费的文化午餐,如果长此以往并形成思维定势,那么将来有市场前景、质量较高的文化产品在推广中也会遇到阻力,这不利于文化市场的健康发展。

四、文化消费促进文化创意产业发展的典型案例分析

(一)青岛劈柴院民俗文化风情街

劈柴院的发展始于1902年,位于市南区中山路,在20世纪三四十年代,劈柴院可以说是青岛最热闹的地区之一。但物过境迁,随着区域人口的迁移和新商业中心的出现,劈柴院内商户越来越少。借助青岛市打造城区特色街的热潮,劈柴院作为历史文化建筑与特色街的结合,在经历了翻天覆地的改造后,开街不久便走上复兴之路。

要分析劈柴院的历史沉浮,必须要提到中山路。可以说劈柴院与百年中山路的发展血脉相通。对于青岛本地居民而言,中山路是青岛这座城市发展脉络的见证。从某种意义上说,中山路的价值绝不仅仅体现在它的商业价值上,青岛的历史文脉几乎都浓缩于这条千米长街之上,它见证了青岛的历史沧桑。从1898年到1914年,中山路一直是青岛的商业中心。进入20世纪90年代,由于城市中心的东移、市场的重新划分等外在原因,以及中山路自身总体定位不明、设施陈旧、缺乏鲜明的文化特色等内在原因,使得中山路的商业地位日趋下降,劈柴院也因此失去了往日的辉煌,因年久失修、配套设施欠缺、居住环境恶劣,居民怨声载道。然而,其丰厚的文化底蕴在青岛居民心中是无法割舍与取代的,因此要求振兴劈柴院的呼声日涨。经过广泛长期的酝酿,中山路于2006年5月开始进行保护性开发和改造。按照计划,中山路改造的整体思路是“一线、三区、六个节点”。在实际改造中采取了两种保护性方案:“里院的渐进式更新”和低成本的“旧建筑的保护再利用”。所谓“里院的渐进式更新”是结合资金的使用情况,对中山路地区的里院,包括临街商铺和街区住宅,有步骤地改善交通条件和环境条件,同时优化调整产业结构,在提高居民居住条件和生活环境的同时,激活地区的经济活力。低成本的“旧建筑的保护再利用”就是尊重建筑的

文化内涵，在充分调研的基础上，对旧建筑的文化价值予以评估，同时，根据现有建筑的不同功能予以区分，对现存建筑的建筑质量、建筑风貌、建造年代、建筑类型等各方面进行详细的调研，根据调研和统计的结果对建筑进行适当的分类，对不同类型的建筑采取相应保护或改造措施。

劈柴院与中山路的改造和整个西部旧城区的改造是同步进行的，劈柴院的复兴更是中山路商业旅游区复兴工作的重点。西部城区复兴的目标定位是打造青岛市副商务中心，围绕这一思路，对劈柴院老建筑的保护、周边交通的布置、产业积聚的内容和文化发展的方向均作了详细的规划。该改造项目总投资2亿元，以“修旧如旧”的方式，力图使劈柴院再现当年的繁华景象。改造后的劈柴院是集“传统风味美食，特色产品销售，主题酒店、客栈服务，文化休闲娱乐，民俗风情体验”于一体的特色旅游商业街区，在这里，城市历史文化个性与现代商业元素共存，市井风情与现代化的都市特征完美地融合在了一起。劈柴院是中山路北区的文化地标，而里院则是劈柴院的文化精髓，它保留了老青岛最为深刻的记忆。因此，以文化为载体，对里院建筑进行功能用途的拓展，使中山路传统的居住区逐渐转变为动态的多功能地区，这是产业结构调整的核心所在。改造后的青岛里院建筑的实际应用模式主要包括六个方面：居住功能、商业功能、餐饮功能、旅馆功能、办公功能和文教功能。劈柴院改造是激活中山路商业（旅游）街的第一步，成功打造劈柴院也会给中山路的复兴带来机遇①。

（二）青岛方特梦幻王国

方特梦幻王国作为国内第四代主题公园代表，衍生产品的开发在整体综合规划之时就已经被纳入了主题公园的发展产业链条之中。其“创、研、产、销”的完整产业链模式使方特项目具备了最为核心的竞争力。一方面，方特具有优质的动漫资源，这些资源均是方特具有自主知识产权，并广为人知的卡通形象；另一方面，方特在主题公园的建设上有自己的独到见解，先进的发展理念为方特提供了核心竞争力的来源②。

凭借华强集团雄厚的实力以及强大的动漫产品研发能力，青岛方特梦幻王国将诸多具有自主知识产权的动漫形象如嘟比嘟妮、《小鸡不好惹》的系列形象

① 关于青岛市劈柴院的调查与思考_百度文库[EB/OL]. http://wenku. baidu. com/.

② 方特梦幻王国——文化旅游创意产业发展的推动者[EB/OL]. http://www. qingdaonews. com.

和《十二生肖传奇》系列形象融入游乐中来，无论是在休闲游乐、餐饮购物甚至呼吸行走间，都能时刻地感受到这些文化符号的存在，给人留下深刻印象。这种衍生配套项目的优势在于，通过营造主题，使公园具有一个高度凝练的灵魂，使每一个活动、每一处建筑都被赋予了特殊的文化气息，这种和谐的氛围大大增强了游客的体验舒适性，同时也提高了方特项目的黏合度。

文化旅游是“人们出于文化动机而进行的移动”。在主题公园的旅游项目中，文化是灵魂，缺少文化，项目就缺乏生气；而旅游则是文化的形体，文化依托旅游而变得清晰，旅游因文化而变得深刻。文化与旅游的深度融合，不断催化文化旅游产业生命力的凝练，使之成为青岛转方式调结构的先行产业。高科技则是主题公园的另一个吸引力。主题公园要想能够长久发展下去，文化理念的核心地位就绝不能改变。方特要打造的是一个有着自己民族传统文化的主题公园。依托于高科技手段，展示悠久博大的传统文化，这也是中国民族品牌主题公园所要承担的责任①。

五、提高城乡居民文化消费水平，促进青岛市文化创意产业发展的策略分析

通过深入分析研究，广泛吸收借鉴，我们认为，促进文化消费，除了增加居民收入、强化社会保障、加强文化投资和基础设施建设等方面外，还要特别注重以下几点。

(一)大力引导市民文化消费习惯与生活方式

把居民消费意愿转化为现实的消费行为，需要我们采取措施培养市民的文化消费习惯，将文化需求逐步变成“刚性需求”。一是适时开展“文化消费月”、“文化消费节”、“文化消费展”等活动，拓宽文化消费渠道。2014 年春节，以萝卜会、糖球会为代表的民俗文化活动受到市民持续追捧，旅游、读书、看电影等文化消费成为百姓过年的热门选择，过年的“文化味道”逐年浓厚。我们要顺应这一趋势，抓住传统和现代节日、旅游旺季等消费热点时期，组织开展各类文化节

① 方特梦幻王国——传统文化的现代演绎[EB/OL]. http://ztgy.lwcj.com/ZhtsyImg00088_1.htm.

庆活动、文化产品促销活动、文化服务体验活动，激发居民消费热情。二是推出“文化消费卡”。采取政府主导或政府与金融机构联合，向每位青岛市民发放一张“文化消费卡”，实现三大功能：(1)青岛公益文化场所“一卡通”，持卡可以免费借阅图书、观看文博展览、参加公益场所文化活动等；(2)认证文化商户的“打折卡”，持卡在经认证的各文化商户消费享受一定的折扣优惠；(3)市民文化消费的“积分卡”，市民参与各类文化活动越多，消费的文化产品越多，可以享受到的文化消费优惠和折扣就越多，达到一定积分的市民还可以优先免费观看中国国际小提琴比赛演出，参与青岛大剧院举办的数量有限的高端文化活动等。三是善于培育文化消费新亮点。要结合旅游城市特色，认真研究市民和外来游客消费心理和消费习惯，培育以海洋、奥运、时尚、休闲、音乐、影视等元素为特色的文化消费热点，着力激活青岛“夜间经济”，提升文化旅游产业层次。四是要加强公共文化服务，通过举办公益演出、免费电影放映、全民读书、体育竞赛等活动，提供免费或优惠的公共文化服务，引导群众广泛参与到文化活动中来，享受文化服务，激发群众的文化自觉，进而逐步养成文化消费的习惯。积极引导文化消费选择，号召群众自觉参与和吸纳优秀、先进的文化，自觉抵制腐朽、没落的文化，形成良好的文化消费氛围和环境。

(二)发挥大型国有企业在促进文化消费中的作用

新组建的青岛广电影视传媒集团、青岛报业传媒集团、青岛出版传媒股份、青岛演艺集团和青岛网络传媒集团五大国有文化企业集团，涵盖了广播、影视、报业、图书、演艺、网络等主要的文化消费门类，掌控着青岛国有文化资源的主体，拥有文化传播的主渠道，有责任发挥文化建设的领军作用，在扩大文化消费、丰富岛城居民文化生活方面主动作为，这既是国有文化企业的社会职责所在，也是市场竞争中做大做强的必然要求。一要充分发挥了解本土文化传统、熟悉居民消费习惯、拥有优质文化资源等优势，创造体现青岛精神、描绘青岛发展的文化精品，开发适合青岛居民消费的文化产品和服务，占据本土文化消费市场的主体，成为满足青岛市民文化消费需求的主力军。二要主动让利于民。国有文化企业拥有的固定资产和无形资产均为全民所有制下的公共资源，在财政拨款、税收、用地、政府采购等方面享受政府政策巨大倾斜，有义务也有条件为丰富市民精神文化生活做出贡献。在不影响有序市场竞争的前提下，国有文化企业要主动降低文化产品价格，提升产品质量，多生产普通群众消费得起、乐于消费的精神文化产品。三要策划实施一批对文化消费有促进作用的重大项目。国有文化企业要充分利用资源及网络优势，主动承担文化重大项目，如文化消费场所的建设、文化销售网络的建设、票务终端网络的建设、文化重大节会的组织等。近期，文化部出台了《"十二五"时期文化产业倍增计划》，明确提出实施重大项目带动战略，着力推进文艺演出院线建设、文化产业公共平台建设、国家数字文化产业创新工程、国产动漫振兴工程等九大工程，青岛的国有文化企业要积极争取国家政策支持，主动承接国家文化产业重大战略工程，抢抓文化产业发展机遇，带动青岛文化产业发展速度和质量的全面提升。

文化的外延无限宽广，文化产业的转型升级必将伴随着与旅游、体育、信息、物流、工业、建筑、会展、商贸、休闲等行业的充分融合，融合的过程中将提高这些产业的文化附加值，提升发展质量和核心竞争力。为此，建议青岛其他大型国有企业也要结合自身优势积极参与文化产业，促进文化消费。如青岛啤酒集团创立的啤酒节已经成功举办了 21 届，成为中国第一节会品牌，青岛啤酒博物馆成为岛城旅游最火爆的景点之一，创作的歌曲《倾国倾城》唱响全国，在拉动经济和文化消费方面发挥了示范作用。城投集团、国信集团也先后设立了文化类企业，在文化基础设施投资运营、文化旅游产业发展、举办大型文化展会等方面取得了良好的效益。建议鼓励更多有实力的大型国有企业投入文化产业，发挥资本、管理、产业、物流、人才等方面的优势，在促进文化消费、加快文化青岛建设方面发挥作用；鼓励大型国有企业以资本为纽带投入文化产业，进行跨行业、跨地区、跨媒体、跨所有制的整合重组，形成一批在文化领域内有一定影响力和竞争力的企业或企业集团，打造一批具有较强国内国际竞争力的"文化航母"。

(三)建立以需求为导向的文化产品生产供给机制

目前文化产品突出的供需矛盾，归根结底是由不合理的文化产品生产机制造成的。多年来，我们习惯以行政手段指挥调度文艺生产，尽管这种方法在特定历史时期发挥了很大作用，但是从根本讲，这种自上而下的创作生产方式已经不适应市场经济条件下的文化繁荣发展的要求。文化生产多是从行政管理部门的主观意愿出发，文化产品对群众没有足够的吸引力，群众没有选择文化产品的余地，也就很难产生文化消费。因此，要激活文化消费，一要尊重市场规律，将文化生产方式由以供代需变为“以需定供”，真正建立起与市场接轨、与大众文化需求接轨的文化商业模式，让文化产品在市场竞争中接受考验，才能锻造出真正的精品。二要区别不同群体、不同欣赏水平、不同消费能力、不同消费习惯等诸多因素，开发特色文化消费，提供个性化的文化产品和服务。集中资源开发个性十足的文化精品，提高文化产品和服务的综合竞争力，不断打造新的消费方式和消费增长点。三要善于预判和创造文化需求。需求是可以满足的，也是可以创造的。要针对不同人群的潜在文化需求，予以分析、开发，定向制造相应的文化产品和创新的文化服务，激发文化消费热情，推动文化产业向更高层次、更宽领域的发展。

(四)打造特色鲜明的海洋文化品牌

在文化领域的市场竞争中，经常出现所谓“赢家通吃”的现象，文化品牌以其强大吸引力、感染力和影响力，往往占据市场的垄断地位。以电影市场为例，每年国产片前 20 名的票房就占据了整个国产片票房的 80%左右。在旅游演艺领域，刘老根大舞台、张艺谋“印象”系列演出成为行业的主导者，但其所带来的示范效应并未带来连锁效应。包括青岛在内的许多地方也愿意搞旅游演艺，但始终做不成功，根本原因就是打造不出像他们一样的品牌。因此，青岛要打造文化消费的高地，必须培育立足青岛文化优势、代表青岛城市形象、具有国际国内影响力的文化品牌。从青岛的文化特点分析，青岛文化是齐鲁文化与海洋文化的结合，根在齐鲁，特在海洋。青岛文化要真正培育品牌，彰显魅力，必须围绕海洋文化做文章。要抓住山东半岛蓝色经济区的建设机遇，利用青岛丰富而深厚的蓝色科技、人才和文化资源优势，大力发展海洋科技体验、海岛旅游、海派民俗、休闲度假、海洋文化产品制造等海洋文化品牌，建设海洋主题文化公园、海洋科技馆等文化设施，提升海洋文化产业层次，打造海洋主题文化消费的亮点。

(五)大力发展新兴文化业态

现代科技正在加速文化消费方式变革。网络、数字技术等现代科技的广泛应用给文化的生产和传播带来了深远的影响，催生了移动娱乐、网络音乐、3D

电影、动漫旅游、数字出版一系列新兴文化业态。一部《阿凡达》不仅创造了电影票房奇迹，而且开创了3D科技与电影相结合的全新时代，深刻地影响了普通观众的艺术视觉审美，改变了艺术的创造思维空间。近几年，现代科技不仅让青岛的互联网文化、电影电视、数字出版、动漫游戏发展迅速，也让青岛的舞台艺术实现了根本性的变革，《蔚蓝青岛》、《蓝色畅想》等大型歌舞演出也综合运用了先进的威亚、舞美技术，是我们在科技与艺术创作有机结合方面的有益尝试。青岛是全国"三网整合"试点城市，"十二五"还将建设无线城市，这都将极大地改变我们的文化体验方式，对文化生产和消费产生深远而根本性的影响。我们要抓住和利用好这一文化产业发展机遇，大力发展文化创意、动漫游戏、移动多媒体、数字出版等新兴文化业态，抢占文化产业发展的前沿制高点，增强文化产业的总体实力和核心竞争力。

(六)加快形成竞争有力的文化市场环境

要重点把握好三个方面：一是给予民营文化企业更大的政策优惠。国有文化企业不仅享受财政拨款，而且在劳动保障、职称评审、经费补贴方面比民营文化单位有巨大优势，在市场竞争天然处于有利位置。建议在文化体制改革中，对民营文化单位在政府采购、税收、土地、职称认定以及提供公共文化服务等方面给予优惠和政策倾斜，进一步开放文化市场准入，鼓励民营文化企业做大做强，增强文化市场活力。二是加强建设文化产品流通网络。流通网络是文化产品从生产领域向消费领域转移的渠道和载体。要积极打破地区封锁、条块分割、城乡分离的传统市场格局，将文化产品销售的终端向基层延伸，实现低成本、高效率、广覆盖。要大力发展文化产品连锁经营、物流配送、电子商务等现代流通形式，打造能够辐射全国或区域的文化产品物流基地，培育现代文化流通企业，建设网络文化产品交易平台，构建起连接国内外、贯通城乡的文化产品流通网络。三是加快各门类文化市场和要素市场建设。比如，目前山东、安徽、上海、深圳等8个省市建立了文化产权交易所，成为文化产权交易、投融资、企业孵化的综合平台。建议青岛市借鉴相关经验，建立文化产权交易平台，推动文化产业要素集聚，同时积极打造有地区影响力的大型文化产品展销会，加快组建文化投资公司，实现青岛文化资源与金融资本的无缝对接。

(七)着力培育农村文化消费

正视农民的文化消费需求,努力培养文明健康、积极向上的文化氛围,从文化设施、活动、队伍、市场、机制五个方面入手,在保障农村基本文化服务的基础上,培养农民的文化消费观念,激发农民的文化消费热情。一要进一步完善文化基础设施建设。提升镇村文化设施建设水平,建设集宣传、教育、娱乐、健身、服务等多种功能为一体的综合性文化服务阵地,既要满足当前需要,又要适度超前。二要组织开展各类文化活动。除组织开展群众喜闻乐见的文艺、民俗类文化活动外,也要组织较高水平的文化活动,让农民开阔眼界、增长见识,提高文化鉴赏力和消费力,做到既保障,又引导。三要加强农村文化队伍建设,扶持各类民间演出团体发展,经常组织市级文化团体下乡演出,帮助民间演出团体提升艺术水平。组织评选各类文化专业户,对具有非物质文化遗产传承作用、具备较高发展潜力和水平的民间演出团体给予一定的奖励和补助。四要培育农村文化市场。积极培育各类农村文化市场主体,鼓励在农村兴办各类文化消费场所,在广播电视村村通的基础上,推进有线电视入户工作。扶持具有一技之长的农民农户从事文化生产和服务,着力发展乡村文化旅游,推动农民靠文化致富。五要健全农村文化建设机制。统筹城乡文化一体化发展,通过加大投入、引导投资、对口支援、动员社会力量参与等方式,使城市丰富的文化资源、要素和服务加快向农村地区延伸,促进农村文化建设的全面繁荣。

(八)加强文化市场监管

文化消费的过程不仅是对文化产品的体验和审美,同时也是对其中蕴含的世界观、价值观的审视和认同的过程。好的文化产品对人的发展和社会和谐具有促进作用。但在当前的文化消费领域,一是西方国家正在利用其文化产品加强意识形态的渗透和演变,二是背离社会主义核心价值观的腐朽没落文化在一定范围内存在,三是文化盗版侵权问题层出不穷,必须加大文化市场管理力度。要按照“一手抓繁荣,一手抓管理”的要求,以文化体制改革为契机,进一步加强市区两级文化综合执法机构建设,理顺文化市场行政管理与执法机构机制,形成文化市场管理合力。文化部门要尽快转变职能,减少在文化领域的亲力亲为,逐步建立起以政府调控来引导文化产业运行的框架。

（九）建立青岛文化消费统计评价体系

在当前的统计体系中，对经济运行的统计数据比较多，从恩格尔系数到CPI，较好地反映了经济活动的运行变化及人民生活水平。而文化消费作为衡量居民生活和文化产业发展水平的重要指标，目前青岛市没有专门的指标体系来衡量。建议为文化消费建立专门的统计和指标体系，按照国际通行标准进行指标评价，每年进行定量定性分析，明确中长期发展目标，为扩大文化消费提供数据支撑和决策参考。

（中共青岛市委党校：马达）

第十二章 武汉：促进文化与科技深度融合，推动文化产业“超倍增”发展

一、武汉市文化产业发展概况

二、武汉市文化消费基本情况

三、武汉市文化消费对文化创意产业的提升作用

四、武汉市文化消费促进产业发展的典型事件

五、以文化消费带动文化产业发展的探索实践及前景

加快文化产业发展是武汉市转变发展方式、调整产业结构的必然要求，是实施服务业升级计划、推进国家中心城市建设的重要组成部分。2013 年，武汉市全面贯彻十八大精神，以打造“文化五市”、建设文化强市为目标，在武汉市委、市政府的统筹部署下，武汉文化创意产业以建设国家级文化和科技融合示范基地为契机，进一步深入实施了文化产业振兴计划，落实了国家级文化科技融合示范建设要求，进一步推动文化科技创新和提升文化科技融合的倍增效应，完善顶层设计、细化政策措施、落实重大项目、优化发展环境，文化消费显著升温，初步构建了文化科技融合示范体系，提升了与建设国家中心城市相匹配的文化传播力与影响力。

一、武汉市文化产业发展概况

近年来，武汉坚持“以创意为先导、以文化为内容、以科技为支撑”，出台多项政策措施，积极探索文化和科技融合，创新文化产业发展模式，加快发展文化创意产业。2012 年 5 月武汉市获批首批国家级文化和科技融合示范基地，为武汉市文化创意产业大发展大繁荣带来了历史性的难得机遇。2013 年是全面贯彻落实党的十八大精神的开局之年、实施“十二五”规划承上启下的关键之年，也是推进国家中心城市和国际化大都市建设可以大有作为的一年。武汉市委市政府把加快促进文化科技融合作为建设创新型城市和文化强市的重要内容，重点推进“一区多园”示范体系建设，继续围绕“文化五城”建设，大力实施数字出版产业发展等文化与科技融合十大示范工程。以项目为载体，不断优化产业政策，资源向重点企业和园区倾斜，加强招商引资力度。武汉市文化与科技的深度融合，在文化产业发展、示范园区建设、重大项目推进、政策环境优化方面呈现出加速态势。全市文化产业增加值持续增长，人民文化消费水平不断增高；文化与科技融合特色鲜明，国家级文化融合示范基地建设步伐加快；新兴文化产业与传统文化产业竞相发展;各种文化产业配套政策逐步完善;武汉市文化创意产业风头正劲,蓬勃发展。

(一)文化创意产业增加值增长迅速,文化消费不断提升

自2001年启动文化体制改革以来,武汉市文化产业持续发展,产业增加值总量逐年递增,占GDP的比重持续提高,对经济的贡献不断加大,带动整个湖北省向着文化强省目标大踏步迈进。走文化与科技相融合的道路,是武汉文化创意产业的鲜明特点之一。华中师范大学副校长、国家文化产业研究中心主任、武汉市文化与科技融合专家委员会主任委员黄永林教授指出:“文化创意是基础,科技创新是动力,它们结合起来就是文化产业发展的‘双引擎’。”理想条件下,武汉每个城区都有一个文化科技园,事实上,过去这些城区也都大多有“文化”或“科技”园,如今将它们融合起来,只要避免同质化的内容,就可以促使武汉文化产业的快速发展。

从2011年到2012年,武汉市文化产业增加值由184.86亿元增加至216亿元,增幅为14.4%,占地区生产总值的比重由2.7%升至2.8%。初步测算2013年全年实现文化产业增加值263亿元,同比增长约17%,占地区生产总值比重约2.9%。

武汉市文化消费总额也有较大幅度的增长,地区文化消费总额由2011年的108.7亿元上升至2012年的114.15亿元;人均文化消费也增加迅速,由2011年的2 098.82元增加至2012年的2 366.57元,大幅度超过了全国2012年2 020.4元的平均水平。[①]据武汉市统计局抽样调查资料显示,2013年前三季度武汉城镇居民文化娱乐消费人均920.7元,增加168.8元。

(二)文化产业园区遍及三镇,特色创意各有侧重

截至目前,武汉市已建成并运营文化产业园区(基地)21家,累计建设投资额53.6亿元,涵盖出版发行、创意设计、数字创意、动漫游戏、文化旅游等产业门类,集聚企业1 631家,其中注册资本1 000万元以上企业76家。中国光谷

① 资料来源:文化产业增加值数据来源于武汉市委宣传部和统计局,文化消费数据来源于王亚南著《中国中心城市文化消费需求景气评价报告(2013)》,社会科学文献出版社2013年版。

创意产业基地、洪山南湖科技创意产业园、汉阳造文化创意产业园在产业规模、发展特色、园区服务等方面逐步成熟，形成典型集聚效应。

目前，东湖新技术开发区依照《东湖核心区规划》开展重点产业项目招商工作，2013 年 5 月以来已签约项目 12 个，项目总投资约 150 亿元。各区积极建设特色文化科技园区，洪山区南湖科技创意产业园、武昌区东创研发设计创意园、青山区英赛工业设计产业园、江汉区江北新媒体科技产业园等，在制订园区规划、形成产业重点、开展招商引资、加快孵化器建设等方面均取得一定进展。其中，汉阳造文化创意产业园获批国家级广告产业园区，并获中央部委资金扶持；英赛工业设计产业园正积极申报国家级科技企业孵化器。

武汉三镇在文化产业园的有力推动下，一大批软件开发与服务、动漫游戏设计、广告创意设计、教育技术培训、休闲娱乐等企业入驻文化产业园，开创了综合开发及协同创新的格局。文化产业园有着孵化和培育文化企业的功能，在武汉市委市政府的大力引导和支持下，近年来武汉的文化产业园区迅速发展起来，形成了“以东湖开发区为核心，以中心城区为主体，以远城区为依托”的文化创意园区空间布局。目前，产业发展态势良好，重要行业优势明显。

（三）文化与科技融合特色鲜明，国家级示范基地建设步伐加快

武汉市于 2013 年下发了《中共武汉市委、武汉市人民政府关于推进文化科技创新加快文化和科技融合发展的意见》，提出以打造“文化五城”、建设文化强市为目标，以推动文化科技创新、引领和支撑文化产业发展、提高公共文化服务能力为主线，以改造提升传统文化产业、培育发展新兴文化产业为突破口，形成文化和科技融合的倍增效应。

武汉集聚的 85 所高等院校、56 个国家级科研院所、30 多万各类专业技术人员和 120 多万在校大学生，正是其创新发展的有力支撑。上述优势使武汉市得以依靠人才，巧用资源，通过自主创新走上文化与科技融合的发展道路。例如，翻译公司传神科技构建的“多语信息处理中心”，成为“语联网”概念的首创者和践行者，是亚洲首个、全球第二个实现云翻译服务的文化企业。又如，《经济日报》于 2013 年 12 月 12 日，以“文化科技融合创新托起‘中国梦’”为题，报道了华中师范大学国家文化产业研究中心，指出该

中心成立七年以来，以“文化科技融合创新理论及实践”为研究特色，努力走出一条引领文化产业建设潮流，传承民族民间特色文化，服务地方文化经济协调发展的新路，逐步成为国内一流的跨学科、综合型、开放流动的文化科技协同创新平台。该中心有效地整合政、产、学、研、用的优势和能力，推动文化产业学科建设、探索人才培养创新模式，努力推动中华民族文化保护与传承的理论创新、数字化技术创新、文化内容创新与科学技术创新的战略融合，支撑国家创新体系建设，也为武汉文化与科技融合发展及国家级文化科技融合示范基地建设步伐的加快提供了强有力的技术支撑和智力保障。

(四)新兴文化业态与传统文化行业交相辉映

近些年在新技术的推动下，武汉传统文化产业的比重在逐步下降，新兴文化业态得到快速发展，成为文化产业中发展速度最快、创新力度最大的部分。文化和科技的融合还将为文化产业的结构升级提供强劲动力，也为文化体制改革带来机遇。武汉市依托雄厚的历史文化底蕴和丰富的文化资源，在文化产业发展上基本形成了广电影视、出版发行、网络产业、创意设计、动漫游戏等传统与新兴业态交叉的特色文化行业格局。

首先，传统文化行业保持较快发展，取得了较为可喜的成就。广电业在2012年实现经济收入17.6亿元，增幅达11.8%，其中广告收入为4.3亿元，广电网络收入为8.67亿元，实现全市高清互动电视用户超过25万户。① 以湖北省广播电视信息网络股份有限公司为例，2013年经营效益在强基固本中稳步提升，定向增发在克难攻坚中取得阶段性成果，数字家庭建设在三网融合中扎实推进，公司管理按照上市公司标准日趋规范。2013年上半年，面对三网融合全面放开以及“OTT”蚕食进逼的竞争态势，公司固本强基，竞进提质，深化品牌建设，着力营销创新，努力提高市场占有率、基础用户续费率、净资产收益率、用户贡献率和用户满意率，上半年公司各项经营指标都超出预期。2013年上半年就新增基础用户13.45万户，完成全年任务的59.83%；实现经营收入57 439万元，较上年同期的49 907万元增长15.09%；总资产321 076万元，归属于上市

① 中共武汉市委宣传部. 2012年武汉文化发展蓝皮书[M]. 武汉：武汉出版社，2013.

公司股东的净资产 222 873 万元，较上年度末增长 4.29%。

电影业也快速发展，在 2012 年全市实现票房 5.6 亿元，同比增长 21.2%。[①]其中，湖北银兴院线年票房为 2.89 亿元，武汉天河院线票房为 2.45 亿元，分别占据全国市场份额的 1.7%和 1.45%。2013 年，武汉市天河院线电影票房首次突破 3 亿元，同比增长 23.12%。武汉市票房约6.99亿元，同比增幅 24.15%。其中天河院线从 2002 年到 2010 年，用了 8 年时间实现票房过亿，2012 年票房 2 亿元，2013 年票房过 3 亿元只用了一年时间。预计 2014 年票房将突破 4 亿元。

出版行业发展势头稳定，书报刊发行持续增长。2012 年，武汉报刊总发行量增长 0.9%，发行总收入达到 2.8 亿元，增长 11.0%；广告收入 9.5 亿元，增长 10%；印刷行业优势明显，武汉市拥有印刷企业 967 家，全年销售收入达到了 95.7 亿元，工业总产值 104 亿元，从业人员 3.1 万人，报刊年总印量约 7.09 亿册，总资产约 17.88 亿元，总收入约 11.22 亿元，实现利润 1.58 亿元。[②] 2013 年全市出版报纸 6.65 亿份，出版杂志 0.10 亿册，由于文化体制改革的深入和电子出版物的增加，纸质版的数量减少并未影响效益的提升。2013 年武汉出版社出版图书 19 类 848 种 1 320 万册。近年来武汉市组建了知音传媒集团、长江日报报业集团、武汉出版集团等有实力的新闻出版传媒集团，培育了一批优质的市场主体。社会资本进入新闻出版的领域不断扩大，非公有资本和外资加快进入印刷和发行领域，以公有制为主体、多种所有制共同发展的产业格局正在形成。随着出版物市场和资本市场、技术市场、信息市场等要素市场的不断建设，武汉市统一开放、竞争有序、诚实守信的现代新闻出版市场体系逐渐形成，2013 年出版行业总体继续逆势上扬，其中新组建了长江报刊传媒集团、今古传奇传媒集团，《今古传奇》获武汉市文化产业首个中国驰名商标，知音漫客继续在中国动漫期刊中独领风骚，文化体制改革继续释放活力，预计实现年利润增长 10%以上，其中长江出版传媒集团 2013 年上半年公司实现营业收入 17.27 亿元，较上年度同期增长 15.64%，实现净利润 2.05 亿元，较上年度同期增长 12.84%。

其次，以动漫游戏为代表的新兴文化行业逆风飞扬，在全球经济不景气的情况下仍成就斐然。武汉现有动漫企业 150 多家，其中动漫企业 80 家，游戏企

① 中共武汉市委宣传部. 2012 年武汉文化发展蓝皮书[M]. 武汉：武汉出版社，2013

② 中共武汉市委宣传部. 2012 年武汉文化发展蓝皮书[M]. 武汉：武汉出版社，2013.

业 40 余家，相关企业 20 余家，从业人员 10 000 人，涵盖动漫创意、出版发行、动漫制作、教育培训、动漫演艺、衍生产品开发生产以及行业服务等各方面。

2013 年，全市动漫产业总产值近 50 亿元，全年完成动画电视片制作 23 部，共 8 971 分钟，同比增长 1.5 倍，其中 15 部动画电视片在央视、地方电视台和新媒体播出，完成动画电影制作 2 部，1 部签约海外院线；漫画期刊出版发行总量超过 1 亿册，销售收入近 10 亿元，占全国漫画期刊发行总量的一半以上，继续稳居中国第一，世界第二。新媒体动漫在 2013 年全年实现销售收入近亿元，开局良好。银都文化、亿童文教登陆“新三板”，实现武汉动漫创意企业证券市场零的突破。①

2013 年，武汉动漫游戏产业高端成果集中爆发，多年的不懈努力终获丰厚的回报。2013 年共获国家级政府和行业奖项 19 个，省级奖项 4 个，市级政府和行业奖项 32 个，彰显了武汉动漫游戏行业创新能力质的飞跃。

（五）相关政策实施细则出台，产业发展环境不断优化

首先是完善了顶层设计：2012 年 9 月，《武汉市文化产业振兴计划（2012—2016 年）》作为武汉市首个文化产业专项发展规划，确立了文化产业超倍增发展目标，提出文化产业发展“三城一环”空间布局，明确重点发展八大文化产业门类，着力推进八大工程。其次是健全了示范体系，按照“一区多园”的示范格局，积极建设特色文化科技园区，超常规推进融合示范工程，进一步推进重大示范工程。第三是优化工作机制，完善了协调联动机制、创新金融支持机制、建立了统计考评机制。第四是加大文化科技人才的培育力度。

（六）2013 年武汉市文化创意产业亮点不断

武汉市 2013 年将政策资源进一步聚焦于重点企业、重点园区、重点项目和重点工程，在理论研究、机制创新、旅游会展等多方面闪耀着“文化武汉”的光芒。

1. “武汉文化科技创新研究院”揭牌成立

“武汉文化科技创新研究院”是武汉市政府相关部门根据《湖北省武汉市国

① 武汉动漫产业去年总产值近 50 亿销售收入近 10 亿[N]. 武汉晨报，2014—03—10.

家文化和科技融合示范基地建设发展规划》(2012－2020年),依托华中师范大学国家文化产业研究中心、国家数字化学习工程技术研究中心两个国家级研究基地,以及武汉光电国家实验室(筹)、武汉大学汉语国际推广教学资源研究与开发基地等单位组建。

研究院以公司化模式管理,以市场化形式运作,主要通过委托研发、联合攻关、技术转移、人员交流、技术咨询、孵化服务等方式为武汉市文化科技企业提供相关服务,形成研发—创业—产业化发展的一条龙服务能力。经过3～5年的努力,研究院将建设成为国内一流的文化和科技融合技术创新基础支撑平台,在华中乃至全国发挥文化科技创新的引领和驱动作用,逐步发展成为国家级的"文化科技创新研发基地"。

2.武汉出台文化与科技融合示范基地核心区发展规划

2013年,武汉市文化和科技融合领导小组第二次会议听取了全市文化科技融合工作前期进展情况、武汉东湖国家文化和科技融合示范基地核心区规划汇报。会议明确了东湖高新区未来发展的重点领域为文化信息服务业、数字家庭,并原则同意核心区发展规划,明确将光谷新中心部分区域作为武汉文化与科技融合示范基地核心区的起步区,将花山生态新城、龙泉山部分区域作为中远期拓展区。

按此规划,2015年东湖高新区文化创意产业将实现产值1 200亿元,2020年实现产值3 600亿元,年均增速达30%。[①]《规划》通过将文化、科技、智力等资源有效聚集,形成发展特色,打造文化科技融合示范基地核心区"两心两轴多点"的整体空间布局。具体包括四个方面:

(1)"光谷新中心":起步区

"光谷新中心"位于东湖高新区中部,是光谷核心区和未来东湖高新区的行政中心、科技商务中心、金融中心、文化中心。将承载文化科技企业总部、文化科技展演展览、文化娱乐、休闲购物等设施。

(2)"两心":花山、牛山湖国家文化和科技融合示范园

花山片区位于东湖高新区北部的花山生态新城;牛山湖片区位于东湖高新区南部,规划范围涵盖龙泉山以南、牛山湖以北区域。两个中心计划通过推进

① 武汉出台文化与科技融合示范基地核心区发展规划[EB/OL]. www. most. gov. cn,2013－07－23.

文化科技融合，聚集大规模文化科技企业入驻，体现融合性、创新性、展示性、体验性，打造文化科技融合高端品牌。

(3)“两轴”：特色产业发展轴

整合光谷软件园、华师大科技园、创意产业基地、楚天传媒产业园、长江数字文化产业园、湖北广播电视传媒基地、光谷创意产业园等多个特色产业园的优势资源，形成以“光谷新中心”为轴心，向东西、南北两个方向延伸的文化科技特色产业发展轴。

(4)“多点”：多个专业园区

一是光谷创意产业基地。在光谷软件园和光谷创意产业基地一期基础上，新建光谷创意产业基地二期工程，即光谷创意产业加速器。该项目建设内容为光谷文化创意产业创作研发中心、展示交易中心、教育培训中心、演艺会展中心及商务配套设施，将重点引进和培育动漫游戏、互联网增值服务等领域企业。

二是左岭数字家庭产业园。以左岭新城为主体，加快建设数字家庭核心产品制造产业园，加快打造家庭产业链的核心芯片、家庭显示、系统软件、高清摄像、数字存储等周边设备产业集群，成为国家级数字家庭产业品牌打造的重要依托。

三是花山文化科技示范园。以花山生态新城为主体，依托花山生态示范区的建设，充分利用片区内湖、河、山相融的自然环境优势，利用其科技资源、发展空间等，承载文化科技融合相关的研发、设计等业态，着力打造严西湖、严东湖、花山河等文化组团。

四是湖北广播电视传媒基地。依托湖北省广播电视总台，建设“中国东湖广播影视媒体内容基地”，打造集广播电视核心事业、影视内容产业、关联产业于一体，独具荆楚文化特色的现代化、数字化传媒基地，建设成为我国内陆地区功能最完善的广播电视城、区域广播电视文化事业和产业发展的核心引擎，以及辐射全国的广播电视作品创作、集散中心。

五是长江数字文化产业园。依托长江出版传媒股份有限公司，以数字出版、数字教育为方向，形成文化和科技融合的全新出版产业链，努力将其打造成我国出版行业的重要一极、国家和地方政府文化政策的承接地、东湖新城的文化消费中心。

六是光谷设计城。依托中国武汉工程设计产业联盟，以工程设计、创意设计为方向，整合武汉市丰富的设计产业资源，引入知名创意和设计企业入驻，努力打造创意设计产业集群，使其成为武汉世界设计之都的核心区，让“武汉设计”品牌更加响亮。

七是华师大文化科技产业园。依托华中师范大学在历史文化保护、教育信息化领域的优势，建设数字化学习技术研发和产业化基地，推进民族文化保护的技术研发，实施中华民族文化的数字化保护，重点发展文化遗产数字化、教育信息化产业。

八是武汉大学科技园。依托武汉大学在地球空间信息、语言文化领域的优势，重点发展智慧文化旅游、汉语言文化推广、文化遗产数字化等产业，建设文化遗产数字化公共服务平台、高校学生科技创业实习基地以及产业化基地。

图 12－1　东湖高新区文化科技融合产业布局图

资料来源：以上信息及图片摘选自光谷创产业基地网站。

九是楚天传媒产业园。依托湖北日报报业集团，开展数字出版、数字印刷关键技术研发及产业化，打造中部地区高端的商业彩印数字化生产及研发基地。

十是光谷文化创意产业园。位于武汉市东湖高新技术开发区凤凰山产业园内，毗邻风景优美的龙泉山、牛山湖区域。依托武汉联投佩尔有限公司，发展文化和科技融合的新兴业态，建设创意工坊、创意产业孵化器、加速器。

此外，还有今古传奇数字产业园。位于东湖新技术开发区华师园北路传奇文化产业园内，依托今古传奇传媒集团有限公司，重点发展广告产业、数字出版，建设集研发、孵化及产业化于一体的专业园。

3.《武汉市文化创意产业发展报告(2013)》蓝皮书发布

2013 年 11 月，《武汉市文化创意产业发展报告(2013)》蓝皮书在北京发布。该书由武汉市文化与科技融合专家委员会主任委员、华中师范大学副校长、国家文化产业研究中心主任黄永林教授主编。以该书为平台，武汉市与中国创意产业研究中心签约，并与北京、无锡、青岛、天津、常州、长沙、重庆 8 个创意城市约定共建“中国创意城市网络联盟”，互相分享创意城市的建设发展经验，共同推进联盟城市创意产业发展。

4.“文化科技创新与文化产业发展”高峰论坛成功举行

2013 年底，“文化科技创新与文化产业发展”高峰论坛在华中师范大学举行。会议指出科技融合创新已经成为世界发展重要趋势；只有文化与科技的深度融合，才能激发文化创造活力和广大文化工作者的创新意识、创新思维，推动更多富有时代气息、民族特色、反映中国原创性的作品走出国门、走向世界，提升我国文化软实力。与会领导和专家还探讨了文化与科技融合与文化产业发展中一些重大理论与实践问题，并展望了未来发展前景。

本次论坛是一场高规格、高质量、高水平的论坛，具有很多创新性、启发性、指导性的理论思考和实践经验，对于推动文化与科技融合、促进文化产业发展起到积极作用。本次论坛期间还举行了“中国文化科技创新与文化产业发展联盟”成立仪式。

5.首届刊博会在武汉精彩落幕，刊博会及华中版权交易中心永久落户武汉

2013 年，首届中国期刊交易博览会于金秋在湖北武汉举行，主题为“期刊让生活更精彩”。万余种海内外期刊、4 万余种海外图文展品参展。“刊博会”由国家新闻出版广电总局、湖北省人民政府、中国邮政集团公司联合主办，是目前中国唯一一个国家级、国际化、综合性期刊交易博览会。

我国期刊总数近万种，年发行量 30 多亿册，但举办期刊交易博览会还是第一次。展会期间，精彩纷呈：中国汽车文化节同步举办、全国演武大会精彩上演、近百家媒体现场招聘人才、期刊媒体国际论坛聚焦创新发展、行业权威亮相发行高峰论坛、世界多个知名出版机构参展、组委会进行五大权威发布（现场发布和表彰的项目包括：全国百强报纸、全国百强社科期刊、全国百强自科期刊、全国年度报刊邮政发行排行榜 100 强、全国年度最受读者欢迎的 50 种期刊）。

本届刊博会具有两大特点：一是经济效益突出，展会期间现场销售、订货额达 3.4 亿元，参展单位共达成各类交易意向 30 多项，其中长江报刊传媒（集团）有限公司与美国阿普达公司达成战略合作协议，共同开发“集群式数字报刊网络云平台”，协议金额3 000万美元；二是社会效益明显，展会期间读者参观踊跃，人气旺盛，观众积极到展馆购买书刊，参与新媒体互动，同时海内外传媒单位云集本届刊博会，报道文化产业特别是报刊产业发展方面取得的成果，为报刊产业发展创造了更大的空间。

此外，华中国家版权交易中心产业园区于 2013 年落户武汉，这是经国家新闻出版总署批准，继北京之后全国第二个国家级版权交易中心。该园区占地约 1 000 亩，将着力打造版权咨询、鉴定、交易、融资、保护、管理、宣传等多功能的版权公共服务平台和电子网络商务平台，为国内外市场提供国际化、系统化、专业化服务，实现版权资源使用效益的最大化。

6. 文化展会创新不断，文化活动精彩纷呈

除了刊博会，中部地区最大规模、最具影响力的动漫展览会——SuperAcg2013 落户武汉国际博览中心。SuperAcg2013 全称“2013 中国武汉国际动漫文化展”，由湖北省相关主管部门主办，规划展览面积为 1 万平方米，致力为来自 20 多个国家的 200 多家世界知名企业打造一个世界级的动漫产业展示、交流、贸易洽谈平台。

此外，武汉市深入推进“文化五城”建设。全民阅读活动广泛开展，新增 25 个全天候自助图书馆。市直文艺院团全年演出 2 304 场。“武汉之夏”获评全国首批公共文化服务优秀示范项目。一批文艺精品获国家级奖励。成功举办了第 22 届金鸡百花电影奖、第二届琴台音乐节、亚洲跳伞锦标赛、东湖国际名校赛艇挑战赛、市九运会、中国（武汉）动漫周暨国际动漫文化产业展览会、第十届中国游戏产业年会等大型活动。

7. 武汉开展"文化创意产业年度大奖"评选活动

2013 年武汉文化创意产业大奖评选活动经过初评、复评、专家评审和组委会审定,已评选出最佳园区奖、领军企业奖和杰出贡献奖 3 项大奖。评选主要针对武汉地区在新闻出版、软件及计算机服务、设计服务、动漫等主导文化创意产业领域做出突出贡献的政府机构、产业园区、社会团体及企业、个人等。武汉市文化创意产业共有 14 大类,企业近万家。仅设计机构就达 500 多家。各城区和功能区已建和在建的文化创意园区达 50 多处。武汉市洪山区南湖创意园等 6 个园区获得"文化创意产业最佳园区"称号;中铁大桥局勘测设计院等 10 个企业获得"文化创意产业领军企业"称号;夏顺华等 10 人获得"文化创意产业杰出贡献"奖。武汉出版文化产业园和武汉博润通数码科技有限公司以及曾宪林、朱学宝获得 2013 年武汉文化创意产业大奖评选"提名奖"。

8. 全球最大语言服务平台——"语联网"在武汉启动

2013 年 7 月 5 日,由武汉传神信息技术有限公司主办的"语联网"启动暨体验会在武汉市光谷客隆重举行。传神公司向公众展示了"语联网"的工作场景和其在电子商务、国际贸易、影视文化、国际交流、语言服务等多领域的应用产品,并发布了未来 5 年的发展计划。"语联网"是实现快速无障碍沟通的多语智慧网络,是语言服务领域的第四方服务平台,它能整合全球语言产能,保证语言服务的标准化输出。"语联网"平台可以链接上下游产业,成为聚集产业集群以及业务流、资金流的服务平台。传神公司自 2008 年在东湖开发区落户以来,一直倾力打造语联网,是国内先行先试的典范。语联网是语言服务行业和现代服务业的创新,可以有效推动行业升级和产业链的形成,同时也是引领武汉市软件和信息服务业升级的一种有效探索。语联网未来的发展,将产生极大的商业价值,助推武汉市文化创意产业实现跨越式发展。

9. 文化旅游业和会展业发展迅速

根据武汉市 2013 年国民经济与社会发展公报显示:2013 年全年接待国内旅游者 17 022.11 万人次,比上年增长 21.0%;接待海外旅游者 161.37 万人次,增长 7.0%。实现旅游总收入 1 690.02 亿元,增长 21.1%。其中,国内旅游收入 1 633.40 亿元,增长 21.7%;国际旅游收入 9.14 亿美元,增长 7.3%。年末旅游景区 39 个,其中 5A 级 2 个,4A 级 16 个,3A 级 12 个。旅游星级以上宾馆 97 家。其中,五星级 14 家,四星级 31 家,三星级 40 家。

全年举办各类展会节事活动 618 场,其中展览 297 场,会议 221 场。展览总面积 251 万平方米,比上年增长 27%。其中,3 万平方米以上的大型展览 15 场,增长 50%;10 万平方米以上的特大型展览 6 场,增长 2 倍;参展参会客商 1 102万人次,增长 153%。会展业直接收入 44.46 亿元。

二、武汉市文化消费基本情况

(一)武汉居民文化消费概况

近年来,随着武汉经济的高速发展,武汉市民文化消费市场也在不断扩大,文化消费蓬勃发展,消费水平逐渐从生存型向发展型和享受型转变。文化消费总额不断上升,城乡居民人均文化消费呈逐年增长趋势。根据武汉市 2014 年政府工作报告显示,预计 2013 年城市居民人均可支配收入突破 30 000 元,农民人均纯收入 12 500 元,人民生活质量提升。

武汉市文化消费总额除了 2008 年受金融危机影响出现倒退情况外,其他年份都处于增长状态。据武汉市统计局抽样调查资料显示,2013 年前三季度武汉市城镇居民人均消费性支出 15 525.2 元,比上年同期增加 1 277.2 元,增长 9.0%,其中八大类消费六升二降,文化娱乐消费人均 920.7 元,增加 168.8 元,消费结构日趋合理。

表 12—1　2008—2012 年武汉市文化消费及人均消费情况

年份	2008	2009	2010	2011	2012
武汉市文化消费总额(亿元)	56.02	72.27	76.68	108.7	114.15
武汉市人均文化消费(元)	1 095.43	1 406.89	1 480.81	2 098.82	2 366.57
全国人均文化消费(元)	1 358.26	1 472.76	1 627.64	1 851.74	2 020.44

数据来源:王亚南.中国中心城市文化消费需求景气评价报告(2013)[M].北京:社会科学文献出版社,2013.

2012 年武汉市文教消费总额为 114.15 亿元,在我国 15 个副省级市中位列第 7 位,居中游水平,与东部沿海城市广州、南京有较大差距;在中部 6 省的省会城市中,武汉市位列首位,这与武汉市较大的人口基数关系较大。人均文教消费方面，武汉市 2012 年为 2 366.57 元，在我国 15 个副省级市中名列第 9 位，位于中下游水平，尤其是与沿海广州、南京、宁波等城市差距较大(见图 12－2)；在中部 6 省的省会城市中，武汉市位列第三位，位于中上游水平(见图 12－3)。

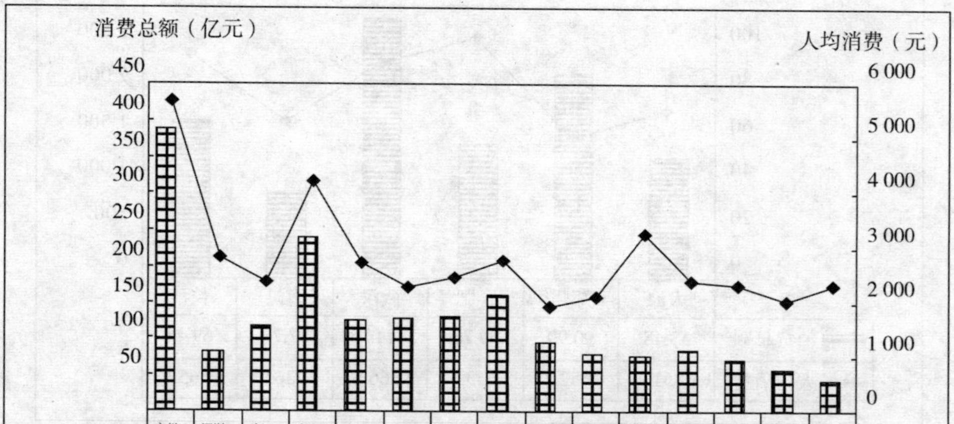

	广州	深圳	武汉	南京	杭州	成都	沈阳	西安	哈尔滨	长春	宁波	济南	大连	青岛	厦门
消费总额	384.36	80.76	114.15	236.14	121.41	124.55	128.36	157.63	93.74	77.93	74.14	82.84	70.18	56.53	43.69
人均消费	5 667.29	2 853.95	2 366.57	4 236.08	2 739.75	2 256.47	2 462.71	2 751.66	1 931	2 103.45	3 278.93	2 371.29	2 305.98	2 027.68	2 313.06

图 12－2　2012 年我国副省级市文教消费总额与人均消费比较

从国际经验看，人均 GDP 达到 1 000 美元时，文化消费将会增长；人均 GDP 达到 3 000 美元时，会有一个爆发式的增长；人均 GDP 达到 5 000 美元时，人们对精神文化生活的需求将进一步扩大，同时会形成井喷式的发展和市场需求。近几年我国文化产业快速发展的态势，确实也印证了国际的经验。

2013 年，武汉市生产总值(GDP)为 9 051.27 亿元，人均生产总值(GDP) 79 158.40元，折合 12 781.50 美元，消费水平已经处于较高水平。① 而武汉市的文教消费仅占收入的 8.749 9%，文教消费占总体消费的 12.218 5%，都处于极低的水平，也就是说武汉市民在文化教育方面的消费仅为自身收入的一小部分，尚没有形成一定的消费习惯和消费品位，对文化消费还存在着部分偏见，因此武汉文化消费市场有着极大的开发潜力。此外，在已有的文化消费中，居民的文化消费结构有待优化。目前武汉市文化消费多为基础型和享受型、娱乐型，

① 武汉市统计局. 2013 年武汉市国民经济和社会发展统计公报.

而教育型和益智型消费较少。

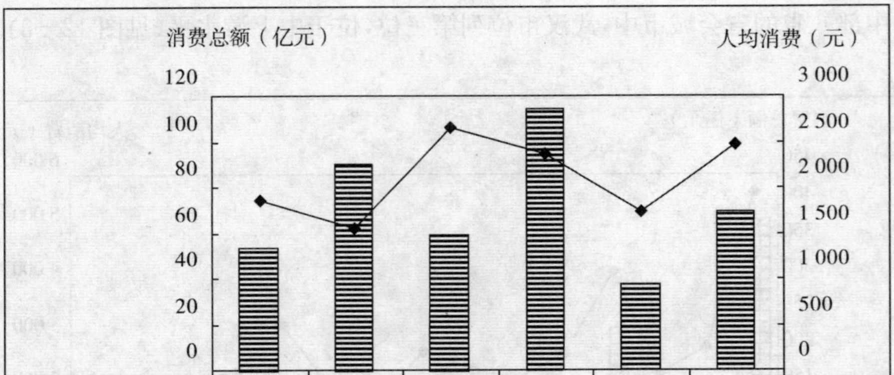

	太原	郑州	合肥	武汉	南昌	长沙
消费总额	53.48	90.99	59.76	114.15	37.78	69.44
人均消费	1 851.7	1 552.79	2 643.34	2 366.57	1 736.99	2 465.43

图 12—3　2012 年中部地区省会城市文教消费总额与人均文教消费比较

资料来源：王亚南. 中国中心城市文化消费需求景气评价报告(2013)[M]. 北京：社会科学文献出版社，2013.

(二) 武汉市文化消费倾向及消费行为调查分析

随着武汉市经济快速发展和人民生活水平的不断提高，武汉市文化消费显著上升。专业在线问卷调查平台“问卷星”(www. sojump. com)最新的《基于幸福视角的武汉市民文化消费倾向及消费行为调查问卷》结果显示：2013 年武汉市居民经常进行的文化消费休闲方式呈现如下特点：

第一，上网、看电影、看电视、阅读书报杂志、体育锻炼健身和旅游成为主要的文化消费。37.22%的被调查者每月文化消费在 200 元以下。

第二，通过对文化消费观念的一些表述抽样调查发现，36%的被调查者认为文化消费应该量力而行；30%的被调查者支持打击盗版，净化文化市场，保护文化版权。而个人兴趣爱好是文化消费的最大动力，其次文化服务消费的价格、时间、路线场地等也具有重要的作用，获得文化消费信息的主要渠道为互联网。

第三，居民对于当前部分文化消费产品、服务和市场的满意度较高，半数以上被调查者对各项目表示满意，多数人认为生活幸福感与文化消费有很大关系。

此外，根据中南民族大学部分大学生基于武汉市居民文化消费的调查，在文化消费内容上，社区居民倾向于购买书报杂志、CD、影碟，参观博物馆、展览馆、艺术园区等；大学生倾向于上网、旅行、讲座和文艺演出；商业和服务业人员倾向于上网、看电影；专业技术人员倾向于购买书报杂志、CD、影碟、旅行。关于居民的文化性消费影响因素，不同的人群影响因素也表现不同。影响社区居民文化消费最大的为周边缺乏文化场所和设施；对于大学生和商业、服务业人员而言，影响最大的为文化消费的价格；公务员为时间因素；无业人员表现为对文化不感兴趣。在对居民的文化价值观和文化素养的考察上，大部分调查对象认为，生活的幸福感与文化消费有很大关系，结果见表12—2。

表12—2 武汉市居民生活质量和幸福感与文化消费关系情况调查结果[①]

单位：%

	没有多大关系	有一点关系	有较大关系	有很大关系
社区居民	18.2	11.3	23.2	47.3
商业、服务业人员	13.5	11.4	24.7	50.4
专业技术人员	13.1	14.8	35.6	36.5
公务员	3.4	13.7	33.7	49.2
大学生	1.2	7.3	38.5	53
无固定职业	22.4	15.3	27.6	34.7
其他	21.4	28.5	34.2	15.9

第四，武汉市居民促进文化消费的建议调查显示，大家对文化场所、设施及文化产品的内容、价格、文化活动的开展等都还有着更多的期待。

① 黄超，陈博，丁菲，胡学梅．从恩格尔文化系数看居民文化软实力——基于武汉市市区居民文化消费状况的调查[J]．现代商贸工业，2013(1).

三、武汉市文化消费对文化创意产业的提升作用

近年来，武汉市各级政府高度重视发展文化创意产业，使之成为各地经济工作的重要组成部分。虽然武汉文化创意产业年均增速保持在15%以上，呈现出良好发展态势，但武汉文化产业增加值不到GDP的3%，相比于美国文化产业增加值占GDP的27%，英国的11%甚至国内部分兄弟城市，武汉的文化消费需求还远未得到释放。

（一）以促进文化消费带动产业发展

党的十七届六中全会《决定》提出："推动文化产业跨越式发展，使之成为新的经济增长点、经济结构战略性调整的重要支点、转变经济发展方式的重要着力点，为推动科学发展提供重要支撑。"并首次提到"扩大文化消费"。大力促进文化消费，是加快发展文化产业的前提条件和必然选择。没有文化消费的拉动和文化消费市场的繁荣，文化产业的发展也就失去了依托和动力。作为文化产业链上的最终环节和促进居民消费结构升级的重要力量，文化消费对于拉动文化生产、提高国民素质和推动我国产业结构的优化升级有着十分重要的意义。

文化消费与"两型社会"建设之间的关系可以从以下几个方面来分析：第一，文化消费是居民消费的一个重要组成部分，扩大文化消费，能够实现我国经济增长尽快从过于依赖投资、出口拉动向消费、投资、出口协调拉动转变，增强经济发展的内生动力。第二，消费需求除了具有拉动经济增长的作用外，还具有市场导向作用。在市场经济规律中，市场中某一类商品的消费需求扩大会吸引更多的资源投入到这一领域。文化消费需求的扩大会吸引更多的资金、技术、人力资源投入到文化产业领域，促进文化产业的发展。作为典型的"两型产业"，文化产业的发展必然会加快"两型社会"的建设步伐。因此，扩大文化消费需求既是拉动文化经济的重要手段，又是实现经济发展方式转变的重要途径。[①]

① 黄永林，袁堃. 武汉市文化创意产业发展报告（2013）[M]. 北京：社会科学文献出版社，2013.

（二）以开发文化消费市场提升产业的“口红”效应

在经济困难时期，人们的收入和对未来的预期都会降低，这时候首先削减的是那些大宗的消费，如买房、买车、出国旅游等，这样一来，反而可能会比正常时期有更多的“闲钱”，正好去购买一些“廉价的非必要之物”，从而刺激这些廉价商品的消费上升。经济学家将这种现象称为“口红效应”。当购车、买房成为困难的时候，人们会转向相对廉价的消费，文化消费既能满足精神需要，又符合其承受力，就有可能成为一种大规模的需求。文化产业的发展应当利用好“口红效应”。

根据国际经验，人均 GDP 在 1 000 美元以下，居民消费主要以物质消费为主；人均 GDP 在 3 000 美元左右，进入精神文化消费为主时期；人均 GDP 超过 5 000 美元，居民的消费结构转向精神文化消费为主的时期。而据初步统计，武汉 2013 年人均 GDP 已经超过 1 万美元，整体上已经进入了精神文化消费为主的时期。仅 2013 年前三季度武汉人均消费达到 15 525 元，武汉城镇居民恩格尔系数（食品支出占个人消费支出的比重）为 38.55%，表明该市城镇居民生活水平步入“相对富裕”（30%～40%）阶段，2012 年同期恩格尔系数为 40.03%（小康阶段：40%～50%）。

文化消费作为柔性需求，随意性较强。在当前世界经济形势复杂变化的情况下，武汉这样的大中型城市应当对人们的文化消费给予积极引导，为精神文化的消费内容更新和服务方式变化提供机会。

四、武汉市文化消费促进产业发展的典型事件

（一）武汉首个文化综合体——“武汉客厅”与第 22 届中国金鸡百花电影节

武汉市“文化五城”建设为卓尔集团加快参与文化产业发展提供了难得的机遇。建设一座文化会客厅，是卓尔积极响应武汉文化产业发展战略并投身其中的积极尝试和必然选择，也是武汉建设有品位、有内涵现代大都市的时代要求。

“武汉客厅”集合了各类商业及城市生活资源，充分展现一座城市的精神

底蕴，既是最富有文化韵味和时尚生活气息的城市新地标，也是一张“食、游、玩、赏、娱、乐、购”全能精彩体验的城市名片。其中的中国文化展览中心作为第22届中国金鸡百花电影节与中国武汉首届微电影大赛的举办地，不同于普通会展场馆，是以文化为主题的国家级博览中心，其以文化活动为先导，将成为武汉市民享受高规格文化精神产品的城市文化舞台，以及中华文化乃至世界文化在武汉碰撞、交流的高端文化会展中心。本次电影节的举办对武汉的文化消费起到了巨大的拉动作用，看电影成为更多武汉人重要的文化娱乐生活方式之一。

（二）武汉中央文化区：打造体验式消费生态系统

当今，发达的网络购物要求购物中心等实体店除了卖场本身的消费功能外，更要注重人们的精神需求，营造一种特定的氛围，使消费者在购物的过程中能增加停留时间，并在获得高品质服务的同时体验到独特的乐趣，而这些体验最终都会以促进消费的方式令商家获得投资回报。

武汉中央文化区项目位于武昌区东湖和沙湖之间，地理位置优越，项目规划1.8平方公里的区域上包括一条风格别致的商业街、一座奢侈品购物中心、一座影城、一个剧场、一个电影科技乐园，还有6个酒店、8栋写字楼和155万平方米的豪华住宅群。项目旨在让更多的消费者成为购物中心的常客，通过引入更多人流，进而为各个业态带来长久收益。

五、以文化消费带动文化产业发展的探索实践及前景

（一）武汉市居民文化消费存在的问题及其对策

武汉被称为“最市民的城市”，浓郁的市民气息影响着武汉人的消费结构。从总体上看，目前武汉市民的精神文化生活还比较单一，对文化商品的消费欲望与需求还不很强烈。居民文化消费水平较低，不能强有力地拉动文化产业增长。究其原因，不外乎以下几个方面：第一，市民文化消费观念落后，消费意识和意愿不强；第二，能够满足文化消费的有效供给不足，缺乏有吸引力的文化产品和服务；第三，文化产品价格过高，教育、医疗、住房等方面的支出严重挤压了

文化消费的空间;第四,文化创意严重不足,阻碍了市场需求潜力的转化;第五,管理体制落后,文化市场体系不健全。

因此,要想提高武汉文化消费的整体水平需要做到五点:首先,进一步提高居民收入水平,这是刺激消费支出的前提。其次,加大文化消费的宣传力度,培养市民的文化消费习惯。第三,进一步推进文化产业的发展,提供个性化、分众化的产品和服务。第四,加快培育文化消费市场,倡导健康的文化消费理念,鼓励和引导群众科学消费。第五,以城市低收入群体和基层农村群众为重点,采取多种形式的文化消费补贴,大力构建公共文化服务平台,引导和鼓励文化企业向困难群体开展低收费或者不收费业务,保障公民基本文化需求。只有大力提升文化消费水平才能够真正实现文化产业发展投资、消费的"双轮"驱动,实现武汉文化的大繁荣大发展。

文化消费在居民收入中所占比例不高。2013 年武汉全年城市居民人均可支配收入 29 821.22 元,比上年增长10.2%。人均消费支出 20 157.32 元,增长 7.1%。全年农村居民人均纯收入 12 713.46 元,比上年增长 13.6%。人均消费支出 9 127.00 元,增长 11.8%。据武汉市统计局抽样调查显示,前三季度武汉市城镇居民人均消费性支出 15 525.2 元,比上年同期增加 1 277.2 元,增长 9.0%,2013 年前三季度,武汉市城镇居民人均消费支出 15 525.20 元,同比增长 8.96%,其中人均食品消费支出 5 985.00 元,同比增长 4.94%。城镇居民恩格尔系数为 38.55%,比上年同期降低 1.48 个百分点。环比看,武汉市恩格尔系数呈现前高后低变化态势,2013 年一季度 43.5%,上半年 41.3%,前三季度低于 40%。[①] 恩格尔系数下降主要是因为随着信息化普及程度和居民生活水平的提高,互联网消费和文化娱乐消费增幅较大,其中通过互联网购买的服务前三季度同比增长 131%,文化娱乐支出前三季度同比增长。另外随着城镇居民逐渐步入富裕,温饱早已不是居民目前生活在意的大事,食品类支出仅小幅上扬。但总体上看武汉市居民的恩格尔系数依然不稳定且相对较高,这说明居民的消费层次还是有待提高的,消费结构还需进一步的优化。

---

① 武汉市前三季度恩格尔系数呈下降趋势[EB/OL].武汉市统计局网站,2013－11－28.

表 12—3　武汉市 2013 年城镇居民家庭消费结构抽样调查

单位：元、%

	前三季度人均消费性支出	同比增加额	同比增长(%)
消费支出	15 525.2	1 277.2	9.0
一、食品	5 985.0	281.3	4.9
二、衣着	1 626.9	14.8	0.9
三、居住	1 487.9	363.1	32.3
四、家庭设备用品及服务	1 179.9	253.4	27.3
五、医疗保健	889.9	−163.0	−15.5
六、交通和通信	1 960.6	428.7	28.0
七、教育文化娱乐服务	1 878.4	−48.7	−2.5
八、其他商品和服务	516.7	147.6	40.0

数据来源：武汉市统计局网站。

(二)加强文化消费引导，实现从资源到产业的武汉文化梦

武汉文化资源非常丰富，为发展文化产业提供了良好的基础条件。在国家大力推动文化大发展大繁荣的背景下，武汉应该抓住历史机遇，大力发展文化产业和实施“国家文化科技融合创新工程”，进一步深化文化体制改革，充分发挥武汉市的文化资源、人才资源和科教资源优势，推动文化与科技的深度融合，做大做强武汉东湖国家文化科技融合示范基地，加快新兴文化业态发展，健全和完善文化市场体系，开创文化科技融合发展的新模式，提升城市软实力，为国家中心城市建设和中西部文化产业发展提供引领和示范。

引导和提高市民文化消费能力，对于文化产业健康发展具有重要意义。2013 年，武汉市委市政府鼓励文化消费的政策和措施陆续出台，搭建起了有效对接文化消费的平台。2011 年 3 月，武汉市首个 24 小时自助图书馆问世，提供全天候自助借还书、自助办证、自助查询图书馆资源等服务。全年建设的首批 25 个全天候自助图书馆，分别布局在大型社区、机场、地铁、中心公园、文化广场、大型商业街等人流密集的公共区域。2013 年，武汉市已实现武汉图书馆、市少儿图书馆、24 小时自助图书馆服务机及 14 家区级图书馆之间的通借通和服务网络，建立起便捷、高效的公共图书借阅服务体系。“艺术之城”与“读书之城”建设同步推进。武汉市还将通过实施“文化消费一卡通”工程，让更多市民走进剧场，逐步培育壮大武汉市演出市场。

1.加强市民消费文化教育,提升文化消费意识和能力,保障文化民生

著名的消费文化研究学者尹世杰认为:消费文化就是消费领域中人们创造的物质财富和精神财富的综合,是人们消费生活方面各种创造性活动的升华和结晶。随着经济的发展和社会生活水平的发展,人们对文化消费的关心程度也在提高。武汉作为教育强市、大学之城和传媒大市,要充分利用丰富的教育资源和大众传媒,大力提高市民的文化消费素质,普及消费文化,激发消费潜力。在各类各级学校和社会教育活动中融入文化消费内容,通过文化五城建设,塑造文化消费氛围,提升市民文化消费意识,引导市民由被动到主动、由低俗到高雅,由习惯于免费到主动付费的转变,从而扩大文化消费的范围和质量,让具有正能量的文化产品占领消费市场。

此外应该健全文化消费政策,建立健康消费的机制,设立合理的文化产品价格引导体系,积极增加城乡居民收入,适时发放文化消费券等福利,不断激发文化消费市场,保障低收入群体的文化民生。

2.实施文化品牌战略,提升优秀传统文化的传播能力,激发文化需求

文化产业投资额巨大,投资回报期长,很多中小企业融资困难,销售渠道受限,因此政府应该采取一定措施,帮助企业拓展融资渠道,鼓励各种社会力量参与文化事业的建设和文化产业的发展,并引导文化产品的生产者积极提供具有正能量和接地气的文化产品,努力满足不同地区、不同层次的消费者日益增长的文化需求。加强传统文化与现代科技的融合,培育新的文化业态,开发文化与科技融合的产品、打造文化科技融合龙头企业,提升武汉文化产品附加值,推动武汉文化产品和文化服务走出去,建设中国文化中心城市。

文化消费是文化产业发展的内在动力,没有文化消费的需求就没有繁荣的文化市场。因此一方面应大力提升文化产品质量和服务,激活文化消费市场。另一方面也应根据时代发展的需求,打造智慧城市,大力发展数字文化产业,形成新的消费增长点。此外,更应该挖掘武汉特色文化资源,打造武汉特色文化品牌,吸引更多海内外消费者。

文化产品物流基地和文化交易市场是文化消费的重要场所,是文化产业链的重要环节,应根据武汉实际和市场需求,建设一系列全国性、区域性的文化产品物流基地、交易市场和展览中心,并积极开发网络交易平台,建立出版物发行网络、广电网络、演出院线网络、文化消费一卡通等完善的文化服务平台,利用

互联网等新媒体，构建老百姓放心的新兴文化市场。

3.加强文化公共服务体系平台建设，组建文化发展集团，增强公共文化产品的有效供给

经济的发展必然带动文化的繁荣。随着武汉经济的发展，公众对优秀文化产品的渴求相当强烈，但对动辄几百元乃至上千元的豪华门票令人望而却步。昂贵的票价阻挡了大多数市民文化消费的热情。面对琳琅满目的文化产品供给，在公众心中，符合他们实际消费水平和承受能力的产品依旧是“稀缺”资源。因此，武汉文化市场目前的主要矛盾是有效供给不足。这就要求依托政府的力量和“文化五城”的建设，逐步建立覆盖全武汉的公共文化服务体系来保障人民的基本文化权益，发展文化产业丰富武汉人民文化生活。政府应该转变职能，从管理转向引导，使市场能够更好地发挥主导作用。过去文化市场的管理主要是行政审批和行政处罚，今后应采用“软”的手段来引导市场的发展。

对于武汉的广大基层和农村地区，由于长期的城乡发展不平衡，公共文化事业落后，文化消费比例很小，因此需要由政府主导，通过政策倾斜和制度性安排来实现公平。首先要加大对基层和农村的文化投入，着力解决看书、看戏、看电影等难题，投资建设图书馆、阅览室等文化场所，建设功能齐全、适合农民需求的文化站馆，培养具有现代意识的新型农民，为农民提供更多健康的公共文化服务。其次要保护好农村传统文化，将提高农村文化水平和非物质文化遗产等民间艺术文化的传承结合起来并赋予新的时代元素，以农民喜闻乐见的方式加以展示。此外，还应鼓励农村因地制宜发展特色文化，让农民成为文化建设的主体，培养一批农民艺术家、文化专业户、扶持农村演出市场，让农民自己参与文化建设。此外可以大力发展农村文化旅游，发展新型观光农业，扶持农家乐的建设，让农民既成为农村文化遗产的保护者又成为农村文化建设的受益者。

4.进一步加强文化消费的引导和监管，保障文化健康发展

文化消费具有两面性：科学健康的文化产品、文化服务和文化消费能够对人们产生积极影响；反之则对人们产生消极影响，特别是对未成年人毒害很大，容易让他们的世界观、人生观和价值观发生扭曲。扩大文化消费，要正确认识和处理好社会效益和经济效益的关系，简单地把文化发展等同于文化产业增加值，把文化工具化、商品化、低俗化、快餐化。在发展文化产业和文化服务、促进文化消费的过程中一定要把社会效益放在首位，坚持社会主义先进文化的前进方向，大力加强监督管理，引导文化工作者坚持正确的文化立场，为人们提供科

学健康的文化产品和文化服务；引导消费者增强是非观念和辨别能力，抵制庸俗低级的文化消费。一是要借助教育和媒体的力量，在全社会提倡高品质的、富于文化内涵的生活方式，这是扩大文化消费的基本保障。二是规范市场主体，给予民营文化公司以市场平等待遇，同时反对垄断和恶意竞争行为，对于危害人民群众的生产经营者施行一票否决。三是建立文化产业管理法律体系，做到有法必依。四是实行内容分级制度，竞争法则由市场定夺，日常管理权转由民间力量代行，这不仅是中国文化内容监管可资借鉴的思维，也是社会转型期内武汉市各级政府寻求制度变革突破的理想途径。五是加强打黄扫非和版权保护，并建立长效机制，净化文化消费环境。六是引导经营主体合理定价，完善价格体系建设，并加强消费投诉机制。七是设立文化产业扶持专项基金，加大对中小企业、基层群众和农村的扶持力度。

总体而言，武汉市近年来经济发展势头良好，2013 年 GDP 达 9 051.27 亿元，已经重新进入全国前列。而反观文化产业，“短板”现象不容忽视。2013 年文化产业增加值 263 亿元，占 GDP 比重仅为 2.9%，这和国家中心城市应有的文化地位极不相称。因此必须打造骨干文化企业，加强公共文化服务平台建设，提供更多优质的文化产品，不断促进文化消费，唯其如此，才能破解文化产业发展的困局。

（本文在写作过程中得到华中师范大学国家文化产业研究中心和武汉市委宣传部改革发展办相关领导、专家的大力支持，在此深表谢意）

（华中师范大学国家文化产业研究中心：蒋海军、秦璇）

第十三章
长沙：文化消费与文化贸易助推文化创意产业发展

一、2013年长沙市文化建设创意产业发展概况

二、2013年长沙市文化消费与贸易发展实态分析

三、长沙文化消费与贸易对文化创意产业发展的影响分析

四、长沙文化消费与贸易促进文化创意产业发展典型案例

五、长沙文化消费与贸易促进文化创意产业发展前景

长沙是国务院首批公布的24个历史文化名城之一，也是一座充满灵气、活力和独特魅力的创意城市。湖湘文化源远流长，创意产业发展迅猛，文化品牌效益彰显。2013年，长沙市深入贯彻党的十八大和十八届三中全会精神，以创作、创造、创新为根本手段，以文化内容、创意成果和知识产权为核心价值，以高新技术为重要支撑，以文化消费与文化贸易为拉动，大力发展文化创意产业，在广播影视、出版发行、演艺娱乐、动漫游戏、文化旅游等领域形成全国性优势，“区域性文化创意产业中心”逐步形成。长沙的文化创意产业不断向高端化、数字化、网络化和信息化发展，并不断增强城市的文化软实力，提升城市的品位和核心竞争力。

一、2013年长沙市文化建设创意产业发展概况

党的十七届六中全会以后，长沙市委市政府确定了建设国际文化名城的宏伟目标，制定颁布了《关于推进国际文化名城的意见》、《长沙建设国际文化名城战略纲要》①，在建设国际文化名城战略的引领下，长沙的创意城市建设被放到了“两型”社会建设的大格局中把握。2013年，长沙大力扶持文化创意产业发展，文化创意产业各项经济指标表现出色，为“两型”社会建设创造了良好的文化环境。

（一）长沙扶持文化创意产业发展的基本政策

长沙市委市政府于2012年初制定了《长沙市文化创意产业发展规划

① 中共长沙市委办公厅，长沙市人民政府办公厅．长沙建设国际文化名城战略纲要[Z]，2012－01－16.

(2012—2015)》[①],并出台了一系列支持文化产业改革发展的有关优惠政策;2013年又出台多项支持文化创意产业发展的政策,为文化创意产业的新一轮发展提供了政策保障。

1. 财税支持政策

财税支持政策是长沙引导文化创意产业发展方向的重要手段。各项财税优惠政策的贯彻实施,为文化创意企业发展提供了坚实的财力保障,对文化创意企业的发展发挥了积极的推动作用,促进了长沙文化创意产业大发展大繁荣。

从2012年起,长沙市决定加大对文化产业财政支持力度,明确市级文化产业引导资金由每年2 000万元增加到1亿元,并随财政收入的增加逐年递增;同时要求各区县(市)文化产业引导资金每年不低于3 000万元,另设立文化事业发展专项资金。2013年,根据《长沙市文化产业引导资金使用管理办法》(长财教〔2011〕11号),通过公开申报,经过初审、实地审核、会审和专家组评审后,长沙共对172个项目给予扶持。项目分为重大项目、重点项目和一般项目三类。申报贷款贴息的项目,根据实际贷款利息发生额和项目性质综合确定扶持金额;申报投资补助的项目,重大项目扶持金额为50万~80万元,重点项目扶持金额为30万~50万元,一般项目扶持金额为10万~20万元。

长沙市贯彻落实湖南省《关于支持经营新文化事业单位转企改制和文化企业发展的若干政策》精神,凡省级以上文化创意产业园区(基地)比照高新技术开发区给予政策扶持。在各类园区新办文化创意企业,被认定为高新技术企业的,减按15%的税率征收企业所得税;对文化产业园区内的文化企业、文化从业人员实施企业所得税、个人所得税、增值税等税种的减免或先征后返等优惠政策,并进一步降低图书、报纸、杂志、音像制品销售的增值税税率。

2. 园区建设政策

园区集群化是长沙支持文化创意产业发展的重要举措。园区是文化创意产业发展的重要平台和载体,是文化创意产业专业化、集聚化的必然选择,园区建设是增强产业发展实力的重要推手。2013年7月19日,长沙市召开文化产业园区建设工作大会,下发《长沙市文化创意产业园区发展规划纲要(2013—2020)

① 长沙市文化创意产业发展规划[N]. 长沙晚报,2012—03—21.

征求意见稿》,提出争取到2015年,长沙文化创意产业园区总产值达到2 000亿元,将长沙打造成“区域性文化创意产业中心”,到2020年,建成世界级的文化创意产业重镇。根据征求意见稿,未来长沙文化创意产业园区发展的大格局是“两区两带两主线”。“两区”是环岳麓山原创艺术与动漫游戏产业区、环青竹湖影视传媒与湘绣艺术产业区;“两带”是沿浏阳河民俗文化与现代创意产业带、湘江东岸新闻传媒与娱乐休闲产业带。同时,长沙开展了文化产业园区核查清理,对功能相近、定位相似的园区进行了适当整合。

3.科技促进政策

科技促进政策是长沙文化创意产业发展的重要工具。科技可以提供创新能力,发挥对现代文化产业的支撑引领作用、对传统文化产业的升级提升作用,从而推动长沙文化创意产业的快速发展。自2008年以来,长沙市科技局设立了长沙市科技重大专项、专项资金等,针对长沙市重点领域、重点产业的重大科技需求和战略性新兴产业发展方向,开展重大关键技术攻关、重大成果转化、科技创新平台建设等。2012年5月长沙市成为首批国家级文化和科技融合示范基地,基地建设立足长沙,辐射株洲、湘潭、益阳、衡阳、岳阳五市,促进全省文化科技的不断融合,推动长沙文化科技事业发展。2013年10月17日,该基地建设领导小组第一次会议召开,研究和讨论了《长沙市文化和科技融合示范企业认定管理(暂行)办法(送审稿)》和《长沙第二批文化和科技融合示范企业认定工作方案》,将文化和科技融合纳入文化创意产业发展的重点工作。截至2013年底,长沙市已建有各类公共技术服务平台6个和动漫基地2个。

4.融合发展政策

融合发展政策是长沙实现文化创意产业跨越式发展的重要路径。文化创意产业具有较强的综合性、渗透性和关联性,拥有与多个产业相融合的基础和空间。文化创意产业与相关产业融合发展,是推动文化创意产业快速发展、转变经济发展方式、实现相关产业升级的迫切需要。为深入贯彻落实市委十二届六次全会精神和长沙“六个走在前列”的总要求,促进全市现代创意产业快速发展,加快传统文化产业转型升级,2013年制定出台了《长沙市文化产业加快转型创新发展实施产业倍增五年计划》,其中就产业融合提出了新的要求。一是形成文化与科技、旅游、金融融合发展综合效应;二是形成优势产业与产业链延伸规模效应，实现集群集约发展，以龙头企业为核心延伸产业链条，有效实施产业整合，推进以产业链为基础的产业集聚；三是形成文化元素与城市品质提升联动效应，认真落实市委市政府《关于推进国际文化名城建设的意见》，自觉将文化建设和城市品质提升相结合，使城市经济文化发展更加协调。

（二）长沙文化创意产业主要经济指标分析

2013 年，长沙市致力于优化文化创意产业运行的制度环境、融资环境，完善市场机制；规范主管部门的职能、权限以及工作流程；加大文化创意产业金融扶持力度，推动文化创意企业的融资渠道多元化建设；加速文化市场体系建设，加强外部监管和调控，尤其是从法律法规层面深化文化体制改革，为长沙文化创意产业的新一轮发展打通了政策通道。在这个背景下，2013 年长沙文化创意产业各项经济指标表现出色。产业经济指标是反映产业运行态势和发展情况的晴雨表，对经济指标的分析不仅能够直观地了解产业发展情况，而且在进行产业分析的过程中可以较全面和宏观地把握产业发展的态势。

1. 生产总值

总体来看，近年来长沙市文化创意产业总产值和增加值均保持稳定上升趋势（见图 13－1、图 13－2）。据统计，2009 年，长沙市文化创意产业的经济规模和贡献率在全国省会城市中仅次于广州与杭州位居第三，文化产业成为长沙支柱产业的地位不可动摇。2011 年，长沙文化创意产业总产值 1 041.75 亿元，增加值 488.92 亿元，占 GDP 比重 8.7％，总体规模和 GDP 占比在中部省会城市中均排名第一；2012 年，长沙市文化创意产业总产值约 1 250 亿元，增速为 20％，文化创意产业增加值达 587 亿元，进一步巩固了文化创意产业千亿级产业地位；2013 年文化创意产业总产出亦呈持续上涨态势。

2. 发展速度

近几年长沙市文化创意产业发展速度迅猛，文化创意企业数量逐年增多，文化创意企业规模和收入保持持续上涨。2009—2012 年，长沙市从事文化创意产业活动的各类经营单位数量分别为 49 962 个、56 213 个、62 200 个、70 142 个，年增长率达 11％以上（见图 13－3）。截至 2011 年底，全长沙市共有规模以上（主营业务收入 500 万元以上）文化用品、设备及相关文化产品生产的工业企业 566 家，限额以上（批发企业主营业务收入 2 000 万元以上，零售企业 500 万

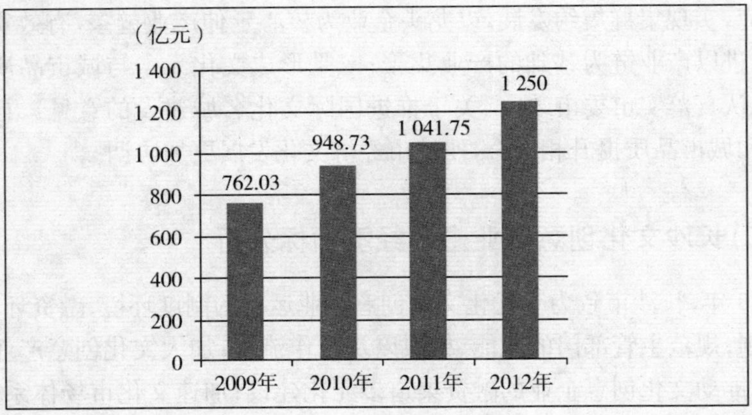

图 13－1　2009－2012 年长沙市文化产业总产值

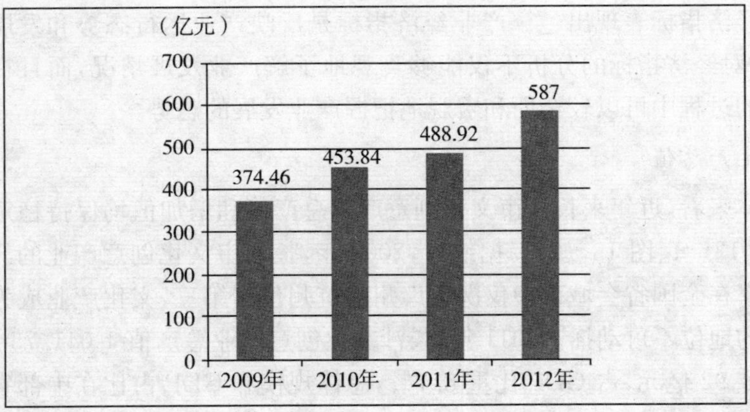

图 13－2　2009－2012 年长沙市文化产业增加值

元以上）文化用品、设备及相关产品销售的企业 90 家，年营业收入超过亿元的文化服务业单位 56 家①。

3. 经济贡献

文化产业成为长沙最具活力和潜力的支柱性产业之一，其经济规模和贡献率在全国省会城市中也名列前茅。文化产业对全市经济发展的贡献逐年增大，2009—2012 年，长沙文化产业上缴税收分别为 58.7 亿元、62.8 亿元、67.4 亿

① 文化强市百城行·长沙：软实力 硬道理[EB/OL]. 光明网，2011－10－17.

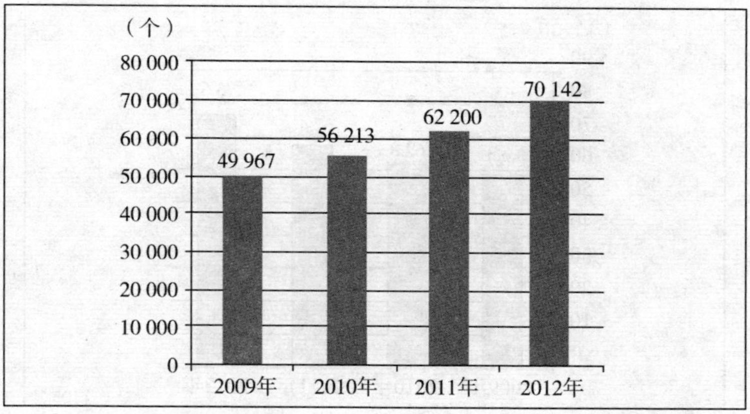

图 13－3　2009－2012 年长沙市文化企业数量

元、76.6 亿元(见图 13－4)。2012 年(76.6 亿元)为 2004 年(14.2 亿元)的5.4 倍左右①。2013 年,在对区域经济的贡献方面,长沙文化创意产业占长沙市区 GDP 总量的比重逾 10%,高于全省近 5 个百分点,在全省文化创意产业总量的占比超过一半,长沙文化创意产业对经济增长的贡献率和上缴税率稳步提高。随着文化产业总体规模的扩大、领先优势的巩固和经济贡献的提高,长沙经济的发展迎来了新的突破。

4. 产业联动

2013 年,长沙宣传文化系统加快推进文化与金融、旅游、科技的融合,重点发展影视传媒、动漫游戏、文博会展、创意设计等新型业态;配合相关部门在城市规划建设中融入文化元素,深化文明城市创建,塑造全国文明城市升级版;通过市民教育、文艺创作、营造氛围等多种方式,将生态文明理念宣传、环境文化传播、生态道德培养贯彻于两型社会建设中去;以国家公共文化服务体系示范区创建为抓手,实现好、保护好、发展好人民群众的文化权益;加强思想政治工作和思想道德建设,强化阵地导向管理,提高舆论引导能力,为全市社会和谐稳定营造良好舆论环境。

① 中共长沙市委宣传部,长沙市社会科学院. 2011 年长沙文化产业发展报告蓝皮书[M]. 长沙:湖南人民出版社,2011.

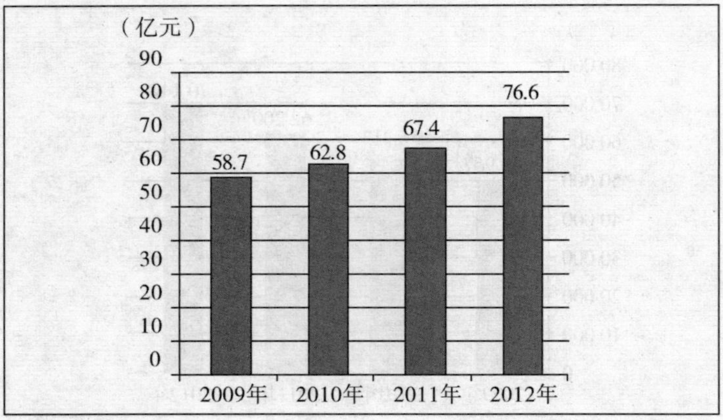

图 13—4　2009—2012 年长沙文化产业上缴税收情况

5. 就业促进

长沙市文化创意产业内涵丰富，门类众多，发展繁荣，提供了大量的就业岗位，带动了大量人员就业，从业人员数量逐年增加，为维持稳定良好的社会环境贡献力量。长沙市文化创意产业从业人员从 2009 年的 47 万人稳步上升到 2012 年的 53.7 万人(见图 13—5)。其中 2012 年文化创意产业从业人员占全社会从业人员的比重为 12.0%，占第三产业从业人员的比重为 28.3%[①]。2013 年全市文化创意产业从业人员的数量持续增长。由此可见，文化创意产业已成为长沙市重要的就业渠道，发展文化创意产业成为缓解就业压力的主要出路之一。

(三)长沙文化创意产业发展的社会影响

长沙文化创意产业率先崛起的原因，首先缘于湖湘文化，同时又在反哺湖湘文化。湖湘文化的精髓是"经世致用、敢为人先"，在这种文化传承的熏陶下，形成了长沙人崇尚时髦、享受生活、热衷于各种娱乐文化的消费特点和习惯，成为长沙文化创意产业发展的源动力，同时又为长沙的社会发展创造了良好的文化环境。

① 2012 年长沙文化产业发展报告[EB/OL]. 湖南统计信息网，2013—10—14.

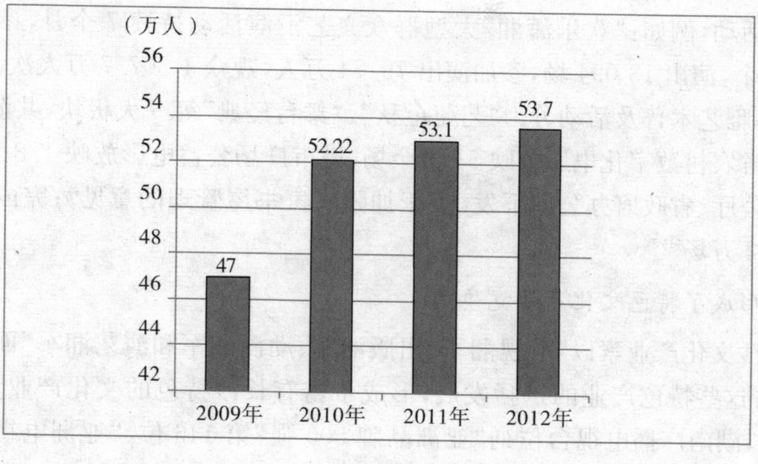

图 13-5　2009-2012 年长沙文化产业从业人数

数据来源：长沙统计局官网。

1. 坚守了主流价值传播阵地

2013 年，长沙文化战线坚持以人民为中心的工作导向，为人民大众提供了许多高质量的精神文化产品和服务。例如：2013 年 11 月，由湖南卫视推出的专题栏目《县委大院》，将目光聚焦于一批始建于 20 世纪五六十年代、至今依然老旧古朴的县委大院，传递出了共产党人一切为了人民的执政风格。又如：由中央电视台、湖南广播电视台、湖南和光传媒有限责任公司等联合出品的史诗大剧《毛泽东》，从 2013 年 12 月 25 日晚在央视一套和湖南卫视黄金时间段联合播出。播出期间，收视与口碑齐飞，观众在见证伟人成长、历史变幻的同时，也被毛泽东求学之若渴、交友之重义、胸怀之博大、信仰之坚定的“时代缔造者”风采深深感动。从索福瑞提供的收视数据显示，央视一套播出的《毛泽东》在全国同类时间段的收视率一直排名第一。

2. 构筑了公共文化服务体系

2013 年，长沙成为首批国家公共文化服务体系示范区，形成了独具特色的公共文化服务体系新格局。一是加大对公共文化建设的资金投入，公共文化建设累计投入资金 60 多亿元。二是大力建设公共文化设施，如广播电视“村村通”完成 50 万户盲村用户通广播电视任务；广播“村村响”在 24 个县建成乡镇广播站 300 多个、村广播室 2 684 个，安装高音喇叭近 3 万只。三是广泛开展群众文化活动,例如:"欢乐潇湘"大型群众文艺汇演活动持续7个月,参演节目13.8万个,演出13 094场,参加演出79.74万人,观众1 607.7万人次。"雅韵三湘"高雅艺术普及活动分为"艺苑金秋"、"舞台经典"等5大板块,共演出181场。全省农村数字化电影放映51万余场,城市广场公益电影放映1.8万多场;省委办公厅、省政府办公厅下发《关于加强农家书屋管理的意见》;完成送戏下乡近1.2万场①。

3.形成了特色文化产业竞争力

长沙文化产业素以"电视湘军、出版湘军、动漫湘军和演艺湘军"而闻名全国,随着这些特色产业的迅猛发展,形成了富有长沙特色的文化产业竞争力。2013年,湖南广播电视台位列"亚洲品牌500强"第146位、"亚洲电视十强品牌"第五位,较2012年第一次入选该榜单后,总排名和排位都有所上升;湖南出版集团与湖南教育电视台、民主与建设出版社达成战略合作,中南传媒获评全国首届数字转型示范单位。在第九届深圳文博会上,湖南共有28个文化产业项目完成现场签约,所签投资总金额达329亿元。"港洽周"之"湘绣湘瓷艺术精品展示拍卖活动"成交率达70%。湘窖、酒鬼等知名湘酒是湖南文化特色产业之一,其中湘窖1 700亩绿色生态酿酒园已成为国家4A旅游景区,其酿酒工艺也是宝贵的非物质文化遗产。

4.提升了文化精品的强大供给力

长沙广播电视业以《我是歌手》、《爸爸去哪儿》等为代表的电视娱乐节目,处于全国领跑的地位,引起了一波又一波的收视热潮。影视方面,首次展现毛泽东与齐白石两位湖湘巨子交往故事的大型传记电影《毛泽东与齐白石》于毛泽东同志诞辰120周年前后上映。2013年10月,湖南省湘剧院的湘剧《谭嗣同》获得第十四届"文华奖"文华优秀剧目奖,该剧自2011年演出以来,已在省内外演出100余场,塑造的血性男儿谭嗣同,获得领导、专家及观众的一致好评。出版发行方面,定王台书市作为全国六大书市之一持续兴旺;长沙出版物交易中心为全国经营面积最大、设施最完善的出版物交易市场。湖南省有史以来最大的出版工程和重大公共文化项目——《湖湘文库》编纂出版工程于2013年10月圆满完成。牧铃、邓湘子的儿童小说《影子行动》、《像风一样奔跑》获第

① 李国斌.文化湖南 精彩纷呈——2013湖南文化发展综述[N].湖南日报,2014-01-16(4).

九届全国儿童文学奖。文博会展业方面，长沙先后举办了八届中国原创手机动漫游戏大赛，以“指尖世界成就梦想”为主题的2013年中国（长沙）首届手机文化产业博览会吸引了500多家企业参展。

二、2013年长沙市文化消费与贸易发展实态分析

长沙文化服务体系的进一步完善和文化创意产业总体水平的提升，带来了长沙文化消费的稳步增长和文化贸易的结构多元化。经济发展、政策支持与文化繁荣的关系进一步密切，三者相互促进，互为支持，推动长沙文化创意产业长足发展和居民文化消费水平不断提高。一方面，经济发展与政策支持，为文化创意产业的发展提供了良好的经济环境和资金支持，文化创意产业的发展又进一步带动了文化创意产业上下游产业链的发展，为经济发展提供动力。另一方面，文化创意产业的进一步发展和文化市场的进一步繁荣，为居民文化消费能力的提高和文化贸易的发展提供了经济条件与消费选择。长沙文化贸易与文化消费呈现出总量稳步增长、结构更趋合理、消费领域不断拓展、消费能力不断增强、消费特色凸显等多重特点。

（一）长沙居民文化消费情况分析

1. 长沙居民消费水平与消费结构

国民生产总值近五年来持续增长。2013年，长沙市前三季度地区生产总值为5 142.90亿元，仅上半年，长沙经济实现地区生产总值为3 235.97亿元，与2012年同期相比增长11.6%，高于全国水平4个百分点。① 长沙市2013年全年累计实现GDP7 153.13亿元，GDP较2012年度增长12%，居湖南14个市州之首，第三产业实现增加值2 915.01亿元，增长12.1%。

近五年来，长沙市社会消费品零售总额逐年攀升。2013年，湖南省社会消费品零售总额为8 940.64亿元，较上年同比增长13.8%，长沙市社会消费品零售总额达2 801.97亿元，居湖南首位，占湖南省社会消费品零售总额的1/3，同

① 覃正爱. 进一步提高长沙文化软实力浅谈[N]. 长沙晚报. 2014—02—17.

比增长14.1%。①居民消费水平伴随全市经济的发展同步提升。

从行业分布情况来看，批发、零售业增长平稳，全年分别增长22.7%和14.3%；受国家限制三公消费等政策的影响，全市2013年度住宿回落5.8%，餐饮业增长7.3%，同比分别下降18.3和7.4个百分点。从主要商品分布情况来看，汽车需求上涨明显，全市全年汽车销售增速同比提升，零售额达到550.4亿元，增长达28.2%，同比上升2.8个百分点；石油类商品销售与2012年相比增速较为缓慢，全年实现零售额197.65亿元，增长22.7%，同比上升1.1个百分点。受金市价格下挫的影响，金银珠宝类商品热销，珠宝类商品销售增长稳健，成为市场消费的一大亮点，零售额同比增长45.1%，同比上升12.5个百分点。②

由此可见，2013年全市居民消费整体呈现增长态势，其中大宗消费品如汽车、金银等商品主要受市场价格影响与居民消费水平上升影响明显，而餐饮、住宿等消费受国家政策影响更为显著，因而呈现下降趋势。

2.长沙居民文化消费水平与文化消费结构

伴随着居民消费水平的提高，长沙居民文化消费水平也得到稳健的增长。长沙文化创意产业的稳步发展是长沙经济发展取得骄人成绩的重要原因，稳定增长的文化消费更为经济的稳定发展做出了巨大贡献，尤其是以传媒产业、动漫产业、出版业、歌厅业等为代表的文化创意产业的发展和文化消费需求的旺盛，为长沙市的经济腾飞做出了卓越贡献。

2013年，全市书报杂志类零售额同比增长20.7%，提升23.7个百分点；电子出版物及音像制品类同比增长137.8%，提升99.1个百分点。近年来，长沙市旅游总收入增长强劲（见图13－6），2013年全市旅游总收入突破千亿元大关，达1 006.3亿元，同比增长28.5%③。截至2013年11月，全省新增院线数量36家，长沙市新增影院12家，院线数量占新增数的33.33%，全省增加电影座位数2.29万个，长沙市新增数量为1.16万个，占比达69.87%。④2013年底，多家院线更是出现一票难求的火爆场面。

① 2013年长沙经济运行情况及2014年展望[EB/OL].长沙统计信息网.2014－01－27.

② 长沙市统计局. http://www.cstj.gov.cn/static/jcndbg/20140127/25167.html.

③ 同②。

④ 湖南省广播电影电视局.2013年1－11月新建城市影院，2013－12－04.

数据表明，长沙市文化消费多元化趋势明显；2013 年报纸、杂志、音像制品等消费增长强劲；此外，旅游、电影等成为市民休闲娱乐的选择。

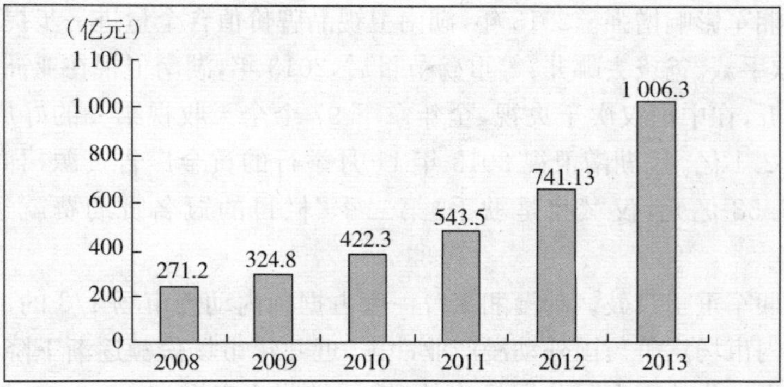

图 13－6　2008－2013 年长沙旅游收入情况

数据来源：长沙统计局官网。

(二)长沙文化贸易发展情况分析

随着长沙文化创意产业总产出的逐年增加，以及文化产品和服务的多样化发展，长沙文化创意产业为文化贸易发展活动提供了雄厚的物质基础。而长沙独特丰富的文化资源以及对外开放理念，又为文化贸易的发展提供了动力。近几年来，长沙文化创意产业贸易总量逐年增加：一方面，通过加强与国内优势企业的合作与交易，文化产品和服务贸易的成果进一步扩大文化产业规模，重点文化创意企业品牌力量日益增强，经济增长和贸易模式实现不断创新，长沙文化创意产业的竞争力、影响力和传播力得到进一步扩大。另一方面，作为国际服务贸易的一个重要组成部分，国际文化贸易已成为当今全球服务贸易竞争的重点领域之一。2013 年，长沙文化创意产业在对外文化贸易中也取得了显著成绩，不仅贸易总额大，而且行业类型涉及出版、广电、演艺、湘绣、动漫、烟花、工艺品、陶瓷等，出口的种类和范围在逐年扩大。

1. 国内文化贸易

国内文化贸易运行情况稳定，文化创意产业优势得到彰显。以湖南卫视为代表的广电湘军，以中南传媒集团、天舟文化为代表的出版湘军，以宏梦卡通集团、湖南锦绣神州影视文化传媒有限公司为代表的动漫湘军，以魅力湘西、红太阳、琴岛演艺为代表的演艺湘军等，在发挥区域优势的基础上，如火如荼地开展跨区域合作。

广电湘军影响增强。2013 年，湖南卫视品牌价值含金量进一步提升。在推出《我是歌手》、《爸爸去哪儿》等重磅节目后，2013 年，湖南卫视在亚洲媒体排行中位列第五，在中国仅次于央视，全年拿下 97 个全天收视第一的好成绩，观众规模超过 2.1 亿。[①] 湖南卫视 2013 年 11 月举行的黄金广告资源招商会上，更是吸金 17.58 亿元，仅“《我是歌手》第二季”栏目的冠名赞助费就达到 2.35 亿元。

动漫湘军重整旗鼓。动漫湘军曾一度占据国内动漫市场 1/3 的市场，但受激烈的国内市场竞争与国外动漫产业冲击，近几年市场份额逐渐下降。湖南锦绣神州影视文化传媒有限公司推出的《锦绣神州之奇游记》于 2013 年 11 月在金鹰卡通频道首播后，目前正在全国 148 个电视台、网站播出，2014 年 1 月上市的同名漫画图书销量已突破 1 000 万码洋。[②]

演艺湘军整合加强。2013 年 12 月 10 日，湖南省演艺集团在长沙成立，演艺湘军力量实现整合。该集团由湖南省杂技艺术剧院有限责任公司、湖南省话剧团有限责任公司等 8 个单位组成，集创作演出、剧场运营、影视出版等功能为一体。[③]成立当日，来自全国各地的 19 家知名企业与湖南省演艺集团在现场签订重大项目合作协议。

出版湘军表现强劲。2013 年在上海举办的上海书展中，中南传媒领军的湖南省内 17 家出版单位、3 357 种展销品，向全国读者呈现出一场华丽的阅读盛宴。[④] 2013 年前三季度，中南传媒集团实现营业收入 49.83 亿元，同比增长 12.94%，实现净利 7.16 亿元，同比增长 14.72%。2013 年前三季度，天舟文化实现营业收入 5 076.59 万元。拓维信息 2013 年前三季季度实现营业收入1.25 亿元，同比增长 19.16%，实现净利 8 527 1 万元，同比增长 8.27%。

---

① 湖南广播电视台台长：明年还会有现象级节目出现[EB/OL]. 中国新闻网. 2013－11－04.

② 动漫湘军又“躁动”起来了[N]. 长沙晚报. 2014－02－22.

③ 湖南省演艺集团挂牌成立[N]. 中国文化报. 2013－12－11.

④ 上海书展，“出版湘军”强势集结[N]. 东方早报. 2013－08－14.

2.国际文化贸易

近年来，长沙进出口贸易量呈逐年上升趋势[①](见图13－7)。2013年，长沙市实现进出口贸易总额98.9亿美元，同比增长13.8%，其中，出口61.6亿美元，同比增长19.2%；进口37.3亿美元，同比增长5.9%。全年贸易顺差24.3亿美元，占外贸进出口总额的比重为24.6%，比2012年提高5.6个百分点；贸易顺差较上年扩大47.3%。

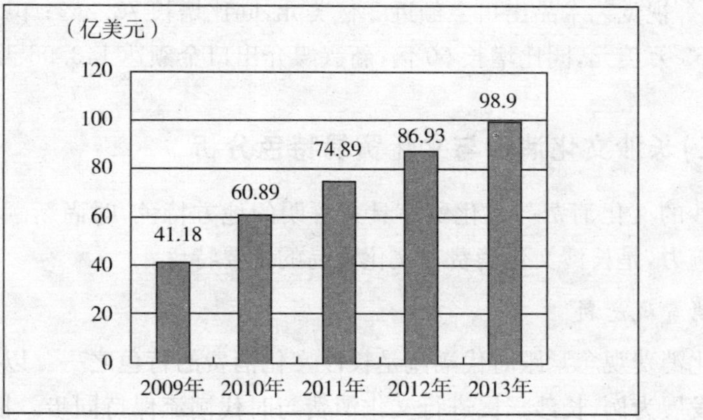

图13－7　2009－2013年长沙市进出口贸易总额情况

数据来源：长沙统计局官网。

文化创意产业领域的对外贸易具有以下主要特征：

演艺湘军冲击世界文化舞台。2013年5月，湖南杂技剧院在湖南省侨联、省文联、省文化厅组织的泰国曼谷“亲情中华·魅力湖南”文化交流活动中担当主角，精彩的演出引起较大反响，当地华人华侨、社会各界人士两千多人观看了演出。2013年，湖南省歌舞剧院院长肖鸣率领的合唱团一行40余人与曼谷知音合唱团60余人，在泰国法政大学礼堂联袂举行“知音会知音——2013曼谷新春演唱会”活动，同样获得当地华侨和各界人士的广泛关注。[②]

出版湘军稳步迈出国门。2010年以来，以中南出版传媒为代表的长沙出版

① 2013年长沙市外贸进出口发展呈现五大特点[EB/OL].长沙统计信息网，2014－01－16.

② “演艺湘军”的全球化冲动[N].中国经济时报，2013－08－26.

业，版权输出品种和出版物出口数量取得佳绩，仅中南出版传媒一家版权输出品种数就达到515项。2010—2012年，中南出版传媒版权输出品种数分别占到191项、166项和158项，中南出版传媒因而被新闻出版总署评为“版权输出先进奖一等奖”，被中国版权协会评为“中国版权最具影响力企业”①。中南出版传媒集团还通过与日本角川、华为、腾讯等公司进行深度合作，逐步打开通往国际市场的通道，稳步开拓国际化市场。

视觉艺术品与新型媒介产品涨幅最大。仅2013年1—5月，浏阳烟花、湘绣、绘画等视觉艺术品出口金额近2亿美元，同比增长73.2%；印刷品出口金额达226.63万美元，同比增长60倍；新兴媒介出口金额达143.96万美元。②

（三）长沙文化消费与文化贸易特色分析

长沙的文化消费与文化贸易具有鲜明的地方特色，时尚新潮、娱乐性强而富有影响力，是长沙文化消费与文化贸易的主要特色。

1.消费观念新

文化消费观念紧跟时代潮流是长沙文化消费的特色之一。以2013年网购的飞速发展为例，长沙居民进行文化消费与时代潮流保持同步。根据长沙晚报针对湖南大学生进行的一项购书调查显示，在接受调查的100名学生之中，53%的学生购书途径是网络购书，而剩下47%的学生则选择实体店购书。③此外，不少家长也表示会选择大型图书网店打折时为子女购书。长沙不少实体书店也都开始尝试开网店，增加销售渠道。长沙酒吧文化、演艺文化、夜宵文化的兴盛，也进一步说明了长沙居民文化消费的观念超前，且注重提升消费品位。

2.娱乐文化强

长沙居民文化消费的娱乐性强可以通过以湖南卫视为代表的电视节目得到充分说明。2013年湖南卫视推出的《我是歌手》与《爸爸去哪儿》不仅收视长红，其收视率一度超过央视，位居全国第一，由节目衍生出来的周边产品也带动了其他文化消费的发展。如《爸爸去哪儿》拍成电影版后，不但深受长沙本地人

① 出版湘军走出国门[N].中国经济时报，2013－08－29.
② 1—5月湖南核心文化产品进出口总额超2亿美元[EB/OL].中商情报网，2013－07－15.
③ 文化消费走“网淘”路线 长沙实体书店式微[N].长沙晚报，2013－07－11.

的喜爱，在全国范围内也备受追捧，上演前期一度出现一票难求的场面。该节目的火爆甚至还带动了旅游业的发展。2013年底至2014年春节期间，以湖南卫视年度综艺收视冠军《爸爸去哪儿》为创意的亲子游，为这一黄金周旅游市场的火爆增彩不少。

3.品牌效应好

以出版湘军、动漫湘军、广电湘军、演艺湘军等文化品牌为代表的长沙文化产品，凭借其扎实的基础和不断探索，在全国乃至全世界形成了较好的品牌效应。长沙作为湖湘文化的聚集地，也吸引了越来越多的来自世界各地的游客。2013年，长沙实现旅游总收入1 006.3亿元，同比增长28.5%，在全国省会城市中排列第7位；全年共接待游客9 602.33万人次，同比增长18.72%。[①]"快乐长沙、宜游圣地"的城市形象日益在人们脑海中扎根。长沙的吸引力除了来自其悠久的历史和深厚的文化底蕴外，长沙文化创意产业拥有的品牌效应是其赢得众多游客青睐的主要原因。

4.影响力巨大

从长沙的文化创意企业情况看，长沙文化消费和文化贸易在全国文化消费和文化贸易的影响力显而易见。全国35家传媒类上市公司，长沙占据4席，分别是电广传媒、中南传媒、天舟文化、拓维信息。湖南卫视收视率常年稳坐国内收视率前三把交椅，以娱乐立台的湖南卫视更是拥有2亿多忠实观众，在全国乃至亚洲的影响力早已声名远扬。2010年上市的天舟文化是我国首家民营出版上市公司，被誉为"民营出版第一股"。浏阳的熊猫烟花更是全球唯一一家烟花业上市公司。中南传媒连续三年位居全国地方出版集团前三名，并被中国出版协会评为"中国最具影响力企业"。拓维信息占有全国手机动漫产业10%的市场。此外，随着我国首批国家级文化产业园区——长沙天心文化产业园、长沙天心广告产业园等的建成，长沙的文化消费与文化贸易能力无疑将会大幅提升。

三、长沙文化消费与贸易对文化创意产业发展的影响分析

文化消费是推动文化创意产业发展的动力。人们对文化娱乐、文学艺术、

① 2013年长沙市旅游收入同比增长28.5%[N].湖南日报.2014-01-10.

体育保健、休闲旅游等精神文化生活的追求是文化创意产业发展的主要驱动力。从长沙的情况看，文化产业发展正从政府推动向市场推动转变，鼓励文化消费是其重要举措。长沙的对外文化贸易处于逆差，文化出口竞争力差，单纯的出口不足以拉动文化创意产业的发展。但对外文化贸易毕竟已走出了国门，其象征意义大于经济意义。

(一)长沙文化消费与文化创意产业发展方式的转变

1. 长沙文化消费方式的转变

为深入了解城乡居民文化生活现状以及对文化消费环境的评价，湖南统计信息网于2013年7月对长沙市城乡居民开展了文化消费状况专项抽样调查。调查结果显示，长沙的文化消费方式发生了众多变化。

一是文化消费趋向科技化、网络化。随着互联网和信息化技术的快速发展及不断普及，人们的文化消费方式也发生了显著的变化。在传统文化消费时代，长沙居民的文化消费活动主要是听广播、看报纸杂志、看电视、去剧院看电影、逛公园、玩棋牌、打麻将等。但随着新闻资讯、电影、音乐等文化形态与网络、电脑、手机、电子设备等新媒体新技术的关系日益紧密，居民的文化消费呈现出高科技趋势。人们可以随时随地在手机等新媒体上浏览新闻消息，进行社交活动，或者实现在线购物等活动，还可以利用新媒体储存海量的文化资源，如音乐、电影、电子书等，网络科技极大地丰富了居民的文化娱乐生活(见图13－8)。2012年末，长沙电话用户共1 196.10万户，其中移动电话用户2007年来以平均每年百万户的增速发展，到2012年总数达到984.50万户，在电话用户总数中所占的比重达到82.3%，是固定电话用户的4.7倍。网络的流行，也使大部分居民尤其是年轻人的文化消费呈现出网络化趋势，长沙市网民规模2012年达到134.30万户，较2007年增加60.58万户。据湖南统计网调查显示，上网已经成为40.1%长沙市居民经常参与的文化休闲娱乐形式。

二是文化消费走向多元化、高级化。随着人们生活水平和受教育水平的提高，长沙市城乡居民的精神文化消费需求日益旺盛，多元化、高层次发展趋势明显。

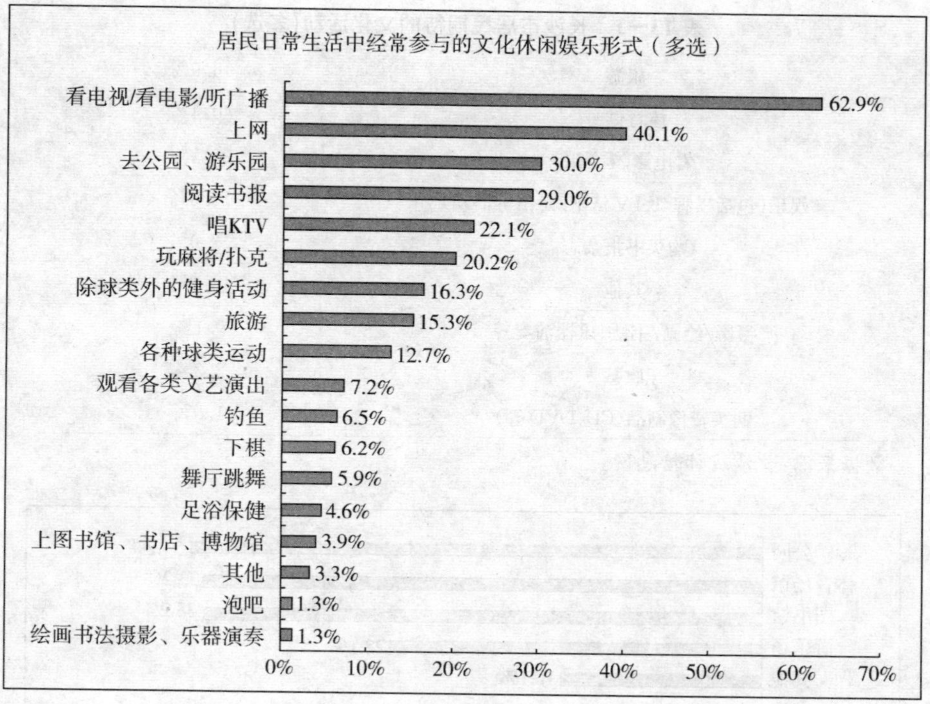

图 13－8 长沙居民日常文化休闲娱乐形式

数据来源：长沙统计信息网。

过去，由于受到经济条件和文化水平的限制，人们对于文化消费的需求和要求相对较低，且可供人们文化消费的产品和服务也较少。如今，人们越来越重视精神文化生活，采取多种多样的文娱活动方式，如旅游、健身、阅读等，来提高自身的文化消费品质。据长沙信息统计网 2013 年调查数据显示，从受访者最期待的文化生活以及最需要的公共文化设施来看，46.9％的受访者最期待的文化活动是旅游，40.4％的受访者最期待的是体育健身（见表 13－1）；34.2％的受访者认为长沙市最需要增加的公共文化设施是公园，33.2％认为是图书馆和体育场馆（见图 13－9），这说明广大群众的文化消费方式已悄然向高层次的发展型、知识型及智能型方向转变。

表 13－1　长沙市居民期待的文化活动（多选）

旅游	46.9%
体育健身	40.4%
看电影、看演出	23.1%
娱乐（包括棋牌/KTV 泡吧/足浴等活动）	16.3%
购买书报杂志	13.0%
其他	10.7%
摄影/绘画/书法、乐器演奏等	9.1%
收藏	2.3%
购买音像制品（CD、DVD 等）	1.0%

数据来源：长沙统计信息网。

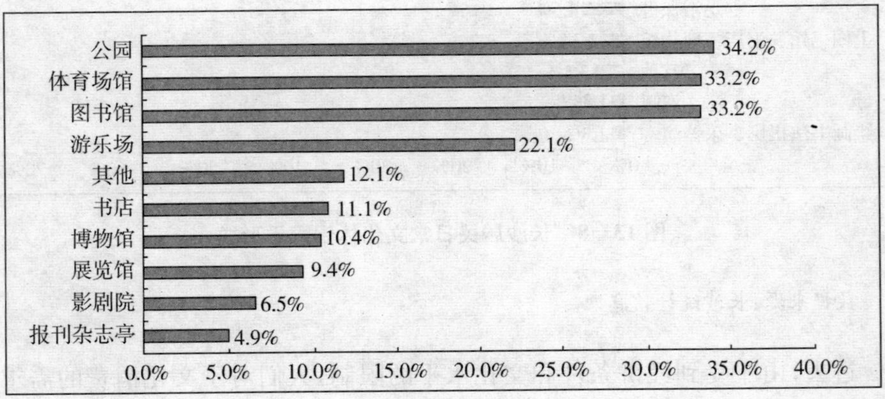

图 13－9　长沙居民认为需增加的公共文化设施（多选）

数据来源：长沙统计信息网。

三是文化消费倾向自主化、积极化。在传统文化消费时代，大多数消费者都是作为观众、听众在外力的驱动下被动进行消费。数字化信息时代以其快捷、便利、即时、互动等优势赋予了大众充足的话语权，让大众能够表达真正的想法，消费者可以自主选择不同的文化项目进行消费。据长沙信息统计网数据显示，在 2013 年的长沙居民文化消费形式排名中，让消费者更能自由表达自己主动意愿的“上网”已从 2008 年的第五位上升到了第二位，几乎过半的受访者在选择影响消费者文化消费项目的因素时，都选择了“个人兴趣爱好”（见

图 13—10)，这说明相对于传统的文化消费时代，长沙居民文化消费的自主性、积极性正在加强。

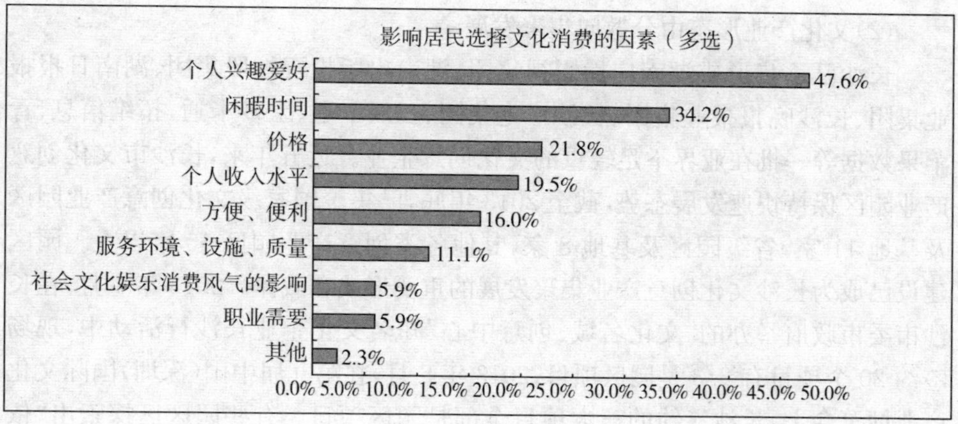

图 13—10　影响长沙居民文化消费的因素

数据来源：长沙统计信息网。

2. 长沙文化创意产业发展方式的转变

消费是生产的动力，消费方式变了，相应的生产方式也会随之改变。文化消费方式的转变必然会引起文化创意产业发展方式的转变，这种转变主要体现在以下几个方面。

(1)传统文化产业插上科技的翅膀

在新媒体、新技术蓬勃发展的今天，人们“喜新厌旧”的程度越来越膨胀，传统的文化产品需要借助高科技来实现自身转型，以满足消费者的新需求。自 2010 年长沙设立文化创意产业科技支撑重大专项以来，长沙的动漫游戏、数字传媒与出版、创意设计、数字旅游等特色文化产业迅速崛起，众多传统文化产业也迅速插上科技的翅膀向文化创意产业方向转型。比如，由于 3G 技术、互联网的发展以及智能手机的广泛应用，很多纸介质的传统报刊业已逐步走向网络数字化，长沙晚报开发了“掌上长沙、长沙晚报数字报、星辰在线”等多款智能手机客户端。科技的魔力使浏阳生产的“奥运五环”、“脚印”、“笑脸”等一系列特效烟花创下国际烟花界多项世界纪录，浏阳也从单纯的花炮原产地，一跃成为全球最大的烟花爆竹生产与贸易基地。长沙的动漫产量一直居全国前列，而拓维信息在动漫领域另辟蹊径，将传统动漫与手机新媒体技术相结合，打造手机动漫。

(2)文化产业形态由分散向集聚发展

长沙已逐步形成湖南广播影视集团、湖南出版投资控股集团、湖南日报报业集团、长沙晚报报业集团、长沙广电集团、三辰卡通、宏梦卡通、拓维信息、青苹果数据等一批在业界举足轻重的文化创意企业。近五年来，长沙市文化创意产业园区保持快速发展态势，截至2013年底，已集聚国家级文化创意产业园区及基地11家，省级园区及基地8家，其他各类创意产业园区10家以上。园区建设已成为长沙文化创意产业集聚发展的重要形式和载体。2013年1月，在长沙市委市政府举办的“文化名城、创意中心”知名文化企业长沙行活动中，现场签约20个项目有2/3是园区项目，2013年5月，在第九届中国(深圳)国际文化产业博览会上，长沙签约的三大项目全部是园区项目。有些园区已探索出“依靠龙头企业，依托网络平台，以产业链为核心，推进产业集聚”的有效路径。依托独特文化资源，实现“特色定位、差异发展”的园区逐步增多，如浏阳河婚庆文化产业园、花炮文化产业园、望城古镇群、宁乡青铜文化、温泉休闲文化产业园等。

(3)文化产业扩张由数量型向质量型转变

以动漫产业为例，全市动漫产业在延续了多年的“独领风骚”势头之后，主动转换发展模式，实现了由数量型向质量型、由单一型向多元型、由传统型向新兴型的转变，提高了效益，扩大了影响。目前，宏梦、山猫等企业都在以《阿凡达》为代表的好莱坞动漫电影等国际水准为目标，策划酝酿打造精品大作，而不再简单追求产品数量和播出时长；“山猫吉咪”以“小故事、大智慧”的特点吸引12岁以下的儿童，寓教于乐，“蓝猫”追求民族文化国际化、故事情节人文化，宏梦突出民族风格，浩丰公司推出水墨画风格的三维动画作品——《国学系列》，动漫作品风格多元化。

(4)文化产业结构由单一向多元交叉发展

长沙市文化创意产业正日益朝着“文化、创意、科技、旅游、休闲、娱乐、衍生品开发及衍生服务”等多元交叉的方向发展，其内容越来越依赖于科技，传播越来越依赖于网络，衍生制造与衍生服务越来越依赖于资本。文化创意产业相应地出现了诸多新型业态，如雨花文化创意产业园区新兴的韩国CJ、上海第一财经、橙天嘉禾、腾湘科技、天闻数码、魅力文化、正奇等10余家龙头企业和200多家中小企业；高开区的国家软件产业基地、国家数字媒体技术产业化基地、国家动漫游戏产业振兴基地则集聚了长城信息、湘邮科技、拓维信息、三辰卡通、威胜集团、创智数码等30多家大型软件骨干企业；天心文化创意产业园区等新兴文化创意产业园区则正朝着现代城市综合体方向发展。

(二)长沙文化外贸与文化创意产业"走出去"

2013年，长沙市通过搭建文化交流展示平台、打造外向型文化品牌、加强对外融资渠道建设、积极开拓海外市场等，将新闻出版、影视节目、文艺演出、动漫游戏、工艺美术等文化艺术推出国门，让世界充分领略长沙历史文化名城和湖湘文化的魅力。

1. 搭建文化交流展示平台

2013年，长沙文化创意产业在中国香港、深圳、台湾、澳门等地分别举办了文化"走出去"专题活动。如在香港举办的"湘绣湘瓷艺术精品展示拍卖活动"，主办方从征集的350余件(套)湘绣、湘瓷作品中遴选出100个拍品赴港进行拍卖。这次湘绣湘瓷首次整体出境展览、首次在香港地区整体拍卖，成交率达69%，成交总额2 600万元人民币。活动结束后，湘绣湘瓷的知名度显著提升。在台湾地区举办的"2013湖南两岸文化创意产业合作周"活动中，湖湘艺术精品展示、湖南电视优秀节目展播、湘台文化产业合作研讨会等都引起了两岸人民尤其是台湾地区民众的高度关心和热情参与。

同时，长沙文化创意产业还把悠久的湖湘文化推向国际舞台，吸取借鉴世界优秀文化成果，加强湖湘文化国际传播能力。"汉语桥"世界大学生中文比赛、张家界国际乡村音乐周、吉首(国际)苗鼓文化节、长沙橘洲国际音乐节、长沙(国际)动漫游戏展等一系列文化交流活动，架起了一座座湖湘文化融入国际、走向世界的桥梁。如"张家界国际乡村音乐周"，有来自五大洲30支乐队参与演出，吸引了成千上万的中外游客。"首届长沙(国际)艺术品博览会"，130多家国内外画廊、艺术公司、美术院校等艺术机构和艺术家，展出绘画、书法、工艺品、陶瓷等当代艺术作品3 500多件。这些大型活动的举办，为提升全市文化创意产业国际化水平和推进长沙文化外贸的快速发展创造了条件。

2. 广泛寻求海外合作

在实施“走出去”战略的同时，长沙市文化创意企业自身也不断拓展国际视野，开拓国际市场，逐步赢得了一定的国际市场份额。如 2012 年伦敦奥运会上 3/4 的烟花由浏阳制造。2013 年 12 月成立的湖南省演艺集团，以杂技和歌舞为重点，加大境外演出市场营销力度，现已确定了奥地利、土耳其、泰国等 10 多个国家和地区的演出，同时，该集团也与美国亚洲文化传媒集团达成合作意向，推进双方的演出项目在中美文化市场运作。长沙的文化创意产业已有一批龙头企业正处在“走出去”快速发展的关键期，多家传媒文化创意企业正在积极开拓国外市场，如湖南卫视的国际频道已覆盖了 38 个国家和地区，中南传媒也与美国、俄罗斯、英国等国家的 100 多个境外出版机构建立了贸易关系，2012 年，中南传媒等 17 家湘字号企业被评为“国家文化出口重点企业”。

为积极推进文化出口、谋求海外合作，湖南省委宣传部联合省商务厅于 2012 年 12 月发布了《关于鼓励和支持文化产品和服务出口的意见》，出台扶持文化出口“十项措施”，为长沙乃至湖南的文化外贸提供了政策保障。自 2012 年开始，长沙海关分别与湖南省文化厅、湖南广播电视台、中南出版传媒集团签署合作备忘录，在国内海关率先为文化企业展开“点对点”合作服务，为长沙和湖南文化企业开拓国际市场提供了有效支持。

3. 积极引进外来资金

为促进长沙市文化与资本的融合，打造更多高端文化创意产品，2013 年，湖南省“中国侨商大湘西考察行”邀请了美国、加拿大等多个国家和地区的 67 位侨商组团对大湘西文化旅游产业专题投资考察，重点推介了 66 个文化旅游项目，部分项目已进入合作洽谈阶段。目前，中国香港是湖南引进外来资金的主要来源地，而长沙又是港资的主要投资地区，湖南卫视和香港电讯盈科、IDG 资本合作成立了“天娱国际”。2013 年 5 月，在第九届中国（深圳）国际文化产业博览会上，湖南 23 个文化项目成功引资签约，总金额达 227.56 亿元，其中，长沙市三大文产项目——长沙（国家）广告产业园一期项目、宁乡方国文化创意产业园项目、宁乡沩山风景名胜区蚩尤文化小镇项目，共引资 82 亿元。

四、长沙文化消费与贸易促进文化创意产业发展典型案例

近年来，随着居民整体消费水平的提升和文化创意产业的蓬勃发展，与长

沙文化创意产业密切相关的文化消费与文化贸易经过试探性发展已独具特色，并涌现了一批新的行业典范，如天舟文化借助文化消费拉动跻身文化新贵行列，新活动传媒通过活动生产价值开拓新产业，天闻数媒借助数媒科技引领数字出版等。2013 年，长沙还出现了科技与文化联姻开创手机文化新业态等具有重大意义的典型事件。

(一)天舟文化:借助文化消费跻身文化新贵

马斯诺需求层次理论认为，人的需求是从低级到高级不断发展的，低级需求得到一定的满足后，必将产生更高层次的需求。在长沙这座文化创意产业发展势头强劲的城市，文化消费作为一种高级需求得到了越来越多的满足，长沙文化消费向着多元化、数字化、科技化、自主化等方向升级，与其密切相关的经济实体也在长沙这片需求旺盛的土地上升级发展。天舟文化股份有限公司在传统图书产业的基础上结合消费者文化需求和移动互联网的发展，不断进行创新尝试、开疆拓土，带着梦想的力量，成功跻身文化新贵行列。

抢占移动网络商机，实现出版业务转型。天舟文化股份有限公司成立之初是以青少年出版物和教育作品为主的文化企业，从创始人肖志鸿先生 20 世纪 80 年代初开办的一个小书店起步，到 2003 年组建公司，2008 年完成股份制改造，2010 年在深圳创业板上市，成为中国民营出版传媒第一股。天舟文化是湖南第一家具有出版物全国总发行资质的民营企业，总资产 6 亿元，年发行量近 6 亿元。2008 年、2010 年连续两届被国家新闻出版总署授予“中国出版政府奖”；2011 年被评为“中国创业板上市公司价值 20 强”，成绩斐然。但是受数字出版和互联网的冲击，图书行业市场整体不太景气，盈利能力也不容乐观，天舟文化也在寻求业务转型。2013 年 8 月 27 日，天舟斥资 12.54 亿元完成对北京神奇时代网络有限公司 100%股权的收购，是其业务转型的突破口，也是其抢占移动互联网商机的突出表现。天舟文化实现了传统出版业与新媒体的融合，在充分利用天舟和神奇时代双方优质内容资源的同时，不仅打造了“线上游戏、线下图书”的新模式，也带动天舟从原有的传统出版物向新媒体延伸。

敏锐捕捉消费需求，延伸图书产业链条。天舟与腾讯共同合作开发《洛克王国》系列图书，以腾讯《洛克王国》游戏社区为主线，赋予其阅读以灵魂和内涵，实现线上线下深度结合。随着《洛克王国》系列图书产品持续热销，市场出现新的需求，经过市场调研和策划，发现小读者比较关心《洛克王国》系列图书需要进一步阐释的情节，急于探究他们不知道的故事，如洛克王国历史、大Bos恩佐其人、上古之战的经过等。凤凰天舟敏锐地捕捉到这个受众的消费需求，开始策划并为小读者推出一套版式和内容都比较新颖的图书，既完善了《洛克王国》中的世界观，也填补了游戏类故事书的空白，最大限度地满足读者的数字阅读需求，延伸图书产业链条，为行业树立了典范。

(二)新活动传媒：以活动生产价值开拓新产业

长沙是创意产业发展较快的城市，有许多著名的文化创意活动，如中国金鹰电视艺术节、浏阳国际烟花文化节、长沙图书交易会、长沙橘洲国际音乐节、长沙阳光娱乐节、长沙国际雕塑文化节等。巨大的市场需要优秀的活动策划公司，因而作为主要筹划者的活动营销策划公司——被媒体与客户誉为“活动湘军”的新活动传媒在长沙顺势崛起，日益引起大家的关注。

活动策划创造价值，开创活动新兴产业。新活动传媒成立于2008年6月10日，是一家致力于活动营销策划、项目包装、文化投资等领域的大型文化传媒企业集团。2009年，公司先后策划了湖南国际旅游节开幕式、茅台全国经销商会议“国酒兴·盛世情”大型文艺晚会等，还在文化理论领域有所发展，先后付梓出版了《非常媒·戒》、《活动创造价值》、《活动的力量——后广告时代的营销突围》等理论著作。2010年新活动传媒迎来了公司的大发展，先后举办30余场活动，并于当年公司迁址韶山南路123号华翼府A座27层；2011年，新活动传媒公司作为长沙天心区重点文化企业和单位，成功获批“2011年度长沙市文化产业引导资金”；经过几年的快速发展，新活动传媒已成为国内知名活动营销策划服务商，被广大媒体和客户誉为“活动湘军”。新活动在发展过程中，不断扩展服务范围，开拓新产业，除策划营销各大活动之外，还涵盖城市营销、商业推广、大型演出、体育娱乐、公益慈善、文化礼品、项目包装等方面，活动遍布中国湖南、北京、浙江、江苏、福建、广东、辽宁、香港、台湾等10多个省市区60多个城市。

有效对接资本市场，不断开发衍生产品。2013年，新活动传媒一方面继续拓展活动营销的业务，成功策划运营了美丽洋湖·李志辉新世纪地理音乐会、“中国梦·湘江情·光彩行”启动仪式，发起“童心守望，祈福雅安”等大型营销及公益活动，并在此基础之上开拓新产业，通过与资本市场的有效对接，加大活动产业链开发力度，积极向宗教文化、新活动礼品、中长期体育项目、活动品牌推广、活动理论研究等活动衍生产业进军，打造以活动为核心、产业链条完整的新型活动产业。2013年6月，新活动传媒投资浙江省旅游项目——盛世莲花国际健康禅文化旅游度假村合作项目，成为新活动传媒继襄阳谷隐释界项目之后着力打造的又一个佛教文化综合体和主题社区。

积极谋求国际合作，重视行业标准建设。新活动传媒还积极谋求国际合作，重视行业规范化、标准化建设。2013年1月，新活动传媒组织优秀员工赴泰国考察文化产业；2月底，副总经理兼媒介咨询中心总经理苏建华代表新活动传媒参加国际节庆协会温哥华分会月度聚会，并与温哥华分会总裁亲切会谈谋求合作。2013年8月，在湖南省演出娱乐行业协会第二届第一次会员代表大会上，通过会议选举，新活动传媒董事长王伟当选为省演出娱乐行业协会第二届理事会副会长。这标志着新活动传媒将继续紧跟协会的步伐，加强自身素质建设，在行业标准化和规范化道路上前行，为实现“建设社会主义文化强国”和“文化强省”做出应有的贡献。

（三）天闻数媒：数字技术让文化传播更精彩

随着信息资源传播方式的转变，新的信息资源传播媒介和载体也在逐步加入并改变着传统出版模式，数字教育、数字营销、数字阅读、数字出版作为新型的传播方式得到了越来越多观众的接受。天闻数媒科技有限公司在此背景下应运而生。天闻数媒成立于2008年，在北京、长沙分别设有分公司，由中南出版传媒集团股份有限公司和华为技术有限公司合资设立，注册资本3.2亿元，定位数字内容全屏服务。天闻数媒科技有限公司依托中南传媒深厚的内容积淀及内容策划生产实力，利用华为雄厚的技术力量及遍布全球的运营商通道，以数字出版及数字内容全屏服务的开发与运营为主营业务，致力于打造一个技术领先、营销导向、产品有竞争力的数字资源出版与运营平台，成为面向全球华语市场的首屈一指的数字资源全屏营销传播运营服务商。天闻数媒是中南传媒数字内容资源的唯一运营主体和数字资源对外合作的唯一窗口。中南传媒于2010年10月成功登陆A股市场，是目前国内市值最大的出版传媒股。中南传媒以经营与投资传媒产业为核心业务，2009年综合实力位列全国出版集团第二，出版传媒主业营收位居全国出版集团之首。华为技术有限公司作为全球领先的信息与通信解决方案供应商，旗下产品和解决方案已经应用于全球160多个国家，服务全球运营商50强中的45家及全球1/3的人口。2011年，华为以年销售额2 039亿元人民币（约324亿美元）的业绩，被评为《财富》杂志世界500强企业。公司已与国内外电信运营商、各类终端厂商、芯片商、软硬件解决方案提供商以及IPTV、CMMB等九类数字营销渠道建立了深度合作关系，并已开发与运营电子图书、手机报、数据库、原创内容网站等多种数字内容产品。

开发优质数字教育资源。2013年，天闻数媒的数字产品Aischool数字化课堂解决方案在第五届中国数字出版博览会上获得最佳作品奖，这是对天闻数字教育发展的肯定。这种肯定首先得益于天闻优质的教育资源，包括全品种的教辅教材、电子教材、作文、科普、美术、音乐出版、动漫资源、大众阅读资源等。其次是其优质教育资源的开发能力：全国有3 000多名骨干教师参与到课件、教参、题库、知识点分析等领域的开发；有博士后工作站及全国教育界专家做引领，在数字教育教学方法、电子书包标准化方面做第一指导。

推出移动办公整体方案。除了在数字教育领域有新发展，2013年天闻数媒又开发了新型领域的数字产品——电子公文包，旨在为政府部门及企事业单位人员打造终身学习的途径。天闻数媒在北京数博会上展示的电子公文包，政企借助它可以用移动终端开会、研讨、处理公文，共享资源，不再需要看墙上的PPT，不必再用举手方式投票，手指轻轻一点即可参与讨论，随时记笔记记要点。该系统包括AiMeeting会议系统、AiClass培训研讨系统和AiLearning学习系统。它还拥有大量丰富的数字图书、数字期刊、数字报纸、音频资源和视频资源，以及海量互联网资源包装成的数字图书馆、课程资源库、精品专题库、行业数据库、专家库等内容产品，是为政府部门及企事业单位量身定做的开放学习、移动办公的移动互联服务整体解决方案。

致力数字内容阅读推广。在大众阅读方面，天闻数媒作为中国移动和阅读、中国联通沃阅读数字内容服务商，通过举办“中国移动手机阅读明星校园行”、“联通沃阅读名家进校园”、“名家签售会”等活动进行数字内容的营销推广。2013年与金鹰网合作，先后举办了“爱在春天”校园行、“最美的时光”校园行、“花开半夏”校园行、“天下霸唱走进新疆医科大”等活动，得到了所在高校的热情响应和踊跃参加，在宣传物料、口播、明星周边产品等方面对中国移动和阅读及中国联通沃阅读进行了全方位的宣传，产生了很好的营销效果。

(四)手机文博会:科技与文化联姻催生手机文化新业态

打造手机文化传播平台。科技与文化联姻,积极探索将数字、网络、移动等各类先进通信技术充分应用到文化传播领域,从而掌握技术传播与文化升级的主动权和引导权,是 2013 年长沙市文化创意产业加快转型创新发展的题中之意。2013 中国(长沙)手机文化产业博览会无疑是科技联姻文化活动的集中体现。手机文化创意产业是以手机等移动终端为主要信息传播平台,进行文化创意产品的生产、消费而形成的新兴文化业态和产业体系,是移动通信行业、网络产业和其他文化产业相融合的产物,是新兴媒介文化创意产业的代表。作为全国首次以"手机文化"为定位举行的博览会,它是全国规模最大、文化内容最丰富的一次手机文化产业展会,受到了国家文化部、工信部以及中国通信行业协会等相关部门的重视,这也是继电视湘军、出版湘军后,湖南长沙锻造的又一支文化创意产业生力军。

展示手机文化产品魅力。2013 手机文化产业博览会以"指尖世界 · 成就梦想"为主题,汇集了小米、魅族、华为、中兴等 500 多家手机生产商和腾讯、新浪、网易、音悦台等应用提供商,现场有 100 个最新应用发布、200 多名行业专家出席、4 万余次的手机用户到场。通过展示手机短信文化、出版文化、游戏文化、音乐文化、影视文化、网络文化、商务文化、生活文化等内容,让手机用户体验手机文化的内涵和魅力。在现场 4G 网络游戏、智能管家远程遥控 4G 机器人、青苹果电子移动阅读平台等手机软件、硬件,不仅让手机用户感受到了 4G 网络"飞一般的速度"和"3D"打印机的神奇,看到了贴上纳米技术手机膜的手机在水中播放视频的奇妙,更能体验到带上谷歌眼镜后有人趴在你肩膀上轻声说话的惊喜。长沙晚报"云报纸"、掌上长沙、星辰在线客户端,以及长沙晚报微博、微信等互动产品也让读者们有全新的体验。这是一场充满激情、梦想、创意和能量的体验,是新技术、新思想、新文化的碰撞,是手机与展会、手机与文化及文化与科技、产业的完美融合。

展现手机文化产业前景。2013 中国手机文化产业博览会落户长沙,首先是对长沙近几年来手机文化建设发展的充分肯定和鼓励,同时也为长沙发展手机文化创意产业提供了难得的机遇和条件。这次手机文博会,也向外界充分展示了长沙在手机数字内容领域包括手机动漫、手机视频、手机游戏和手机应用方面的实力,为吸引广大投资者到长沙投资兴业提供了重要的参考。这次手机文化博览会，也为展示中国手机文化产品、展现中国手机文化前景提供了很好的平台，必将推动长沙乃至全国手机文化创意产业的蓬勃发展。

五、长沙文化消费与贸易促进文化创意产业发展前景

长沙文化创意产业经过近几年的迅猛发展，成效显著。但必须看到的是，长沙相对于北京等一线城市的文化创意产业发展势态，在地理区域、政策扶持、资本运作等方面缺乏优势。同时，长沙现有的文化资源开发不彻底，部分文化品牌形象老化，对广大群众尤其是年轻一代的影响力、感召力下降，不利于优秀文化传统的传承，也不利于在新技术背景下引导创意文化城市建设，更影响到文化创意产业市场的培育和可持续发展。未来几年，要保持长沙文化创意产业的高速发展势头，保持既有优势，必须在也必将在技术创新上有所突破、在文化特色上有所开掘、在为民服务上有所创新。

（一）加强科技融合，推动全面创新

1. 文化创意产业发展模式创新

一直以来，长沙以广电、出版、演艺、动漫为代表的文化创意产业发展势头良好，但问题依然存在，如行业区分明显，没有有效实现资源互补和产业融合，文化产业结构单一等，要实现重点带动、多点支撑的文化创意产业格局，必须创新文化创意产业发展模式，注重融合发展，创新引进“文化＋创意＋科技＋产业化”的发展模式，形成文化与科技、旅游、金融融合效应，形成优势产业与产业链延伸规模效应，实现集群集约发展，以龙头企业为核心延伸产业链条，有效实施产业整合，推进以产业链为基础的产业集聚。

长沙文化创意产业在产业链建设方面，也可以多借鉴吸收本土成功经验，以湖南广电影视为例，创新发展电视内容产业链，将娱乐节目作为产业来发展，不仅扩大了节目影响力，同时还将更多的资源组合在一起，提升了产业链收益，通过招商引资不断扩大产业链规模，制作出更多质量高、效益好的电视内容节目，形成产业内良性循环。长沙文化创意产业应更多地借鉴成功典范，根据产业自身特色进行发展模式创新，发展产业链规模，提升产业链效益，培育大型文化创意品牌，打造属于长沙自己的特色文化创意产业。

2. 文化消费方式创新

与文化产业紧密联系的是文化消费，随着长沙城市居民生活消费水平的不断提升，精神文化消费需求日益多元化，文化消费方式朝着科技化、网络化、多元化、高级化、自主化方向发展。本地特色文化消费，如歌厅、茶室、酒吧、剧场等要紧随文化消费浪潮，推动消费方式创新，大力发展电子商务平台，借助网络购买、移动支付等便利消费方式，推广长沙特色文化品牌，刺激文化消费需求。此外，在消费结构方面，政策与资金可相应地向多元化文化消费模式建设倾斜，大力发展城市居民期待的公共文化设施，如公园、图书馆、体育馆等消费场所，给市民提供新的消费方式、消费选择从而产生新的消费业态，在丰富居民文化生活的同时，提升群众文化消费层次，积极引导城市居民消费向发展型、知识型、智能型文化消费方向转变。

3. 文化品牌意识创新

创新文化品牌，发挥品牌效应，有利于传承和发扬优秀文化成果，有利于冲击世界文化舞台。虽然长沙凭借以出版湘军、动漫湘军、广电湘军、演艺湘军为代表的文化品牌，在全国乃至世界形成了较好的口碑，但是要始终成为影响力较大的文化品牌需要积累与创新，从事文化创意产业的机构与组织首先要从文化创意产品内容上下功夫，以质量塑形象，大力实施文化创意品牌战略。对市场认同度较高的文化品牌，政府要加大扶持力度，例如以岳麓书院、天心阁为代表的传统文化品牌，以"湖南卫视"为代表的传媒品牌，以"虹猫蓝兔"为代表的新业态品牌等，是长沙文化创意产业巨大的无形资产，要树立整体观念，强化创新意识，共同维护和开发品牌产品，避免在恶性竞争的市场环境中造成品牌价值的流失。

4. 文化创意产品内容创新

新媒体时代的文化消费对产品内容有更高的要求，文化产品需不断进行创新和改革，才能满足广大群众的精神消费需求。一方面，国家不断加大投入以提升高科技产品的研发力度；另一方面，文化产品内容自身也将适应信息时代的要求发生相应的创新性转变。

进行文化内容的创新并不是要舍弃传统文化的精髓与血脉，而是用现代意识来观察和开发传统文化资源，沟通中西文化之间的差异。韩国文化以强劲的势头逐步走向世界的根本原因，就在于它一方面立足于本土传统文化，另一方面又不断学习先进文化，然后才能推陈出新，创造出具有现代创意的内容形式。

对于本土文化企业来说，如何以本土传统文化为基础，创造出具有现代意识的内容形式，打造国际文化品牌，增强文化产品的国际竞争力和影响力，将是本土文化创意产业发展的一个方向。

(二)突出地方特色，铸造国际品牌

1. 扩大产业发展规模，转变产业发展方式

长沙文化创意产业应注重突出地方特色，在此基础上，延伸文化创意产业链，促进文化创意产业多元化发展。同时，根据市场需求，合理调整产业结构，转变发展方式，使文化创意产业形态更加集聚、高效，充分利用各种文化和技术资源，研发科技文化产品，促成产业发展方式更加绿色、更加环保。

2. 依托独特文化传统，开掘地方文化特色

依托本土历史文化资源，加强特色文化资源开发，发展特色文化产业，进一步加大政策扶持力度，从财政、金融、税费、人才队伍建设等方面进行支持，打造特色文化品牌。这不仅有利于打造不可复制的特色鲜明的新型文化创意产业，同时能够提升城市形象和城市品位，增强城市的竞争力和影响力，使长沙在全国乃至世界文化创意城市之林脱颖而出。

3. 把握改革开放机遇，推进文化创意产业全球化

把握改革开放的契机，将本土文化创意产业推向世界，是长沙文化创意产业未来的重要发展目标。广电影视文化创意产业、动漫文化创意产业、旅游文化创意产业、休闲娱乐文化产业、数字出版、湘绣湘瓷等特色文化产业等，都是长沙的优势文化创意产业项目，要在市场全球化的今天，将文化创意产品通过多样化的渠道进行传播，学习国际化的文化创意产品研发、生产与传播方式，精心打造具有“湖湘特色、中国风格、国际气派”的文化品牌产品，不断增强优秀民族文化的传播力和影响力。

(三)坚持以人为本，促进和谐发展

1. 贴近群众，树立文创产业发展独特理念

随着文化创意产业的迅猛发展，长沙居民的消费水平和消费结构正在发生重要改变。贴近群众，切实了解广大人民群众的精神文化生活，以大众的消费

需求为导向，才能真正合理地配置产业资源，调整产业结构，转变发展方式，形成科学合理的文化消费圈，使文化产业更好地为人民大众服务，使文化产品更好地满足人民群众的精神文化需求。同时，要有前瞻意识，发展文化创意产业，不仅要能够满足大众的现实文化消费需求，同时还要注意引导、培育和开发大众潜在的文化消费需求，不断开发新产品，创造新价值，开拓新市场，以满足人民群众不断增长的精神文化生活的需要。

2.合理引导，形成和谐文化消费环境

政府部门在支持文化创意产业发展的同时，还要注重合理引导产业发展和文化消费。要以市场调控为主，政府引导为辅，引导文化创意产业健康有序地发展。要注重完善社会生活规范，宣传健康生活方式，弘扬历史文化精神，形成文化消费特色，引导民众树立契合时代发展要求的文化消费理念，形成健康理性的文化消费模式，构建和谐文明绿色的文化消费环境。

（注：湖南大学新闻传播专业硕士研究生王浩、袁明珍、张艺伟、江心培、李欣参与了本报告的资料搜集整理与部分初稿撰写工作）

（湖南大学新闻传播与影视艺术学院、湖南省文化产业研究基地、湖南大学文化创意产业研究中心：彭祝斌、莫梅锋）

第十四章

深圳:贸易扬帆,文化远航,助力“海上丝绸之路”

一、2013年深圳市文化创意产业的发展概要

二、深圳市文化贸易发展的社会环境和文化基础

三、深圳市文化贸易发展现状

四、深圳市文化贸易发展的经验总结及未来展望

在文化创意产业快速稳定发展的基础上，近几年深圳文化产品外贸出口持续增长，文化贸易总额在全国位居前列，深圳现已成为我国对外文化贸易黄金口岸和中华文化“走出去”桥头堡。2014 年 1 月 20 日，经国家文化部批准，深圳国家对外文化贸易基地在深圳报业集团揭牌。深圳由此成为中国第三个拥有对外文化贸易基地的城市。深圳基地的创建，将进一步完善全国布局，汇聚北京、上海、深圳三个“设计之都”能量，引领和带动我国对外文化贸易发展。

一、2013 年深圳市文化创意产业的发展概要

（一）文化创意产业继续保持高速发展势头

2013 年，按照深圳市委市政府的统一部署，市级、区级文化创意产业部门大力推进深圳市文化创意产业振兴发展，在国家宏观调控力度持续加大和国际经济环境复杂多变的形势下，全市文化创意产业积极调整发展方向，狠抓转型升级，继续保持了高速发展的势头，文化创意产业增加值实现 1 357 亿元，占全市 GDP 比重为 9.3%，同比增长约 18%。

2013 年，深圳成功举办第九届中国（深圳）国际文化产业博览交易会，以“贸易扬帆，文化远航”为主线，着力推动文化贸易，出现了供求两旺、交易活跃的可喜局面，共实现成交额 1 665.02 亿元，比上一届增加 229.51 亿元，同比增长 15.99%。10 多个国家和地区超过 40 个海外机构参展，并首次与广交会合作对接，吸引广交会的海外客商参加文博会，国际化程度进一步提高。首次设立文化旅游馆和文化新业态展区，综合性展会优势更加突出。

在政府的有力引导和积极推动下，2013 年，深圳市大力发展以“文化＋科技”为重点的新兴业态，做大做强以创意内容为核心的文化服务业。印刷、高端

工艺美术等一批传统文化制造类企业充分利用高新技术手段，不断强化创意设计环节，推动了传统文化制造业的优化升级。实施了文化创意的重大项目带动产业发展，采用行业集聚、空间集中的发展策略，积极培育建设文化创意产业园区、基地，目前，全市共有市级文化创意产业园区 34 家、基地 20 家，其中国家级文化创意产业园区 1 家、基地 11 家，涵盖了文化创意产业十大重点领域。2013 年，深圳市完成了文化创意产业百强、出口十强、十佳优秀新兴业态企业评选认定工作，着力培育龙头品牌企业。继北京、上海后，成功申办国家对外文化贸易基地，于 2014 年 1 月正式挂牌成立。深圳基地将利用深圳及前海综合优势，在文化进出口政策、文化科技、文化产权交易、文化金融等方面进行创新试点，成为部、省、市文化贸易政策创新试验田。2013 年政府还进一步加大了财政支持文化创意产业发展力度，积极制订、实施文化创意产业资金扶持政策。协调推进金融支持文化创意产业发展，不断拓宽文化创意产业融资渠道。

(二)文化创意产业扶持政策及环境优化的推进

政府进一步细化文化创意产业扶持政策，修订完善文化创意产业专项资金资助实施规程和操作流程，进一步提高专项资金资助工作的安全性和规范性。完成原创研发、贷款贴息、非遗产业化等项目资助工作和配套资助，安排资助金额 2.5 亿元。指导各区制订文化创意产业资金扶持政策，各区相继出台了《福田区产业发展专项资金支持文化产业实施细则》、《盐田区田心国际创意港企业入驻及扶持措施（试行）》、《宝安区文化产业发展办公室关于贯彻落实促转型“1＋5”文件配套操作规程》、《龙华新区文化创意产业发展专项资金管理实施细则》等，光明新区新成立了文化创意产业促进中心。

文博会以博览和交易为核心，全力打造中国文化产品与项目交易平台，促进和拉动中国文化产业发展，积极推动中国文化产品走向世界，已经成功举办了 9 届，其国家级、国际化文化产业博览交易会的品牌已初步建立，对中国文化产业发展的拉动作用逐步增强，辐射力和影响力也越来越广泛，分会场数量从首届的 1 个发展到第九届的 43 个。为了规范文博会分会场认定、管理和考评奖励工作，促进文博会分会场的健康、持续发展，2012 年 3 月制定并印发了《中国（深圳）国际文化产业博览交易会分会场管理办法》。2013 年，根据当前最新文化政策和深圳文博会实际发展情况，对《分会场管理办法》进行了更新和修改，增加了对小微企业集聚发展和新兴业态文化企业的关注和扶持。

为明确文化创意产业园区认定的条件、程度和相关管理工作，2013 年 6 月，深圳制定并实施《深圳市文化创意产业园区认定办法(试行)》。办法指出，申报认定“深圳市文化创意产业园区”应具备八个条件：一是有完整的园区建设和发展规划，并符合深圳城市总体规划和文化创意产业振兴发展规划；二是有明确的行业特色和定位，属于《深圳文化创意产业振兴发展政策》中确定的十大重点发展领域；三是有合理规范的管理机构和运营机制，能够有效组织开展园区的建设、管理和运营；四是有较完善的基础设施和公共服务支撑体系，能为入园企业提供企业孵化、知识产权保护、技术研发、交易推广、融资等公共服务；五是园区实际投资额 1 000 万元以上，建筑面积不低于 1 万平方米，入驻文化创意企业 20 家以上，并占全部入驻企业 60%以上；六是建设和运营管理单位是法人单位；七是取得市发改委出具的社会投资项目核准文件；八是规范运营两年以上，且经济和社会效益显著。深圳市文体旅游局将对经认定的文化创意产业园区实行动态管理，原来的文化产业园区经认定后将改称文化创意产业园区，和全市文化创意产业发展政策相一致；该办法把文化创意产业园区认定单独发文，没有包含以单家企业为主的文化创意产业基地，更加重视文化创意产业的集聚发展。

(三)深圳文化创意产业发展年度大事和特点

1. 成功举办第九届文博会，文化贸易平台作用凸显

第九届文博会以“贸易扬帆，文化远航”为主线，着力推动文化贸易，围绕主题，举办了文化贸易工作座谈会、中国文化产品国际营销年会、文化贸易与文化对外合作促进政策研讨会以及 2013 文化贸易国际论坛。在本届文博会上共实现成交额 1 665.02 亿元，其中，文化产品出口交易额达 123.82 亿元，总参观人数达 479.17 万人次，比上届增加 128.01 万人次，增长 26.72%。专业观众结构进一步优化，专业观众 82.02 万人次，比上届增长近 3 成；海外专业观众 14.52 万人次，比上届增加 1.35 万人次，增长 10.25%。国际化程度提高，来自 93 个国家和地区的 16 347 名海外采购商参加文博会，文化产品出口交易额为123.82

亿元，比上一届增加 8.6 亿元，同比增长 7.46%。①

本届文博会还提供了培育和展示“文化＋科技”、“文化＋旅游”等新业态的平台。综合馆首设文化新业态展区和国家数字出版基地综合展区，16 家首批国家级文化和科技融合示范基地的 60 多家企业集体亮相。首次独立设置文化旅游馆，集中展示了华侨城、香港迪士尼等境外知名旅游企业。首次举办了“百名中国工艺美术大师作品联展”。首次与广交会建立正式合作关系，直接吸引了近 2 000 名参加广交会的海外客商参加文博会。

2. 培育新兴业态与产业转型升级结合，产业结构不断优化

印刷、高端工艺美术等一批传统文化制造类企业充分利用高新技术手段，不断强化创意设计环节，推动了传统文化制造业的优化升级。中华商务、劲嘉、力嘉、九星等印刷行业龙头企业整体发展较平稳；周大生、百泰珠宝、宝福珠宝、翠绿首饰等行业龙头企业都实现了较快增长，同比增长均超 20%。深圳文化旅游引领国内潮流，文化主题公园成为文化旅游的主要支柱，华侨城集团连续三年蝉联主题公园亚洲第一，跻身全球八强。艺展中心与台湾贸易中心、中国欧洲创意产业联盟合作，推动深圳高端工艺美术开拓中国台湾市场、欧洲市场，促进中国台湾、欧洲高端工艺产品进驻深圳工艺美术集聚区。

大力发展以“文化＋科技”为重点的新兴业态，做大做强以创意内容为核心的文化服务业。政府完成了 2013 年优秀新兴业态评选工作，有 10 家企业入选，其中“文化＋科技”4 家，“文化＋创意”5 家，“文化＋旅游”1 家。全市新兴业态企业呈现较快发展的态势。据深圳市文体旅游局文化产业发展处统计显示，设计服务业、传媒业稳步发展，大部分优质企业总体收入呈增长态势，易尚展示、筑博设计、奥雅设计、研成创意、嘉兰图、中孚泰等龙头设计服务企业前三季度收入同比增长均超过 20%。

在第十五届中国国际高新技术成果交易会上，深圳文化企业首次以组团形式参展，并特设文化创意产业展区，展示了在创意设计、动漫游戏、新媒体和文化旅游等文化创意产业重点领域与高科技相结合的最新成果、最新技术、最新产品。

3. 大项目带动和园区集聚相结合，产业规模化、集约化水平不断提升

在政府的有力引导和推动下，深圳文化创意产业采用行业集聚、空间集中

① 以上文博会数据来自文博会组委会。

的发展策略，培育建设了一批具有一定规模和影响力，能起到示范效应和产业拉动作用的文化创意产业园区、基地。2013 年新认定了两批共 10 家市级文化创意产业园区，并对深圳市文化产业园区基地进行了复核，有4 家不符合条件的原文化产业基地被取消称号。目前，深圳市共有市级以上文化创意产业园区 34 家，基地 20 家，其中国家级文化创意产业园区1 家，国家级文化创意产业基地 11 家；区级文化创意产业园区 14 家，基地 3 家。

2013 年深圳市成功申办国家对外文化贸易基地。深圳从 2012 年 9 月开始申办国家对外文化贸易基地，2013 年 12 月，深圳创意信息港正式被文化部命名为国家对外文化贸易基地，深圳成为全国继北京、上海后第三个，华南地区唯一获得文化部此类基地授牌的城市，基地也是深圳继文博会、文交所、中国文化产业投资基金后的第四个国家级文化产业平台，对于打造全国文化贸易高端服务平台，巩固深圳市在全国大中城市中的综合竞争力和文化出口、文化贸易的领先优势具有重大意义，并将成为部、省、市对外文化贸易政策创新的试验田，成为国家扶持中华文化“走出去”综合创新实验区和实践平台。

深圳继续着力培育龙头品牌企业。评选出了新一轮的文化创意产业百强企业和出口 10 强企业。被认定为 2012—2013 年文化创意企业百强的百家企业，2012 年增加值贡献约 340 亿元（比上届百强增长 103 亿元），占全市 2012 年文化创意产业增加值的 29%（比上届百强增长 3 个百分点）。出口 10 强企业中，新媒体及文化信息服务类 4 家，高端工艺美术和高端印刷类各 2 家，文化旅游和动漫游戏类各 1 家。① 据不完全统计，目前深圳文化创意企业中，上市企业和进入辅导期的企业共 25 家。

4. 不断拓宽融资渠道，政府扶持与社会融资相结合

政府加大财政支持文化创意产业发展力度。2013 年市级文化创意产业发展专项资金完成各类文化创意产业项目资助、奖励近 4.4 亿元。各区积极制定、实施文化创意产业资金扶持政策，目前全市共有罗湖、福田、南山、宝安、龙华 5 个区设立了区级文化创意产业发展资金，龙岗、坪山正准备出台相关政策。

---

① 2013 年深圳文化出口 10 强企业分别是：深圳华强文化科技集团股份有限公司、深圳市联建光电股份有限公司、深圳雅图数字视频技术有限公司、深圳第七大道科技有限公司、鸿兴印刷（中国）有限公司、深圳市东方博雅科技有限公司、中华商务联合印刷（广东）有限公司、深圳利亚德光电有限公司、深圳市闲云工艺饰品有限公司、深圳市通明实业有限公司。

据深圳市文体旅游局文化产业发展处提供数据显示，2013年市区两级财政累计完成文化创意产业专项资助约6.3亿元。

协调推进金融支持文化创意产业发展。在2013年，一是与招商银行合作，首创“文创贷”金融服务，2015年前，招商银行将为文化创意企业提供总额最高100亿元的授信。“文创贷”产品针对文化创意产业的行业特征、经营特性量身定制，摒弃了抵押物的要求，弱化了财务报表的判断，聚焦文化企业的核心价值，降低了准入门槛，有效地突破了文化创意企业融资过程中受可抵押物少、抵押折旧率高的制约。二是推进文化企业贷款方式和保险险种多样化。开展了信用贷款、联保连贷、质押贷款等多种贷款服务和文化活动公共安全保险、动漫游戏企业关键人员意外和健康保险、艺术品综合保险等险种资助。67家企业获得贷款贴息，9家企业获保险费资助。三是促成银企合作。政府组织两场银企对接会，成功促成近10家文化创意企业获得贷款。市文体旅游局、福田区政府和北京银行签订了战略合作协议；福田区、宝安区举办了文化投融资洽谈会；罗湖区促成包商银行深圳分行、中国建设银行深圳分行田贝支行与深圳古玩城签订13亿元战略合作协议书。

二、深圳市文化贸易发展的社会环境和文化基础

（一）深圳建市以来的文化发展历程和政策环境优化说明政府对文化的重视

作为我国对外开放的前沿阵地，深圳地处珠江三角洲，毗邻港澳地区、东南亚，商业活动密集，拥有规模庞大的制造业、密集的高新技术企业、强大的国际金融和物流能力，在全国大中型城市保持外贸出口“二十连冠”。

建市以来，深圳的改革开放和现代化建设已经取得了举世瞩目的成就，创造了世界工业化、城市化和现代化的奇迹。但是，从总体来说，深圳的文化发展水平与深圳作为经济强市的地位仍不相称，与广大人民群众对精神文化的迫切需求还存在较大差距，与北京、上海、广州、香港等许多城市的文化积淀和文化发展相比深圳差距明显。深圳市委市政府通过制定科学的文化发展战略，大力支持和积极推进深圳的文化建设，在较短时间内实现了文化的跨越式发展。

大致来说，深圳的文化发展经历了三个阶段。第一阶段是经济自觉、文化起步阶段。在特区成立之初，以大力发展经济为首要任务，文化并不是优先发展的目标。当时建设了博物馆、图书馆、大剧院等基础文化设施，但全社会对文化的重视程度并不高。第二阶段是文化自觉、文化立市阶段。2003年，深圳提出并实施“文化立市”战略，文化成为城市发展的主导力量之一。深圳进一步大力加大文化投入，建成了一批标志性文化设施，完成了文化体制改革试点任务，公共文化服务体系日趋完善，文化创意产业异军突起，并迅速成为第四大支柱产业，城市文化的影响力和辐射力显著提升。第三阶段是文化自信、文化自强阶段。文化在深圳城市发展中的地位不断提升，具备了引领经济发展转型、引领社会风尚和提升城市品位的现实基础，确立了争当文化创意产业领头羊、打造公共文化示范区和当好文化体制改革示范区的目标。目前深圳的文化建设正处在第二阶段完成，向第三阶段迈进的过程中。[①]

政府不断完善体制机制和政策配套，优化对文化企业的服务质量，努力营造良好的文化创意产业发展环境。近年来，深圳市制定了一系列的文化创意产业发展规划和配套的经济政策，以及提供协调、管理、行业指导和相关的公共服务，先后颁布了《深圳市文化产业发展“十一五”规划（2006—2010）》和《深圳市文化产业发展规划纲要（2007—2020）》，率先制定了第一部扶持文化创意产业发展的地方性法规《深圳市文化产业发展促进条例》，先后出台了《关于大力发展文化创意产业的决定》、《深圳市文化创意产业发展专项资金管理暂行办法》、《深圳市鼓励“三旧”改造建设文化产业园区（基地）若干措施（试行）》、《关于促进创意设计业发展的若干意见》、《关于促进和支持深圳文化产权交易所发展的若干意见》等一系列政策措施，并设立文化创意产业发展专项资金，“十一五”期间，市区两级财政共安排文化产业发展专项资金8.5亿元。其中，市文化产业资金从2007年正式运作以来，共资助各类项目346个，资助金额达3.12亿元。2011年10月，深圳市又颁布出台了《深圳文化创意产业振兴发展规划》及配套政策措施，提出近5年内文化创意产业年均增长25%左右，到2015年文化创意产业增加值达到2 200亿元的目标，并设立了每年5个亿规模的专项资金，重点发展创意设计等十大领域，实施技术支撑等五大工程，更是明确将“推动文化创

① 根据深圳市文体旅游局前任局长陈威在2011年深圳建设国际化城市研讨会上的发言《深圳建设国家化城市进程中的文化引领与文化担当》整理。

意产业走出去”作为主要任务之一，以一系列强有力的配套措施支持文化创意产品的出口。

由于深圳高度重视文化发展的文化价值和经济意义，近几年来深圳文化创意产业的增长速度不断加快，占国民生产总值的比重也在加大，文化创意产业正成为深圳经济发展的新亮点。它的迅速发展为文化产品和服务“走出去”提供了必要条件，深圳的文化产品和服务的国际竞争力也在不断增强。

(二)文化创意产业的快速稳定发展为对外文化贸易提供产业基础

文化创意产业和文化贸易是相互促进又相互制约。文化创意产业是文化贸易的基础，它对文化贸易起到支撑和推动作用；同时文化贸易是文化创意产业实现扩张的关键环节，决定了一国文化创意产业的发展空间。随着文化创意产业和文化市场在世界范围内的崛起和发展，随着经济全球化的发展和我国加入世贸组织，对外文化贸易逐步成为我国文化走向世界的主要渠道和方式。

深圳早在2003年就在全国较早实施“文化立市”战略，将文化产业作为四大支柱产业之一，推动文化产业跨越式发展。“十五”期间，文化产业增加值年均增速达到14%，总量连续突破100亿元、200亿元和300亿元大关。“十一五”期间，文化产业增加值从2007年的465.5亿元增长到2011年的775.62亿元，占深圳市GDP的比重达6.74%。2012年深圳文化创意产业增加值突破1 000亿元大关，达到1 150亿元。2013年深圳文化创意产业增加值实现1 357亿元，占全市GDP9.3%。

深圳的文化创意产业不仅对经济的拉动作用越来越明显，不少领域还成为国内行业翘楚。深圳创意设计、动漫游戏、网络内容、数字音乐、文化旅游、高端印刷、黄金珠宝等行业领先全国，占据全国较大份额，涌现出一批高速增长的骨干企业，成为引领深圳市文化创意产业发展的中坚力量，呈现良好的发展态势。深圳充分发挥高科技产业、金融业、旅游业比较发达的优势，成功探索出“文化＋创意”、“文化＋科技”、“文化＋金融”、“文化＋旅游”的文化创意产业发展新模式。尤其是“文化＋科技”这一文化创意产业深圳模式，极大地提高了文化创意产业的科技含量和文化产品的附加值，增强了文化企业的出口竞争力。

深圳市创意设计业优势地位明显，是中国现代平面设计的发源地，工业设计、建筑设计、数字图像(CG)制作与设计等设计行业占全国较大市场份额，成为国内第一个被联合国教科文组织认定的“设计之都”。依托创意城市网络这个国际大平台,政府积极推动深圳与其他国际创意城市之间的跨国文化交流合作活动。积极整合创意设计力量,建立创意设计行业协会联动机制,使深圳对外文化交流与合作能力日渐增强。深圳动漫游戏业起步早、发展快,华强文化科技集团、环球数码华夏动漫集团以高科技带动产业结构调整和优化升级,动漫产品占领国内市场,积极开拓国际市场。文化软件服务、互联网信息服务、数字电视、数字音乐发展势头良好,涌现出腾讯、A8音乐等一批知名领军企业。文化旅游引领国内潮流,华侨城集团、华强文化科技集团是中国最具创意和创新能力的知名文化旅游企业。深圳还是中国最大的高端印刷及黄金珠宝生产基地,占据了国内60%以上的市场份额。新闻出版、广播影视、文化会展等行业也都在全国具有重要的影响力。

深圳汇聚了大批文化创意人才。深圳在过去30多年经济高速发展中,已经聚集大量各类人才。在文化创意领域深圳更是人才济济,拥有6万多中高端从业人员,云集了全国最优秀的一批创意设计人员和文化创意产业经营人员。十多年来,深圳设计师几乎获得过世界所有顶级设计赛事和国际展览奖项。国际化的人才战略和人才队伍优势,为深圳的文化创意产业发展提供了有力的人才支撑和保障。

(三)深圳国际化城市建设为对外文化贸易创造有利环境

早在1990年,深圳市召开的第一次党代会上,深圳第一次提出建设“外向型、多功能的国际性城市”。“外向型”是深圳发展的第一步,“国际化”才是深圳的目标。只有参与到激烈的国际竞争中,进一步提升自身综合水平,不断加强国际化城市的建设,深圳才能在国际上具有真正的竞争力和话语权。2003年,在深圳市委召开的三届六次全会上,对深圳的城市定位进行了调整,明确提出“以提高国际竞争力为核心,建设国际化城市”。从“国际性城市”到“国际化城市”的转变,表明了深圳对自身状态和实力的重新审视。作为一个新兴城市,深圳的现代化还刚起步,离国际性城市的要求还很远。“国际化城市”建设表达了一个过程,一个不断努力和前进的过程,朝着“国际性城市”的目标迈进。2011年4月,深圳市政府制定并印发了《深圳市推进国际化城市建设行动纲要》,高度肯定了深圳推进国际化城市建设具有重要意义,明确了深圳建设现代化国际化先进城市的战略目标，在未来十年，努力把深圳建设成为东南亚地区的明星城市、亚太地区有重要影响力的区域性国际化城市；到2050年，深圳与香港地区及珠江三角洲地区城市共同发展，形成与纽约、伦敦、东京等城市比肩的国际化城市群。根据国际化城市建设第一阶段目标，提出了近期实施的19项行动计划。在第16项行动计划中，尤其强调了加强文化、体育领域的国际交流与合作。通过参与国际性文化交流活动、策划举办和利用国际大型节庆、申办国际顶级体育赛事，积极开展对外文化交流与合作，扩大深圳文化的国际知名度和影响力，提高深圳文化创意产业的国际竞争力。提升“设计之都”发展水平，提高深圳设计的国际交流与合作水平。

深圳已具备建设国际化城市的基本条件。第一，深圳已成为全球最大的出入境口岸城市之一，据深圳边检统计的资料显示，深圳拥有海陆空出入境口岸17个，其中包括我国最大的陆路客运口岸——罗湖口岸、我国最大的陆路货运口岸——皇岗口岸、我国第二大集装箱海港——深圳港、我国第四大空港——宝安国际机场空运口岸。2013年深圳口岸出入境人数达2.25亿人次。第二，深圳对外经济交流活跃。深圳目前有外资企业3.3万多家，其中世界500强中有180家在深圳投资兴办企业。[①] 第三，深圳城市基础设施完备，初步形成了区域性金融、商贸、物流、航运中心功能。另一方面，随着深圳不断发展与国外城市的友好交往，友城数量不断增加，对外交流的脚步已经遍布全球。截至2013年底，深圳已与全球53个城市结成友好城市或友好交流城市，织就了一张延伸至国际的全球化合作网络。深圳每年举行的高交会、文博会上都有友城的参与，各种商务往来、文化交流日趋频繁。深圳国际化城市建设进程加快，有利于打造深圳的“软实力”和影响力，为深圳拓展对外文化贸易、推动中华文化走向世界打下牢固的基石。

（四）文博会、文交所和文化产业投资基金为对外文化贸易搭建国家级平台

深圳文博会是我国唯一一个国家级、国际化、综合性文化产业博览交易会，也是唯一获得UFI（国际展览联盟）认证的文化产业盛会，被誉为“中国文化产

① 王传真，吴俊. 深圳创新国际化战略，降低城市综合发展成本[N]. 深圳特区报，2012-11-21.

业第一展”。经过十年九届的成长，文博会累计总成交额已经达到 8 150 亿元。2013 年第九届文博会总成交 1 665.02 亿元，其中文化产品出口交易额达 123.82亿元，参展的 16 347 名外国客商遍布世界 93 个国家和地区。深圳文博会现已成为我国重要的文化产业项目投融资交易平台，成为我国文化产品和服务走向世界的重要平台，成为海内外文化产业交流与合作的优选平台，对推动中国文化产品和服务走向世界作用日益凸显。

深圳文交所成立于 2010 年 4 月，是继上海文化产权交易所之后的国内第二家国家级文化产权交易所，是为打造“永不落幕的文博会”而成立的国家级文化产权交易及投融资综合服务平台，主要承担着文化国有产权进场业务、文化企业上市孵化及股权交易业务、创意版权交易、艺术品银行业务、为文博会优质重点项目提供投融资服务以及 2013 年新推出文化(私募)股权创新交易六大业务，搭建文化产业实体企业与社会资本对接的平台。深圳文交所正在积极探索“文化＋资本”的新型经营模式，促进文化创意领域的产业升级、项目孵化、转企改制、增资扩股、招商引资，以及培育龙头骨干企业，真正实现“文化对接资本、交易创造价值”，为深圳文化创意企业提供资本支持和保障。作为深圳文博会的常设交易平台，深圳文交所着眼于与“文博会”相配套，突出重大项目、创新型项目、“文化＋科技”项目的产权交易和文化进出口贸易，加强与港澳台地区合作，形成具有深圳文化产权交易品牌特色、服务全国的高层次投融资平台。

作为首支由中央财政注资引导的国家级文化产业投资基金，中国文化产业投资基金 2011 年 7 月成立，由财政部、中银国际控股有限公司、中国国际电视总公司和深圳国际文化产业博览交易会有限公司共同发起成立，首期募集 60 亿元，目标规模 200 亿元。主要以股权投资方式，投资新闻出版发行、广播电影电视、文化艺术、网络文化、文化休闲及其细分文化及相关行业等领域。由中央财政部注资，吸纳社会资本加入，充分发挥示范引导和带动作用。充分调动文化创意产业的投资积极性，促进文化与资本的有机融合。为文化创意产业发展提供有力的金融支撑。作为发起人之一和基金管理公司的注册地，深圳将全力承担中央赋予的光荣使命，充分发挥了区域性金融中心城市的优势，与中央电视台、中国银行等伙伴精诚合作，协力推动文化与市场对接，文化与资本融合，为基金提供最佳的发展环境、最优的服务和最好的政策。深圳市文体旅游局全力推动有关银行、担保、风投、保险等金融机构支持文化创意产业发展。与工行、建行、中行、招行、兴业等银行签订了战略合作协议，通过组织银企对接会等形式拓展文化创意产业信贷服务。组织投资峰会和项目路演等活动，推荐一批重点文化企业获得风投投资。为文化创意企业购买文化活动等商业保险提供补贴。

三个国家级的文化产业平台为中国文化产业提供产权交易、投融资和产品展示、交易的全方面综合服务，成为我国文化产品和服务走向世界和海外文化产业进行交流与合作的重要平台。

(五)国家对外文化贸易基地正式挂牌为深圳文化贸易再添新引擎

2014年1月20日，经国家文化部批准，深圳国家对外文化贸易基地在深圳报业集团揭牌，深圳由此成为中国第三个拥有对外文化贸易基地的城市，这也是深圳继文博会、文交所和中国文化产业投资基金后的第四个国家级文化平台。深圳基地的创建，将进一步完善全国布局，汇聚北京、上海、深圳三个“设计之都”能量，引领和带动我国对外文化贸易发展。

对外文化贸易的理论研究在深圳已有一定的积累和积淀。2005年，为了深入研究、把握国际文化贸易规律，推动我国对外文化贸易正常有序开展，掌握国际文化贸易前沿动态，增强中国文化企业的国际竞争力，切实有效地加强对文化贸易的理论研究和对我国文化企业“走出去”的政策指导，文化部在深圳市文化局所属“特区文化研究中心”和中国传媒大学下属“文化贸易研究所”分别设立“国家对外文化贸易理论研究基地”。其中，北方基地侧重学术研究和高校教学，南方基地侧重应用研究和对实践的指导。近几年来，“深圳理论基地”召开了两次全国规模的课题招标，完成了二十多个既有理论深度又有实践指导意义的学术课题，结集出版《国家对外文化贸易研究》一书。参加了两次文化部文化产业司主持的“国家文化产业课题研究”，均得到了文化部文化产业司的高度肯定。承办了两次大规模的国家文化产业论坛，主题分别为“全球文化贸易与中国”、“文化创意产业园区与集群发展”，邀请了知名文化创意产业界专家和权威国际文化创意产业组织的领导人共同探讨了文化创意产业和国际文化贸易发展等课题。论坛国际化程度高、内容充实、影响深远，得到参会嘉宾和社会各界的高度赞许。在深圳国家对外文化贸易基地成立后，深圳文化贸易的理论研究将和实践更为有机的整合统一起来。两个基地将互为支撑、相互支持。深圳国家对外文化贸易基地的建立为国家对外文化贸易理论研究基地提供很好的案例分析研究载体，也将成为国家对外文化贸易理论研究基地重点研究的对象。

深圳报业集团成为深圳基地的申办和运营主体。作为我国规模最大、现代化程度最高的党报传媒集团之一，报业集团有着坚实的平台、坚定的自信。报业集团已经成功承办了九届深圳文博会，被誉为“中国文化产业第一展”，还参股深圳文交所和中国文化产业投资基金，拥有运营三个国家级优质文化平台的丰富经验。作为“设计之都”品牌运营管理机构——深圳市创意文化中心隶属于报业集团旗下，近年来，深圳市创意文化中心承办了每年一届的深圳“创意十二月”，还与联合国教科文组织合作实施多项国内外文化创意交流合作项目。报业集团不仅以旗下的10报6刊17大系列网站1家出版社大力报道、推动深圳经济文化社会发展，同时以媒体为平台，拓展深圳文化创意产业的新领域，推进“媒体与创意融合”的创新发展路径。2010年，在深圳举行的联合国教科文组织创意城市网络国际大会上，创意城市网络的成员高度肯定了深圳报业集团首创的“创意与媒体融合”做法，将其写进了《深圳公报》。因此，国家对外文化贸易基地的重任又落在了报业集团的肩上。

目前，报业集团正在统筹基地的相关机构、人员和资源，成立基地运营机构，启动基地“平台＋园区”建设工作。在“平台＋园区”的功能布局中，八个专业平台包括国际文化贸易展示交易平台、创意城市网络国际文化交流合作平台、国际版权交易平台、文化创意产业国际投融资平台、国际文化品牌宣传推广平台、国际文化贸易人才交流培训平台、粤港国际文化贸易合作平台、国家对外文化贸易理论研究和政策创新平台。同时，基地将重点建设深圳国家对外文化贸易基地运营综合服务平台，为基地八个文化贸易专业平台提供配套服务，并配合相关单位做好基地主体园区和基地配套园区规划、建设和运营工作，规划基地文化贸易专业平台体系，推动入驻基地企业与我国驻外机构及国外相关机构合作，为文化产品和文化服务进出口提供完善的文化贸易服务链平台体系支持。“园区建设”包括主体园区和配套园区，规划以深圳创意信息港为基地主体园区，打造国家级、国际化、数字化文化进出口高端服务平台和境内外高端文化企业总部、贸易服务机构、境内外文化创意专业媒体集聚区，同时规划在前海湾保税港区建设基地配套园区——保税文化贸易园，重点发展国际文化会展、保税文化交易、文化进出口仓储物流、国际文化市场信息服务等业务。

基地挂牌后，将利用国家优惠政策、国际贸易渠道和国际交流平台，打造与文化创意产业链高度融合的文化贸易服务链，创建在全球文化市场竞争中有独特引领能力和资源集聚能力的国际文化贸易创新试验区，推动中华优秀文化产品和文化服务“走出去”。

三、深圳市文化贸易发展现状

（一）深圳市文化贸易的基本情况概述

深圳文化创意产业经过长期发展，在创意设计业、文化旅游业、动漫游戏业、数字娱乐业、传媒出版业和工艺美术业等方面形成了产业优势，这些优势文化创意产业成为深圳出口文化产品和服务的主要领域，为深圳的对外文化贸易发展做出巨大贡献。近年来，深圳文化产品外贸出口持续增长，即使在 2008 年全球金融危机对深圳外贸出口造成不利影响的情况下，文化产品的出口仍然“一枝独秀”，彰显了深圳文化产品的强大生命力。深圳外贸出口和文化出口位居全国前列，2012 年，根据国家商务部统计，全国外贸出口额 20 489 亿美元，深圳作为珠三角地区经济重镇，已是全球最重要的出入境口岸之一，全国 500 强超过 180 家在深圳投资兴办企业。2012 年深圳全市进出口额达到 4 688 亿美元（其中出口 2 713 亿美元），占全国进出口额的比重为 12%，其中深圳核心层文化产品出口达 43.3 亿美元，占全国的 1/6 强，深圳现已成为我国对外文化贸易黄金口岸和中华文化“走出去”桥头堡。以下将按领域分类来说明深圳文化贸易发展的基本情况。

1. 创意设计类

深圳是我国创意设计产业发展较快并在全国居于重要地位的城市，2008 年被联合国教科文组织认定为“设计之都”。深圳的创意设计产业已形成较大的产业规模，拥有一批国内知名的创意设计企业，造就了许多国内乃至国际著名的设计师，获得了世界许多重大设计奖项。深圳已经名副其实地成长为全国创意设计业的重要城市，越来越受到全球创意设计业的关注和重视。韩家英设计公司坚持走原创设计路线，将传统与现代、中国与西方等多种元素相结合，先后两次获得亚洲最具影响力设计大奖金奖，作品被不少世界著名博物馆收藏。嘉兰图设计公司坚持精品意识，以精品设计产品享誉工业设计界，市场占有率稳居行业第一。申请专利 100 多项，其中国际专利 20 多项，成为我国首家获得

“红点至尊”全球设计大奖的企业，也是获得 IF 金奖次数最多的企业。

2. 动漫游戏类

据文化部颁布的中国网络游戏市场报告显示，深圳无论是网络游戏还是网络音乐均占有全国市场 30%以上的市场份额。深圳经营动漫游戏类的文化企业共有 300 多家，大多以民营资本为主，如腾讯、华强以及 A8 音乐集团等领军企业都是民营资本企业，规模大、产值高，在国内占有重要市场份额，但小型企业仍占主体。深圳动漫游戏业产值的 90%由衍生下游市场产生，仍需加强原创产值。

在文化出口方面，环球数码拍摄的动画电影《魔比斯环》在 2005 年的法国戛纳国际电影节上亮相，实现了中国 3D 电影零的突破。环球数码拥有全球领先的数字影院技术，在国际市场的目标是打造具有中国元素的代表作品，所出口的文化产品以高新的技术、精良的制作、专业的服务与项目管理，赢得市场和客户，与美国时代华纳、美国迪士尼、法国高蒙动画、丹麦乐高等均建立了密切合作关系。华夏动漫通过“憨八龟”和“神奇的 UU”等六大原创品牌，动画片出口到欧美、日本、东南亚、东非等多个国家和地区播出，曾获得全国重点文化出口项目奖。方块动漫原创动画片《风云决》、《正义红师》、《超智能足球》、《甜心格格》等屡获海内外多项殊荣。其中《超智能足球》成为国内首部发行到全球 60 多个国家的电视动画作品，在南非的主流电视台和泰国、新加坡、越南等国的卡通频道皆取得非常好的收视成绩。深圳第七大道科技有限公司是一家立足于深圳发展起来的高成长、高科技、高附加值的网页游戏公司。作为国内第一家将物理引擎应用于网页游戏的企业，第七大道坚持以数字内容产品的自主研发为发展重点，其开发的网游《弹弹堂》已成功进入东南亚和欧美两大市场，全球的用户注册数已接近 7 000 万人，并获得了市场和业界的广泛认可。

3. 新媒体及文化信息服务类

在促进传统媒体与新媒体结合方面，深圳紧跟全球化、信息化的世界潮流，在文化与科技融合方面创造出一大批数字技术领域新业态、新产品。

深圳雅图在投影机高端制造、新媒体创意解决方案、连锁数字院线方面都是该领域的领军企业，是唯一能与世界 500 强比肩竞争的中国力量，产品行销全球 120 多个国家和地区，产品被广泛应用于世界各地的文化、教育、商务、家庭、公共娱乐与监控领域。深圳市联建光电股份有限公司是一家 LED 显示应用行业的龙头企业，是行业内生产线规模最大、自动化程度最高、检测设备最先进齐全的LED应用产品制造商。联建光电产品在显示屏行业获得了“质量有保证”的口碑，得到同行和用户的一致认可，公司产品出口到德国、日本、美国、俄罗斯、印度、埃及等90个国家和地区。深圳利亚德光电有限公司是一家集设计、生产、销售及服务为一体的LED显示和照明应用的高新技术企业，并于2013年成为LED显示领域市值最大的企业。随着国际市场的认可，利亚德建立了五大国际业务中心，分别为美国（覆盖北美市场）、斯洛伐克（覆盖欧洲市场）、印度（覆盖南亚市场）、巴西（覆盖南美市场）、中国香港（负责亚太市场），通过与国际大型知名企业及当地LED行业专家的战略合作，逐步建设国际市场组织架构。其产品已经遍布欧洲、北美、亚太等全球100个国家和地区，在全球高端显示市场占据了领先地位。A8音乐致力于打造全音乐产业链，拥有国内最大的原创音乐平台，通过全方位的营销网络为国内外终端厂商和用户提供数字音乐产品和服务，市场份额连年稳居行业第一。

4.高端印刷类

截至2013年底，深圳共有印刷企业2 100多家，外向型印刷企业约800余家，从业人员16.8万人，年产值346亿元，占据深圳新闻出版业的半壁江山。深圳还是全国最重要的高端精品印刷中心，有一半以上的产品要销往海外，是我国重要的印刷品出口基地。

深圳集聚了世界上最先进的印刷技术，承接了来自国际、国内的高档印刷品订单，“印在深圳”已成为中国乃至全世界的印刷品牌工具。据深圳市印刷行业协会的不完全统计，2011年，在中国印刷企业百强评选中，深圳有21家企业榜上有名；获得国际国内多项大奖，有国际印刷奖项46个，其中被喻为印刷界“奥斯卡”的班尼金奖13个、金墨大奖2个、美国金叶奖3个，此外，亚洲奖项65个、中华印制大奖33个，共计144个奖项。

深圳的印刷企业是当之无愧的全国龙头企业，如中华商务、劲嘉集团、雅昌集团、利丰雅高等均是国际国内知名企业。属于港资企业的中华商务70%以上的订单来自海外市场，营销渠道包括欧洲、美国、日本、澳大利亚、南美、中东和俄罗斯等地。集印刷、创意、产业于一体的力嘉集团由传统文化产业转型升级，为产业园区吸引了世界顶尖三大印刷设备制造企业高宝、海德堡、罗曼兰公司的入驻，来自日本及中国香港、台湾等地区的知名印刷企业也相继落户，真正成为了高端化、国际化的产业平台。雅昌创造了“传统印刷＋现代IT技术＋文化艺术”的独特商业模式，建立和完善了全球最大的中国艺术品数据库、全球最大最权威的中国艺术品门户网站，荣获过世界所有顶级印刷技术最高奖项。2013年，全球印刷界“奥斯卡”之称的第64届美国印刷大奖揭晓，雅昌文化集团以两项全场大奖独占全场大奖数量的一半，成为全球获全场大奖最多的企业。

5. 高端工艺美术类

在国内外工艺美术品市场的激烈竞争中，深圳逐步成长为中国高端工艺美术品产业集群的培育之地，形成了黄金珠宝、高档工艺礼品、原创油画及版画等行业全国领先的优势。深圳珠宝首饰生产加工的规模、技术、工艺、产品质量均领先国内同行，已稳居国内珠宝行业龙头地位，在国际上也具备了一定的影响力和竞争力。深圳的工艺美术品行业外销量很大，根据深圳市工艺美术行业协会提供的资料显示，深圳主要外销工艺美术产品包括以下十大类：人造植物类（主要指圣诞树、圣诞花卉等）、金属工艺类、高端陶瓷、工艺画、电脑刺绣、树脂礼品、水晶琉璃、雕塑、饰品、红木家具等。销售地区包括北美、欧洲、东南亚和日本等100多个国家和地区。据深圳市工艺美术行业协会的不完全统计，深圳2012年工艺美术类文化产品出口总额达到51亿美元，2013年出口总额达到55亿美元。

2003年，大型珠宝批发专业市场水贝国际珠宝交易中心开张运营，打破了深圳乃至全国珠宝行业传统的前店后厂的产业格局。厂家集中批发经营已成为新的发展模式，深圳珠宝产业正式与国际珠宝市场接轨。2007年建成的李朗国际珠宝产业园和正在建设中的宝立方珠宝玉石文化创意园集创意、制作、生产、展示和交易于一体，努力实现深圳从“中国珠宝制造之都”到“中国珠宝品牌之都”再到“中国珠宝设计之都”的三大跨越，推动中国珠宝文化更好、更快、更专业地与世界接轨。2013年深圳珠宝企业TTF国际总部在法国巴黎正式落户，成为中国首个获邀入驻的珠宝品牌。

深圳的美术品加工业以大芬油画村为主。经过20多年的发展，如今大芬村成为闻名遐迩的“国家文化产业示范基地”、全球最大的油画产品集散地。目前，深圳的美术品出口主要以临摹为主，属于复制加工业，虽然也有一些原创产品，但数量不多。据统计，大芬村每年生产和销售的油画达到了100多万张，年出口创汇3 000多万元，被国内外的艺术同行誉为“中国油画第一村”。观澜版画原创基地是一个集原创、收藏、展示、交流、研究、培训和产业开发为一体的中国版画事业与产业并进的发展基地。已经举办了四届的观澜国际版画双年展是中国所举办过的国际版画双年展中参与国家最多、参展艺术家最多、收件数量最多、作品质量最高、运作方式也最灵活的一次展览，成为中国版画走向世界的一座桥梁。目前，深圳观澜版画基地的产品远销欧美。

深圳瓷器在国际市场上也占有一席之地。国瓷永丰源把传统工艺与现代时尚紧密结合，推出的高端瓷器产品销往国际市场，赢得了国外高端消费者的认可和喜爱，已经成为东南亚、中东、欧洲、日本皇室、贵族、政要的指定使用瓷器。斯达高瓷艺主要生产艺术瓷、日用瓷和陶瓷贴花纸产品，先后荣膺国家授予的“中国名牌”和“出口免检企业”荣誉，并连续三届获得素有陶瓷领域“奥斯卡”之称的国际网印及制像协会（SGIA）金像奖，从而成为国际上首家连续三次获此殊荣的企业，为中国陶瓷工业艺术争得国际荣誉。产品已远销欧美等 30 多个国家和地区，并作为重要文化交流礼品，由相关部门赠予众多国内外政要和贵宾。

6. 文化旅游业类

自 1989 年中国第一家主题公园锦绣中华建成开放以来，深圳文化旅游业一直引领着国内潮流。华侨城集团、华强文化科技集团是中国最具创意和创新能力的知名文化旅游企业。在经历锦绣中华、世界之窗、欢乐谷、东部华侨城等大型旅游项目的辉煌后，华侨城又成功打造了华侨城创意文化园和欢乐海岸。深圳华强文化科技集团设计研发的文化创意产业主题公园被称为“中国迪士尼”，不仅在芜湖、泰安、沈阳、株洲等地开花结果，更进入伊朗、乌克兰、南非等国家几大城市。不仅如此，华强文化科技集团利用文化和科技融合的力量，产品触及动漫电影领域，原创动画作品出口美国、意大利、俄罗斯、新加坡等 100 多个国家和地区，并频频获得国际权威奖项。环幕数码电影不仅遍及国内 30 多个城市，而且远销亚洲、北美洲、欧洲、南美洲、中东等多个国家。

（二）深圳市文化出口重点企业及案例分析

《深圳文化创意产业振兴发展规划（2011—2015 年）》及配套政策不断加大对文化创意产业的扶持力度，明确将“推动文化创意产业走出去”作为主要任务之一，建立“深圳市文化出口企业 10 强”发布制度，重点培育和扶持一批出口规模大、有较强国际竞争力、符合文化出口导向的骨干文化出口企业。按照出口规模给予每家最高不超过 100 万元奖励。文化出口企业 10 强认定的标准为：

在深圳市注册、具有独立法人资格并从事文化创意产业开发、生产经营和中介活动的文化创意企业;企业主营业务和出口的产品或服务属于《深圳文化创意产业振兴发展规划》中确定的十大重点发展领域;企业上年度盈利,实物产品出口 100 万美元以上或非实物产品出口 50 万美元以上(不含三来一补)。入选后根据企业及出口规模、国际竞争力、文化内涵等条件进行评审,按照现场考察定性,财务数据、专家评审各占 50%,按照得分高低来确定最后排名。

2012 年深圳文化出口企业 10 强为:深圳雅图数字视频技术有限公司、深圳雅昌彩色印刷有限公司、深圳市金立翔科技有限公司、深圳第七大道科技有限公司、斯达高瓷艺发展(深圳)有限公司、环球数码媒体科技研究(深圳)有限公司、中华商务联合印刷(广东)有限公司、深圳华强文化科技集团股份有限公司、深圳市方块动漫画文化发展有限公司、深圳市金之谷印刷有限公司。

2013 年深圳文化出口企业 10 强为:深圳华强文化科技集团股份有限公司、深圳市联建光电股份有限公司、深圳雅图数字视频技术有限公司、深圳第七大道科技有限公司、鸿兴印刷(中国)有限公司、深圳市东方博雅科技有限公司、中华商务联合印刷(广东)有限公司、深圳利亚德光电有限公司、深圳市闲云工艺饰品有限公司、深圳市通明实业有限公司。

其中中华商务联合印刷(广东)有限公司、深圳华强文化科技集团股份有限公司、深圳第七大道科技有限公司、深圳雅图数字视频技术有限公司 4 家企业都以绝对优势连续两届入选 10 强。下面将以这 4 家文化企业为案例分析其各自的对外文化贸易情况。

1. 中华商务联合印刷(广东)有限公司

中华商务联合印刷(广东)有限公司是中华商务联合印刷(香港)有限公司旗下全资子公司。中华商务广东公司自 1995 年成立以来,既加强国内市场业绩又积极开拓海外业务,由于港资企业的背景,公司 70%以上的订单来自海外市场,先后在美国、日本、澳洲、欧洲等城市设立 7 个办事处,融入当地市场文化与竞争。营销渠道包括欧洲、美国、日本、澳大利亚、南美、中东和俄罗斯等地。每年都会积极参加在世界各地举办的书展和印刷展会,如法兰克福书展、美国芝加哥书展、英国伦敦书展、北京国际图书博览会、深圳文博会、德国德鲁巴印刷及纸业博览会等国内外文化出版行业的盛会,既宣传推销,又掌握了解前沿出版和印刷技术。

中华商务广东公司以生产高档优质印刷产品为主,主要产品有高档精品画册、书刊、报纸、杂志、儿童手工书籍、商品样本、挂历贺卡、包装纸盒、银行票据、存折本薄等，为客户提供一站式“全面印刷方案”，是集书刊印刷、商业印刷、包装印刷、安全印刷、智能卡印刷和数码印刷于一体的综合性企业。近年来通过加强 IT 技术研发、建设自有品牌、实施绿色印刷等途径培育核心竞争力，迅速提升生产力，实现创新转型。1998 年，采用 CTP 直接制版技术，是国内最早实现与海外出版界 IT 同步化的印刷企业，成为开拓海外市场的利器。近年来，更是不断引进最先进的海德堡、高宝、小森等印刷设备，既满足了业务需求也实现了产能升级，公司很快发展成为集书刊、商业、包装、数码印刷于一体的现代化大型印刷企业。自 2005 年以来一直是书刊印刷领域内的领头军。

高质量、精细化管理和配套机制使中华商务享誉海内外，获得各种奖项超过 6 000 多个。从成立至 2013 年，中华商务率先获得并连续 15 年共获得 58 座被誉为“印刷界奥斯卡”的美国印刷工业联会大奖，成为亚太地区获该奖项最多的印刷企业。截至 2013 年，获得中国香港印刷大奖 62 个，成为这个奖项设立以来最大赢家。在国内，连续三届获得“国家文化出口重点企业”、“国家印刷复制示范企业”、广东省“文化出口重点企业”、深圳市“高新技术企业”和“深圳市文化创意企业出口 10 强”等荣誉称号。

2. 深圳华强文化科技集团股份有限公司

深圳华强文化科技集团股份有限公司是深圳华强集团旗下专业从事文化科技产业的集团公司，它提出“以文化为核心，以科技为依托”的发展理念，坚持走文化创意产业规模化、多元化、国际化的市场策略。

在特种电影、主题公园、数字动漫方面，华强文化科技集团成功地向国际市场输出了他们的文化产品，具有很强的市场竞争力，成为我国文化企业“走出去”的典范。第一，华强特种电影系统是中国文化创意产业“走出去”的典型代表。发展文化科技产业的最初阶段，华强集团主要开发特种数字电影产品，参与国际竞争。华强特种电影系统有十余项技术领域水平国际领先，研发出十几类的特种电影系统，赢得国内外客户的一致好评。截至目前，华强已有 70 余套“环幕 4D 影院”系统出口到美国、加拿大、意大利等 40 多个国家，每年有 20 余部配套电影租赁出口。第二，在主题公园领域，华强文化科技集团不仅在国内重庆、芜湖、汕头、株洲、泰安、沈阳、青岛、郑州建成了主题公园，吸引了大量的国内游客，还吸引了来自海外的眼光。目前已有意大利、韩国、乌克兰、沙特、马来西亚、巴基斯坦、印度等国的投资方前来华强集团进行参观考察。华强在伊朗的主题公园已建成开业，在南非、乌克兰的主题公园也在紧密推进中。第三，动画作品出口，已成为华强动漫产业中的重要组成部分。华强原创动画产品已经出口累计 10 万分钟，覆盖美国、意大利、俄罗斯、新加坡等 100 多个国家和地区。多部作品曾获得捷克动画节、意大利 Cartoon on the Bay、首尔国际动漫大奖等国外动画奖项的青睐，获得国际权威奖项又为华强动画作品在全球的拓展增添了动力。

至今，公司拥有 148 项国内外专利、178 项商标、161 项著作权和 72 项软件产品登记，在国际市场上建立了强势的中国文化科技品牌。荣获“中国文化企业 30 强”、“十大最具影响力国家文化产业示范基地”、“深圳市文化创意企业出口 10 强”等荣誉。

2014 年，华强文化科技集团计划将涉及特种电影和数字动漫的两大板块、数千分钟业务进行外包，逐步调整影视动画制作模式，更着重于对剧本、创意、策划等前期的内容制作的把控，而把后期的制作任务通过外包的形式，与国内其他制作机构展开合作，提升华强的产业链。

3. 深圳第七大道科技有限公司

深圳第七大道科技有限公司（以下简称“第七大道”）成立于 2008 年 1 月，是一家立足于深圳发展起来的高成长、高科技、高附加值的网页游戏公司。公司由近 600 个年轻人构成，其中本科（含）以上学历占 75%，平均年龄不到 26 岁，是一个充满激情活力和爆发力的团队。

第七大道始终以用户体验为依据，致力于多款高品质、精细化的数字娱乐产品的开发和运营，其中 2008 年公司研发的第一款网页游戏《弹弹堂》一投放市场就获得了巨大成功。2009 年，第七大道正式进军东南亚市场，《弹弹堂》在新加坡、越南、中国香港、中国澳门等 10 个国家和地区正式上线运营，很快就被评为年度最可爱的网页游戏、最受 MM 们欢迎的 Q 版可爱网页游戏。在与合作伙伴的共同努力下，截至 2010 年底，《弹弹堂》已成功进入东南亚和欧美两大市场，全球的用户注册数已接近 7 000 万人，并获得了市场和业界的广泛认可。2010 年，《弹弹堂》再获百度风云网页游戏奖、最受欢迎的网页游戏奖、年度中国民族游戏海外拓展奖等。

第七大道以其卓越的设计理念、强大的引擎系统和华丽的游戏画面荣登 2010 年网页游戏排名第一的位置。作为国内第一家将物理引擎应用于网页游戏的企业,第七大道坚持以数字内容产品的自主研发为发展重点,相继与国内数家优秀的游戏运营平台和 SNS 社区展开联合营运,实现优势资源的互补。

第七大道在数字娱乐领域的影响力和突出贡献获得了业界和市场的广泛认可,被政府认定为"国家级高新技术企业"、"广东省重点出口文化企业"、"深圳市重点文化企业"、"深圳市文化科技型示范企业"、"深圳市软件企业"、"深圳市文化创意企业出口 10 强"等。如今,第七大道与搜狐畅游达成了战略合作协议,将借助其资源在国际市场上有更大的发展。截至 2012 年 12 月,公司海外业务覆盖美国、巴西、俄罗斯等 140 个国家和地区,全球注册用户超过 3 亿人,季度活跃账户 5 000 多万个。

4.深圳雅图数字视频技术有限公司

深圳雅图数字视频技术有限公司是一家集投影技术研发、高端制造和新媒体艺术、连锁院线于一体的文化科技集团,被誉为中国视像科技领域最具全球竞争力的企业之一。IDC 数据显示,2012 年雅图品牌和市场占有率为中国第一,全球第四。目前在全球拥有 10 多家分公司、20 个多办事处以及 700 多个全球经销商。

投影行业是一个门槛很高的行业,能够坚持和持续发展的企业不多,许多国内外知名企业在近几年都纷纷退出了这个行业。雅图从成立至今,一直坚持创新模式,不仅充实了自己的知识产权和技术能力,也改变了投影行业外国品牌长期垄断中国市场的历史。

在投影高端制造方面,雅图是国内唯一与索尼、日立、爱普生等国际知名品牌平等竞争的投影企业,也是目前全球唯一一家同时拥有 DLP、LCD 和 CoS 三项技术的研发和制造能力的企业。在新媒体艺术方面,雅图是创意、内容、科技、文化完美融合的文化科技集成解决方案提供商,专门从事展览展示、特种电影、文化娱乐、旅游、大型活动策划与实施、影视制作等综合解决方案一站式供应商,其数字连锁院线已经遍布全国。

目前,雅图拥有专利技术 160 多项,其中有 120 多项是全球一流的关键技术发明专利,同时还向多家世界著名企业输出专利技术、核心部件,与索尼、国际、投影巨擘 TI 等顶尖品牌建立了全球战略合作伙伴关系,研发、创新和国际影响力居于全球前列。

雅图国际化举措主要有:一是开展系列国际化并购,实现市场开拓,从东南亚、中东、东非进入欧美主流市场,打破美国和日本品牌主导全球市场的格局。

二是拓展海外渠道。产品已经行销全球120多个国家和地区，产品被广泛应用于世界各地文化、教育、监控等多个领域。2012年，企业产品市场占有率9.6%，销售收入实现51.2%的增长，出口增长率为65.5%。三是打造全球战略联盟，与美国得州仪器共建实验室，与索尼、东芝等顶尖品牌建立全球战略合作伙伴关系。

四、深圳市文化贸易发展的经验总结及未来展望

(一)深圳对外文化贸易主要特点

第一，加工贸易居绝对优势，一般贸易出口比重较小。长期以来，深圳文化创意产业的发展以印刷业、工艺美术业等传统加工型产业为主，受传统产业结构限制，从深圳市文化产品进出口数据看，加工贸易的比重占有绝对优势，出口文化产品的核心竞争力不强，尤其是自主创新的能力较弱。例如，深圳工艺美术品出口主要是以加工为主的劳动密集型产品，出口产品中60%以上为加工贸易产品，如出口到美国的圣诞饰品、珠宝首饰、艺术品和收藏品等。深圳的美术品出口也主要以临摹为主，属于复制加工业。虽然也有一些原创产品，但数量不多，属于文化创意产业核心层的产品和项目出口较少。像腾讯、A8音乐集团等能走上自我良性发展道路的、有自主知识产权的文化企业并不多，大量的文化出口企业多为“三来一补”企业，组织规模小，产业关联度低，科技含量低，名优品牌产品少，产业规模效益差，缺乏自主创新能力，在国际市场的文化影响力和扩张力较弱。

第二，外资企业是文化产品进出口主力军，内资企业比例偏低。深圳的地缘优势导致企业的外向型程度很高。文化出口企业中，外资企业尤其是港资企业占绝大多数，这也为文化产品出口提供了有利条件。深圳市印刷出版协会提供的数据显示，以深圳市印刷行业为例，出口企业主要以外商企业和私营企业为主，这两类分别占52%和39%，剩下9%的份额是国有等其他形式的各类印刷企业。据工艺美术行业协会统计，2008年底，全市工艺美术企业1 812家，其中港资企业997家，占55%；民营企业581家，占32%；台资企业215家，占12%；其他外资企业19家，约占1%。

第三，出口市场集中度高，中国香港在深圳对外文化贸易市场中占有重要地位。深圳文化贸易的主要出口市场为中国香港、美国和欧盟。由于深港两地的地理、资源、文化等优势，加上深港两地合作的不断推进，中国香港成为深圳文化贸易的主要市场和深圳打开国外市场的主要途径。深圳市印刷业的主要出口区域是港澳，深圳工艺礼品方面主要的销售地也是香港，或通过港资台资企业建立的渠道进行转口贸易，销到北美、欧洲、东南亚和中亚地区。

第四，文化与科技融合的新模式，提升了出口企业和产品的竞争力。近年来，深圳市政府大力促进文化与科技深度融合，鼓励传统文化企业利用高新技术升级改造。深圳的文化领军企业，一方面是深入文化核心层的创意企业，另一方面也是运用最新科技手段的高科技企业。据深圳市文体旅游局文化产业处的数据统计，目前，深圳市有6 000多家文化科技结合的企业，约占深圳文化企业数量的70.37%，主要经营方向包括创意设计、动漫游戏、新媒体服务、移动数字广播电视、出版印刷、影视演艺类、珠宝及高端工艺品、互联网信息服务、移动信息服务等。文化与科技的结合，提高了文化创意产业的科技含量和文化产品的附加价值，增强了文化企业的国际竞争力，有利于推动深圳的文化企业“走出去”。

第五，平台建设初显成效，文博会成为深圳文化产品“走出去”的重要平台。作为中国唯一一个国家级、国际化、综合性文化产业博览交易会，中国（深圳）国际文化产业博览交易会已在深圳成功举办了九届，是中国文化产品与项目交易的重要平台，促进和拉动了中国文化产业发展，为推动中国文化产品走向世界发挥了积极作用。文博会期间举办各种大型节庆活动，向全世界展示中华文化的魅力。还建立了网上文博会，广泛整合线上线下文化创意产业资源，以中、英文两种版本向海内外采购商全方位展示我国文化创意产业发展最新建设成果、最新发展态势和项目与产品的交易盛况。深圳应当借助文博会的优势，向全世界展示深圳的城市文化和文化产品，推广深圳“创意之城、时尚之都”的新城市形象，扩大深圳文化的影响力、辐射力和传播力。

（二）深圳文化贸易未来发展的政策建议

深圳在开展对外文化贸易、实施文化“走出去”战略中，既面临着战略目标不明确、组织保障不到位、文化资源短缺、文化企业核心竞争力不强的宏观问题,又遇到了文化创意产业投融资机制不畅通、文化产品进出口程序繁杂、文化企业法律法规知识匮乏等具体困难。2014 年 1 月,经国家文化部批准,深圳国家对外文化贸易基地在深圳报业集团揭牌,深圳由此成为中国第三个拥有对外文化贸易基地和文化保税区的城市,这也是深圳继文博会、文交所和中国文化产业投资基金后的第四个国家级文化产业平台。深圳国家对外文化贸易基地的创建,将进一步完善全国对外文化贸易布局,引领和带动我国对外文化贸易发展。

第一,要树立更高并且具有现实意义的文化贸易发展战略目标。深圳是我国首个获得“设计之都”称号的城市,也是我国首个国家创新型城市。深圳创意设计力量和科技创新能力处于全国领先地位,产业转型升级一直走在全国前列。深圳近年来大力发展文化创意产业,形成了“文化+科技”、“文化+创意”、“文化+金融”、“文化+旅游”的独特发展模式。2014 年 1 月,深圳国家对外文化贸易基地成立,进一步完善了对外文化贸易基地的全国布局,汇聚北京、上海、深圳三个“设计之都”能量,引领和带动我国对外文化贸易发展。在深圳建立国家对外文化贸易基地,既是国家对深圳的一种期待,也是深圳的一种责任,深圳要为中国对外文化贸易发展担负起引领、示范、探索的责任。

深圳基地的运营采用“部省市合作”架构下的“平台+园区”模式,广义上的基地运营依靠文博会、文交所等 9 个平台加上深圳的文化创意产业园区(基地),利用深圳及前海综合优势,在文化进出口政策、文化科技、文化产权交易、文化金融等方面进行创新试点,为文化产品走出去提供全产业链服务。深圳基地未来的发展目标将主要定位为:优化完善全国对外文化贸易基地的布局,汇聚京沪深三个“设计之都”能量,引领我国对外文化贸易发展;响应中央建设“海上丝绸之路”的思路,发挥毗邻港澳地区和东南亚的优势,成为我国与东盟和南亚发展文化经贸合作的“桥头堡”;促进珠三角制造业由“中国制造”向“中国创造”升级,通过品牌、信息、展示、交易等专业服务,提高我国文化产品和文化服务走出去能力。

第二,政府要积极完善和落实推动文化贸易的配套政策,营造良好的法治环境,提供信息技术、公共服务和必要的财政支持。当前,深圳针对推进文化产品和文化服务“走出去”的相关支持政策还不完善、不配套,落实国家层面的政策也还远远不到位。促进文化产品和服务出口的法律法规体系也不健全,在总体上缺乏统一的规划和合理的布局,在细节上存在很多空白和漏洞,要尽快形成对外文化贸易的政策法规促进体系。深圳作为国家对外文化贸易基地，要尽快制定更加有利于文化企业“走出去”的经济政策，大力鼓励文化产品出口。政府在资金和税收方面的优惠政策是文化企业最急切盼望的。政府应加大对文化企业的政策扶持力度，给予更多的税收优惠，将相关配套政策进一步完善和落实到实处。不少文化企业提出了“资金前移补贴法”，希望政府能在文化产品的初期就给予适当的扶持，确保好的创意最终能够做出优秀的产品，最终能够成功走向国际市场，实现文化产品的市场价值，扭转文化贸易逆差。为鼓励和支持文化企业参与国际竞争，扩大文化产品和服务出口，对国家部委联合认定的国家文化出口重点企业，深圳政府机关应派专人进行深入调研，一对一地了解企业发展上的需求，有侧重地为这些企业量身定制服务措施，力争通过对“龙头型”文化企业的培育，带动地区文化创意产业的健康快速发展。在通关手续上进行业务指导和进出口的法规宣讲。对于遇到特殊困难的进出口文化企业，政府方面进行研究和制定更为科学的监管规定，并大力协调和争取简化进出口手续，打通进出口环节。

第三，企业是文化“走出去”的市场主体，要借助“文化与科技”结合的新型模式，提升文化产品的质量，注重文化创意的提升，培育市场，打造品牌。要利用并借助深圳在高科技、金融、创意设计等方面拥有的优势，形成“文化＋科技”、“文化＋金融”、“文化＋旅游”、“文化＋创意”等产业发展新模式。深圳已经培育了华强文化科技集团、中青宝网络科技公司、深圳腾讯计算机系统有限公司、深圳迅雷网络技术有限公司、A8 电媒音乐控股有限公司、深圳雅图数字视频技术有限公司等一批以高新技术为依托、数字内容为主体、自主知识产权为核心的文化企业，他们是深圳文化创意产业发展的典范，在建立具有国际竞争力的文化品牌、开展对外文化交流、对外文化贸易，提升深圳城市知名度和国际形象等方面取得了显著的成就。深圳应始终坚持走内容创新和科技创新的道路，要着眼于发展具有自主知识产权的文化创意产业，运用高新科技更新文化生产、传播的手段，使传统文化以新的形态焕发出新活力，使文化产品以新的生产传播手段增添新力量。注重品牌效应，扶持和资助优秀文化企业走出去。发达国家占领国际文化贸易市场的成功经验之一就是走产业化、集团化、规模经营的道路。在政府的资源和力量有限的前提下，在发展对外文化贸易的初级阶段，应当集中优势力量，选择龙头行业和优势企业予以重点扶持，组建有规模、有潜力的文化创意产业集团，提供个性化政策和服务，帮助其做强做大，形成品牌优势，成为推动我国文化贸易的中坚力量。

第四，依托中国香港，加强深港两地的文化交流与合作。目前深圳绝大部分的文化产品和服务都是出口到香港地区或者通过香港地区出口到海外，香港是个国际化大都市，要充分利用香港这个平台，扩大深圳文化"走出去"的辐射力和影响力。例如，深化深港文化创意产业合作，共同打造国际文化创意产业中心。加强广播影视合作，推动扩大深圳卫视在香港地区的落地覆盖，进一步扩大深圳电视在香港地区的影响力，使之成为香港市民了解深圳的重要窗口。推动深港影视动漫、新媒体、新技术方面的交流与合作，加强香港数码港与怡景动漫基地在技术平台方面的交流和资源共享。深化深港两地艺术创作和交流活动，举行更多的文化及艺术培训、展览、表演等，加强深港澳地区文化信息共享平台建设，完善提升"双城双年展"等品牌文化活动，实现文化资讯、演出票务、图书馆网上资源的互联共享。

（深圳市特区文化研究中心：宋阳）

第十五章
江门：加快文化产业综合发展，推动文化名市建设

一、2013年江门市文化创意产业发展概况

"十二五"期间，随着中央、省、市纷纷出台文化产业的支持政策，江门市文化建设迎来了良好的发展机遇。江门市华人华侨分布广泛，五邑历史源远流长，以陈皮为代表的人文农业自古影响深远，文化创意人才队伍庞大，艺术创作成果丰富，这为江门市文化产业的健康发展提供了基础。在此背景下，江门市初步形成了出版发行、印刷复制、文化会展、文化旅游、广播影视、工业设计、动漫、古典家具等为主的文化创意产业体系，且取得了丰硕成果。

（一）产业发展的政策环境与机遇

"十二五"时期江门市文化建设再一次迎来良好的发展机遇。党的十七大提出的建设中国特色社会主义经济、政治、文化、社会"四位一体"总体战略部署，标志着文化在中国特色社会主义事业中的地位进一步突出；《珠江三角洲地区改革发展规划纲要（2008－2020年）》提出珠江三角洲地区要建设和谐文化，提升公民文明素质，构建覆盖城乡的公共文化服务体系，推进文化创新，创建全国公共文化建设示范区等新要求。2010年广东省委十届七次全会做出关于建设文化强省的战略部署，提出力争用10年左右时间，形成与广东经济社会发展相适应的文化发展水平，达到"三强一好"（文化事业强、文化产业强、文化辐射力和影响力强、文化形象好）的总体要求，这一战略定位和目标任务描绘了广东文化强省建设的宏伟蓝图。中央和广东省关于文化建设的一系列新论断、新要求、新举措，将使政府越来越重视文化工作，对文化事业的投入越来越大。江门市文化发展迎来了前所未有的有利条件。

2010年7月，中共江门市委召开十一届八次全会，贯彻落实省委十届七次

全会精神，重点研究文化名市建设工作，出台了《关于贯彻落实〈广东省建设文化强省规划纲要（2011—2020年）〉实施意见》，明确未来10年江门市文化名市建设的工作目标、主要任务和保障措施，从更高层次为江门文化发展勾画了蓝图、指明了方向，提供了强有力的政策保证。

（二）江门市文化创意产业发展基础

1. 华侨华人基础广泛

在广东，华侨文化非常重要。改革开放以来，广大海外侨胞、港澳同胞对广东做出了巨大贡献。据不完全统计，30年来，他们对广东公益捐助达400亿元人民币，占全国侨捐总额的六成。侨资也占了广东外资的六成。中华文化要走出去，更要重视广大侨胞的力量。侨刊乡讯是广东文化的一个直接传播渠道，这为广东文化走出去打下了坚实基础。另外，海外华侨华人的广泛人脉在广东文化走出去的过程中也扮演重要角色。

江门五邑被称为“中国第一侨乡”。祖籍五邑的华侨、华人、港澳台同胞达到400万人（其中海外华侨、华人约有250万人，港澳台同胞约有153万人），约占全国海外同胞的1/10，遍布世界107个国家和地区。因此，江门市在华侨华人方面具有突出优势。

2. 文化底蕴深厚

五邑历史源远流长，曾哺育了明末著名理学家陈白沙、近代维新派代表梁启超、民主革命先驱陈少白、中国首位飞行师冯如等著名人物。五邑旅游资源丰富，拥有很多名胜古迹，如东汉遗迹新会玉台寺、崖门古战场、梁启超故居、开平碉楼与村落、小鸟天堂、陈白沙祠、唐代一行禅师观察天文的外海茶庵寺、台山上下川岛、开平立园、鹤山大雁山、原始森林、恩平冯如故居、七星坑原始森林、歇马举人村风景区等。

3. 人文农业影响广泛

新会陈皮，是广东省江门市新会区所产的大红柑的干果皮，为新会著名特产，文化内涵丰富。它具有很高的药用价值，又是传统的香料和调味佳品，向来享有盛誉。早在宋代就已成为南北贸易的“广货”之一，行销全国和南洋、美洲等地区，成为广东省人文农业的代表。2013年新会举办第二届陈皮文化节，进一步打响陈皮文化品牌，新会陈皮被评为广东省非物质文化遗产生产性保护示范基地，并于2013年建成了新会陈皮中心。江门市正组织新会陈皮申报第五批国家级非遗项目。

4. 人才队伍庞大

江门市拥有专业艺术表演团体——粤剧团，国家一级演员1名，二级演员2名，三级演员6名，享誉省、港、澳地区，该团近年来平均每年保持演出100场以上。业余文艺队伍发展活跃，现有包括少儿芭蕾团、童声合唱团、老干部合唱团、蓬江区群众艺术团等业余文艺团队450个，其中曲艺社（私伙局）240个，包括2011年组建成立的江门市女子中乐团，成为活跃城乡群众文化活动的鲜活力量。

5. 艺术创作丰富

“十一五”以来，江门市获省级以上奖项的作品达400多件。较有代表性的有：江海区粤曲《换菜篮》获中国曲艺节“全国曲艺精品奖”、第五届全国“四进社区”文艺展演银奖；江海区文化馆的群舞《思乡面》获省第四届群众音乐舞蹈花会金奖；江门市文化馆的小品《约会》夺得省第五届群众戏剧曲艺花会金奖；江门市文化馆话剧小品《村官》获省第六届群众戏剧曲艺花会金奖等。2011年，为纪念辛亥革命100周年，江门市文广新局投拍了反映江门市辛亥革命先驱陈少白的大型原创粤剧《少白英风》参加省第十一届艺术节，勇夺优秀剧目、优秀演员等4个奖项。

6. 产业体系初步形成

近年来，江门市文化市场发展迅速，文化创意产业规模不断壮大，初步形成了出版发行、印刷复制、文化会展、文化旅游、广播影视、工业设计、动漫、古典家具等文化创意产业集群。据2013年统计，全市共有各类文化生产经营单位4 000多家，其中：印刷企业1 328家，出版经营单位600多家，动漫企业30多家，动漫社团40个，古典家具（传统家具）企业约1 200多家，歌舞娱乐场所700多家，网吧300多家，这成为江门市文化创意产业中最具活力及前景的部分。

7. 发展成果丰硕

2006年，鹤山市被授予“全国印刷产业基地”称号；2008年鹤山市雅图仕印刷有限公司获“广东省首批文化产业示范基地”称号；2008年，台山市大江镇获“中国传统家具专业镇”殊荣；2009年新会区被授予“中国古典家具之都”称号；

2009年江门市蓬莱轩艺术馆被授予“中国诚信画廊”荣誉称号；2013年新会区大泽镇被授予“中国木材与古典家具专业镇”称号。

(三)江门市文化产业各行业发展情况

1. 印刷业综合实力雄厚

江门市印刷业整体实力较强，产业聚集效应明显，拥有一批设备和技术先进的上规模印刷企业，如鹤山雅图仕印刷有限公司是中国规模最大的印刷企业，该公司利用世界上最先进的生产设备进行生产，产品包括书籍、儿童书刊、桌上游戏用品等，全部外销欧美地区。

江门市印刷业近年来发展势头良好，每年以新增约100家企业的速度增长。在雅图仕、鸿兴、精联等外商投资大型企业的带动和示范下，江门印刷业正一步一个脚印地蓬勃发展。据统计，2013年全市有印刷企业1 328家，其中出版印刷企业19家；包装装潢印刷企业834家；排版、制版、装订企业8家；其他印刷企业467家；新设立和变更印刷企业约360家。实现了印刷企业总量的持续增长。另外，全市规模以上印刷企业产值超过70亿元。印刷业已成为江门市一个新的经济增长点，是江门市文化创意产业的龙头。

2. 出版发行业加速发展

全市出版经营单位612家，其中，江门市出版物发行企业、广东新华发行集团江门新华书店有限公司和江门文华书城，合力做大做强江门出版物发行业，引领五邑城乡大小书店的发展。目前，广东新华发行集团江门新华书店有限公司已拥有连锁机构8家，分别在中山、东莞设有分店，总营业面积2.5万平方米，经营文化商品20多万个品种，连续多年营业额位居全省地级市前列。江门文华书城作为五邑地区最大民营书店，经营面积9 000多平方米。

《江门日报》为江门市发行量最大的纸质新闻媒体，每天发行量达8万多份，平均每天24个版，经营收入稳步提高，2012年经营总收入7 000多万元。《江门日报》开设的江门新闻网点击率在全市排名前列。江门新闻网以其丰富的内容、浓郁的侨乡特色成为数百万海外乡亲了解家乡新貌的窗口。2010年7月，江门日报社与广东教育出版社江门教育促进会合作组建了广东教育出版社江门分社，填补了江门市文化创意产业发展的一项空白。

3. 广播影视业进入快车道

近年来,江门市广播电视事业成效突出,建成全数字采编播传输系统,处于业内领先地位。2010 年 8 月江门广播电视大楼投入使用,建筑面积近 5 万平方米,主楼地上 22 层,总高 128 米,总投资超 3 亿元。新大楼由广播电视制作播出楼、制作演播区和网络传输枢纽用房三大部分组成,具备广播电视节目采编录制播出、数据业务传输、网络多功能开发和用户服务管理、广电广告经营等多种功能,成为侨乡文化名市建设的一大亮点。据 2013 年统计,江门市有地级广播电视台 1 座,县(市、区)级广播电视台 5 座;全市自办 7 套广播节目,9 套电视节目。全市实现了广播和电视的全覆盖,有线电视总用户数 884 608 户,有线广播电视传输网络干线总长 25 373 公里。

4. 文化旅游业发展迅速

江门市现有世界、国家、省、市(县)级文物保护单位 163 个,其中,世界文化遗产 1 处,国家级保护单位 2 个,省文物保护单位 23 个,市(县)级文物保护单位 138 个。各类文化遗存 3 000 多处,馆藏文物 5.83 万件,其中开平碉楼与村落是广东省首个世界文化遗产,与梁启超故居被列为全国重点文物保护单位。拥有开平赤坎镇等国家级历史文化名镇(村)3 个,荷塘沙龙、蔡李佛拳等国家级非物质文化遗产项目 7 个,礼乐龙舟等省级非物质文化遗产项目 24 个,全市共有非物质文化遗产项目 99 项。

深厚的历史文化资源,形成了侨乡文化、碉楼文化、武术文化、名人文化、海岛文化、温泉文化等旅游品牌和五邑旅游"一线通"旅游线路。近年来,"开平碉楼与村落"成功申报世界文化遗产,侨乡旅游节、侨乡华人嘉年华、新会圭峰庙会、台山海岛旅游节、开平碉楼文化节、恩平温泉节、鹤山欢乐登山节等地方节庆活动相继举办,侨乡特色文化旅游日渐繁盛。2012 年全市旅游总收入 185 亿元,全省排名第六。

5. 动漫业继往开来

1995 年,江门市先后成立明日漫画社、辉煌漫画社、自由激光社、秋页社、新会 120℃等漫画创作社团。2003 年正式成立了江门动漫画协会,是国内正式注册的第四个动漫画协会。江门市是举办动漫展会的先行城市。在江门市 30 多家动漫企业,40 家动漫社团中,国家级动漫企业缤果动漫集团和科信动漫是江门市动漫产业的龙头。科信动漫已发展成为集手机动漫游戏发展、设计、生产、销售、经营于一体的企业。缤果动漫集团拥有衍生品数量达8 000多种，经营的连锁品牌店已覆盖全国各大城市，正逐步成为全国知名品牌。缤果动漫集团总部大楼2013年投入使用总面积为16 000平方米，其中1万平方米用于对外展示，6 000平方米用于办公。缤果动漫集团与中央电视台联合打造的312集大型动画片《我是缤果》，已正式在中央电视台一套播出。

6. 古典家具设计与制造产业渐成规模

江门市新会区和台山市大江镇20世纪70年代开始传承明清古典家具文化传统，经过30多年努力，两地的中国古典家具企业不断壮大，形成家具设计、木工雕花、家具销售上下游配套的生产链。台山市大江镇获授"中国传统家具专业镇"殊荣，新会区形成了新会古典家具第一街、五邑古典家具城、新会河北村古典家具产销十里长街等集聚区，堪称全国最大的传统家具产业带。截至2013年新会区大泽镇被授予"中国木材与家具专业镇"称号。2013年，江门市共有古典传统家具企业1 200多家，全市传统家具产业产值超30亿元。

7. 会展业迅速壮大

近年来，江门市随着优势产业和特色产业的发展，会展业也在迅速壮大，会展中心面积共4万多平方米。全市已经初步形成一些较为固定的展会。2013年成功举办第三届侨乡动漫节，面积9 600多平方米。参展单位100多家，展出摊位超过150个，约6万名业界人士和动漫爱好者参加，为江门动漫产业发展搭建了展示推广、交流合作、交易共享平台。在中国(江门)工艺美术精品文化博览会暨台山玉雕刻创作大赛上，包括国家工艺美术大师作品在内的千余件木雕、工艺玻璃、台山玉、苏绣、漆器、牙雕等工艺美术作品亮相，展现了中国侨乡工艺美术的魅力，推动了江门本土工艺美术人才的培养，弘扬了江门"侨乡"传统工艺美术及其深厚的历史文化。江门夏博会暨旅游美食博览会汇聚了来自旅游、美食等各大行业的近百家参展商，共吸引6万多人次逛展，现场交易额约560万元。

二、江门市文化消费基本情况

2005—2012年,江门市人均文化消费基本逐年增长,特别是从2010年后,江门市文化消费迎来新一轮增长,平均增长率达到两位数。虽然近几年江门市在文化、教育、娱乐、旅游等文化消费方面需求十分旺盛,但文教娱乐产业仍以旧有产业为主,产品附加值较低,因此其文化消费有待实现量和质的进一步提升。

(一)江门市文化消费的总体情况

1. 城镇居民文化消费增速先缓后快

根据统计数据表明,从2005年至2012年,江门市人均文教娱乐消费由1 549元增长为2 618元,8年间增长了1 069元。如果以2005年江门市人均文教娱乐消费为基数,到2012年,人均消费总共增长了69%,年平均增长率为8.62%。2007—2009年,受到国际金融危机的影响,江门市人均文教娱乐消费增长趋缓,甚至出现了负增长。2010年至2012年恢复为高速增长。(见表15—1)

表15—1　2005—2012年江门市人均文化消费增长

单位:元、%

项目 \ 年份	2005	2006	2007	2008	2009	2010	2011	2012
人均文教娱乐消费	1 549	1 695	1 710	1 719	1 714	2 087	2 288	2 618
年度增长率		9.43	0.88	0.53	−0.29	21.76	9.63	14.42

注:数据出自历年《江门市统计年鉴》。

2. 居民文教娱乐消费支出占比有所下降

居民收入与居民文化消费水平密切相关。表15—2表明,2005年,这一比重为12.01%。到2012年,这一比重为9.69%,下降了2.32个百分点。2005年,江门市人均文教娱乐消费占人均消费性支出的比重为15.51%。到2012年,该比重为14.19%,下降了1.32个百分点。

表 15—2　2005—2012 年江门市人均文教娱乐消费占比及增长情况

单位:%

年份 项目	2005	2006	2007	2008	2009	2010	2011	2012
文教娱乐消费占可支配收入的比重	12.01	12.22	11.29	10.00	9.02	9.87	9.56	9.69
年增长率		1.72	−7.64	−11.44	−9.78	9.39	−3.07	1.32
文教娱乐消费占消费性支出的比重	15.51	15.86	14.75	13.14	12.02	13.38	13.40	14.19
年度增长率		2.25	−6.98	−10.93	−8.53	11.34	0.14	5.91

注:数据出自历年《江门市统计年鉴》。

3. 文教娱乐人均消费低于广东省平均水平

2012 年,东莞、深圳、广州三市分别以 42 944 元、40 741 元、38 053 元的人均可支配收入位列广东省前三名,而江门市以 27 016.58 元位于广东省第 8 名。在全省 21 个城市中,江门市人均可支配收入处于中等偏上水平。

表 15—3 数据表明,从 2005 年至 2012 年,江门市人均可支配收入虽低于广东省平均水平,但文教娱乐消费所占比重与广东省平均水平接近。

表 15—3　2005—2012 年江门市与广东省关于文教娱乐消费占可支配收入的比重的对比

单位:元、%

年份 项目	2005	2006	2007	2008	2009	2010	2011	2012
江门市人均可支配收入	12 893	13 869	15 149	17 196	19 004	21 153	23 924	27 017
文教娱乐消费占可支配收入的比重	12.01	12.22	11.29	10.00	9.02	9.87	9.56	9.69
广东省人均可支配收入	14 770	16 016	17 699	19 733	21 575	23 898	26 897	30 227
文教娱乐消费占可支配收入的比重	11.30	—	11.27	9.81	10.05	9.94	9.84	9.77

注:数据出自历年《江门市统计年鉴》、《广东省统计年鉴》。

分析上述数据可以看出,在 2009 年大幅下降以后,近三年来江门市文教娱乐消费占可支配收入的比重逐步回升,但是比重仍低于全省平均水平。其主要原因有两个:一是广州、深圳等珠三角核心城市文化产业较为发达、文化消费繁荣,所以拉高了广东省的平均水平。二是江门市文教娱乐产品以传统的文化教育娱乐产品为主,产业附加值较低,相应文化消费在居民消费中比重也难以大幅提升。

(二)文化消费需求获得较充足供给

1. 江门市文化活动

在居民文化消费能力有限的情况下,江门市政府积极推进基础文化设施建设,满足人民日益增长的文化消费需求。2013 年,江门市农村组织放映电影13 600场,举办文化广场活动 550 场、文体活动 546 场。文化馆组织开展品牌节庆活动 14 个;举办各类文艺活动 473 场,观众 41 万人次;举办训练班 456 次,展览 85 次,公益性讲座 109 次。

2. 江门市娱乐媒体

至 2012 年末,江门市有线电视总用户数 86.42 万,有线广播电视传输网络干线总长 23 422 公里。江门市 2012 年末电视总户数为 119.61 万,因此有线电视用户数占全市电视总户数的比重为 72.25%。由江门日报社主办的中国江门网成为江门市最大的综合性门户网站,2013 年日均点击接近 20 万次。据 2013 年统计,《江门日报》每天发行量约 8 万份,平均每天 24 版。

3. 江门市教育需求

"十一五"期间,江门市中小学教育需求稳步提高,各个中小学都相应地扩大了规模。学生人数的增加,增大了对图书、音像及学习用品类的教育文化需求。全市小学校均规模从 425 人上升到 889 人,初中校均规模从 897 人上升到 1 218 人。解决外来人口子女接受义务教育达 48 万多人次。职业技术学校的学生规模不断增加,江门市职业技术学院招生规模从 2007 年的3 003人增加到 2013 年的 4 100 人,中等职业教育学校在校学生从 2000 年的51 570人增加到 2012 年的 72 451 人。高等教育稳步提升,五邑大学、江门电大不断扩招,高校在校学生数由 2000 年的 6 055 人增加至 2012 年的 30 699 人。

4. 江门市旅游观光拉动文化消费

江门市依靠风光秀丽的小鸟天堂、世界文化遗产开平碉楼与村落,丰富多彩的名人文化、名胜古迹、温泉旅游、海岛风情、民间艺术等旅游资源,吸引了全国各地甚至世界各地的游客。2012 年全市旅游总收入 185 亿元,同比增长 20%,接待游客 2 987 万人次,同比增长 12%,位列全省排名第六。

三、江门市文化消费与江门市文化产业发展的关系

文化消费与文化产业相互影响。一方面，文化产业通过满足文化消费而得到发展，文化产业的发展又能更好地满足文化消费；另一方面，文化消费的规模受到居民收入等多方面的影响，短期内规模有限，制约了文化产业的进一步发展，因此江门市文化产业的壮大需要迈向全国市场。

（一）江门市文化产业的发展需要依靠本地市场

江门市范围内对教育、文化、娱乐和体育的消费促进了当地印刷业、出版发行业和广播影视业的发展，对江门市侨乡文化、碉楼文化、武术文化、名人文化、海岛文化、温泉文化的消费促进了江门市文化旅游产业的欣欣向荣。江门市传承明清古典家具文化传统，通过生产古典家具满足人们对其文化消费的需求，孕育发展了古典家具业；江门市居民对动漫的热情和追求，逐步发展形成动漫产业。这些使江门市初步形成了出版发行、印刷复制、文化会展、文化旅游、广播影视、工业设计、动漫、古典家具等文化创意产业群。

（二）江门市文化产业的壮大更需要迈向全国市场

文化消费具有收入弹性较大的特征。当人们收入水平不断提高时，对文化产品或服务的消费需求也不断提高。近年来，随着江门市经济的不断发展，GDP 快速增长，居民收入水平不断提高，文化消费需求逐步扩大。但是，江门市总体居民收入水平仍然较低，江门市文化消费市场的总体规模有限。文化产业的发展壮大需要迈向全国市场，特别是文化旅游产业、动漫、影视及游戏产业和古典家具产业，只有开发全国市场甚至国际市场，才能不断做大做强，持续提高经济效益。

四、文化消费促进文化产业发展的典型案例

江门市有许多文化消费促进文化产业发展的案例，比较有代表性的有开平碉楼与赤坎影视城案例、缤果动漫发展案例。前者偏重于文化旅游业和影视业

相互促进，后者侧重动漫产业对相关产业的带动。这两个案例从不同的角度展现了消费带动产业的发展以及行业之间、产业之间相互促进。

(一)开平碉楼与赤坎影城案例

1. 江门市旅游消费总体情况

优美的自然风光、丰富的文化古迹和轻松良好的旅游氛围，吸引了全国各地，甚至世界各地的人民到江门市旅游消费。2012 年接待游客3 015.29万人次，同比增长 13.03%，其中过夜游客 1 283.74 万人次，同比增长 10.56%；一日游游客 1 731.55 万人次，同比增长 14.97%。旅游总收入 185.28 亿元，同比增长 19.98%，其中国内旅游收入 141.11 亿元人民币，同比增长22.35%；外汇旅游收入 69 917.18 万美元，同比增长 16.21%。在全省排名从 2011 年的第八位跃升到第六位。

2. 开平碉楼的基本情况

开平碉楼位于广东省江门市下辖的开平市境内，是中国乡土建筑的一个特殊类型，是集防卫、居住和中西建筑艺术于一体的多层塔楼式建筑。其特色是中西合璧的民居，有古希腊、古罗马及伊斯兰等风格多种。根据现存实证，开平碉楼约产生于明代后期(16 世纪)，到 19 世纪末 20 世纪初发展成为表现中国华侨历史、社会形态与文化传统的独特群体建筑形象。这一类建筑群规模宏大，品类繁多，造型别致，分布在开平市的乡村，现保存完好的碉楼 1 800 多座。

2001 年国务院公布开平碉楼为全国重点文物保护单位；2005 年被评为“广东最美的地方”；2006 年被评为“中国最值得外国人去的 50 个地方”金奖；2007 年，“开平碉楼与村落”在新西兰举行的第 31 届世界文化遗产大会上接受表决并通过，成为广东第一项世界文化遗产，与长城、黄山、布达拉宫等著名景点齐名。

近 6 年来开平旅游业取得很大发展。2006 年开平市接待旅游者 174 万人次，旅游总收入为 6.97 亿元；申遗成功后，2011 年，旅游者总人数达 435.95 万人次，旅游总收入达 26.88 亿元，分别是 2006 年的 2.5 倍和 3.86 倍，年均增长率分别达 30.1%和 57.1%。[①]

---

① 江门市统计年鉴(2007—2012).

3. 赤坎影视城的基本情况

赤坎古镇最早的建筑已有 350 多年的历史。早年移民欧洲和美洲等地的赤坎华侨,从国外带回建筑图纸,融合开平本地的建筑艺术,在这里建成了大批商铺式的楼房,这些楼房虽然经过百多年的风风雨雨,但依然风韵不减。该镇的堤西路,更是因为绵延 300 多米的骑楼街、保存完好的 600 多座古老的骑楼而深得影视界人士青睐,他们普遍认为这里具有 20 世纪二三十年代旧广州、旧香港的韵味,被称之为"电影街"。

赤坎影视城占地总面积 6 000 多平方米、投资 1 200 多万元,是香港电影《醉拳Ⅱ》、央视《香港的故事》、《寻找远去的家园》、《等着你回来》、《让子弹飞》、《一代宗师》的主要拍摄基地,是三十六集大型电视连续剧《风雨西关》拍摄基地。

4. 旅游消费与影视产业相互促进作用

赤坎影视城在立园和碉楼群附近,相互之间仅需 10 多分钟的车程。江门市有关部门把它们有机地结合起来,让游客在最短的时间里,享受到最多的旅游文化精品。一方面,开平碉楼和立园等旅游景点可以与赤坎影视城共享游客,增加各个景点旅游人数,提高各景点旅游收入,从而促进江门市旅游产业的发展;另一方面,赤坎影视城通过各类影视作品的拍摄进一步弘扬华侨历史文化,发展旅游业,让更多的人认识江门,同时也可以依托江门市的文化宣传和推广来提升影视城的文化底蕴和业界名气,最终实现旅游消费与影视产业相互发展、相互提升的作用。

(二)缤果动漫发展案例

广东缤果动漫集团有限公司是江门市动漫产业的龙头企业,从事自主品牌开发工作,现拥有自主知识产权及商标"缤果(BENKO)"、"纷果(FENGO)"、"伞志(SANZI)"、"朴薯(POCHY)"、"纷可(FENKO)"等系列卡通形象及自有知识产权品牌产品。该公司每年产出大量的动漫作品,其动漫衍生品数量近 8 000种,连锁经营的缤果专卖店、专柜已经覆盖全国各大城市,在国内原创动漫品牌企业中处于领先地位,成为国内动漫行业"产业文化化"模式的典型代表。缤果动漫创作中心及周边产品研发中心建设被列入 2010 年广东省现代产业 500 强项目,并分别获得省级现代服务业发展引导专项资金 200 万元和中央预算内投资国家服务业发展引导资金 200 万元。

“缤果”在 2006 年获得了“中国动漫市场顾客满意十佳品牌”、“中国动漫行业十大影响力品牌”、“广东省民营科技企业”、“中国特许经营连锁百强”等殊荣；2010 年成为国家级动漫企业，为五邑侨乡动漫产业的发展树立了一面旗帜。

缤果动漫集团有限公司与央视动画有限公司联合制作的缤果系列动画片《我是缤果》在中央电视台播放，引起全国关注。这部片子融合了华侨文化的地方表现，汇集了梁启超、陈白沙等多位文人的鲜明的人生观、价值观，展现了江门的华侨文化，提升了江门侨乡知名度，对于打造中国“动漫侨乡”、打响文化品牌起着示范性推动作用。不仅如此，公司坚持走全产业链路线，通过与服装、玩具、食品、文具以及其他产业的合作，不断地提高品牌价值和经济效益，从而带动了相关产业的协同发展。

五、以文化消费带动文化创意产业发展的探索实践及前景

江门市从加强文物保护、利用名人优势、挖掘文化内涵、举办文化活动、完善文化创作激励机制、推动优势资源整合、扶持相关产业的发展等方面进行了文化消费带动文化创意产业发展的探索实践，未来将通过积极构建现代文化产业体系，做大做强六大行业，重点打造三大产业，实现文化创意产业的优化升级。

（一）江门市促进文化创意产业发展探索实践

1. 加强文物保护和推进文化遗产申报工作

2013 年江门市启动了全国首次不可移动文物普查，成立市普查办和普查工作队，完成全市国有单位文物收藏情况调查。进一步巩固和深化第三次全国文物普查成果，完成三普名录出版。在博物馆评估定级工作中，江门市博物馆被评为国家二级博物馆，新会区博物馆、台山市博物馆被评为国家三级博物馆。此外，江门还建成了广东省第一个考古基地。

江门市重点加强世界文化遗产“开平碉楼与村落”保护工作，完成 28 座碉楼、50 间民居及遗产地环境整治工作，完成《开平碉楼与村落保护规划》公示；扎实推进文物维修保护工作，先后组织对茶庵六祖寺、叱石摩崖石刻、司谏进士

坊、跨龙桥、江门海关旧址、欧阳太守公祠、新会学宫、林氏家庙、华侨义冢、吴有恒故居等文保单位进行维修；完成第四批市级非物质文化遗产名录推荐公布工作，周家拳、茶坑石雕刻技艺、洪圣庙会、大有凉果制作技艺等项目进入市级非遗名录；完成第五批省级非物质文化遗产名录推荐申报，江门市开平民歌、恩平茶坑石雕刻技艺、小冈香制作技艺、陈山香火龙等项目入选第五批省级非遗名录；组织新会陈皮申报第五批国家级非遗项目。

2. 持续提升文化基础设施建设

2013 年，江门市实施市图书馆、文化馆、博物馆、美术馆“四馆”整合提升项目；完成江门大剧院项目前期规划论证调研；继续推进星光公园二期、城市文化雕塑筹建工作；完成城市文化雕塑项目第二轮设计征稿和意见征询工作；在图书馆评估定级中取得突破，在全国公共图书馆第五次评估定级中，五邑图书馆及新会、台山、开平、鹤山、恩平等市(区)图书馆被评为国家一级图书馆，其中鹤山、恩平图书馆为首次晋升一级馆；基本完成公共文化设施全覆盖工程，全年新建(改造)文化室 308 个，鹤山市、恩平市共 8 个文化站晋升省特级站、一级站和二级文化站，目前全市四市三区 80 个镇(街)建有文化站，均达到三级站以上，全市 1 316 个村(居)委会均建有文化室，其中 1 077 个文化室达到“五个有”标准，755 个文化室配有文体协管员，四级公共文化设施网络基本建成。

继续实施农村电影放映工程，继续推进省政府有关中心镇多厅数字影院建设、文化信息资源共享、数字图书馆推广工程、市博物馆“网上博物馆”建设和公共电子阅览室等重点文化惠民工程。

3. 打响名人牌，确立江门的文化形象和文化地位

江门市集中资源打响陈白沙、梁启超、司徒美堂等名人品牌，确立江门在广东乃至全国的文化形象和文化地位；充分发挥五邑籍影视明星和院士众多的文化优势，加强策划、包装和宣传，树立“影视明星之乡”、“院士之乡”的城市形象；通过在城市主干道、广场设置侨乡历史名人雕像等，把侨乡文化融入城市规划建设中，增强城市文化内涵。

4. 依托自身历史文化优势，挖掘文化价值

依托自身历史文化优势，发展侨乡文化、碉楼文化、武术文化、名人文化、海岛文化、温泉文化等，并且对文化的内涵进行深入挖掘，带动相关产业的发展。比如五邑华侨博物馆向海内外广泛征集了 3 万多件华侨实物和史实资料，展现

五邑籍华侨华人在海外的艰辛创业以及汇报家乡的感人故事，成为国内最权威的华侨文化展示、推广基地。

5. 举办文化赛事和活动，推动文化品牌发展

积极举办以江门籍名人、名家命名的全省性、全国性乃至国际性的赛事，如“白沙杯书法大赛”、“李铁夫杯油画大赛”、“沙飞杯摄影大赛”、“戴爱莲杯舞蹈大赛”、“红线女杯曲艺大赛”、“冯如杯全国航模大赛”等。

组织承办由省文化厅组织的“同饮一江水”2013 年广东农民工歌唱大赛（江门赛区）海选、周赛（两场）、月赛以及季度赛；承办 2013 年中国（江门）侨乡华人嘉年华暨侨乡旅游节大型粤剧晚会；举办陈白沙诞辰 585 周年系列纪念活动、梁启超诞辰 140 周年系列纪念活动；举办第二届艺术文化节、纪念吴有恒诞辰 100 周年晚会以及 2014 年江门新年音乐会等。

另外，江门以承办国家级和国际性的文化活动为载体争取一批省级、国家级乃至国际级的文化项目落户江门，打响了名人品牌，形成了若干个特色鲜明、具有全国知名度的文化品牌。

6. 完善文化创作激励机制，塑造文艺精品

建立了重点文艺作品创作扶持机制和重点文艺作品签约制度，以及江门市优秀原创文艺作品推广机制；完善江门市白沙文学艺术奖和江门市“五个一工程”文学艺术精品奖评选机制；健全《江门市文艺精品、品牌文化项目和优秀文艺家奖励办法》，促进文学艺术与影视传媒结合，加强对优秀文艺作品、品牌和优秀文艺家的宣传推介，从而实现社会效益、经济效益和艺术效益的有机统一。

重点扶持和奖励突出江门地域特色、体现侨乡文化精神、提升江门知名度和形象以及反映江门重大题材、人文景观、经济社会发展等主题的文艺精品；积极培育陈白沙、梁启超、李铁夫、司徒美堂、陈宜禧、陈少白、冯如、陈垣、沙飞等题材的文学影视作品；力争有一批文艺作品获省级、国家级奖项，并产生广泛的影响力，在全省文艺创作工作中处于先进行列。

7. 促进优势资源整合，推动文化和旅游产业集团化发展

根据《江门市属国资整合发展总体工作方案》，以江门日报社有限公司为主体，整合市电影公司、市粤剧团、南方传媒集团和新华集团的市属国有股份以及广播电视台等本地文化产业资源，组建大文广集团——江门市报业传媒集团有限公司。江门市报业传媒集团借助全国文化体制改革创新的契机，促进优势资

源整合，挖掘相关文化价值，打造具有多品种全方位传媒手段、服务侨乡的综合实力较强的文化传媒集团，带动产业的综合发展，推动江门市文化事业快速发展。

与此同时，江门市以推进山区生态旅游产业园区的规划和建设为契机，组建大旅游集团——江门市五邑旅游发展有限公司。通过公司化的运营，该公司统一整合山区生态旅游资源乃至全市文化旅游资源，做好山区生态旅游区域以及全市旅游风景区的整体规划、招商、开发、旅游推介和运营以及旅游产业园的管理，做大做强全市旅游产业，提升江门市旅游形象，推动旅游业的大发展，实现以文化促旅游，旅游做文化。

8. 多方政策扶持文化产业，培育文化消费增长点

江门市加大财政、税收、金融、土地等方面对文化产业的政策扶持力度，鼓励文化产业和社会资本对接，对文化内容创意生产、非物质文化遗产项目经营实行税收优惠。另外，江门市通过增加文化消费总量，提高文化消费水平，为文化产业发展提供内生动力；通过创新商业模式，扩展大众文化消费市场，开放特色文化消费，扩大文化服务消费，提供个性化、分众化的文化产品和服务，培育新的文化消费增长点。

(二)江门市文化创意产业的发展方向

1. 构建现代文化产业体系

江门市致力打造千亿文化产业，构建完善的印刷出版发行、传统工艺、文化旅游、动漫游戏四大产业链条，大力发展文娱演艺业；遵循重点突破和整体推进相结合的原则，大力推进科技服务业、创意设计业、广播影视业、广告会展业、海洋文化业等产业的发展，使文化产业成为江门国民经济支柱产业。

2. 做大做强六大产业

以雅图仕、鸿兴等龙头企业带动，以信息化、数字化、网络化等高新技术改造传统印刷工艺，提升印刷产品的文化含量，巩固鹤山市作为中国印刷产业基地的地位，力争把江门市打造成为广东省乃至全国重要的印刷品生产基地。

以“开平碉楼与村落”为核心，深度挖掘侨乡旅游文化内涵，大力发展侨乡文化、碉楼文化、武术文化、名人文化、海洋文化、温泉文化等文化旅游品牌；借

助丰富的历史文化古迹，开发历史文化游、民俗风情游等文化旅游线路；促进非物质文化遗产保护传承与旅游相结合，发挥旅游对文化消费的促进作用；进一步完善和优化旅游配套设施，打造珠三角宜居宜游典范城市。

以古典家具为突破，做优做强传统工艺业。加强产品生产的研发、艺术指导和市场推广，重点抓好新会古典家具业和台山大江传统家具业的发展，促进产业的聚集和优化升级。

优化动漫行业发展环境，加强动漫产业基地建设，加强本土动漫企业、动漫品牌建设，加大招商引资力度，加强和鼓励兴办动漫企业，建立动漫推介、展示与版权交易平台，从而加快发展江门市动漫产业，打造“动漫侨乡”。

搭建文艺演出和娱乐业的投融资平台，用资本激活创意，打造反映侨乡文化特色、在国内外有影响力的文化艺术精品；积极引进国内外有特色的健康文娱项目，加大侨乡传统文艺娱乐形式的创新力度。

大力发展会展业，一方面，通过申办区域性、全国性的品牌会展活动，提升城市品牌形象；另一方面，通过结合本地需求打造影响全国甚至世界的精品会展，力争办好中国（江门）摩托车工业博览会、中国古典家具精品鉴赏会、农业博览会、侨乡动漫节等，打造1～2个在省内、国内有影响力的会展品牌，建设珠江西岸“会展名城”。

（三）重点打造的三大“未来之星”产业

1. 重点打造现代旅游业

突出现代旅游业在江门市服务业中的带动作用，以旅游项目建设为载体，以旅游市场需求为中心，以打造旅游目的地为重点，加强统筹协调，创新发展理念，把旅游业培育成江门市服务业的战略性支柱产业。推进与广东其他地区旅游交流合作，深化与港澳地区旅游交流合作。加快培育全面旅游休闲消费市场，积极倡导低碳旅游、生态旅游和人文旅游。加强旅游资源的整合和区域协作互动，打造富有侨乡特色的侨乡都市旅游、世遗文化旅游、滨海生态旅游、温泉休闲旅游、乡村绿色旅游等五大旅游板块，实现多景区共享旅游人群。深入挖掘整合侨乡历史文化资源，丰富旅游文化内涵，扶持具有侨乡文化特色的重大旅游文化品牌活动，促进旅游与文化产业融合发展。加快旅游基础设施建设，特别是提高江门市中心城区连通主要旅游景区的道路通行能力，进一步完善旅游接待设施建设，提高旅游接待能力。

2. 重点打造动漫产业新发展

以龙头企业为基础，不断招商引资，引进动漫行业的优秀企业，形成动漫产业体系，通过集聚效应，提高动漫产业创作和生产能力，提高动漫产业对相关产业的辐射带动能力，从而不断提升动漫企业的经济效益，努力打造"动漫侨乡"。以广东缤果集团有限公司等动漫知名企业为龙头，依托江门市内的五邑大学、广东省内深圳大学、中山大学等知名高校，通过"产、学、研"相结合，培养更多优秀人才，并且通过招商引资，吸引一批优秀企业进驻，打造高附加值的动漫产业园。搭建企业融资平台，通过税收优惠政策，鼓励和支持动漫企业的发展。通过各类会展，为本地动漫企业提升品牌形象，拓展销售渠道。

3. 积极推进文化会展业的发展

文化会展业对江门市文化产业的发展具有十分重要的作用，一方面可以促进更多人了解江门，提升江门品牌形象，促进江门旅游的发展；另一方面可以促进本地文化产品开拓国内市场和海外市场。政府应当大力推进会展业的发展。首先，应当不断完善会展的配套基础设施，打造建设标准高、功能完善、环境舒适优雅的会展场所。其次，政府应当积极申请举办全国知名会展或者世界知名会展，同时将已有的常规会展不断完善升级，提升其全国甚至全世界的影响力。

六、建立和完善产业发展保障机制

通过正确处理政府与市场的关系，增加文化事业方面的资金投入，落实文化产业相关的优惠政策，大力实施"人才强文"战略，建立和完善文化管理执法机制保障文化创意产业的持续快速健康发展。

科学制定江门市文化产业发展规划。贯彻落实《国务院文化产业振兴规划》和《广东省文化产业振兴规划（2011－2015）》，制定江门市文化产业发展规划（2014－2020），确立文化产业的战略性新兴产业的地位，引导好文化创意产业的发展，逐步建立门类齐全、结构合理、功能完善、特色鲜明、效益良好的文化产业体系。

(一)加快推进文化领域改革

按照《中共中央关于全面深化改革若干重大问题的决定》提出的文化领域任务,江门市围绕完善文化管理体制、建立健全现代文化市场体系、构建现代公共文化服务体系、提高文化开放水平等内容,制定改革措施,科学安排,深化文化领域改革。

在加快构建现代公共文化服务方面,江门市以群众需求为导向树立文化服务理念,探索建立公共文化机构评估系统和绩效考评机制,促进公共文化服务标准化、均等化。主要表现为引导社会力量以兴办实体、赞助活动、免费提供设施等多种形式参与公共文化服务,支持民办公益性文化机构的发展。

在深化文化事业单位体制改革方面,对公益性文化事业单位,以增加投入、转换机制、增强活力、改善服务为重点,提高公共文化产品供给能力和服务水平,满足人民群众基本文化需要;对经营性事业单位,加快完成国有文艺院团改革任务,建立现代企业制度,认真落实江门市文化事业单位在改制过程中出现的税收、固定资产处置、人员安置、社会保障、经济补偿等问题,妥善解决好改制单位离退休人员生活福利、医疗等问题。

在建立健全现代文化市场体系方面,按照建设法治政府和服务型政府的要求,减少和下放行政审批事项,建立宽进严管的文化市场管理机制。大力发展文化产业,重点培育一批规模效率较高、文化辐射大、品牌竞争力强、管理科学、运行规范的现代化文化企业。

(二)不断增加文化事业资金投入

各级政府多渠道增加对文化建设的资金投入,保证公共财政对文化建设投入的增长幅度高于财政经常性收入增长幅度,提高文化支出占财政支出比例。按照中央和省有关政策标准,确保文化基础设施建设和公共文化服务体系建设足额投入;扩大有关文化基金和专项资金规模用于文化事业比重;市、县两级设立农村文化建设专项资金,确保农村重点文化建设资金需求;改革政府对文化事业投入方式,实行按项目拨款和以奖代拨;文化单位转企改制后,财政部门按不低于转制前的经费水平继续给予扶持;市财政每年安排专项经费扶持和打造一批优秀哲学社会科学成果、文艺精品;落实和完善文化经济政策,支持社会组织、机构、个人捐赠和兴办公益性文化事业，引导文化非营利机构提供公共文化产品和服务。

(三)落实文化事业发展优惠政策

落实公益性文化设施建设在用地、工程收费等方面的优惠政策。文化设施建设用地纳入城乡总体规划编制中，按照方便群众文化生活的原则，确保文化建设用地规模，重大基础设施和标志性文化工程、高新技术文化产业项目用地优先予以安排。

贯彻落实国家有关文化体制改革中经营性文化事业单位转制为企业和支持文化企业发展的财政税收、投资和融资、资产和土地处理、工商管理、社会保障等各项优惠政策。

(四)大力实施"人才强文"战略

建立和完善文化人才的引进、培养和使用机制。

一是创新引进机制，改善人才结构。结合江门市《关于加强高层次人才队伍建设的意见》的贯彻实施，加强文化人才队伍建设，编制人才引进计划。加强与国内外知名艺术机构、团体和文艺名家、名师的合作，建立若干个艺术创作基地和大师工作室，造就一批在全省、全国都有一定影响力的文艺家和文化活动家。

二是创新培养机制，提升人才整体综合素质和专业水平。加强文化人才教育培训，建立和完善文化人才培养体系，落实文化人才培养制度。加强健全基层文联组织建设，有计划地实施基层、企业文化人才培训工作。

三是创新激励机制，激发文化人才工作热情。依据国家等有关荣誉制度，制定江门市奖励措施，设立政府奖励，对在江门市文化领域做出突出贡献的各种文化人才给予表彰奖励。

四是创新服务机制，凸显人才价值。积极探索为江门市文化人才服务的有效形式和途径，在工作、生活待遇等方面给予政策倾斜。

(五)建立和完善文化管理执法机制

牢固树立"依法兴文，以法管文"的法制意识，全面推进江门市文化工作法制化建设；采取措施切实保护人民群众的基本文化权益；制定和完善江门市文物保护、文化资源开发、文化财产保护、知识产权保护、文化市场管理等有关文化发展的政策和管理措施；加强文化执法队伍建设，加大文化执法力度，规范文化执法行为和执法程序，增强文化执法透明度，强化文化执法监督，构建文化市场安全监管建设体系；加强版权保护工作，保证正版化工作长期可持续开展。稳步推进企业使用正版软件工作，增强企业使用正版软件意识，坚持版权兴业，努力打造版权领域知名产品。

（广东省江门市文化广电新闻出版局：余五一；荣邦瑞明城市中国研究院地政与产业促进研究所：史小辉、卢松安）

第十六章 成都：繁荣蓉城文化消费市场，驱动文化创意产业发展

一、成都文化创意产业发展的基本情况

二、成都文化消费的概况与特点

三、成都文化消费促进文化创意产业发展的作用机理

四、典型事件、案例介绍及分析

五、成都文化消费驱动文化创意产业发展的模式与展望

2013年,是成都文化创意产业向支柱性产业目标迈进的关键之年。近年来,通过推动文化体制改革、市场主体的培育、产业平台的搭建、要素市场的建设,成都文化创意产业的市场化程度不断提高。在新一轮发展周期中,围绕建设中西部最具影响力、全国一流和国际知名的"文化之都"的奋斗目标,成都以加快转变发展方式和转型升级为使命,对文化创意产业的发展不断进行新思考、新定位、新筹划。当前,国际格局、发展模式、利益关系都处在深刻调整和变革之中,党的十八届三中全会对文化体制机制创新进行了顶层设计,要求"完善文化管理体制","建立健全现代文化市场体系","构建现代公共文化服务体系","提高文化开放水平",这将开启文化创意产业新的发展周期。在这重要的转折期和敏感的过渡期,值得深思和探讨的问题是如何通过更多的力量和更好的途径,繁荣文化消费,扩大文化贸易,依靠市场的内生动力发展文化创意产业。

一、成都文化创意产业发展的基本情况

2013年,成都文化创意产业平稳发展,重点门类增长迅速,产业规模扩大;产业集聚能力不断增强,纳入国家文化创意行业战略布局;文化科技新兴业态蓬勃发展,保持强劲上升趋势;文化体制改革进一步深化,产业发展政策更加具有针对性。与此同时,成都文化创意产业发展又面临新形势,呈现出新特点。

(一)成都文化创意产业发展面临的新形势

1. 基层群众精神文化需求日益增长

理论上说,文化需求的升降与人均GDP的增减呈正相关关系。成都市2013年人均GDP已超过9 500美元,标志着城市进入基本实现现代化的发展

阶段，产业结构和消费结构正在发生调整和改变，群众对文化产品和服务的需求和鉴赏水平都有了大幅度的提高。作为我国西部地区特大中心城市，国家首批历史文化名城，中国最佳旅游城市，西南地区的政治、文化、科教、商贸、金融、军事和国际交流中心，经济结构的变化对成都文化创意产业发展提出了新的要求。

2. 文化与经济社会的融合不断加深

文化越来越渗透到各个领域，与经济社会发展的其他方面相辅相成、相互支撑、互为条件。文化创意产业的经济功能逐步增强，不仅对经济增长的直接贡献越来越大，而且为经济发展提供强大的精神动力。文化创意产业既是推动城市发展的重要手段，也是促进社会文明进步的重要动力。文化创意产业的发展水平，是衡量城市综合实力和软实力的重要指标，深刻影响着城市发展的内涵和进程。

3. 文化创意产业发展环境更加复杂

城市文化是一个城市特殊的历史、特殊的形象和特殊的精神，是城市居民所特有的价值观念、思维方式、行为方式、生活方式。事实证明，快速的经济发展并不会自然而然地带来全面协调的社会进步，更不会简单地推进人的全面进步。市场经济带来的道德滑坡，使一些领域道德失范，诚信缺失，扭曲了一些人的人生观、价值观，个别社会人员公共道德意识比较淡薄，文明素质有待进一步提高。涉及法律问题的可以用强制的手段制裁，但是对于道德层面的问题，只能用教育的方法加以引导，用社会主义核心价值观引领，在全社会形成共同理想信念和基本道德规范。

4. 现代数字技术和网络技术迅猛发展

现代科技特别是传媒技术和网络技术的飞速发展为文化创意产业提供了强大推动力。信息技术使网络空间成为继陆、海、空、太空的第五空间。中国互联网络信息中心（CNNIC）发布的《第 33 次中国互联网络发展状况统计报告》[①]显示，截至 2013 年 12 月，中国网民规模达 6.18 亿，互联网普及率为 45.8%。手机网民规模达到 5 亿，新增网民中使用手机上网的比例高达 73.3%，手机保

① 中国互联网络信息中心. 第 33 次中国互联网络发展状况统计报告[R]. 中国互联网络信息中心网站，2014－03－05.

持第一大上网终端地位，微信、微博等新媒体工具异军突起。截至2012年末[①]，成都市网民规模达到了785万人，同比增长6%。家庭宽带普及率达到63.65%，互联网普及率为55.8%，比全国平均水平高13.7个百分点。未来随着现代信息技术更加广泛的应用，不仅会深刻改变社会生产方式和人们生活方式，而且将进一步创新文化创意产品的生产、传播与消费方式，极大改变文化创意产业的技术形态和经济形态。

(二)成都文化创意产业发展的有利条件

1. 城市经济实力显著增强，文化创意市场活跃

作为国家西部大开发的引擎城市、中国内陆投资环境标杆城市、新型城市化道路的重要引领城市，成都是我国西南地区稳定发展的战略要地。2013年，成都市实现地区生产总值超过9 000亿元，比上年增长10%。地方公共财政收入898.5亿元，增长16.6%；固定资产投资6 500亿元，增长10.4%。城乡居民收入稳步提高，城镇居民人均可支配收入29 913元，农民人均纯收入12 880元，分别比上年增长10%和12%。文化消费成为新的居民消费热点和经济增长点。

2. 科技创新体系逐步完善，文化科技创新加快

成都科技资源富集，国家级的科技活动机构和研发平台众多。近年来，通过建设科技创新孵化载体，健全科技创新服务体系，完善科技资源的市场配置机制，初步构建了以企业为主体的区域创新体系，城市科技创新和产业转化能力快速提高。成都是全国自主知识产权成果的重要产出地。2013年，成都推进创新型城市建设，完善科技创新和知识产权保护政策，支持企业牵头建设研发机构，实施产学研合作项目800余个，新增科技创新载体34家、孵化面积61万平方米，新增高新技术企业312家，全市发明专利申请量增长33.7%，申请受理量占比和增幅首次超过全国平均水平，专利申请结构不断优化，专利质量不断提升，并获批成为国家首批智慧城市试点示范城市。科技创新整体水平优势明显，为文化创意产业的发展提供了有力的科技支撑。

---

① CNNIC. 2012年成都市网民规模达785万人，互联网普及率为55.8%[EB/OL]. 中文互联网数据资讯中心，2013－04－28.

3. 城市文化氛围和谐包容，创意人才资源充足

文化创意产业具有双重属性，不仅是城市经济新的增长点，作为价值的体现和精神的凝聚，更具有内在性和深层性的特点，其发展离不开城市的历史文脉。在三千年的历史长河中，美丽富饶的成都平原和居住在这里的勤劳勇敢的人民共同造就了和谐包容的城市文化。平等对待、包容接受新的思想和观念，产生了孕育创意经济、体验经济和注意力经济所需要的土壤，奠定了文化创意产业发展深厚的社会文化基础。与经济发达地区相比，成都高质人力资源的成本相对低廉，且有良好的后备人才资源。市域范围有 40 余所高校，企业、社会团体与高校合作，共同搭建文化创意产业人才培训平台。2012 年，全市文化产业从业人员超过 24.12 万人，占全社会从业人员总数超过 3.1%。

4. 政策保障路径明晰，产业发展环境良好

成都市早在 2004 年就成立了“文化体制改革和文化产业发展领导小组”，出台了《关于加快文化体制改革和文化产业发展的实施意见》，2005 年出台《关于发展成都数字娱乐产业、建设成都数字娱乐产业基地的实施意见》、《关于鼓励成都市数字娱乐产业发展的实施细则》和《数字娱乐产业发展规划（2005－2014）》，2007 年出台《“十一五”时期文化发展规划纲要》，2009 年出台《成都市文化创意产业发展规划（2009—2012）》，2011 年通过《关于深化文化体制改革加快建设文化强市的意见》，2012 年出台《文化产业发展“十二五”规划》。在过去十年间，成都基本保持了产业发展政策的科学性、连贯性和一致性，为文化创意产业发展提供了强大的制度保障。

(三)2013 年成都文化创意产业发展的新特点

1. 文化体制改革顺利推进，文化生产力进一步释放

作为全国文化体制改革试点城市，成都在 2012 年 2 月全国文化体制改革工作会议上，被授予“全国文化体制改革工作先进城市”；在 2012 年 9 月全国文化体制改革工作表彰会议上，被评为全国文化体制改革工作先进地区。按照区别对待、分类指导原则和“转制一批，划转一批”的工作要求，成都市全面完成市属国有文艺院团体制改革，成都艺术剧院院部及所属的歌舞、话剧、杂技 3 个院团组建“成都艺术剧院有限责任公司”。改制后，成都艺术剧院有限责任公司充

分调动现有创作班底以及各类艺术人才，发挥高端专业艺术演出优势，截至2013年7月，改制挂牌半年，成都艺术剧院完成各类演出场次119场，演出创收超过千万元。

2. 文化创意产业集聚效应显现，优势行业纳入国家布局

近年来，成都市利用特色楼宇、老旧厂房、风景名胜、科技人才等各类资源，规划培育文化创意产业园区基地，文化科技、广告和音乐等特色领域相继被纳入国家布局。2012年被授予首批“国家级文化和科技融合示范基地”，“红星路35号”广告创意产业园被纳入“国家广告产业试点园区”范围，“东郊记忆”文化创意产业园获批成为“国家音乐产业基地”和4A级景区。截至2013年末①，成都市已获批国家级文化产业示范园区1个，国家级文化产业示范基地6个，省级文化产业示范园区1个，省级文化产业试验园区7个，省级文化产业示范基地13个。2013年6月，成都市出台《文化产业示范基地评选命名管理办法》，正式启动全市文化产业示范基地评选工作，进一步促进文化创意企业的健康发展。

3. 文化创意消费市场繁荣，社会效益经济效益显著提高

截至2013年末，成都拥有太平洋、峨眉、星美、万达、新影联、上海联合6条电影院线，共有电影院近70家，IMAX银幕4张，3D银幕超过30张，票房收入超过4亿元，占据四川省68%的电影市场份额。2013年，成都演出市场持续繁荣，舞台剧、演唱会、音乐会、综艺晚会各具票房号召力。2013年1月，成都演艺集团与格莱美组委会合作在成都举办“格莱美巨星音乐会”；2013年9—12月，成都市委宣传部和成都市文化局共同主办的“2013国家舞台艺术精品成都演出季”，先后上演了6台精品剧目、13场演出，所有场次演出赠票率超过50%。低价让更多老百姓走进剧场，将文化创意消费与民生工程相结合，推动文化惠民。

4. 文化出口呈现快速增长态势，贸易结构有待优化

文化贸易是推动中华文化“走出去”的重要途径。近年来，成都文化创意出口呈现高速增长的态势。据海关统计②，2012年前三季度，成都市服务贸易进出口总额达42亿美元，约占全省服务贸易进出口总额的90%，同比增长15%，

① 数据来源：四川省文化厅文化产业处。

② 成都5家服务外包企业获国家文化出口重点企业称号[EB/OL]. 四川日报网，2012—11—13.

居西部城市首位。文化出口达到5.539 5亿美元,较上年增长92.9%。成都的文化出口虽然增长较快,但产品结构单一,以低附加值的初级工艺制品、工业制成品为主,高端文化服务和知识产权出口贡献基本可忽略不计。大多数文化创意企业在思维方式、管理模式上还没有完成现代化、国际化转型,尚不具备适应国际市场要求的整体策划创新能力、市场拓展能力、成本控制能力,很难参与全球分工和国际竞争。

二、成都文化消费的概况与特点

(一)成都文化消费概况

2013年,成都获批国家公共文化服务体系示范区,成功举办"财富论坛"和"第十二届华商大会"等国际会展,文化创意产业加快发展,带动城市文化消费市场的繁荣。通过推动基层文化阵地提档升级、公共文化数字化建设和文化惠民工程,开展"成都文化四季风"、全民阅读、文艺志愿服务、城乡文艺巡演等基层文化服务活动和"中国梦"等文艺主题创作活动,加快成都图书馆新馆、民办博物馆聚集中心、巴金文化博物馆等重大文化项目建设,努力提升公共文化服务水平,城乡文化消费市场不断扩大。《2013年三季度成都零售业运行报告》显示,前三季度全市社会消费品零售总额实现2 705亿元,扣除价格因素实际增长9.5%。城镇零售额实现2 673亿元,同比增长12.7%;乡村零售额实现31.9亿元,同比增长12.5%。城镇消费是社会消费品零售总额的最重要来源,贡献率稳定在98%以上。例如,2013成都购物节拉动成都旅游增收超过39亿元;2013年财富论坛、第十二届华商大会等国际性会议在成都召开,多名外国前政要、622名嘉宾以及300余家世界500强企业和国际知名企业的代表出席财富论坛,105个国家(地区)的3 000多名代表参加华商大会,带动了外来文化消费,为成都文化消费的繁荣起到了积极的作用。当全世界都在担心高速发展会让人们丢失生活本质时,成都却在"发展最快、生活最慢"的态度中保持着平衡,成为具有独特文化体验的"中国最具幸福感的城市"。

(二)成都城乡居民文化消费的基本特点

1. 文化消费需求向高层次递进,但在消费结构中比例偏低

随着收入水平的提高和文化创意产品供给结构的改变,成都城乡居民的文化消费意愿更加强烈,文化消费处于数量扩张期、消费观念嬗变期,文化消费的内容与形式也日趋丰富多样化。在继承传统文化的基础上,与时代格调一致的新的文化消费观念不断形成,文化消费活动由简单的娱乐消费型逐渐转向高层次的精神享受型消费。成都城镇居民文化消费种类丰富多彩,文化消费凸显时尚性与时代性。除了传统的看电视、听广播、读书看报等文化活动外,上网、参观展览、观看演出、KTV 娱乐、看电影等已成为文化消费的重要构成。城市休闲和出国出境旅游度假成为热点,图书、电影、文化演出市场更加活跃,尤其是国内外文化交流的活跃与繁荣丰富了演出市场,居民观赏各类演出成为时尚,观展、收藏艺术品正在成为文化消费的潮流。发达国家经验表明,当人均 GDP 达到 3 000 美元,文化消费占居民消费总支出的比重将达到 23%。数据显示,2004—2011 年,成都人均 GDP 由 2 130 美元上升到 7 750 美元,但城镇居民年人均文化教育娱乐用品及服务消费支出占年人均消费性支出的比重仅从5.2%上升到 11.6%,文化消费在消费结构中的比例偏低,表明成都居民潜在文化需求尚未得到有效满足,文化消费存在着巨大的市场空间。

2. 人均文化消费总体增长,但城乡消费差距仍然较大

2004—2011 年,成都城乡居民人均文化消费支出从绝对值上保持了持续、稳步的增长。(见图 16—1)从统计数据看,成都市城镇居民年人均消费性支出从 8 897 元上升到 14 361 元,城镇居民年人均文化耐用消费品和文化娱乐消费支出从 467 元上升到 1 034 元。成都市农村居民年人均消费性支出从 3 000 元上升到 11 233 元,农村居民年人均文化耐用消费品和文化娱乐消费支出从 75 元上升到516.76 元。人均文化消费占消费性支出的比重稳中有升,与人均可支配收入水平的增长正相关。其中,城镇居民文化消费年均增幅为 27.82%,农村居民文化消费年均增幅为 47.6%,由于后者的消费基数较低,其增长速度明显高于前者。但是,成都市城乡居民文化消费差距仍然很大。2004 年,城镇居民与农村居民文化消费支出差额为 392 元,2011 年差距扩大为 1 552 元。从绝对数额来看,2011 年成都市城镇居民文化消费是农村居民文化消费的 4 倍,农村

居民的文化消费水平仅相当于21世纪初城镇居民的水平。农村文化消费的长期落后，将在一定程度上对成都整体文化市场的扩大和文化创意产业的发展产生负面影响。

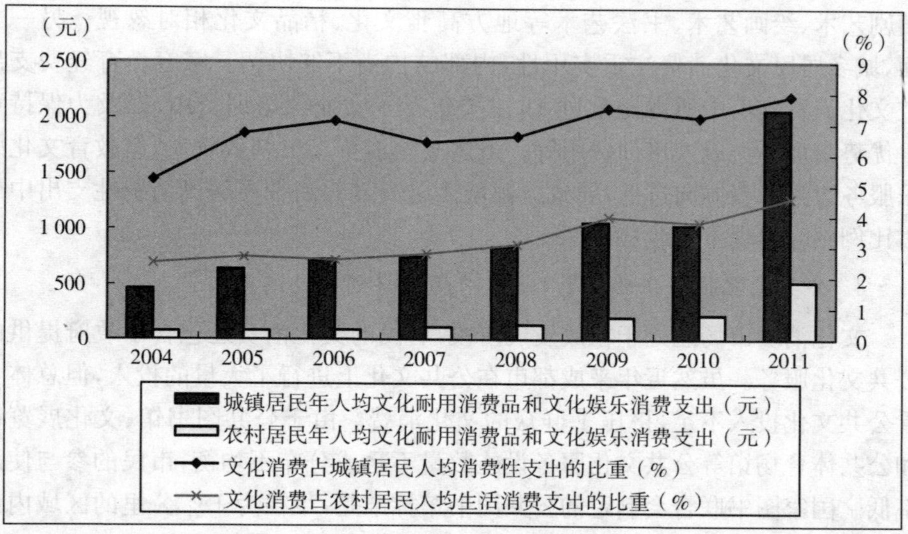

图16－1　2004－2011年成都城乡居民文化消费比较

3. 文化消费形式不断变化，但消费观念有待更新

随着文化消费群体及个体数量的不断增加以及大众消费需求的不断变化，成都城镇居民开始从消费群体共同欣赏的模式中脱离出来，文化消费主体意识较强，对文化消费目的的认识趋于理性。“提倡个性、强调特色”的个人自我价值成为文化消费的先导意识，文化消费逐渐由大众欣赏型向个人价值追求型转化，由群体化、表面化向个体化、深度化发展，消费结构逐步得到优化调整。居民对文化消费的需求已不满足于停留在娱乐消遣的享受型阶段，产生了学习文化知识、提升综合素质、拓宽视野等更多更高的发展型需求。居民参与文化消费的形式更具多样性和差异性，包括参与型、观赏型、娱乐型、艺术型、认知型、调节型等各种形式的内容和形态，看电视、阅读等传统文化消费仍占主导地位，微信、微博等移动互联网娱乐和文化旅游等新兴文化消费形态发展迅猛，文化消费呈信息化、多样化、扩散化发展趋势。但是，成都城乡居民文化消费观念仍

不成熟,文化消费还存在“偏食”、“厌食”现象。一方面,文化消费层次较低,形式单调。文化消费基本上还处于改善生活环境、休闲减压的初级阶段,一些简单易行、花费低廉的消费行为所占比例较大,逛公园、打麻将等传统休闲消遣性文化娱乐活动仍然是主要内容。城镇居民比较热衷于大众文化、通俗文化,对川剧艺术、绘画艺术、书法艺术等地方高雅文化、精品文化相对忽视。另一方面,城乡居民文化消费注重实用性,内部结构尚不够协调。家庭教育经费支出在文化消费支出中所占比重过大,主要包括子女业余培训费用,以及为保持竞争优势参加各类成人培训费用等。虽然文化消费支出基数较大,但教育文化娱乐服务边际消费倾向过低,导致成都城镇居民文化消费在居民消费性支出中所占比例不时出现下行趋势。

4. 公共文化服务供给增长,但需求尚未得到有效满足

文化消费市场还处于粗放发展阶段,居民的文化消费还包含了政府提供的公共文化服务。虽然近年来成都市在公共文化上进行了大量的投入,但总体上看公共文化投入不足,挤压了群众的文化消费。由于公共图书馆、文化展览馆和公共体育场馆等公共文化服务设施数量不足或分布不均衡,市民的参与使用率低。国家图书联合会制定的公共图书馆标准是,半径为 1.5 公里的区域内设置一所公共图书馆,或平均 2 万人左右拥有一所图书馆,成都市目前的水平与之相距甚远。图书馆、文化展览场馆、公共体育场馆多数集中在中心城区,郊区数量严重不足。如在成都市图书馆办理借阅卡的人数已经超过了 10 万,常年处于“一位难求”的状态,而新兴人口聚集区的市民难以享受到公共文化服务,无法满足城乡群众的文化消费需求。较低水平的公共文化投入使公共文化产品供给总量过少、质量不高。由于公众文化需求的表达机制和供给机制还不健全,自上而下的配送链条虽然保证了基本的公共文化产品内容和数量,但也产生了各区(市)县公共文化产品高度同质化的弊端,其结果就是无法满足不同群体的差异化需求,使得群众参与公共文化活动的积极性还不够高,特别是中青年主流群体的参与度不高。据调查,大型文化项目活动中,除城镇居民健身活动和公园、广场文化活动参与率较高,农村居民对坝坝电影的参与率超过五成以外,城乡居民对各项主要由政府提供(或出资)的公共文化服务项目的参与率均在五成以下,这也造成了有限公共文化资源的闲置和浪费。造成这一现象的重要原因,是公共文化产品或服务的创意不足,文化活动举办的特色不明显,难以满足群众多样化的文化需求。

(三)影响居民文化消费的因素

文化消费是一种个性消费,是一种生活方式,既受制于消费习惯等消费主体自身的行为因素,也受制于对未来收入与支出不确定性等外部环境因素;既受制于文化修养等自身的素质因素,也受制于文化产品价格等外部市场因素。从需求的角度看,消费者的收入水平、闲暇时间,以及年龄、性别、教育水平等消费者的个人因素对文化消费的影响较大,其中影响最大的是消费者的收入水平。从供给的角度看,文化消费的发展主要取决于供给水平,投资和价格是影响文化消费的主要因素。就成都市而言,影响城乡居民文化消费的主要因素有以下三个。

1. 居民收入水平决定消费能力

城乡居民的收入水平是影响文化消费数量和质量的首要因素。居民的收入水平,特别是可支配收入结构,决定了文化消费能力的大小。收入增加后,人们在满足基本生活需要之后,会把增加的收入用于更高层次的文化消费。2013年,城镇居民人均可支配收入为29 913元,是2000年的3.5倍。农村居民家庭人均纯收入为12 880元,是2000年的3.7倍。农村居民收入增幅大于城镇居民收入增幅,农村居民在统筹城乡综合配套改革试验中切实受益。然而,城乡居民收入水平虽然有了很大的提升,但工资性收入在收入结构中占比较大,财产性收入占比较低。2012年,城镇居民工资性收入在可支配收入中的比重超过六成,达到60.4%,其次是转移性收入(如:离退休金、保险理赔、住房公积金以及家庭间的赠送和赡养等),比重为27.9%。农村居民工资性收入在家庭人均纯收入中的比重达到47.9%,其次为经营纯收入,比重为34.5%。2000—2012年,成都市财政收入增长了13.3倍,而同期城镇居民人均可支配收入仅增长3.5倍。这种分配关系不利于文化市场潜在需求转化为现实消费。

2. 社会文化环境决定消费意愿

社会环境的开放或封闭、时代背景的稳定或动荡,都将对大众文化消费活动产生不可低估的直接影响,并决定大众文化消费的发展趋势。封闭的社会文化环境必然使文化消费局限于陈旧、稳固的消费模式,而开放的社会文化环境则推动大众文化消费的发展与革新。总体上看,成都和谐包容的城市文化,成都人乐于休闲、重视生活舒适度的特点,形成多元化空间、开放性思维、网络化结构三者相互融合的新型文化消费特征，对文化消费市场起到较大的拉动作用。具体来讲，主要体现在三个维度。首先，成都市民对传统文化的认同度、归属感较强，消费意愿高。其次，由于特定地理环境的民族具有特定的文化与传统习俗，历史传统必然对整个社会生活产生一种心理凝聚作用。最后，在历史的演变过程中，大众文化消费心理和消费结构逐渐呈现出稳定性与延续性，居民群体的文化层次代表着社会文明发展水平。成都的茶馆文化、三国蜀汉文化、美食文化，以都江堰为代表的水文化、以金沙遗址为代表的古蜀文化和民俗文化等，延续着城市的文化品格和特色，也蕴藏着巨大的市场潜力。

3. 传统消费习惯决定消费结构

传统消费习惯对城乡居民的即期文化消费产生直接影响。中老年成都人普遍存在以满足生存为主要内容的“量入为出”传统消费习惯和“注重下一代、敷衍自身”的跨代型消费理念，使人们的文化消费被禁锢。加之经济社会转型时期，生活成本快速上升，居民对收入不确定，对未来预期缺乏信心，谨慎消费、消费倾向降低等导致“注重物质消费、轻视文化消费”，“注重存款、不敢轻易超前消费”的现象，限制了居民主动进行文化消费的意愿，使得文化消费被作为一种非基本生活所需的“软需求”受到压缩。此外，受教育程度的高低则影响文化消费者对文化产品或文化服务的选择、时间投入和支出。但这种影响并不是直接的、决定性的，是间接的、逐级传递的。受教育程度影响职业选择，间接影响闲暇时间分配；受教育程度影响收入水平和社会经济地位。2010 年第六次全国人口普查资料显示，成都市人口受教育程度明显提高。每 10 万人中具有大学程度的人口达 16 669 人，远远高于四川省和全国的平均水平，人口素质进一步提高，间接影响了文化消费支出的结构。

4. 文化产品供给决定消费机会

在消费能力和消费意愿既定的情况下，文化消费的繁荣主要取决于供给。文化产品供给的结构性矛盾是影响居民文化消费需求释放的重要因素。城市中可供居民消费的文化产品和文化服务，主要来自三个方面：一是公共文化产品，即政府无偿提供给市民的文化产品和文化服务；二是公益文化产品，即非营利的公共组织所提供的文化产品和服务；三是文化商品，即企业提供的商业性文化产品和服务。随着社会生产力的提高和闲暇时间的增多，市民对文化产品和服务的需求越来越具有多样性。这种需求除了通过公共文化服务体系获得满足以外,更重要的是通过多层次的文化市场来满足。从成都文化产品供给来看,一方面,市场主体提供的文化产品和服务在数量和质量上与消费者的实际需要之间存在严重脱节。成都有着数千年的城市历史,历史积淀深厚,文化资源非常丰富,文化产业发展相对平稳。但在文化资源产业化开发过程中,对地域文化的深度挖掘、转化、传承、创新不够,文化产品和服务比较单一,产业链条较短,附加值低。从价值创造过程来看,处于价值链最高端的文化创意环节十分薄弱,缺乏核心竞争力。大多数中小文化创意企业以“代工”为主要模式,集中在制作环节,文化消费品加工手段和制作水平不高,缺乏高技术含量、原创和个性的文化产品和文化精品。此外,文化产品价格过高抑制了居民的文化消费,长期以来,昂贵的高雅演出票价超出了大多数市民的消费能力,阻碍了成都娱乐市场的发展。另一方面,较低水平的公共文化投入使公共文化产品和服务供给总量过少,质量不高,不能满足群众的文化需求。在文化事业投入方面,据文化部统计,2009 年人均文化事业费,上海 93.51 元、北京 79.24 元、天津48.38 元,而成都市 2011 年才达到 20 元的标准,公共文化服务的资金供需缺口较大。公共文化产品供给存在相对短缺,低收入人群、高中及以下学历与离退休人员对公共文化产品供给的满意程度显著高于高学历、高收入层次人群,公共文化产品的供给绩效亟待提高。

三、成都文化消费促进文化创意产业发展的作用机理

从人均收入和产业结构指标来看,成都已进入由工业化中期向工业化后期过渡的阶段,社会需求结构和消费结构发生了深刻变化。按照马斯洛需求层次理论,当人们的低层次需求被满足之后,将转而寻求高层次需求的实现。用于物质生活的开支所占的比重越来越小,满足人们精神文化需求的产业将占据越来越重要的地位。文化消费是文化产品价值创造活动的最终环节,对文化创意产品价值实现具有决定作用。文化消费通过影响文化生产要素的市场配置,促使文化创意产业转型升级。

(一)文化消费需求引导文化创意产业形成和发展

在体验经济和消费经济时代,消费者上升为市场经济的主导地位,由于消

费需求决定生产，消费成为产业发展的源泉。作为整个社会消费总量的一部分，文化消费是文化创意产业形成和发展的动力和源泉，是拉动整个国民经济增长的动力之一。文化创意产业的产生和发展是源于市场的文化消费需求，文化消费需求的特殊性主导文化创意生产活动的特征。文化消费是文化创意产品和服务价值实现的最终环节，作为一种精神层面的需求，其消费规模会随着可支配收入的增加而扩大。统计数据显示，2004—2011 年，成都城镇居民人均文化教育娱乐消费支出由 467 元增加到 2 068.64 元；文教娱乐消费占消费性支出的比重由 5.2%上升到 7.9%。农村居民人均文化教育娱乐消费支出由 75 元增加到 516.76 元；文教娱乐消费占生活消费支出的比重由 2.5%上升为 4.6%；8 年间，成都城乡居民文化教育娱乐消费支出大幅度提升，文化消费能力逐步增强。（见表 16－1）随着经济的发展和收入水平的提高，成都文化消费已经开始进入快速发展时期，并成为居民整体消费中增长最快的部分。

表 16－1　2004—2011 年成都市城乡居民家庭人均文化教育娱乐消费比较

年份	城镇居民家庭				农村居民家庭			
	人均可支配收入(元)	恩格尔系数(%)	人均文教娱乐用及服务支出(元)	文教娱乐用品及服务支出占消费性支出比重(%)	人均纯收入(元)	恩格尔系数(%)	人均文教娱乐及服务支出(元)	文教娱乐及服务支出占生活消费支出比重(%)
2004	10 394	32.64	467	5.2	4 072	46.9	75	2.5
2005	11 359	33.21	642.76	6.7	4 485	46.49	82	2.7
2006	12 789	31.96	727.47	7.1	4 905	45.12	88.1	2.6
2007	14 849	36.3	746.19	6.4	5 642	46.32	110.4	2.8
2008	16 943	37.4	841.71	6.6	6 481	41.4	136.5	3.1
2009	18 659	37.5	1 061.84	7.5	7 129	40.8	200.4	4
2010	20 835	37	1034	7.2	8 205	40.7	223	3.8
2011	23 932	37	2 068.64	7.9	9 895	42	516.76	4.6

资料来源：根据成都市统计年鉴(2004－2011)公布数据整理。

文化消费规模不断扩大直接拉动文化创意产业增长。2011 年，成都城镇居民文化消费支出比上年增长 1 倍，农村居民文化消费支出比上年增长 1.3 倍；2011 年成都市文化产业实现增加值 322.86 亿元，按可比价格计算，比 2010 年增长25.4%，年增速高出同期GDP增速10.2个百分点，快于第三产业增速13个百分点。数据表明，文化消费需求带动文化创意产品的生产制造和市场交换，是文化创意产业发展的根本动力。

（二）文化消费能力拉动文化创意产业发展水平提升

文化消费作用于文化创意生产活动，影响文化创意产业规模和结构的变化，决定文化创意产业发展的速度和方向。消费需求是消费者对以商品和劳务形式存在的消费品的需求和欲望，消费能力是决定消费需求行为的核心因素。文化消费能力受多种因素影响，主要取决于消费者的收入水平、受教育程度、闲暇时间、文化创意产品价格和文化服务基础设施等。其中收入水平是最重要的决定因素，根据“恩格尔法则”，经济发展到一定阶段，收入水平提高，收入结构也会发生变化，进一步带来需求结构的变化，消费需求成为整个经济可持续发展的动力。文化消费需要消费者具有了解文化产品精神价值的能力和要求，并以自身的经验认知、文化水准、价值取向等个性化内容进行选择、利用和改造，衍生出新的意义和快乐，才构成一个完整的文化消费过程。

文化消费能力的提升需要较长的时间，文化消费环境和条件的改变很难一蹴而就，在一定程度上限定了文化创意产业所能达到的市场规模和利润水平。反之，文化消费需求的变化与载体的拓展，能够引发文化消费的新热点与新趋势，进而带动文化创意产业的转型升级。统计数据显示，2004—2011年，成都城镇居民人均可支配收入从10 394元上升到23 932元，经济收入较大提升，各类消费性支出也呈现增长趋势。然而，期间恩格尔系数却由32.64%上升到37%，与我国城市居民平均恩格尔系数的变化趋势一致，其主要原因是食品价格上涨挤压了其他消费性支出的空间。尽管如此，2011年，城镇居民文化教育娱乐服务的支出是2004年的4.4倍，文化消费在城镇居民消费性支出中所占的比重由2004年的5.2%增长到2011年的7.9%。成都人很舍得在文化娱乐消费上花钱，城乡居民文化消费能力提高，文化消费需求扩大，刺激文化创意产品和服务的供给，拉动城市文化创意产业规模的扩大和结构的优化。

（三）文化消费方式推动文化创意产业创新

文化消费调节文化创意产业资源配置，促使文化创意产业顺应市场需求层次的高级化而不断创新。作为大众文化消费需求最直接的市场反映，文化创意产业在兼顾经济属性与意识形态属性的前提下，为了适应和满足不同层次的消费需求，需要不断创新产品和服务形态，以获得最大的经济效益。随着物质文化生活水平的日益提高，成都城乡居民的消费需求也呈现多元化的趋势，消费领域由低层次向高层次逐步演进，消费内容日益丰富，消费质量不断提高。近年来，文化和科技融合不断创新文化产品的生产和传播方式，也极大地改变了文化消费方式。

调查显示[①]，信息技术的快速发展深刻影响了成都人的文化消费方式。在成都人经常选择的文化娱乐方式中，上网占到23%，取代了看电视(20%)、读书(18%)、听音乐(13%)、看电影(12%)、看演出(5%)等传统方式。消费者对文化资讯的接受方式也发生了较大改变，互联网成为成都人获得电影(36%)、演出(32%)资讯的主要渠道，在很大程度上取代了广告和朋友介绍等传统方式。有26%的成都人选择网购图书，仅次于到大书城购买的选择(54%)，超过在就近小书店购买图书(20%)的选择。在阅读习惯中，传统的书籍阅读仍占相当高的比例(74%)，有20%的人选择网上阅读，6%的人选择手机阅读。成都人文化消费的多样化，带动游戏、动漫、数字新媒体、数字出版、数字特效等新型文化业态蓬勃发展，推动了文化创意产业领域拓宽和业态创新。

四、典型事件、案例介绍及分析

(一)文化旅游消费

1. 宽窄巷子文化商业街区

“宽窄巷子”片区是成都历史文化保护区之一。由宽巷子、窄巷子和井巷子三条平行排列的城市老式街道及其之间的四合院群落组成，在建筑形态上有三个特点：一是从城市格局看，宽窄巷子是保留比较完整的老成都“千年少城”格局；二是从建筑格局看，宽窄巷子是百年原真建筑格局的最后遗存；三是从建筑风格看，宽窄巷子是北方的胡同建筑在南方的“孤本”。三条街巷串接着

① 成都人文化消费白皮书：舍得花钱 最爱读书[N]. 成都日报，2009－05－08，第16版.

数十个规整的北方四合院。成都市按照城市更新、文化传承和产业发展有机结合的理念，以“成都生活精神”为线索，在保护老成都原真建筑风貌的基础上，形成汇聚民俗生活体验、工艺博览、高档餐饮、宅院酒店、娱乐休闲、特色策展、情景再现等业态的“院落式情景消费街区”。通过修复45个院落，重新定位三条街巷的文化形态，突出“宽巷子老生活”、“窄巷子慢生活”、“井巷子新生活”，植入现代商业，将历史建筑文化与当下消费业态相结合。2008—2012年，宽窄巷子共接待境内外游客近3 600万人次，年经营产值4亿元，成为境内外游客到成都旅游首选目的地之一。2013年清明小长假，宽窄巷子接待游客超过20万人。

2. 锦里古街

紧邻国家重点文物保护单位“成都武侯祠”的锦里古街，历史上叫做曹营巷，全长350余米，宽不足4米。成都武侯祠拥有千年历史，是国家重点文物保护单位，中国最大的三国遗迹博物馆，被誉为“三国文化的圣地”，是经过漫长的历史时期逐步形成和遗留下来的宝贵财富。历史文化遗产是城市历史的活化石。但作为单一的静态景点，仅满足游客观瞻的需求，面临旅游市场的激烈竞争，博物馆的运营维护难以为继。为探索博物馆可持续发展道路，武侯祠对紧邻博物馆的小街实施改造。按照“文态、业态、形态”有机统一的思路，利用博物馆自身的文化资源优势，对小街进行了一系列策划和包装。以三国文化、川蜀文化为主题，以川西民居为载体，将旅游要素充分融合，打造了特色休闲古街“锦里”，满足游客体验式、休闲式、娱乐式、互动式的旅游需求。在锦里古街上，川西民居的建筑风格、传统小尺度的街巷空间、蜀锦蜀绣美食等特色店铺，无不体现出川蜀地域文化的特色。锦里的开发，吸引了国内外的游客，拉动了成都文化旅游业发展。锦里古街平均每年接待游客超过400万人，年营业收入过亿元，2006年被文化部授予“国家文化产业示范基地”。

3. 中国博物馆小镇

“中国博物馆小镇”坐落于成都市大邑县安仁镇，项目总面积达15平方公里，是国内唯一以博物馆为特色的旅游小镇。安仁地处成都平原西部，始建于唐朝初年，取自论语“仁者安仁”而得名，具备独特的古镇形态和深厚的文化内涵，浓缩了中国近百年历史风云，是成都西部历史文化自然遗产走廊的重要节点。安仁拥有27座中西合璧、保存完好的老公馆，30余座现代博物馆、16处文保单位、800余万件藏品以及353件国家一级文物。安仁·中国博物馆小镇已形成刘氏庄园、建川博物馆、民国公馆老街三大文化旅游核心资源，民国文化、公馆文化、博物馆文化、民俗文化特征鲜明，文物价值和规模、博物馆数量，在全国同类小镇中首屈一指。经过四年的保护性建设，安仁逐步形成一个以博物馆文化为主题、具有民国风情的小镇，先后被授予“中国博物馆小镇”、“中国文物保护示范小镇”称号。截至2011年10月，安仁接待游客数过百万人，国内旅游收入已超过1.7亿元，成为文博旅游业的代表性项目。

(二)主题节日消费

1. 成都大庙会

成都武侯祠是中国唯一的君臣合祀祠庙，每年春节，武侯祠、锦里都会举办成都大庙会。成都大庙会不仅成为成都乃至整个四川省的知名文化品牌，同时也跻身国内著名传统春节庙会之列。2012年，在人民网第三届中国节庆创新论坛上，成都大庙会更是从全国众多节庆庙会中脱颖而出，荣获“最佳传统文化传承庙会”称号。拜武侯、泡锦里、看演出、赏灯组、吃美食、玩3D、猜灯谜、听讲座、看展览等各种丰富活动，成为成都市民和外地游客春节期间举家出游的热点。2013年，成都大庙会在继续开展游喜神方及仿古祭祀等传统民俗活动的基础上，更加突出文化科技元素，首次将全球最新裸眼3D新媒体技术与川剧经典变脸艺术相结合，游客无须佩戴任何设备就可观看“三国浮雕变脸墙”。3D全息秀、彩墨三国、3D立体画、三国动漫电影、奇思妙想互动节目等动漫项目，让游客在逛庙会的同时领略高科技动漫无穷魅力。春节黄金周七天，2013成都大庙会共接待游客80余万人次。

2. 中国成都(国际)非物质文化遗产节

2013年6月15－23日，以“人人都是文化传承人”为主题的第四届中国成都国际非物质文化遗产节在成都开幕。本届非遗节由文化部、四川省人民政府、中国联合国教科文组织全国委员会和联合国教科文组织共同主办。第四届非遗节举办了纪念保护非物质文化遗产公约通过10周年成都大会、国际非物质文化遗产博览会、第26届中国戏剧梅花奖(西片)赛事、中国书法篆刻艺术国际大展等多项活动，汇聚国内外非遗项目1 000余项。此次非遗节博览会首次引入“全国非遗生产性保护示范基地保护成果展”，60多家企业或单位进行活态展示并现场销售。300 多位国内外的专家学者和 500 多名非遗传承人通过了《成都展望》，成为未来指导全球非遗保护的新纲领。107 个国家(地区)的 600 多名代表，以及国内各省市(区)的 3 000 多名代表参加了主要演展和观摩活动。12 个文化产业项目签约，合同金额达 142.3 亿元。据统计，380 多万名游客和市民参与了观摩体验，拉动社会消费 42 亿元，实现了文化关照民生、增进国际交流、促进经济发展的预定目标。

(三)科技文化消费

成都科技一条街是成都市一环路从九眼桥到衣冠庙大约三公里的街道。在这条街上集中了上千家计算机和电子产品的商店和大型卖场，是西南地区重要的 IT 产品批发集散地。在磨子桥到跳伞塔仅一公里的范围内，汇聚了百脑汇、新世纪、数码广场、@世界四家电脑卖场。成都科技一条街周边高校和科研机构众多，包括四川大学、西南民族大学、四川音乐学院、四川运动技术学院等高等院校，以及中国科学院成都分院、核工业西南物理研究院、西南技术物理研究所等科研机构。自 2005 年以来，依托科技一条街，已连续举办四届“成都国际数字娱乐周”，成为具有国际影响力的文化科技产品展示交易平台。2011 年第四届成都国际数字娱乐周，成都科技一条街电子产品单日销量翻了 5 番，其中笔记本电脑、智能手机、数码相机三大产品类别的销售增速最明显。

(四)演艺娱乐消费

东郊记忆文化创意产业园是依托旧厂房改建的集音乐、美术、戏剧、摄影等文化形态的多元文化创意产业园区。依托“东郊记忆”举办的音乐会、剧目演出、中小型演唱会、明星见面会、艺术品展示交易、品牌发布等特色会展，为成都市民打造了高层次、多元化的一站式消费服务平台。利用园区 2 100 平方米演播中心、成都小剧场基地“八点空间”、成都舞台等 11 个主题场馆优势，“东郊记忆”与四川人民艺术剧院、成都艺术剧院、四川交响乐团以及国内优秀剧团合作，推出“东郊记忆戏剧展演季”、“东郊记忆欢乐两周年玩转百变空间”、“奇幻穿越季”恐龙文化节、省人艺“剧场展演季”《SOMEBODY 某君》等系列活动。2013 年 1—5 月，在“东郊记忆”举行的各类展览、演艺活动近 90 场，成为国内新歌发布和音乐类选秀节目的重要基地。6月,“东郊记忆”以“工业遗存保护和文化创意产业相结合的新型旅游景区”形式,通过国家4A级旅游景区的验收,成为成都的又一张文化名片。截至2013年底,“东郊记忆”累计接待游客超过1 000万人次。“东郊记忆”既是西部有影响力的小剧场文化聚落,又是摄影及影像艺术等基地;既是成都时尚发布中心,又是市民文化娱乐高地。

五、成都文化消费驱动文化创意产业发展的模式与展望

(一)成都文化消费驱动文化创意产业发展的模式

1.文化旅游资源驱动

成都发挥历史文化遗产资源丰富的优势,按照“小投入、多产品”的模式,坚持“文态、业态、形态、生态”四态合一的理念,打造文化旅游新兴景观地,扩大城市文化消费,带动文博旅游业发展。一是打造历史文化特色街区。抓住旧城改造的机遇,对历史文化遗产资源进行动态保护和产业再造,实现城市更新、文化传承和产业发展的有机统一。突出三国文化、川蜀文化、休闲文化、民俗文化等地域文化特色,以川西民居、老成都百年原真建筑为载体,植入与当下消费相结合的商业业态,打造集餐饮、购物、休闲、娱乐于一体的历史文化特色街区;二是打造民办博物馆聚落。依托历史文化名镇,植入民办博物馆聚落,激活原有的古街、公馆、庄园等历史文化遗产资源,带动配套衍生商业发展,发挥地方特色旅游对文化消费的促进作用。三是打造遗址博物馆。依托金沙遗址原址打造专题性博物馆,在保护文物的同时,利用现代展陈技术,再现古蜀文明的发生、发展和演变。近年来,随着锦里、宽窄巷子、金沙博物馆、建川博物馆聚落等文化创意产业项目成功运营,本地市民前往游览的频率超过传统景区55个百分点,得到了广泛的社会认同,带动了文化创意产业发展。

2.公共文化服务驱动

成都市以创建国家公共文化服务体系示范区为抓手,不断优化城乡公共文化服务体系,定位于引领文化消费和服务文化民生,建设基本文化消费所需要的基础设施,普及作为民生重要体现的基础性文化消费,无偿提供文化产品带动文化消费,有效地整合社会资源和行业资本,激发消费者的文化需求,为文化

创意产业的发展奠定市场基础。一方面，加强基层公共文化服务设施网络建设，提高市民文化消费的公益性、均等性、基本性、便利性。成都按照统一规划设计、统一风格标识、统一招标建设、统一设备配置、统一评定等级的标准化要求，统筹推进全市公共文化阵地建设。市县文化馆、图书馆两馆全部达到国家三级馆以上标准；315 个乡镇（街道）文化站按照“五统一”标准已经成为各乡镇标志性的建筑；3 363 个村（社区）综合文化活动室共建共享全覆盖。另一方面，搭建公共文化服务常态化平台，逐步实现市民文化消费的品牌化、多样化。打造了“国际非遗节”、“成都文化四季风”和“金沙讲坛”、“百姓故事会”等一系列百姓喜闻乐见的公共文化服务品牌活动，再造文化消费空间，将文化消费嵌入现代都市生活方式之中，促进文化消费的长效增长。

3. 文化发展政策驱动

成都注重发挥政策的杠杆作用，通过产业化手段扩大文化产品供给，注重在要素配置、平台搭建、公共服务等方面，培育和壮大面向终端消费领域的文化创意行业。进入 21 世纪以来，成都市先后出台了推动数字娱乐业、民办博物馆、文化创意产业、文化产业和文化改革发展的一系列政策规划，大力推动出版传媒、文博旅游、动漫游戏、演艺娱乐等重点领域发展，奠定了扩大文化产品供给的产业基础，为进一步推动文化创意产业发展提供了强有力的政策支持和制度保障。2011 年，成都市委通过《关于深化文化体制改革加快建设文化强市的意见》，明确提出促进城乡文化消费，拓展大众性文化消费市场，提高文化消费规模和水平，推动文化消费成为新的消费热点，提高文化消费在城乡居民日常消费结构中的比重。支持各类特色文化惠民活动，兴建文化消费场所，扩大基层文化消费；大力发展文化旅游，发挥旅游对文化消费的促进作用。鼓励文化企业多生产群众买得起、用得上的文化产品，多出版适应群众购买能力的图书报刊，多提供群众喜欢的文化服务；鼓励商业演出和电影放映中安排一定数量的低价场次或门票。

4. 文化科技融合驱动

成都市通过优化文化科技融合创新，推动文化创意产品传播渠道和消费终端的信息化，促进文化消费数字化、网络化、日常化、分众化，带动数字新媒体、动漫游戏、数字出版等文化创意行业发展。一是探索发展网络广播电视。成都电视台改版官方网站“橙网在线”，作为成都电视台的新媒体平台，实现直播、点播一体化。二是探索发展 IPTV。成都电视台以 IPTV 为重点，探索“三网合一”新业务的突破，联合央视国际网络公司、中国网络电视台和四川电信，在成都市区范围推广 IPTV 业务，在新媒体领域走在全国城市电视台的前列。三是探索发展移动媒体。以手机终端展现程序为突破口，加快新媒体技术融合，发展门户网站和手机报两种业务形态。在数字游戏方面，以网络游戏主打、视频游戏起步和手机游戏提速为特征，形成一定规模的企业聚集和较为完整的产业体系。截至 2013 年 6 月，成都高新区共聚集国内外数字游戏动漫企业近 200 家，同比增长超过 30%。上半年实现销售收入超过 25 亿元，同比增长 25%。业务范围涉及网络游戏、网页游戏、手机游戏、动画动漫、数媒客户服务等领域。数字游戏动漫产业规模在国内仅低于上海、北京、广州和深圳，处于国内排位靠前和中西部城市领先地位。

(二)成都文化消费促进文化创意产业发展展望

1. 文化消费提升文化创意产业市场竞争力和品牌影响力

文化消费对文化创意产业发展起决定作用，文化消费的水平体现了文化产业创意发育的程度。研究表明，全球文化创意产业创造的经济价值越来越大，拉动国民经济增长的能力越来越强。近年来，成都城乡居民文化消费逐年增加，已进入文化消费快速增长和发展时期。2012 年，成都文化产业增加值达到 403.95 亿元，占地区生产总值的比重达到 4.96%，同比增长近 25%，保持高速发展态势。根据国际经验，当人均 GDP 超过 1 000 美元，恩格尔系数为 44% 时，文化消费应占个人总消费的 18%。可见，成都市城乡居民文化消费还处于起步阶段，文化消费潜力远未得到释放。随着成都城镇居民可支配收入和农村居民纯收入的增加，城乡居民文化消费能力不断增强，对高层次的文化消费需求也将迅速扩张，城乡居民可支出的文化消费总量与实际支出的文化消费总量之间的缺口还会进一步扩大。在市场机制的作用下，势必拉动相关文化创意产品和服务的供给，导致文化创意产业投资需求的迅速扩大。

2. 文化消费加快文化创意产业数字化、网络化、信息化

随着文化消费方式和消费结构的升级，为适应新的消费环境，科学技术和创新将不断被应用于文化创意产业。随着成都群众文化消费能力以及对文化创意产品的支付意愿达到新的高度，现代信息技术对文化创意产业链的

各个环节的全面整合，成都文化创意产业将进入一个业态创新和商业模式创新的活跃时期，新型文化业态将蓬勃发展。一是科技创新驱动文化创意产业高端化。依托领先的科技创新优势和丰富的文化资源，成都科技与文化、文化与经济呈现显著融合的趋势，文化生产和消费手段日益高端化、多样化，传统文化产业的附加值得到提升。二是科技创新扩展了文化创意产业的经营范围。随着科技创新速度的加快，为消费市场提供了形态各异的创意产品。对文化消费便利性和快捷性的要求，刺激了数字技术在文化创意产业中的应用。其中，数字技术对文化创意产业的影响最为广泛和深刻，改变了传统文化产品的生产和传播方式。数字动漫、网络游戏、手机游戏、数字音乐、数字出版、数字媒体、数字影视等，将融入城乡居民的文化消费。三是科技创新改变了文化创意产品的体验方式。成都3G技术、高速互联网技术、高清数字电视技术等数字新媒体技术领域日益成熟，将为传统戏剧、影视制作、设计服务等本地优势行业注入更多的现代元素，使文化创意产品和服务的内容更加丰富，并进一步满足差异化的精神需求。

3. 文化消费促进文化创意产业自主创新能力的提高

文化创意产业的发展离不开文化消费需求水平的提高，文化消费需求是城市文化创意产业加快自主创新的动力和源泉。一方面，文化消费与城镇居民的收入水平及消费结构存在密切联系。成都城乡居民收入的差异性，将推动文化创意产业发展的多元化和多层次化，为城乡群众提供从高端精品到低端普及型的系列文化创意产品，以适合不同收入阶层对文化消费的个性化需求。另一方面，城乡群众文化消费结构升级，逐渐由简单的娱乐消遣型向高层次的精神享受型转变，文化消费逐渐呈现出个性化、分众化的特点，将刺激文化创意企业提高产品和服务的创意和科技含量，提高原创性和研发制作水平，形成更多自主品牌的文化创意产品。面向市场需求加快文化创意产业发展战略转型，发挥市场在文化创意资源配置中的决定性作用，提升文化创意产业的核心竞争力。

（成都市社会科学院经济研究所、成都市文化产业协会：尹宏）

第十七章

西安：立足西部文化消费特点，促进文化创意产业特色发展

2014年，是深入贯彻落实党的十八届三中全会精神，全面深化改革、建设丝绸之路经济带新起点的开局之年，是实施“十二五”规划的关键一年，也是扩大西安文化消费，积极发挥文化创意产业作为西安国民经济支柱性产业作用的重要一年。西安市认真贯彻习近平总书记系列重要讲话精神，全面落实十八届三中全会、中央经济工作会议、中央城镇化工作会议和陕西省委十二届四次全会精神，文化创意产业按照西安市委、市政府提出的“围绕主题主线，坚持稳中求进，积极推进丝绸之路经济带建设，谋全局、抓大事、转作风”的要求，以加快经济发展方式转变为主线，以深入实施事关西安发展全局的五项重点工作为重点，以开创建设国际化大都市新局面为目标，进一步深化文化体制改革，积极完善文化管理体制，健全现代文化市场体系，构建现代公共文化服务体系，文化生产力得到进一步解放和发展，唱响“丝绸之路起点、华夏文明之源”金字招牌，西安文化创意产业得到全面提升，进入发展最好最快的新阶段。

一、西安文化创意产业整体发展情况

(一)产业规模

2013年，面对极为复杂的经济形势，在陕西省委、省政府的坚强领导下，西安市委、市政府全面贯彻落实党的十八大和十八届二中、三中全会精神，牢牢把握稳中求进的工作总基调，以“五项重点工作”为抓手，全力以赴稳增长、调结构、促改革、惠民生，较好地完成了西安市十五届人大三次会议确定的目标任务。初步核算，全年完成生产总值4 884.1亿元，增长11.1%。地方财政一般预算收入突破500亿元，增长26.5%，较2010年实现翻番，提前两年完成“十二五”目标。新增中小微企业1.6万户，非公有制经济实现增加值2 548.1亿元，占 GDP 比重达到 52.2%。特别是在 15 项主要经济指标中，西安市有 8 项增速位居 15 个副省级城市第一，3 项位居第二，综合经济实力进一步提升。全年完成城建投资 297.5 亿元，增长 18.2%。民间投资完成 2 566.3 亿元，增长 21.6%，占全市固定资产投资的 50.8%。针对消费市场增长趋缓的问题，西安市及时出台了《保持消费市场平稳可持续发展的若干意见》和促进旅游业发展的具体措施，临潼国家旅游度假区、南门区域综合改造提升等重大旅游项目进展顺利，汉长安城未央宫遗址保护展示区免费开放，全年接待海内外游客首次“过亿”，达到 1.013 亿人次，实现旅游业总收入 811.4 亿元，分别增长 27% 和 24%。①

西安市成功举办了欧亚经济论坛、国际通航大会等规模以上展会活动 170 个，成交额达 1 173 亿元，荣获“2013 中国十佳品牌会展城市”称号。全市社会消费品零售总额增长 14%。积极推进丝绸之路经济带建设，联合沿线国内外 15 个城市共同签署了《西安宣言》，大唐西市丝绸之路风情街(一期)开街运营，与中亚城市马雷、撒马尔罕建立友好关系，“长安号”国际货运班列正式开通，西安的国际影响力进一步提升。全年实际引进内资 1 430.3 亿元、实际利用外资 31.3亿美元，分别增长 19.1%和 26.3%。实现服务外包合同额 8.97 亿美元，增长 64.5%。文化惠民工程深入推进，“博物馆之城”建设三年目标提前完成，累计建成各类博物馆 100 座，组织文化活动、惠民演出 1 400 多场。新建、更新社区全民健身路径 100 个，建成农民健身工程 700 个，成功举办第 15 届市运会。精神文明建设成效显著，4 人荣获全国道德模范称号，11 人登上中国好人榜。再次荣获“中国最具幸福感城市”称号。②

2012 年，西安文化创意产业实现增加值为 334.68 亿元，占全市 GDP 的比重约为 7.7 %，较上年增长 30.6%，占陕西省文化创意产业增加值的比重为 66.9%。文化创意产业已经成为西安国民经济支柱性产业。据西安市统计局初步测算，2013 年，西安文化创意产业实现增加值 436.95 亿元，文化创意产业增加值占全市 GDP 的比重为 8.9%，较上年增长 27.3。

1. 总量规模化发展势头强劲

统计监测显示，2012 年全市文化创意产业单位达到 6 560 个，比上年增加

① 董军. 2014 年西安市政府工作报告[N]. 西安日报，2014－01－22.

② 董军. 2014 年西安市政府工作报告[N]. 西安日报，2014－01－22.

384 个，增长 6%，文化创意产业法人单位占全省比重由上年的 45.1%上升到 45.9%，提高 0.8 个百分点。（见表 17—1）

文化创意从业人员达到 22.36 万人，增长 5.8%。其中，单位从业人员 13.037万人，增长 6.4%，占西安市文化创意产业从业人员的比重达 58.3%，较上年提高 0.4 个百分点，占全省法人单位从业人员的 52.8%，较上年提高 0.4 个百分点。

2012 年末，拥有固定资产 421.66 亿元，较上年增加 46.63 亿元，增长 12.4%。其中，单位拥有固定资产 406.49 亿元，增长 12.4%，文化创意产业单位拥有固定资产占全部文化创意产业拥有固定资产的 96.4%。

表 17—1 文化创意产业单位情况 单位：个、人

	2008 年	2009 年	2010 年	2011 年	2012 年
法人（产业活动）单位	4 391	4 887	5 254	6 186	6 560
单位从业人员	97 587	102 707	111 181	122 515	130 370

数据来源：西安市统计局。

2. 经济贡献份额迅速扩大

近年来，通过整合资源、扶持企业、完善市场，文化创意产业发展呈加速上扬趋势。2012 年，文化创意产业实现增加值 334.68 亿元，较上年增长 30.6%，对西安市经济的贡献率为 15.7% ；文化创意产业增加值占 GDP 的比重达到 7.7%，较上年提高 1.1 个百分点。

2012 年，文化创意产业增长速度快于 GDP 和第三产业，高出 GDP 增速 18.5 个百分点，高出第三产业 18.1 个百分点，文化创意产业在拉动经济增长、调整产业结构和转变增长方式中发挥了重要作用。（见图 17—1）

3. 新兴行业快速增长

从文化创意产业单位分布看，外围层单位数占近 5 成。2012 年，西安市文化创意产业法人单位 6 560 个，占全市法人单位总数的 6.5%。其中，核心层有单位 2 178 个，外围层有单位 2 987 个，相关层 1 395 个，分别占全市单位数的 33.2%、45.5%、21.3%。

从文化创意产业增加值增速看，三个层次几乎同步发展，外围层增长领先于核心层。2012 年，外围层实现增加值 117.30 亿元，增长 36.5%，高出全市

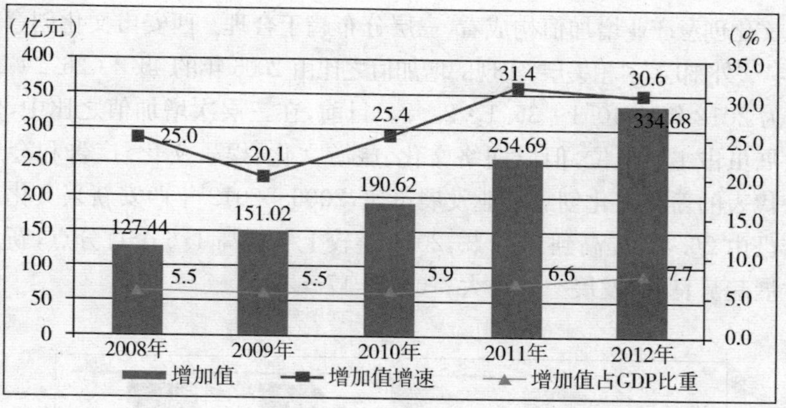

图 17－1　2008—2012 年西安市文化创意产业增加值、增速及占 GDP 比重

5.9个百分点，成为文化创意产业的主要增长点；核心层实现增加值 134.44 亿元，增长 28.0%；相关层实现增加值 82.94 亿元，增长 26.9%。（见表 17－2）

表 17－2　2012 年文化创意产业单位增加值构成

单位：亿元、%

	增加值	增速	比重
合　计	334.68	30.6	100
核心层小计	134.44	28.0	40.1
一、新闻服务	0.64	41.8	0.2
二、出版发行和版权服务	71.05	27.1	21.2
三、广播、电视、电影服务	31.51	24.4	9.4
四、文化艺术服务	31.24	33.9	9.3
外围层小计	117.30	36.5	35.1
五、网络文化服务	9.91	79.9	3
六、文化休闲娱乐服务	72.54	31.0	21.7
七、其他文化服务	34.85	39.1	10.4
相关层小计	82.94	26.9	24.8
八、文化用品、设备及相关文化产品的生产	32.83	27.4	9.8
九、文化用品、设备及相关文化产品的销售	50.11	26.6	15

数据来源：中共西安市委宣传部，西安市统计局.2013 年西安文化产业统计概览，2013.

从文化创意产业增加值构成看，三层分布趋于合理。西安市文化创意产业中“核心层”、“外围层”、“相关层”实现的增加值之比由2006年的45.2∶26.4∶28.4，逐步调整为2012年的40.1∶35.1∶24.8。目前，在三层次增加值之比中，传统文化的发展虽占主导地位，但以网络文化、旅游文化、娱乐文化、广告和会展文化服务为代表的新兴文化创意产业发展迅速，2006—2012年西安新兴文化产业所占比重已由26.4%提高到35.1%，2012年较上年提高1.6个百分点，新兴文化产业发展趋势良好，发展空间很大。（见图17—2）

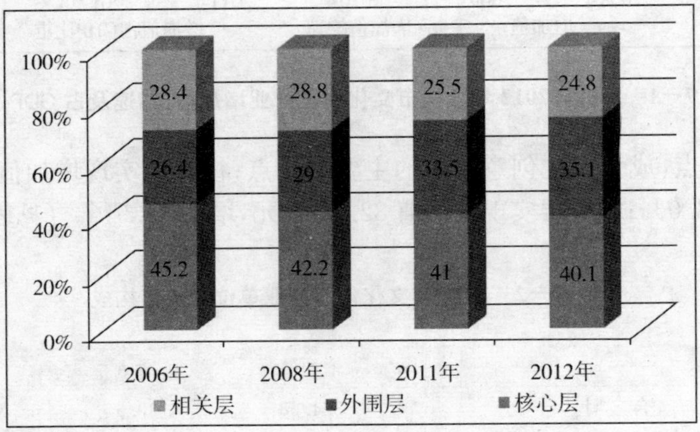

图17—2　2006—2012年文化创意产业增加值构成图

4. 文化投入总量不断加大

2012年，西安市全社会固定资产投资中，文化创意产业投资项目128个，投资金额为106.33亿元，较上年增长25.6%，占全社会固定资产投资总额的2.5%。文化投入总量创近年新高，标志着市委、市政府对推动文化大发展大繁荣的信心和决心在进一步增强。（见图17—3）

2012年，文化创意产业投资主要集中在文化休闲娱乐和文化艺术服务等优势产业上，投资金额最大、项目最多的是文化休闲娱乐服务业，共有34个项目，完成投资34.45亿元，占全部投资的32.4%；其次是文化艺术服务业，共投资项目27个，完成投资30.39亿元，占文化创意产业投资的28.6%。

2012年，西安市地方财政用于文化体育与传媒的支出14.07亿元，较上年增加4.31亿元，增长43.9%，高于地方财政一般预算支出增速23.1个百分点。

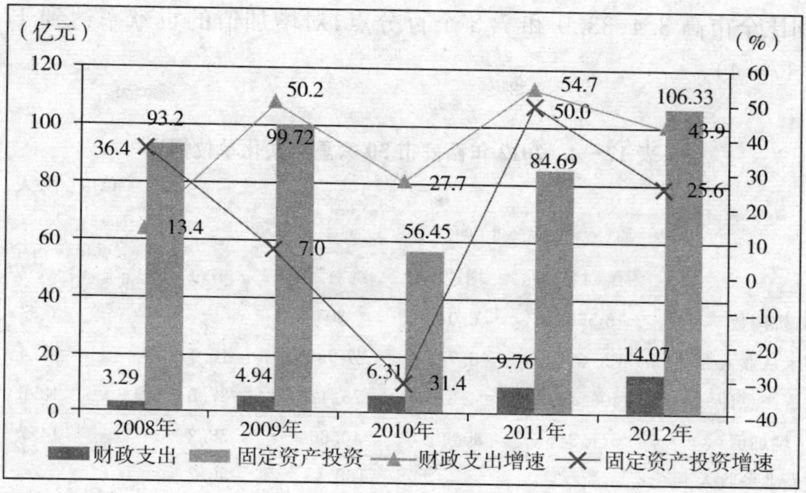

图 17—3　文化投入总量及增速

文化体育与传媒的支出占地方财政一般预算支出比重逐年提高，2012 年达到 2.4%，较上年提高 0.4 个百分点，较 2008 年提高 0.9 个百分点。(见表 17—3)

表 17—3　文化体育与传媒的支出情况

单位：亿元、%

	2008 年	2009 年	2010 年	2011 年	2012 年
文化体育与传媒	3.29	4.94	6.31	9.76	14.07
增速	44.9	49.9	27.9	54.6	43.9
占地方财政一般预算支出比重	1.5	1.8	1.7	2.0	2.4

5. 龙头企业优势明显

企业单位是文化创意产业增加值的主要贡献者。2012 年末，西安市共有文化企业单位 6 560 个，从业人员 13.07 万人，全年实现文化创意产业增加值 277.34 亿元，占文化创意产业增加值的 82.9%，成为西安市文化创意产业增加值的主要贡献力量。

从 2012 年文化创意产业总产出前 30 位龙头企业各项指标看，龙头企业优势明显，对文化创意产业起到较强支撑作用。30 家龙头企业年末从业人数、资产总计、增加值占文化创意产业单位比重分别是 21.4%、18.6%和 14.7%，增

速分别比全市高 3.4、33.0 和 7.3 个百分点，对增加值的贡献率达到 17.5%。（见表 17—4）

表 17—4　2012 年西安市 30 家重点文化单位情况

单位：个、人、亿元、%

	文化产业		重点单位		重点单位占全市比重
	绝对量	增速	绝对量	增速	
机构数	6 560	6.0	30	—	0.5
年末从业人数	130 370	6.7	27 938	10.1	21.4
资产总计	406.49	4.5	75.42	37.5	18.6
增加值	277.34	30.9	40.86	38.2	14.7
主营业务收入			166.43	50.2	
营业利润			15.04	36.7	

从行业增加值增速看，其他文化服务业增速高于全市 16.3 个百分点，文化休闲娱乐服务业高于全市 8.3 个百分点，广播电影电视服务业高于全市 1.1 个百分点。

6. 文化消费成为发展动力的重要一极

2012 年，城镇居民教育文化娱乐服务支出 3 072 元，增长 11.6%，比城镇居民人均消费性支出增速高 0.6 个百分点；2012 年西安市农民人均教育文化娱乐服务支出 793 元，同比增长 13.4%。从限额以上企业（单位）消费品零售额看，电子出版物及音像制品类增长最快，增长 1.6 倍。（见表 17—5）

表 17—5　2012 年限额以上企业文化相关商品销售情况

单位：亿元、%

	零售额	速度
金银珠宝类	41.38	4.9
体育、娱乐用品类	18.41	9.1
书报杂志类	7.09	13.2
电子出版物及音像制品类	1.58	155.7
家用电器和音像器材类	72.98	5.5
文化办公用品类	31.74	6.5
家具类	62.62	20.9

(二)产业特色

1. 大集团大项目大园区引领

一是以西安高新区、西安曲江新区为龙头的文化产业园区快速发展。近年来,西安市开发区以大项目、大园区为牵引,以建设八大板块(曲江新区、高新区、经开区、浐灞生态区、临潼景区、城墙景区、秦岭北麓、沣东新城),七大基地(国家级文化和科技融合示范基地、大唐西市文商旅产业园区(国家级文化产业示范基地)、关中民俗文化产业园区(国家级文化产业示范基地)、西安国家印刷包装产业园区(基地)、西安国家数字出版园区(基地)、西安临潼国家旅游休闲度假园区(基地)、碑林陕西动漫创意产业园区(基地),六大特色街区(文艺路演艺文化街区、纺织城创意文化街区、大华 1935 文商旅街区、劳动路丝绸之路文化街区、雁塔路现代艺术街区、金康路茶文化街区)为突破口,引进国际国内知名企业,重点发展数字出版、动漫游戏、移动互联网及影视制作等产业。目前,西安市共有国家级文化产业示范园区 1 个、国家级示范基地 10 个,省级示范基地 60 个、示范单位 26 个,文化创意产业整体创新能力、国际影响力及人力资源配置力进一步优化,区域经济增长显著。

二是大项目建设成为文化创意产业新亮点。近年来,楼观中国道文化展示区核心文化景区——问道楼观如期震撼开园;临潼国家旅游度假区建设突飞猛进,绿色、民生工程彰显强大生命力;曲江二期、大明宫遗址区与城墙景区提升有效开展,辐射区开发建设持续繁荣;曲江国际会议中心、曲江文化大厦、文化创意大厦、曲江 SOHO 等地标性建筑相继落成;西北出版物物流基地作为国内最大的图书物流基地,服务范围不仅涵盖陕西省,还辐射到整个西北地区,甚至波及西南及中原,建成后不仅能够惠及西安市民,而且成为西安图书出版行业发展的标志性项目;"国家广告产业园区"占地面积 3 平方公里,以广告创意产业为主导,与其他产业园影视、动漫的产业导向错位发展,建成后将形成门类齐全、特色突出的广告产业大格局,构建广告产业生态链。

三是大型文化企业创建全国知名文化品牌。2012 年 5 月,西安曲江文化产业投资(集团)有限公司首次成功入围"全国文化企业 30 强"行列,并跻身全国文化产业综合十强的大型文化企业行列;2013 年 5 月,曲文投再次荣获"全国文化企业 30 强"称号。"曲江文旅"正式登陆 A 股市场,成为中国西部第一家大型综合性文化旅游上市公司。近年来，随着陕西文化产业投资控股(集团)有限公司、西安曲江文化产业投资(集团)有限公司、陕西出版集团、陕西演艺集团的迅速崛起，目前文化创意产业已经呈现出整体推进、全面开花、重点突破的良好态势。

2. 文化旅游业成为发展新动力

文化是旅游的灵魂，旅游是文化的载体；文化提升旅游内涵，旅游实现文化价值。截至 2012 年，西安市拥有国家级重点文物保护单位 27 个，市属博物馆 85 个；西安市有景区近百家，其中 A 级景点 55 家，3A 级以上景区 39 家，分别较上年增加 12 家和 13 家；全市现有 1 处世界文化遗产、1 处国家地质公园、8 处国家森林公园、全国工业旅游示范点 4 家、全国农业旅游示范点 8 家，特别是近年来新建成的大唐芙蓉园、大雁塔广场、大明宫遗址公园、汉长安城遗址公园深受游客喜爱。

西安市接待海外旅游者 115.35 万人次，同比增长 15.1%。接待国内游客 7 863 万人次，增长 20.0%；旅游业总收入 654.39 亿元，增长 23.4%。(见表 17－6)这些彰显了西安作为旅游大市的产业规模和实力。文化旅游业成为西安文化创意产业行业门类中比重提高最快的行业。2012 年，文化休闲娱乐服务业完成增加值 72.54 亿元，增长 31%，连续 5 年高速增长。①

表 17－6　2008－2012 年文化旅游相关情况

单位：亿元、%、万人次

	2008 年	2009 年	2010 年	2011 年	2012 年
文化休闲娱乐服务业增加值	24.03	31.36	40.49	55.08	72.54
增加值增速		30.5	28.3	35.9	31
旅游总收入	243.52	297.4	405.18	530.15	654.39
接待旅游者	3 232.2	3 929.29	5 285.18	6 653.23	7 978.35

3. 科技为文化插上飞翔的翅膀

2012 年 5 月，西安市依托曲江新区和高新区荣膺全国首批“国家级文化和科技融合示范基地”称号，科技提升文化创新能力，催生文化创意产业新业态，文化与科技融合硕果累累。一是加快技术平台建设和应用。建立了陕西动漫产业平台，启动了“中华文化云”全球推广平台，吸引了微软、百度等一批文化科

① 中共西安市委宣传部，西安市统计局. 2013 年西安文化产业统计概览，2013.

技企业相继落户西安，加快虚拟现实技术、3D技术等尖端技术的研发及其在新媒体领域的应用。二是国家级数字出版基地开工建设。重点发展手机出版、电子书、传统出版数字化、数字动漫与网络游戏、网络教育及数据库出版六大产业板块，航美传媒公司、陕西出版集团等知名企业入驻，通过吸引和鼓励网络原创文学、数字地图、数字视频音乐加入，正在成为数字出版的支撑服务平台。三是移动增值业务，移动互联网应用成为新时尚。推动包括手机搜索、手机定位、移动支付等移动增值业务的开展，吸引了卓望信息、腾讯—大秦网等知名企业入驻。四是动漫设计与影视制作有了新突破。西安依托陕西省动漫游戏产业孵化基地、陕西动漫产业平台与曲江网络动漫三大平台，与影视产业相结合，形成产业新突破，目前已吸引了近曲江乐雅动漫、阳光天合等近100多家动漫企业，西影集团等近50家影视企业，创作了《西安2020》、《黄帝》、《问道楼观》、《我们在延安》、《百年易俗社》等一批纪录片在央视国际频道播出，《战火西北狼》、《小麦进城》、《老爹的非诚勿扰》等一批优质电视剧在各卫视掀起收视高潮。

4. 会展服务业实现“走出去”战略

2012年，西安市先后举办了第二届中国(西安)动漫游戏文化节、“第六届中国西部文化产业博览会”德国拜尔制药西区年会、第十六届东西部贸易洽谈会等，共承接展会活动160次，较上年增加9次，增长6%；会议(展览)成交额1 104亿元，增长6%；参加展览观众人数606万人次，增长10.9%；参展单位(商)个数25.6万个①。2012年12月，西安荣获由中国会展经济研究会颁发的“2012年度中国十佳品牌会展城市”奖项。这是西安市继荣获“中国十佳会展城市”、“中国十大影响力会展城市”称号之后，获得的又一殊荣。

西安会展实施“走出去”战略，“曲江会展”品牌服务输出取得重大成果。2013年，曲江会展集团与合肥美展达成服务输出协议，委托经营安徽国际会展中心和合肥滨湖国际会展中心，并成功组织“2012中国合肥农业产业化交易会”、“第六届中国(合肥)国际家用电器博览会”、“第五届中国(合肥)国际文化博览会”等14场展会。

① 中共西安市委宣传部，西安市统计局. 2013年西安文化产业统计概览，2013.

二、西安城乡居民文化消费现状

作为社会经济活动中的一个重要环节，消费既是社会生产的目的，也是经济发展和社会进步的重要推动力。文化消费在消费中占有极其重要的地位，随着西安市经济社会的快速发展，西安市城乡居民文化消费也呈现逐年上升的发展态势。

（一）西安市城乡居民文化消费发展现状

随着近几年城镇化进程的加速推进，西安市城乡居民消费水平发生了巨大变化。主要表现在西安市城乡居民消费结构明显优化，城乡居民用于改善生活环境、提升物质享受、发展个人价值的消费支出明显增加，汽车、电脑等高档和新型消费品迅速步入城乡居民家庭。人们对旅游、教育、文化等精神生活的不断追求，促进了文化创意产业的迅速拓展。

我国统计制度中对城镇居民和农村居民的生产生活统计情况存在着微小差别，城镇居民文化教育娱乐服务支出为城镇居民文化消费支出，农村居民文化教育娱乐服务支出为农村居民文化消费支出（近年西部地区农村地区实行的义务教育免除了学杂费、教科书费，农村居民“文教娱乐用品及服务”消费里的“教育消费”比重极大降低，故该项目可视作“文化消费”的内容）。根据《2013 年西安文化产业统计概览》、《2012 年西安市统计年鉴》及《2013 年陕西省统计年鉴》，以下分析 2008—2012 年西安市城乡居民文化消费的发展现状，并从消费水平、消费结构和消费环境三个维度分别进行阐述。

1. 消费水平

伴随着城乡居民家庭收入水平的快速增长，西安市城乡居民消费能力具有极强的成长性，消费能力和消费愿望不断提高，消费水平持续增长，消费结构发生显著变化，城乡居民消费正在由温饱型的农产品消费向小康型的工业品消费阶段过渡，尤其是城乡居民文化消费的意识逐渐增强，文化消费需求存在较大的发展空间。随着各项惠民政策的实施，西安城乡居民文化消费水平快速跃升。

（1）城乡居民文化消费总量增长较快

伴随西安市社会经济的快速发展，西安市城乡居民在文化、教育、娱乐方面的消费正在快速提升。2008—2012 年，西安市城镇居民家庭年人均消费支出由 12 016 元增加到 21 434 元，年均增长速度是 12.3%，同期人均文化消费支出由 1 725 元增加到 3 072 元，年均增长速度是 12.2%；农村居民家庭年人均生活消费支出由 3 938 元增加到 7 774 元. 年均增速为 14.6%，同期文化消费支出由 490 元增加到 793 元，年均增速为 10.1%(见图 17—4)。由此可以看出，无论是城镇居民还是农村居民都意识到文化对增强自身素质以及提升家庭生活环境的重要性，家庭文化消费总量逐渐增多。从绝对值来说，西安市城镇居民文化消费支出是农村居民的近四倍，说明西安市城乡居民文化消费规模差异较大。

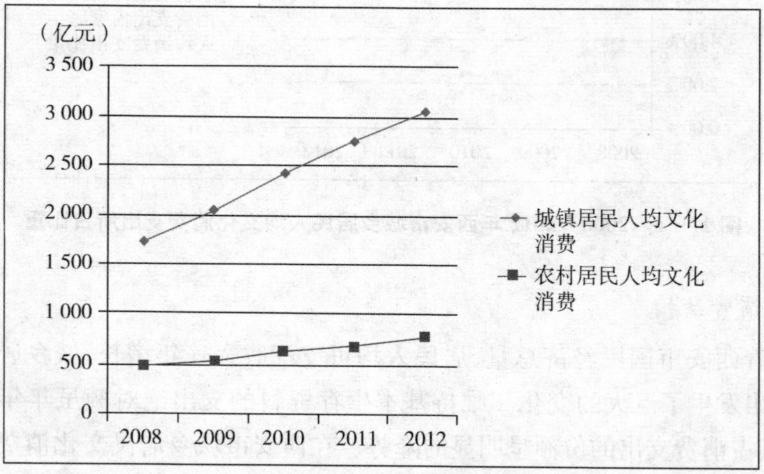

图 17—4　2008—2012 年西安市城乡居民人均文化消费支出比较

(2)文化消费成为居民生活消费总支出的主要项目

2008 年，在食品、衣着、居住、家庭设备用品及服务、医疗保健、交通和通讯、教育文化娱乐服务、杂项商品和服务八大类消费支出中，西安市城镇居民和农村居民人均年文化消费支出占家庭年人均消费支出的比重分别为 14.4%和 12.4%，2012 年这一比重分别为 14.3%和 10.2%(见图 17—5)。近几年，住房、教育、医疗项目的支出对城乡居民文化消费支出产生了“挤压效应”，使得文化消费支出占生活消费总支出的比重略有下降。从这里可以看出居民文化消费的波动受经济变化的影响十分明显。

从消费水平来看，西安市城乡居民文化消费水平不高、比重依然偏低，基本上处在改善生活环境、休闲减压的初级阶段。我们还应该看到,西安市城乡居民文化消费水平正在不断增长,但与物质消费相比还处于次要地位。

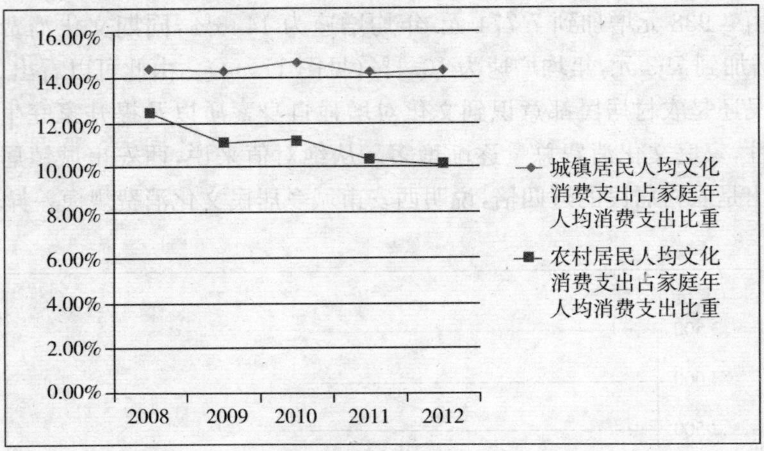

图 17—5　2008—2012 年西安市城乡居民人均文化消费支出所占比重

2. 消费结构

随着西安市国民经济总量、居民人均可支配收入连年增长,城乡居民日常消费支出发生了巨大的变化。维持基本生存资料的支出绝对额虽年年有所增加,但其占消费支出的份额呈明显的降势。在西安市城乡居民文化消费整体快速增长的趋势下,城乡居民在这两部分的文化消费却呈现出不同的发展特点,这主要表现在:

(1)教育消费依然是文化消费的主体

近年来,我国的家庭教育需求出现了三大转型,即从义务型转向自主型、从标准化转向个性化以及从单一性转向多元性,并由此引发了教育支出的大幅度增长。但尽管教育支出的绝对值依然在逐年增加,但其增长速度已逐年趋缓,并且在文化消费中所占的比重已经呈现出下降的趋势。这表明西安市城镇居民的教育消费将逐渐趋于理性。合理定位的、与自身承受能力相适应的教育消费,正日益受到越来越多的人的认同。而对于农村居民来说,教育消费所占比重则更大。尽管农村的学杂费、保育费支出略低于城市,但因农村的教育基础设施不完善,教育消费存在大量的潜在支出,使得农村的教育支出负担比城市大很多。

(2)文化娱乐消费稳步上升

西安城乡居民文化消费的首选仍是看电视(电影)、听广播,上网和棋牌、报纸、演出、音乐会、KTV 等形式紧跟其后,城镇居民上网的选择率高于农村居民。

从限额以上企业(单位)消费品零售额看,2010—2012 年西安市城乡居民的文化娱乐消费不但在绝对值上逐年增长,而且在文化消费中所占的比重也呈现逐年上升的趋势。较为突出的是,2012 年电子出版物及音像制品类增长最快,该类别较上一年增长 1.6 倍(见表 17—7)。

表 17—7　2010—2012 年限额以上批零企业主要文化商品销售总额

单位:亿元

指　标	2010 年	2011 年	2012 年
商品销售总额	2 020.89	2 863	3 674.06
体育、娱乐用品类	12.51	20.44	21.7
书报、杂志	14.29	17.83	16.76
电子出版物及音像制品类	0.31	0.51	1.79
文化办公用品类	51.41	65.82	69.46

(3)城乡居民文化消费结构差异较大

近年来,西安市政府加大了公共文化事业投入,西安市文化创意产业取得了快速的发展,西安市城乡居民文化生活品质不断提升,文化消费形式多样、内容丰富,呈现出良好的发展势头。总体来说,西安市城乡居民文化消费结构差异较大,城镇居民更加注重于对新兴文化产品的消费,而农村居民则更关注传统文化产品。

城镇居民文化消费

随着新兴文化消费热点的培育,传统文化消费点的更新以及文化消费品质量的提升已成为新时期城镇居民文化消费的亮点。西安市城乡居民家庭文化用品拥有量呈现出由少到多、由低档到高档、由单一品种到多元化的循序发展过程。2010 年至 2012 年,西安市城镇居民对彩色电视机、组合音响等传统家庭文化娱乐耐用消费品的消费量稳中有降,但对照相机、家用电脑、移动电话等新兴文化消费品的拥有量持续增长,突出表现在每百户照相机的拥有量从 58 架增加到65.3架，年均增长4%；每百户移动电话的拥有量从196部增长到226部，年均增长4.9%。这说明在便利的消费环境下，西安市城镇居民文化消费的内容更为丰富，对新兴文化消费品更加偏好，其主要文化消费形式有文化旅游、文化娱乐、体育健身等。此外，随着数字新媒体产业的迅速发展，数字文化消费品已成为城镇居民未来文化消费的新热点，互联网的发展与手机功能的更新升级大大拓展了文化消费的内容和范围。

农村居民文化消费

农村文化消费的重要内容之一是推进农村居民生活信息化，而农村居民生活信息化程度主要由彩色电视机普及率、电话普及率和照相机、家用电脑的拥有量来体现。2010—2012年，西安市农村居民每百户彩色电视、电话机、家用电脑的拥有量大幅提升，农村居民每百户电话机的拥有量从59台增加到298台，年均增长71.6%；农村居民每百户家用电脑拥有量从23台增加到45台，年均增长25%。由于文化产品供给不足，农村居民的文化消费更注重电视、广播等传统型文化消费品。随着农村经济的不断发展，农村居民对新兴文化消费品或文化服务的需求也会出现较大的增长。

3. 文化消费环境

2012年，西安市充分发挥资源优势和政策优势，积极推动文化与旅游融合、文化与科技融合，推进全市经济结构调整、经济发展方式转变，文化创意产业在旅游、创意等新兴产业的带动下，继续保持快速发展。一方面，演艺、影视制作、新闻出版等传统行业快速发展；另一方面，动漫游戏、移动多媒体、数字出版等新型文化业态的发展潜力正在逐步释放。

(1)公共文化服务体系逐步完善

西安市在遗产保护和公共文化体系建设方面的探索卓有成就，公共文化建设已驶入快车道，呈现出蓬勃发展的良好态势，覆盖城乡、结构合理、网络健全的公共文化服务体系框架正在形成。

自2002年以来，仅西安曲江新区就形成了大雁塔文化景区、唐城墙遗址公园、曲江池遗址公园、寒窑遗址公园、秦二世陵遗址公园等一系列遗址公园，累计形成5 700亩免费开放的公共文化空间，成为古城西安的会客厅和重要游憩区。近三年来，西安投入11亿元实施大植绿工程，建成300多个街头绿地广场，把绿树花香送到市民家门口。同时，一系列治水行动让西安逐步实现“八水润西安”美景，新增水面积4.5万亩。西安用“文化＋生态”的理念，进一步恢复了西安的山水格局,全面提升了城市公共文化品质。

西安又加大了文化基础设施的投资力度,新建了一大批图书馆、博物馆、艺术表演场所、文化馆和艺术馆等公共文化设施,构建起完善的公共文化服务体系,拓展了城乡居民文化娱乐消费的渠道和途径,满足了群众的文化需求。

(2)群众文化活动异彩纷呈

以社区、乡镇为重点,西安利用街道文化站(馆)、社区文化活动室、文化广场、小区院落、楼宇空地等活动场所,发挥秦腔自乐班、舞蹈队等群众性文化团体的阵地作用,组织开展了千场戏剧惠民演出、优秀电影进社区、锣鼓表演、秦腔演唱以及健身秧歌等群众喜闻乐见、健康向上的群众文化活动。各区县剧院、剧团、文化馆等单位也广泛参与到群众文化活动中来,组织了多场高品位、正规化的文化活动,有效地提升了群众文化活动的层次和高度,为实现文化大发展大繁荣营造了积极向上的文化氛围。

2012 年,全市宽带用户 202.31 万户,移动电话用户 1 803.54 万户,3G 用户 394.97 万户,城镇居民人均通信费支出增加到 1 359 元。至 2012 年,西安主要文化机构从业人员已超过 3 万人,其中,文化休闲娱乐机构和文化用品设备及相关文化产品的生产和销售业提供了较多的就业机会。

(二)西安市城乡居民文化消费的主导因素

从理论上讲,文化消费规模与一定时期居民的收入、受教育年限、休闲时间等因素存在相关关系。由于受种种客观原因的影响,目前城乡居民的文化消费行为仍然受到以下因素的制约。

1. 城乡居民人均可支配收入

根据恩格尔定律,家庭收入越高,则家庭支出中用于购买食物的比例越小,用于提高生活的高层消费会越大。西安市城乡居民人均可支配收入的差异和恩格尔系数较大,导致城乡居民文化消费投入的巨大差异。2008—2012 年西安市城镇居民的人均可支配收入逐年递增,而除教育文化娱乐消费外,其他七大类消费增幅随收入增加而递减,城镇居民对教育文化娱乐的支出增幅与收入增长一致,这反映了西安城镇居民对教育文化娱乐消费欲望较高。农村居民近几年的收入水平有所上升,但恩格尔系数和城镇居民相比依旧较大,所以其对于文化消费的投入也有限。此外,除传统性、大众性文化消费项目以外,城乡居民在选择观看“文艺演出和音乐会”、“运动健身和旅行”、“艺术收藏”等高品位文化休闲活动的参与率与收入成正比，收入越高，其涉猎的文化消费的种类也越丰富。城镇居民月收入在 4 000 元以上、农村居民月收入在 2 000 元以上被访者对其选择率分别为 62.5%和 44.7%。[①] 西安地区的消费水平还有待提升，尤其这几年物价上涨迅速，工资却长得相对较慢，促使消费者在个人消费上采取紧缩的策略。

2. 城乡居民文化教育程度

文化教育程度对文化消费的影响直接表现为低层次的文化程度达不到文化消费所必需的知识条件和理解能力，而文化教育程度高的人则会对文化生活的标准和文化品味的需求更高，不同文化教育程度的人群会形成不同的文化消费习惯。由此，西安城乡居民不同文化程度群体对于文化产品的需求差异巨大，城镇居民在传统文化产品消费的基础上更注重新兴文化产品的消费，而农村居民相比城市居民会更愿意消费传统文化产品。

3. 城乡居民社会保障程度

社会保障是市场经济体制的重要支柱，现阶段城乡居民对社会保障的需求日趋迫切。包括住房、医疗、失业、养老等在内的社会保障体系越完善，城乡居民对其他消费品的消费意愿会很高，反之则会很低。城镇居民一般都被纳入相对齐全的社会保障体系，其对文化产品的消费意愿更为强烈。而农村居民一般为家庭养老，在未得到更完善的社会保障时会紧缩消费、增加储蓄，使得部分应该用于即期消费的收入转化成了储蓄，对文化消费意愿更低。

4. 城乡文化基础设施投入

近年来，西安市委、市政府对文化创意产业极具重视。与国内其他城市相比，西安市文化创意产业占 GDP 比重明显偏低。尽管西安城镇地区基础文化设施已较为齐备，公共文化事业发展迅速，城镇居民能享受到丰富便捷的公共文化设施资源，但农村地区文化事业发展迟滞，缺少基本的公共文化设施，文化产品市场发育不充分，大多数地区公众图书馆、电影院、文化广场、体育场馆都很缺乏，导致农村居民文化消费热情尚未有效地释放，使得高层次的文化消费支出难以实现。农村居民对文化消费具有内在的渴求，却没有文化消费的环境

① 西安城乡居民文化消费状况调查 8 成居民爱看电视[EB/OL]. 西部网，2014－01－16.

来支持。低层次的文化消费环境不但影响着居民文化消费水平的提升，也制约着文化消费结构的合理化。

三、文化消费对西安文化创意产业发展的重要推动作用

国际经验表明，越发达的国家，文化消费比重越高，文化创意产业对GDP的贡献也越大。2012年我国人均GDP为6 094美元，预示着文化需求旺盛的时代正在到来。2012年西安市人均GDP已达8 450多美元，文化消费需求旺盛，市场增长潜力大。这些有利因素，为西安加快文化创意产业发展提供了后发优势、潜在动力和广阔空间。

1. 文化消费有利于刺激西安文化创意产业发展，推动经济增长

人的社会消费增长一般要经历三个阶段：第一步是解决温饱阶段；第二步是追求健康素质阶段；第三步是追求精神消费阶段。文化消费不但具有极强的市场引导力和创造力，而且具有可持续性。优质的文化产品和服务能不断刺激人的消费欲望，这是其他类型的消费所无法比拟的。人类精神需求的无止境，决定了文化消费的巨大生存空间，这也给文化创意产业造就了巨大的市场机遇，使文化创意产业成为推动第三产业发展的重要力量，从而最终推动整个经济的增长。西安是十三朝古都，文化积累十分深厚，有着难以估价的文化资产。经济的发展进步，必然要寻求新的市场空间。文化创意产业本身可以赢利，是大西安经济增长的新动力。以传媒、娱乐、旅游、咨询、会展为代表的文化创意产业的发展速度已经超过了其他产业。不仅如此，文化消费的不断增长带动了西安文化创意产业的快速发展，也使得其他产业得以迅速扩张，有效地提高了其他产业的文化含量。

2. 文化消费有利于改善西安消费结构，提升消费质量

文化消费对产业结构调整起到先导作用。生产力的加速发展，使人们逐渐减轻了物质生活的压力，可以有更多的精力从事提高生活质量和满足精神文化需要的活动。而文化消费的迅速增长又极大地推动了文化产品的生产，推动了消费结构的变化，最终促进产业结构的升级。文化产品的生产与消费之间的良性循环，优化了消费需求结构和消费供给结构，提高了消费中文化的含量，推动消费方式的转变和消费质量的提升。目前，西安消费结构较为合理，文化消费

占居民消费总量的比重逐步增大，文化消费各组成部分结构合理，新兴文化消费占比日益提高。文化消费的有效提升使得西安总体消费结构更为优化，反映出西安市城乡居民越来越看重文化消费，意识到只有加大文化消费投入才能获得更多的回报。

3. 文化消费有利于推进西安文化建设，增强区域竞争力

文化消费的水平是衡量一个地区历史文化积淀、社会文化氛围和区域竞争力的重要标志。在区域经济发展方面，优势区域从来都是具有高附加值的产业逐步代替低附加值的产业。扩大文化消费可以有效地促进文化创意产业的发展，也正是由于文化创意产业所具有的渗透力、辐射性等特性，使文化理念、创新思维对区域资源进行文化整合，形成区域经济发展的亮点和契机。要改变区域发展不平衡状况，西安就应当利用后发优势，大力发展文化创意产业，提高生产的附加值，从而提高区域经济的发展水平和质量。在区域经济发展过程中，借助于文化消费的不断提升，从发展思维的边缘引入文化创意产业，从而推进区域文化建设，增强区域竞争力。

4. 文化消费有利于弘扬西安传统文化，提高民族文化地位

文化传承性是文化消费的另一特征。文化创意产业以文化为基础，以文化消费为出发点，强调文化艺术的市场化、商业化，在传承优秀文化的同时，通过高科技等创新手段再现传统文化的精神和精髓，传承和发扬传统文化。文化创意产业首先是在继承基础之上的传承。在文化消费过程中，既有文化传播，又能达到对文化的普及与认知，文化传播的范围扩大，增多文化传承的机遇。文化消费不仅能继承西安传统的文化元素，还能使传统文化不断发扬光大，使传统文化地位逐渐提高。

四、文化消费促进西安文化创意产业发展的典型案例分析

(一)西安荣信：为中国孩子做最好的立体互动童书

西安荣信文化产业发展有限公司是一家创新型民营文化产业公司，2006 年公司创建之初就将“为中国孩子做最好的童书”确立为企业发展宗旨，并在细分童书市场的基础上，致力于打造文质俱佳、高端精美，融教育学、审美性于一体

的高端童书，满足高端文化消费需求。公司图书品牌“乐乐趣”市场前景广阔，被业界誉为“中国高品质立体互动式童书的市场开拓者和领军型品牌”。2013年，该公司被陕西省委宣传部评为2013年度“陕西最具成长力文化企业”。

1. 以产品创新和服务创新作为企业发展的原动力

优质的文化产品和服务是文化创意产业发展的核心，是荣信立足市场和发展壮大的根本。为此，荣信公司在以下三个方面进行有益探索：一是集中精兵强将，发力于原创童书，强化亲子互动、自然科普和人格教育，完成中国童书质量和内容上的更新换代；二是在表现形式上嫁接国外优秀童书的同时不断创新，围绕着幼儿的好奇心、喜欢动手等生理心理特点，让孩子在快乐的互动式游戏中完成开智启蒙；三是完成中国童书与国际童书接轨的梦想。2012年生产原创童书13个系列，21本。2013年生产原创童书增长到29个系列，共44本。

2. 关注市场，针对市场需求制定产业发展策略

荣信的“乐乐趣”童书，完全针对孩子的天性和生理成长特点，将书设计的多姿多彩、变化无穷，满足孩子的好奇心和探索欲望，给孩子营造一种“游戏＋快乐”的氛围和环境，让他们在“玩”的主动中不知不觉受到知识的潜移默化。该产品一上市，就受到消费者的青睐，且表现出强大的生命力和旺盛的成长性，连续六年，每年以30％～50％的速度增长，呈现逆势上扬的可喜局面。

西安荣信将互联网的平台建设和打造作为重中之重，并与各大网络平台形成了良好的合作模式。荣信还走出国门，参与国际童书竞争，先后参加了博洛尼亚、阿布扎比、法兰克福等国际书展，并已与英国、韩国、德国等70个国家的童书出版商达成了出口“乐乐趣”童书的意向和初步协议。

3. 以高度的文化责任感，引导文化消费方向

西安荣信一直以弘扬我国优秀传统文化、为祖国培养富有创意的下一代为使命，努力尝试开拓创新一种全新的文化产品，为民众提供精美的文化食粮，并想方设法激发人们的文化消费欲望和热情，荣信选择的是做一个“勇敢的开拓者”的角色。“乐乐趣”童书，已经成为孩子们和家长们全新的选择。家长们传统的童书消费行为上的保守、粗糙、生硬，正在向着多元开发、心灵慰藉等回归孩子天性的理性购买转化。这是一种全新的消费行为，也是一种全新的文化消费市场。

(二)大唐西市:大型文化会展促进文化消费的提升

西安大唐西市文化产业投资有限公司成立于2003年,注册资本2亿元人民币,以"诚实守信、求实创新、以人为本、追求卓越"为企业精神,大力发展先进文化,致力于陕西文化创意产业、会展经济和现代服务业的发展。作为丝绸之路的东方起点,大唐西市是目前唯一能够反映盛唐商业文化和市井文化的遗址,是大唐帝国繁荣昌盛的历史佐证。大唐西市以其高素质的人才队伍、现代化的科学管理、完善的管理制度和团结奋斗、求真务实、自主创新的精神,已发展成为陕西具有示范性和引导性的民营文化企业。

大唐西市已成为陕西乃至全国民营企业发展文化创意产业的成功范例。该项目成为西安文化创意产业和旅游业的新亮点,每年接待游客近千万人次,先后被评为"国家文化产业示范基地"、"国家AAAA级旅游景区"和"国家级非物质文化遗产生产性保护示范基地"。项目占地约500亩,总建筑面积128万平方米,建有大唐西市博物馆、国际古玩城、丝绸之路风情街、非物质文化遗产城、西市城·购物中心、大唐西市酒店、丝绸之路演艺中心、高尚人文住宅等八大业态。在项目开发建设过程中,企业投资3.2亿元对西市遗址进行普探和发掘,建设了3.5万平方米的具有遗址保护与展示功能的大唐西市博物馆,成为我国民间资本保护国家历史文化遗址的首例和典范。

近年来,大唐西市举办文化会展活动240多场,文艺演出300余场,其中以"大唐西市春节文化庙会"、"西部非物质文化遗产项目展演"、"丝绸之路商旅文化博览会"、"彩绘丝路——中国当代著名美术家丝绸之路万里行大型文化交流活动"、"韩国文化周"、"日本21世纪物产节"等大型文化活动为典型代表。大唐西市利用大唐西市博物馆、金市广场、大唐西市艺术馆和国际展览馆等文化基础设施,开展了各类文物展、书画展、摄影展、丝路风情演出等经常性的展览展示活动,为百姓提供了丰富的公共文化产品和文化服务,探索出了一条"政府支持、民企承办"大型文化会展活动的新路子,形成了"长期化、规模化、品牌化和基地化"的文化会展模式,践行了十七届六中全会"积极搭建公益性文化活动平台,依托重大节庆和民族民间文化资源,组织开展群众乐于参与、便于参与的文化活动"的精神,受到了社会各界的广泛好评和普遍赞誉。

目前,项目已安排社会就业2万余人。整个项目建成后预计将安排就业3万人,每年增加地方税收5亿~6亿元,对于缓解社会就业压力、维护社会稳定、带动地方经济发展将起到重要作用。大唐西市现在已经成为一个文化景观、一个旅游热点和一个文化产业聚集区，不仅促进了经济增长方式的转变，而且带动了区域经济和区域文化的展示和发展。

（三）曲江影视：电视剧制作与文化消费结合的典范

西安曲江影视投资（集团）有限公司成立于 2006 年 4 月，以电影、电视剧的投资、制作、发行和电影院线投资为主线，兼营影视设备租赁和新媒体业务，致力于打造国际知名影视企业。近年来，该公司影视作品百花齐放，《劫案迷云》、《小麦进城》、《百鸟朝凤》、《硝烟背后的战争》、《西安 2020》、《百年易俗社》、《大秦帝国第二部纵横》等一批优秀的电影、电视剧、纪录片获得国内外的一致好评，并获得多项大奖。

电视剧《小麦进城》作品拍摄完成后，公司经营中心便开始紧锣密鼓的发行工作，该剧首先在湖南、上海等观众发展较为成熟的市级电视台进行播出。在较好收视率数据的支撑下，正式开始首轮上星播映，选取收视率、影响率以及回报率较大的卫视台或央视台进行独播或联播。最后，通过卫视二轮、三轮播出销售及其他市级地面台播出销售进一步提升销售收入及社会影响。曲江影视集团通过各大影视剧展会努力推销这一精品剧。在 2013 中国（深圳）国际文化产业博览交易会、中国国际影视节目展、上海电视节、四川电视节等重要展会上，《小麦进城》吸引了众多媒体和电视台的普遍兴趣。《小麦进城》先后在河北、吉林、河南、天津、山西、安徽、山东、新疆、西藏等卫视和多家地方电视台播出，并售出信息网络传播权，为企业带来了丰厚的利润回报。在拍摄与播出期间，曲江影视通过在各大纸媒与网媒进行宣传，密切关注舆论导向，随着市场的变化，不断发掘作品新的宣传点，为该剧的顺利发行营造了良好的舆论氛围。

《小麦进城》播出后，受到了业界和观众的一致认可，并获得了国家、省、市、区各级机构的嘉奖。截至目前，《小麦进城》项目投资 2 890 万元，实现销售收入近 5 000 万元，先后获得了第 18 届上海电视节白玉兰奖“最佳艺术贡献奖”，2012 年，上海文广集团电视剧频道观众票选“最受欢迎电视剧”第一名，2013 年 8 月获得第 29 届飞天奖“长篇电视剧二等奖”。该剧被国家新闻广电出版总局选为“中非影视合作工程”参与作品，将被翻译成英、法、斯瓦西里、豪萨语等多种语言面向非洲多个国家播映。

电视剧《小麦进城》的运作经验告诉我们，一部成功作品的产生，是题材、技术、营销、政策四轮驱动的良好结果，其核心目的是服务观众，抓住观众的心。电视剧本题材接地气，传递充满正能量的主流价值观，让观众感到振奋和激励；导演编剧的技术水平过硬，使剧情跌宕起伏又充满可信度，有助于塑造丰满立体的人物形象，让观众产生共鸣；后期营销手段丰富让作品时刻保持较高关注度，通过媒体宣传与专家座谈营造舆论氛围，并随着市场的变化不断发掘新的宣传点，让观众产生期待感；政府政策大力扶持，让作品的综合价值更好提升，从而促进新的优秀作品不断涌现。

(四)纷腾互动:文化消费促进网络游戏发展

陕西纷腾互动网络科技有限公司作为文化创意企业，主要从事互动电视游戏产品研发及运营，为用户提供喜闻乐见的文化娱乐消费品。在公司业务发展中，通过增强自主创新能力，开发具有自主知识产权的原创性产品，以及研发相关关键技术和核心技术，提升文化产品市场占有率，促进文化贸易往来，使文化产品的生产、流通与消费步入良性循环的轨道，为文化创意产业的发展做出积极的贡献。

2013 年，纷腾互动紧紧围绕“生存、发展”理念，认真分析了公司的经营现状，确立了“运营为主、研发为辅、合作开发、外包服务”相结合的发展模式，既追求电视游戏业务的长远发展，又充分利用了公司自身的技术优势，探索并寻求互动电视游戏发展的突破口。在开展互动电视游戏业务上实现“短、平、快”的增长方式，不断提升公司产品品牌地位。同时，为提高业务收入和资金回笼率，公司项目运营组认真对全国互动电视游戏市场需求变化进行分析，准确地把握产品市场走势，制定了切实可行的线上线下营销策略，根据不同时期的市场变化情况，适时调整销售策略，建立诚信的客户网络，不断提升平台运营产品在市场的占有率。目前，纷腾互动的互动电视游戏平台已为 10 余个省市地区的运营商及内容提供商提供产品运营服务，赢得了客户及玩家的一致好评。

经过一年的努力，目前纷腾互动注册资金由 100 万元增至 1 000 万元，年收入达 1 145 万元，真正实现了快速增长。2013 年 4 月，纷腾互动被西安市科技局、西安市宣传部、西安市文广新局命名为“西安国家级文化和科技融合示范企业”;2013年9月获得了“网络文化经营许可证”。纷腾互动的发展已经成为行业内部的典范,有效促进并带动了陕西地区文化创意产业的发展。

五、提高城乡居民文化消费水平,促进西安文化创意产业发展的策略分析

文化创意产业的发展程度已经成为衡量西安经济发展状况的重要尺度。文化创意产业所孕育的创新和创意,是西安加快创新驱动、转型发展不可或缺的强劲推力。提高西安城乡居民文化消费水平,进一步改善城乡居民文化消费结构,不仅仅需要提高城乡居民收入水平,也需要培养和提高城乡居民文化消费观念、创造良好的文化消费环境,更需要大力提高城乡居民的文化素质,加强市场经济运作,将文艺作品的创作、文化产品的生产,在舆论导向正确的前提下,最大限度地导向市场、导向消费者。新时期、新时代,我们要站在西安未来发展的高度认识文化创意产业的战略意义,积极进取、脚踏实地,务求有成。

(一)稳固产业发展基础,增大文化消费总量

大力发展城市经济,稳固产业发展基础,逐步提高群众收入水平。群众收入水平提升越快,其消费能力和追求生活质量的要求就越强,对文化娱乐休闲服务等非物质消费支出的比重就越高,文化娱乐用品及服务需求就越多,势必促进文化创意产业发展,从而带动整个经济的发展。完善各项社会保障制度,解决居民的后顾之忧成为当务之急。居民文化消费支出比较少,主要的原因是公共服务体系不到位,各项社会保障制度不够完善。现阶段的社会保障体系仍然只是对基本生活的保障,要提高文化消费的层次,还需要加大资金的投入和政策的倾斜。为此,应进一步加大以保障和改善民生为重点的社会建设力度,全力提高居民劳动收入,努力实现居民收入与经济同步增长,并加大对低收入群体的帮扶力度,确保居民收入持续稳定增长,不断提高城乡居民文化消费总量。

(二)丰富文化产品供给,优化文化消费结构

丰富产品供给,提升服务质量,既要有高水平的精品力作,也要有普通老百

姓承受得起的文化产品和服务，又要更多地突出大众文化特色，鼓励和支持文化市场出现更多贴近群众、贴近社会、贴近生活的文艺演出和文化服务，满足大多数群众的文化消费需求。推动城乡居民文化消费结构的转变，需要在平稳增加居民文化用品消费增长的同时，大力推动文化服务消费的增长，不断拓展新的文化服务领域，开发新的文化服务项目，促进文化消费结构的换代升级。

(三)培育文化消费意识，树立文化消费理念

由于文化消费的高层次属性，使得不同的收入水平、消费意识和消费观念，必然会有着不同的文化消费水平。因此，必须要通过多种途径，大力倡导新型文化消费观念，培养文化消费新习惯，引导居民自觉地开展各种类型的文化消费活动。通过开展形式多样、内容丰富的文化消费活动，进一步丰富人们的文化消费实践，提高人们的文化鉴赏水平。积极引导人们树立正确的、高尚的消费观念，并营造舆论氛围，引导居民养成健康的消费习惯。

(四)规范文化市场秩序，制定文化消费策略

切实抓好文化市场管理，营造良好社会文化氛围，净化文化市场环境。进一步规范文化市场秩序，确保文化市场健康稳定发展。针对不同收入阶层实行相应的文化消费策略，把潜在的文化消费需求变为现实文化消费能力。充分挖掘文化消费热点，提升内涵、层次和服务质量，扩大服务范围，从而确定发展方向和投入项目，以丰富的内容、多样的形式向社会和群众提供文化艺术产品和服务。对于高收入阶层可以拓展消费领域、提升消费品味，推出适合该阶层的精品化的消费产品，使他们释放出强大的购买力。中等收入阶层对收入和价格弹性都较为敏感，需要通过发展信贷来释放该阶层的购买力。低收入阶层以基本生活消费为主，增加收入是有效的启动手段，应通过扩大就业和推进生活保障制度，稳步提高生活质量。

(五)完善公共服务设施，优化文化消费环境

从世界各国的创意产业发展历程来看，各国政府均为文化创意产业的发展构建了完善的公共服务平台，为创意产业的发展营造良好的环境。西安文化创意产

业要取得快速发展，政府要切实重视公共文化服务设施的发展，通过优化文化消费环境助推文化创意产业的发展。要加大公共财政对图书馆、科技馆、文化馆、文化广场、社区文化设施等的投入，尤其要加大对农村义务教育学校、图书馆、文化馆、文化站等公益性事业的投入。同时，要争取多元融资，逐步放宽市场准入条件，降低门槛，利用社会资本为公共文化设施的建设注入发展动力。

总之，不断提高西安城乡居民文化消费水平已经成为西安文化创意产业发展的重要环节。以文化消费指导文化生产，以类型多样、品质高端的文化产品和服务带动引导文化消费，使得文化消费与文化创意产业的发展形成良性互动。西安城乡居民文化消费水平的逐步提高必定会带动西安文化创意产业的大发展和文化事业的大繁荣。

本报告使用的数据来源：陕西省西安市 2013 年和 2014 年的政府工作报告、陕西省西安市统计局的年度统计监测报告及西安曲江新区管委会、西安高新区管委会、西安市会展办等对西安有关方面的调查数据。部分数据通过分析处理有一定的修正。本文相关数据主要根据国家文化产业统计口径测算。真诚感谢西安市统计局社会处曾文元同志对相关数据的把关。真诚感谢高新区创意办杨华主任、李东升副主任及田峰、张珂歆、樊明垒等同志，西安曲江影视集团贯钊一董事长、张珂珂部长，西安曲文投企业部马骐部长，西安荣信文化产业发展有限公司董事长王艺桦、副总经理袁秋乡，大唐西市文化产业投资公司执行总裁李中航等接受访谈提供相关资料。

（西安市文化体制改革和文化产业发展领导小组办公室：马鸿斌；陕西省社会科学院文化产业与现代传播研究所：颜鹏）

第十八章 兰州：大力发展文化创意产业，打造西北文化消费中心

一、2013 年兰州市文化创意产业发展概况

二、兰州市文化消费基本情况及分析

三、兰州市文化消费促进文化产业发展的关系

四、兰州创意文化产业园典型案例分析

五、兰州市文化消费促进文化创意产业发展的未来展望

围绕“文化兰州”建设，根据华夏文明传承创新区“1313”工程的相关布局，2013年，兰州市文化创意产业以文娱演艺、出版发行、广播影视、文化旅游、创意设计、数字多媒体等行业为重点，以文化产业园区基地建设为依托，先后制定实施了一系列鼓励文化产业发展的政策措施，深化文化体制改革，积极壮大传统产业，培育发展新兴产业，文化产业发展呈现出良好态势。

一、2013年兰州市文化创意产业发展概况

伴随着经济社会的快速发展，2013年兰州市文化产业增加值达到41.06亿元，占全市GDP比重2.31%，呈现出良好的发展势头，文化体制改革不断深入，文化产业规模不断扩大，结构趋向优化，人才队伍日益壮大。文化产业正在成为兰州优化产业结构、培育新的增长点、提升城市综合竞争力的关键产业。

(一)文化创意产业政策和规划陆续出台

2013年2月，国务院办公厅正式批复支持甘肃省建设华夏文明传承创新区，制定出台了《兰州文化产业三年(2013－2015)跨越发展实施方案》，研究制定了《兰州市华夏文明传承创新区建设实施意见》、《兰州市华夏文明传承创新区建设总体方案》和《华夏文明传承创新区十三板块分方案》，明确了“一带三基地”的全市文化产业布局，明确了深入挖掘黄河文化、丝路文化、民族文化和龙文化在兰州交汇的优势，以高起点、高标准规划了兰州今后文化产业发展方向，力求以全方位、大手笔打造黄河文化品牌。提出了“2015年兰州市文化产业增加值达到100亿元以上，占到全市GDP的4%以上”的文化产业发展目标。对于加大兰州历史文化保护，增强兰州文化软实力，推动兰州旅游大发展大繁荣，实现兰州经济社会全面、协调、可持续发展具有重要意义。

财政扶持政策。从 2012 年开始将兰州市文化产业发展专项资金规模扩大到 4 000 万元,以后根据发展情况逐年增加,到 2015 年达到 1 亿元。同时,各县、区也要设立不低于 500 万元的文化产业发展专项资金。

投融资政策。在兰州市政府主导下,由市财政注入一定的引导资金,同时吸纳社会资金共同设立总额为 5 亿元的兰州市文化产业发展基金,鼓励有实力的企业、团体、个人依法发起组建各类文化投资公司。

资产管理和经营政策。公共文化设施纳入小区规划,兰州市将文化建设用地纳入当地土地利用总体规划和城市规划中,优先安排用地计划指标。社会保障协商一致的情况下,文化产业类企业的改制员工可提前离岗。

人才政策。从 2012 年起,配齐配强乡镇、街道党委宣传委员、宣传干事和乡镇综合文化站专职人员,对服务期满高校毕业生报考文化部门公务员、相关专业研究生实行定向招录。

产业扶持政策。兰州市鼓励、支持、引导个人投资文化产业,对有一定经营场所、投资 10 万元以上、自 2012 年 1 月 1 日起连续经营 3 年以上、年平均用工 8 人以上的文化经营者,可由当地财政给予一次性补贴。

(二)优势文化创意产业规模不断扩大

兰州依托文化资源优势,大力发展文化产业。已初步形成了门类较为齐全、比较完善的文化产业体系,其中文化娱乐、印刷复制、出版发行、广播影视等传统文化产业实力增强,并已具有一定的发展规模;以数字内容、动漫制作、创意设计等为代表的新兴产业发展快速;以文化演艺、文化旅游业、文化会展、艺术品制作等为代表的优势产业发展势头强劲。

文化演艺业。围绕敦煌文化、丝路文化和多民族文化的创作思路,艺术表演团体坚持面向基层、面向群众,推出了一批优秀的文艺作品。《丝路花雨》、《大梦敦煌》在国内外有较高的知名度,已成为兰州城市形象名片,其中《丝路花雨》被誉为“20 世纪华人舞蹈经典”。《大梦敦煌》荣获“五个一”工程奖并入选国家舞台艺术精品工程初选剧目,被文化部评选为新中国成立以来 18 台优秀保留剧目之一,几乎包揽了文化艺术领域所有国家级大奖,享有“西部艺术第一品牌”、“可移动的敦煌”等美誉,成为中国原创舞剧中的顶级之作。至今,《大梦敦煌》在国内外共演出近 1 000 场左右,演出收入过亿元,收入名列全国第二,投入产出比居第一。3D立体风光与歌舞完美结合的《炫彩之旅》实现了文化与旅游的有机结合。

文化旅游业。兰州初步形成了“一心”、“一带”、“四区”、“六镇”、“九线”的旅游空间发展格局。2013年，兰州市接待国内外游客2 606万人次，同比增长28%，实现旅游总收入206.5亿元，同比增长35%。2013年兰州举办了具有地方特色和影响力的品牌旅游节会“中国·兰州黄河文化旅游节”，全面提升了“中国西北游，出发在兰州”的整体旅游形象，提升了兰州城市知名度和美誉度。春节文化庙、黄河风情文化周、兰州水车节、兰州合唱节等活动期间，文艺演出、放映电影、展出书画作品、展示非物质文化遗产保护成果，吸引了上百万人次的市民和游客享受兰州文化大餐。

报刊出版业。兰州的报刊出版业发展较快，总体上水平和规模有了很大的提高。兰州拥有中国期刊杂志界的第一个突破千万发行量大关的知名杂志——《读者》，其在全球60多个国家和地区发行，品牌价值逾76.45亿元，已成为具有世界影响力的读物。兰州日报社由最初的《兰州报》发展到拥有五报一网的综合媒体，报纸的发行网络已覆盖全省，报刊质量、品位、公信力、亲和力、影响面和广告收入都位居全省各报前列。

体育产业。兰州体育产业快速发展，有经营单位211家，项目涉及健身健美、乒乓球、保龄球、游泳、台球、旱冰、棋牌等十多项目，体育产业经营门类逐步增多，包括体育娱乐、体育用品销售、体育健身、体育彩票销售、问题培训、体育竞赛表演、体育旅游等在内的体育体系初步形成。

广播电视业。兰州广播电视业历经近30多年的发展，已形成以广播电视节目制作播出、有线网络传输为主业，电影发行放映、电视剧(片)制作、音响发行、技术服务、广告经营等相关行业配套的多元化行业体系。全市广播、电视人口覆盖率分别达98.05%、98.23%，拥有有线电视数字用户33万户，其中，数字电视用户约25万户。

(三)文化创意产业发展投资环境不断改善

兰州市加大了对文化广电、新闻出版等国有文化单位的财政投入，重点支持全市文化设施建设和重大文化产业项目的开发运营，“十一五”期间，仅市级财政投入文化建设的经费达5亿元，较“十五”期间有大幅增长。运用文化产业发展专项资金引导社会资金投入文化建设，2008年以来，兰州市以1 500万元的专项资金撬动民间文化投资7.3亿元，所扶持的项目对丰富产业形态、壮大发展实力起到了明显作用。通过各类文化产业投融资平台，加大文化产业招商引资力度，2007年以来，累计吸引省外投资超过10亿元。

（四）文化基础设施得到改善，公共文化服务体系基本形成

近年来兰州市不断加大文化基础设施建设力度，坚持将重大文化惠民工程列入每年为民办实事项目，先后完成了金城大剧院现代化改造工程，建成了兰州市文化艺术综合楼，建成并对外开放了兰州国学馆、非物质文化遗产陈列馆、秦腔博物馆、兰州彩陶博物馆，完成了“八办”纪念馆旧址改造，建成了文化信息资源共享工程市级中心和县区支中心，文化遗存得到了有效保护；各县区改扩建了一批文化宫、图书馆，乡镇综合文化站覆盖率达90%，农家书屋覆盖率达95%，广播电视“村村通”覆盖率达95%，覆盖城乡的一体化的公共文化服务体系基本形成。文化基础设施建设大大改善了兰州的文化环境，提升了兰州的城市文化氛围、文化形象和文化品位，为兰州文化产业发展奠定了良好的基础。

（五）文化市场呈现良好的发展势头，文化产业发展环境不断得到优化

经过多年发展，兰州文化市场从无到有，从小到大，呈现出多门类、多层次、多元化的发展态势，已初步形成了包括表演、娱乐、音像制品、电子出版、网络文化、印刷业、文物和艺术品交易等组成的综合市场体系和多种经济成分共同开发和建设的格局，同时，坚持一手抓管理、一手抓繁荣的方针，加大对文化市场的综合管理，市场规模不断扩大，行业规范有序，为兰州文化产业发展营造了良好的发展环境。

（六）文化创意产业重点项目建设逐步推进

全力推进《兰州文化产业三年（2013－2015）跨越发展实施方案》的贯彻落实，制定完善配套实施细则，扶持优秀文化企业快速发展，加快投资过10亿元的重点文化产业项目落地速度；深度挖掘、整合文化产业资源，培育文化消费新热点，推动产业结构调整和优化升级。2013年全市新启动各类文化产业项目近

百个,其中投资 10 亿元以上的重点项目共有 16 个,重点项目计划投资金额 399.8 亿元。兰州华夏青瓷博物馆、什川生态文化旅游景区、兰州老街已经开工建设,仁寿山温泉养生文化园、青城生态农业及文化旅游综合保护开发项目即将开工建设,《真如》专题博物馆群、永登玫瑰文化产业园、天斧沙宫地质文化公园、九州台大禹文化园、甘肃红色收藏文化旅游三馆一街项目、兰州新区筑景国际文化创意产业园、华夏文化产业园、甘肃鸿安生态文化创意园、华夏文明传承文化旅游创意产业园、华夏文明收藏文化产业园、红古恐龙主题公园等重点项目也都完成了总体规划,正在有序推进中。

(七)文化体制改革逐步深入,文化企业不断发展壮大

文化企业是推动文化产业发展的基础。兰州在全省率先开展文化体制改革试点工作,几年来,按照企事分开、政事分开、管办分离的原则,国有文化企业以市场为导向,大胆进行产业化发展、集约化经营、企业化管理、市场化运作的探讨,在改革中不断发展壮大,涌现出了兰州大剧院、兰州市文化实业发展公司、兰州文化创意产业园等一批有实力的文化企业和文化产业基地,文化产品和服务都开始按照市场配制资源的方式逐步开始规模化经营、集团化运作。文化体制改革激活了文化生产力要素和文化资源的开发,增强了兰州文化企业的发展活力。目前,全市共有各类文化企业 3 000 多家,新建立的民营文化企业有 70 多家,其中,获文化部“国家文化产业发展示范基地”命名的兰州市文化实业发展总公司已成为全市文化系统的龙头企业之一。全市新闻出版服务业总资产为 19.6 亿元,广播、电视、电影服务业年末总资产为 10.4 亿元,其中兰州市广电总台连续四年实现了两位数增长,2010 年经济总收入达 1.82 亿元。南特数码集团、上元甲子文化传媒有限公司等一批民营文化企业发展规模也日渐壮大,已成为兰州新兴文化产业的主力军。

(八)兰州文化产业发展中存在的突出问题

兰州文化产业有了较快发展,但是与全国其他省会城市和西部的一些城市相比,目前还处于起步阶段,因受观念、体制、市场、资金、人才和管理等多方面的制约,兰州丰富的文化资源没能得到充分的挖掘、保护、整合、开发和利用,大批优势、优质资源尚在沉睡。制约兰州文化产业发展的因素主要是:①文化创

意产业发展程度不高，增加值占生产总值比重偏低；②缺少核心竞争力强的文化创意产业品牌和区域带动性强的文化创意产业项目；③文化创意产业与其他业态深度融合发展程度不够；④文化投入偏低，融资渠道狭窄；⑤人力资源素质整体不高，文化人才短缺；⑥支持文化产业发展的政策不健全，可操作性不强；⑦管理机制不顺，体制性障碍突出。

二、兰州市文化消费基本情况及分析

随着兰州市经济的不断发展，兰州市文化产业增加值不断提升，由 2010 年的 19.6 亿元增加到 2013 年的 41.06 亿元，年平均增长率达到 24.03%。同时居民生活水平显著改善，兰州市城镇居民人均可支配收入由 2010 年的 14 061.84元增加到 2013 年的 20 767 元，年平均增长 12.95%，人均消费支出随之提高。受文化产业发展和居民生活水平提高的影响，兰州市居民文化消费不断增加。2010—2013 年，城镇人均文化消费支出增长率始终保持在 4.5%以上。

2013 年，兰州市消费品市场继续保持稳步增长态势，特别是文化市场消费活跃。兰州市体育、娱乐用品类、电子出版物及音像制品类等代表着消费升级的文化商品十分畅销，显示出活力旺盛的增长势头。全市书报杂志类实现零售额 0.64 亿元，家用电器及音像器材类实现零售额 4.99 亿元，比上年同期分别增长了 21.53%、6.76%，有力地带动了全市消费水平不断提高。

（一）文化创意产业消费带动整体经济发展

2011 年，兰州市文化产业实现增加值 24.3 亿元，比 2010 年增长 16.10%，占全市 GDP 的比重为 1.79%，拉动 GDP 增长 0.27 个百分点，与 2010 相比提高 0.03 个百分点。据兰州市统计局数据，2013 年上半年，兰州市实现文化产业增加值 14.92 亿元，同比增长 18%，占全市 GDP 的比重为 1.84%，各项指标增速均超过全市上半年 GDP 的增速。文化产业对兰州市经济发展的拉动作用不断增强，对兰州市经济结构的调整、经济增长方式的转变发挥了积极作用。随着兰州市经济的快速发展和城乡居民生活水平的不断提高，城乡居民家庭在文化娱乐方面的支出也有了不同程度的变化。2011 年，兰州市城镇居民家庭人均文化娱乐用品及服务支出比 2010 年增长 4.67%；兰州市农村居民家庭人均文化娱乐用品及服务支出与 2010 年相比呈下降态势。兰州市城乡居民家庭生活水平的提高以及在文化娱乐方面支出的变化，为拓展兰州市文化市场提供了一定的条件。

(二)数字多媒体产业成为经济消费的新亮点

据省、市电影管理部门统计，2013 年，兰州市城市院线票房收入达到 1.15 亿元，占全省票房 1.62 亿元的 71%；观众观影人数达到 377.7 万人次，相比 2012 年，分别增长 32%和 41.1%。近年来兰州市城市数字影院快速发展，目前已有院线影院 17 家，其中：城关区 9 家，七里河区 3 家，安宁区 1 家，西固区 2 家，红古区 1 家，榆中县大学城 1 家；有影厅 92 个。正在筹建的影院有兰州市第一家 IMAX 巨幅银幕影院、汽车影院和自行车影院等，这些影院的建成，将会给广大观众带来耳目一新的视听享受。另外，兰州市还于 2013 年启动了全市县级城市数字影院建设工程，争取到 2015 年底，每个县级城市都建成一家多厅数字影院。

(三)旅游消费逐步成为兰州重点支撑点

2013 年，兰州市接待国内外游客 2 606 万人次，同比增长 28%(其中：国内游客 2 602.52 万人次，同比增长 28.1%；入境游客 3.48 万人次，同比下降 10.8%)；实现旅游总收入 206.5 亿元，同比增长 35%(其中：国内旅游收入 206 亿元，同比增长 35.2%；入境旅游收入 841.52 万美元，同比降低 17.1%)。兰州市文化类招商引资签约总金额约 269 亿元，完成了年度任务的 92.7%。2013 年以“中国西北游、出发在兰州”为品牌亮点，把安宁桃花会、什川梨花会、中国·兰州冰雪旅游节以及榆中青城古城、永登鲁土司衙门等大型旅游节会和重要旅游文化资源纳入其中，以“第十九届兰洽会”、“2013 兰州国际马拉松暨全国马拉松积分赛”、“第三届敦煌行·丝绸之路国际旅游节”、“第十二届青海湖自行车赛比赛兰州段”等重大赛事为契机，不断推进兰州市经济社会发展。

(四)文化创意节庆活动逐步成为促进文化创意产业的新亮点

由兰州市主办的第三届"敦煌行·丝绸之路国际旅游节"子节会"中国·兰州黄河文化旅游节"于2013年8月4日在兰州开幕。节会举行九大活动,以"传承甘肃华夏文明,创新展示兰州旅游"为主题,旨在打造和树立具有兰州特色的节会品牌,把"中国·兰州黄河文化旅游节"培育成具有地方特色和影响力的品牌旅游节会,全面提升"中国西北游出发在兰州"的整体旅游形象,提升兰州城市知名度和美誉度,促进兰州经济社会发展在更高平台上实现新跨越。

三、兰州市文化消费促进文化产业发展的关系

(一)文化消费与文化产业发展

文化消费需求包括对文化产品和文化服务的需求,属于精神消费层面。根据国际经验,人均GDP在1 000美元以下时,人们主要关心物质需求的满足;而当人均GDP在1 000～3 000美元之间时候,文化消费比重逐渐上升,而物质消费比重则开始下降,人们既关心物质的需求,同时精神需求也成为人们关注的重点之一。而当人均GDP达到4 000美元以上时,民众的精神文化需求已成为重点。2010—2013年兰州市人均GDP都在4 000美元以上,其中2013年人均GDP更是达到了7 000美元以上,这说明兰州市民在关心物质需求的情况下更看重精神方面的需求,兰州已经进入文化消费快速增长的时期。(见表18－1)

表18－1　兰州市2010－2013年人均GDP

年份	GDP总量(亿)	常驻人口(万人)	美元兑人民币汇率	人均GDP(美元)
2010	1 100.39	361.61	6.77	$4 495.00
2011	1 360.03	361.18	6.46	$5 829.00
2012	1 564.41	355.08	6.31	$6 878.00
2013	1 776.83	385.21	6.2	$7 439.72

兰州经济持续快速发展,人民生活水平不断提高,人均GDP稳步提升,表

明兰州已经迈入文化消费需求的快速增长阶段。随着经济的快速增长和消费观念的不断更新，加上宽带接入、视频点播、数码电影、电子商务等已经进入寻常百姓生活圈，预示着兰州文化消费的巨大潜力和空间。2010 年兰州市城镇居民人均文教娱乐服务支出 1 243 元，比上年增长 4.5%，占消费性支出的 11.37%。2012 年城镇居民人均可支配收入 18 442.76 元，比上年增长 15.61%，其中人均消费性支出 14 167.9 元，比上年增长 14.70%，人均文教娱乐消费也在迅速增长。

2010—2013 年兰州市城镇人均文化消费支出和文化产业产值不断增加，兰州市文化产业的产值和人均文化消费之间呈现直接的正相关，从表 18—2 可以看出，随着兰州市人均消费支出的不断增加，文化产值也是呈现逐年递增的趋势。兰州的居民消费正由生存型、温饱型向小康型、享受型转变，文化消费进入快速增长期。适应人民群众日益增长的多样化精神文化需求，进一步扩大文化产品生产、拓展文化消费空间，已成为推动"文化兰州建设"、加快文化产业发展的重要支点和拉动内需的重要引擎。兰州市坚持将重大文化惠民工程列入每年市委、市政府为民办实事项目，文化支出逐年保持较大幅度的增长，文化产业发展受到政府部门高度重视的同时，文化产业消费的逐年增加更为文化产业发展创造了经济基础和广阔的市场空间。兰州市文化消费有效地促进了文化创意产业的发展，另外文化创意产业的发展程度对文化消费也有一定的促进作用。

表 18—2　2010—2013 年兰州市人均文化消费支出情况

年份	城镇人均文化消费支出(元)	增长率(%)	文化产业增加值(亿元)	增长率(%)
2010	1 243	4.50	19.60	15.70
2011	1 301	4.67	24.31	16.10
2012	1 364	4.85	30.90	27.00
2013	1 431	4.93	41.06	38.74

(二)兰州市文化消费对文化产业发展的促进作用

1. 文化消费促进文化产业市场规模的扩大

消费能力是决定文化消费需求的关键要素，文化消费能力的提高，能促进消费需求的增加，进而促进文化产业的发展。而文化消费能力受多方面因素的影响，主要包括个人收入状况、文化产品和服务的价格、受教育水平程度、闲暇时间量以及相关基础设施等。2010—2013年兰州市城镇居民人均可支配收入较大幅度增加，年平均增长率达到12.95%，同时2010—2013年在校学生人数保持在90万人左右，兰州市民文化水平程度显著提高，另外文化基础设施等也得到了显著改善，文化消费能力不断提升。由于文化消费与文化产业发展存在正相关性，因此文化消费能力在一定程度上会限定文化产业的市场规模和利润的大小，并且文化消费能力越高，文化需求程度越大，文化产业市场规模越大。

2. 文化消费支出结构的变化促进文化产业结构的变动

近几年，兰州市居民文化消费支出结构出现了一定的变化。根据统计资料，2010—2013年，兰州市城镇居民人均文化娱乐用品支出占城镇居民教育文化娱乐服务支出逐年增加，而城镇居民教育支出占城镇居民教育文化娱乐服务支出的比重虽然很大，但是呈现下降态势。随着兰州市民文化消费结构的不断优化升级，兰州市文化产业也将得到优化，兰州居民文化消费结构的优化升级成为其文化产业优化升级的源泉。

（三）文化消费促进文化创意产业发展存在的问题

近年来兰州市政府高度重视发展文化创意产业，促进文化创意产业的发展已经成为政府工作的中心之一。2010—2013年，兰州文化产业发展步伐明显加快，文化产业增加值占GDP比重由2010年的1.78%增加到2013年的2.31%。（见表18—3）

表18—3　文化产业增加值占GDP比重情况

单位：亿元、%

年份	文化产业增加值	文化产业增加值占GDP比重
2010	19.6	1.78
2011	24.31	1.79
2012	30.9	1.89
2013	41.06	2.31

文化创意产业也呈现出良好的发展态势。然而相比其他省市，兰州市文化

创意产业发展还较为缓慢，兰州市文化消费促进文化创意产业发展还存在着许多问题，主要如下：

1. 文化消费水平较低，限制了文化创意产业规模的扩大

众所周知，消费是产业发展的驱动力之一，文化创意产业发展同样需要大量的文化消费需求。2013 年兰州市人均 GDP 超过 7 000 美元，但文化消费增长的速度并不高。兰州市许多家庭没有订阅报纸和杂志等期刊，主动消费文化演出和电影的人群数量同样不是很大。另外在相关的调查中发现，限制居民文化消费的一个关键因素是文化产品和服务的价格较高，相对于普通民众收入而言，脱离了民众的实际消费能力，因而一定程度上压缩了对非必需品——文化的消费，文化创意产业的规模受到一定的限制。

2. 文化消费实用性倾向较强，影响了文化创意产业结构的调整

在兰州居民文化消费中，娱乐消费以及教育支出所占比例相对较高，高雅型文化消费较低。兰州居民消费文化产品和享受文化服务的内容丰富度不高，文化消费领域还急需扩大。总之，这种文化消费结构的不合理态势，制约了文化创意产业的优化与升级。

3. 文化消费中知识产权意识淡薄，影响了文化创意产业创新的动力

兰州市民的产权意识较低，购买盗版文化产品者所占比例高，相当多的消费者购买过盗版的 CD、VCD、DVD、书籍杂志等。究其原因，价格因素占据首位，因价格较低而有意识购买盗版产品者的比例十分高。由于知识产权的保护是文化创意产业健康发展的必要条件，市民知识产权意识的淡薄，将导致盗版文化产品和服务猖獗，最终影响文化创意企业创新的积极性和创新的投入，使得文化创新的动力不足。

4. 保守的文化消费理念束缚了文化发展

思想观念保守导致文化格局的结构性调整进展缓慢。文化产业发展力量分散，形式单一，非公有制比重过小，实力偏弱。当前本土文化资源没有得到充分的挖掘和利用，有的资源利用甚至出现弱化现象，缺乏系统超前、视角独特的开发，文化产业没有形成合理结构和规模优势，致使丰富的文化资源难以得到有效的开发和利用。兰州市文化艺术经纪与代理机构极少，这说明真正将文化作为一种产业来投资和运作的人还很少，对文化产业的认识还远远不够。这些观念认识问题及投资经营和管理运作问题，都对兰州市文化产业的整体发展有

一定的阻碍作用。

5.财力投入不足,制约文化创意产业发展

兰州市文化事业的财力保障总量增长缓慢,力度不够。2011年,市财政用于文化体育与传媒业的支出仅占地方财政一般预算内支出的2.32%。2007—2011年,市财政用于文化体育与传媒业的支出占地方财政一般预算内支出的比重从2.10%提高到2.32%,五年时间仅提高了0.22个百分点,说明兰州市财政对文化投入力度明显不足。

6.居民收入低,影响了消费

2011年,兰州市城镇居民人均可支配收入为15 953元,与西北五个省会城市相比,兰州市城镇居民人均可支配收入明显较低,排在第四位,仅高于西宁市111元;与26个省会城市相比,兰州市排名也位居较后,排在第25位,与最高的广州市城镇居民人均可支配收入要相差18 485元。2011年兰州市农村居民人均纯收入为5 252元,在西北五个省会城市中,兰州市农村居民人均纯收入排名位居最后;与26个省会城市相比,兰州市排名也位居最后,与最高的杭州市农村居民人均纯收入相差9 993元。从近几年的资料看,居民收入高的城市,居民消费支出也高;居民收入低的城市,居民消费支出也低。兰州市居民收入较低,在很大程度上影响了居民的消费支出,因而在一定程度上也影响了兰州市居民在文化方面的消费支出。2011年兰州市人均教育文化娱乐服务支出1 301元,比2010年增加不到60元;农村居民人均文化娱乐用品及服务支出215元,比2010年减少了近120元。

7.文化资源有效开发不足,创新能力不强

兰州市文化资源丰富,而现在只有很少的世界级的文化资源品牌,品牌不够多、不够大、不够强,市场化程度不够高,尚未形成产业规模以及品牌效应。对文化资源转化为文化产品、名品、精品,深度研究不够、关注不够、支持不够,大胆探索和创新实践也不够,开发和创意出能够吸引广大消费者眼球的文化产品较为缺乏,缺乏相应项目的有效带动和政策支持;文化产业与经济、金融、信息、高技术等实现有效融合也不够,传统文化产业运用现代科技改造提升程度不高;数字出版、网络传媒等新技术新业态发展缓慢;新闻出版、演艺等资源优势尚未转化为产业优势,行业间缺乏交流和有效合作,尤其是有效整合资源不够,发展内在动力不足;各级对新兴文化业态的创新以及对产业链延伸支持力度不大。

四、兰州创意文化产业园典型案例分析

(一)园区概况

兰州创意文化产业园位于兰州市城关区段家滩路 704 号,占地 13 660 平方米,园区占地 20.49 亩,建筑面积 13 000 平方米,工作人员 82 名,其中专业人员 30 人,约占 40%。现有入园企业 60 余家,2010 年园区实现产值 3 亿多元,实现利税约为 3 500 万元,为各类创意文化和科技人才提供就业岗位近 1 000 多个,行业涉及动漫设计、影视内容制作、创意设计、广告设计、动漫及大型网络游戏研发、文化演艺、室内外空间设计、咨询策划、信息服务、艺术品展览展示等方面,在甘肃很具感召力和影响力。2010 年 5 月,国务院颁布《关于进一步支持甘肃省经济社会发展的若干意见》中明确提出支持兰州创意文化产业园发展,对产业园的工作给予了高度肯定。2010 年被省、市先后授予"甘肃省文化产业示范园区"、"2010 年兰州经济推动力十大企业"称号,在 2012 年被文化部授予国家级文化产业示范基地。

作为兰州第一个创意产业经济园区,园区自成立以来已成功举办了"兰州三十年当代艺术展"、"创意名仕汇"、"第二届敦煌服饰模特大赛"、"和政古动物化石展"、"CRAZYLOFT 撒野新音乐节"等一系列产生良好社会影响的文化艺术活动,期间接待了包括国际著名建筑大师日本的矶崎新教授、中央美院副院长徐冰教授、上海美术馆长张晴教授为代表的国内外十余位艺术家的到访,得到了他们的大力赞扬和指导。另外,在中国文化创意产业网策划的"园区雕塑"专题中,兰州创意文化产业园的雕塑作品引起关注。其作品均来自于艺术家靳勒。他以自己的脸为原型创作了"人脸蜈蚣"、"人脸鱼"等一系列别具一格的雕塑作品。

(二)兰州创意文化产业园发展特点分析

兰州创意文化产业园是在借鉴国内先进经验基础上,结合甘肃本土特点,经过合理规划和资源整合,精心打造的甘肃第一个创意产业经济园区。园区致力于以现代艺术为依托,融会历史文化沉淀,融合艺术创作交流、艺术品买卖、艺术品

展览展示、艺术沙龙营造、三维创作、多媒体研发应用、动漫设计、艺术表演及娱乐、视听艺术鉴赏等于一体的多功能创意产业平台，形成独具特色的产业发展集群。在借鉴国内外先进经验基础上，结合甘肃本土特点，经过合理规划和资源整合，精心打造甘肃第一创意产业经济园区，为甘肃产业振兴增添动力。

从发展机遇看，国家大力倡导，在政策方面提供指导和支持；省内各级主管部门高度关注园区发展，为园区发展提供土地、资金方面扶持；加之区域内丰富的文化资源和题材，都为园区发展提供了很好的外部环境。从园区发展条件看，兰州创意文化产业园具备了明显的行业内先导优势和较高的关注度，在融资渠道方面，由于行业特点和自身实力也易于实现渠道多元化。因此，从外部环境和自身发展条件分析，兰州创意文化产业园都具备了快速发展的基础，但同时要制定有力措施吸引人才，保证文化产业人才队伍建设，加大对园区中小文化企业的孵化，培育核心企业和核心产业链条，克服地域条件不利影响，促进本地文化市场发展，积极开拓省外甚至国外市场。

(三)兰州创意文化产业园发展战略实施

1.管理模式改进

兰州创意文化产业园，现阶段实行政府职能外包的形式，随着园区管理水平不断提高和文化产业园区成型管理经验成熟，管理模式也将采取完全企业化管理。兰州创意文化产业园区也将在经营管理上重点注重以下几个方面：①加强企业制度建设。紧密结合园区自身特点制定符合发展需求的制度体系，使园区内部管理规范化、程序化。②加强企业文化建设。贯彻企业文化，形成一致的价值取向、一致的奋斗目标和团队的核心凝聚力。③品牌经营。加强树立品牌意识，以增值服务促品牌，以品牌拓宽增值服务空间。④人才培养。打造创意人才队伍，形成高端创意人才带动、内部创意人才接续、运营管理人才推动的人才发展环境。

2.投融资渠道建设

兰州创意文化产业园将充分发挥企业现有短期利润来源作用，为园区建立良好的基础设施和硬件环境，为入驻园区企业提供良好的工作环境；加强与政府的沟通，为园区发展争取有利的政策支持，为入园企业提供良好的政策环境；

通过与入园企业合作，以项目融资方式争取长期银行贷款，为入园企业提供良好的融资环境；通过不断吸引文化企业入园达到园区产业集聚功能，增强园区发展能力和竞争优势，从而为引入高端战略投资人奠定基础及早准备，建立文化传播公司的IPO计划，争取在3～5年的时间内筹备公司上市，以实现长期筹资的目的。

3.消费市场开拓

创意文化产业园以培育核心企业为龙头，以核心文化创意产品产业化为基础，积极孵化园区有发展前景的文化企业；整合和利用内外部设计和生产资源，建立系统的生产和质量监控体系，逐步形成孕育品牌向国内外分销和推广的文化运营实体。具体实施6项战略举措：①培育文化产业链核心，并沿产业链的上下游延伸，实施纵向一体化。②通过核心企业的并购、合作实施横向一体化。③形成核心业务、产品的专业化经营，优化产品结构，提高档次，增加技术含量。④建立创意设计运营团队，提升企业项目运营能力，成为集团发展持续的推动力和文化产业推进的保障。⑤以园区企业和文化产业市场需求为导向提供增值服务。⑥利用园区社会资源优势、先导优势和产业聚集优势，成功打造创意文化产业基地和集团发展基础。

4.内部产业组合

创意产业园区必须对三个发展层面的业务进行均衡管理，以实现企业的长期持续发展。三个层面的发展战略布局，是兰州创意文化产业园实现持续增长的关键。第一层面的业务对园区近期发展影响重大，应确保集团的资金资源向产业园区倾斜，应努力保持其竞争优势，强化其竞争地位并发掘出核心产业中所有的潜能。第二层面的业务带有快速发展和创业性特质，表现为追求增加收入和市场份额，同时表现出强烈的机会性特征，在机会出现且资金资源允许的条件下，可考虑扩大业务规模。第三层面是对未来业务的探索和尝试，通过不断的尝试，为园区持续发展找到合适的、新的增长点。

5.园区产业外延辐射载体建设

兰州创意文化产业园主要围绕艺术交流、展示、创意设计等内容，将建成以下六个中心区域：①艺术家交流中心。艺术家交流中心围绕美术馆展开，是园区学术交流互动的平台。将汇聚国内外知名艺术家在此聚集，促进艺术文化的互动交流。②艺术家工作室。为入园的艺术家们量身定做的创作空间，是引领创意产业发展的核心驱动力。③创意体验中心。为广大市民和艺术爱好者提供的一个互动、参与、交流的场所，可让市民和艺术爱好者了解创意产业并参与其中。④设计中心。根据不同行业对空间的需求特点，满足包括建筑设计、工业设计、平面视觉、信息服务、策划、广告出版、会展、教育培训、音乐、动漫、时尚产业在内的各类企业的办公需求。⑤设计师工作室。采用活泼的装饰形式为各类创意大师们打造的联想、创意和个性化的创作工作室。⑥雕塑博物馆。以园区的公共绿地、场地为平台，规划了露天雕塑博物馆，使其既可成为雕塑艺术家陈列作品的场所，也可成为园区别具风格的一道景观。

五、兰州市文化消费促进文化创意产业发展的未来展望

兰州市迫切需要加快发展高附加值的文化创意产业，助推转型升级。同时，中央和省、市出台的一系列推动文化产业发展的政策措施推动兰州市文化创意产业的发展。

（一）将“文化兰州”建设上升为兰州市发展战略层面

兰州是黄河唯一穿城而过的省会城市，黄河是兰州悠久历史、厚重文化的见证，是兰州城市精神、城市形象的象征。应该充分利用这一独特区位优势和文化禀赋，围绕“华夏文明传承创新区”战略平台建设，深入挖掘黄河文化、丝路文化、民族文化和龙文化交汇的优势，高定位、高起点、高标准规划文化产业发展，打造黄河品牌，做好两岸文章。把兰州建设成为省内规模第一、西北地区领先、全国有重要影响的文化产业强市。突出做强、做大文化演艺、文化旅游、文化会展、工艺品制作等特色文化产业，大力培育创意设计、数字内容、游戏与动漫等新兴业态文化创意产业，改造提升出版发行、印刷复制、广播影视、文化娱乐等传统文化产业，推动兰州文化产业增长方式由粗放型向集约型转变，从低端向高端、从低附加值向高附加值、从制造向创造转变，提升兰州文化产业的综合竞争力。

（二）实施品牌战略，构建兰州文化创意产业知名品牌

首先，培育和壮大一批有较强竞争力的大型文化龙头企业。一方面，支持

读者出版传媒股份公司、兰州大剧院、兰州报业集团等一些大中型企业依托资源优势，延伸产业链，做大做强特色优势产业，形成产业集群。另一方面，积极培育发展和壮大民营文化企业，重点扶持兰州文化创意产业园有限公司、南特数码有限公司、甘肃陇萃堂有限公司、古一徽影视制作有限公司等有实力、有优势的文化企业。支持文化企业以资本为纽带进行跨行业、跨地区、跨所有制兼并重组，培育一批具有竞争力的文化企业集团。其次，通过整合兰州文化资源，重点开发与黄河文化、丝绸之路历史文化、少数民族风情、文物精品和文化典籍等方面相关的文化品牌；打造一批国内外知名的、有影响力的演艺、会展、节庆、民俗文化活动品牌；开发与工业文化、高科技文化、现代商业文化相关的产品和品牌，推动兰州文化产品的市场占有率。第三，打造两个形象，即城市形象和旅游形象。城市形象方面，兰州市将开展“黄河之都，金城兰州”城市形象宣传系列工程，围绕“黄河之都，金城兰州”城市形象，创作以黄河文化为主题内容的“一首歌曲、一部电影、一部影视剧”等艺术作品，充分利用各级各类媒体，广泛宣传“黄河之都，金城兰州”城市形象，做好“黄河文章”，打好“金”招牌，吸引国内外各界人士来兰州投资创业。按照国家级历史文化名城的要求，进一步优化创建工作方案，完善工作措施，抓紧做好文化景观、历史遗迹保护整修等工作。恢复重建“黄河楼”，打造体现兰州文化特质的地标性建筑景观，并以“黄河楼”为中心规划建设黄河文化园区。第四，旅游形象方面，兰州市将开展“中国西北游，出发在兰州”旅游形象提升工程，全方位宣传推广“中国西北游，出发在兰州”文化旅游形象，继续做好七大经典旅游线路及兰州一日游、二日游八条精品线路推广工作，把兰州打造成中国西北游的出发地和目的地。

（三）深化体制改革，壮大兰州文化创意产业市场主体

立足兰州各区域文化产业发展基础与资源优势，做好文化产业调整与布局，形成“中心带动，错位发展，优势互补，各具特色”的文化产业发展格局。根据兰州市资源优势、城市特色、文化消费趋势、经济社会发展现状及城市发展总体规划，今后三年要重点打造以“一带、三基地”为核心的文化产业布局。

“一带”，即充分发挥兰州作为黄河唯一穿城而过省会城市的区位特征和禀赋，辐射省内黄河上游刘家峡和下游景泰石林等黄河文化资源，全方位打造黄河文化风情带。以兰州黄河百里风情线为纽带，按照黄河风情线、黄河景观带、

黄河文化长廊"三位一体"整体推进的思路,做好山上文章、岸上文章、水上文章,在黄河两岸、南北两山规划建设一批反映黄河文化、龙文化内涵的主题公园、标志性建筑、专题博物馆和大型文化产业实体,并连接成带向上游永靖刘家峡水库、炳灵寺、恐龙国家地质公园、盐锅峡水库和什川百年梨园、青城古镇、景泰黄河石林延伸,把黄河文化风情带打造成全国唯一的以黄河为轴心的文化产业带,形成"山上看、两岸走、水中游"的全方位多视角文化旅游格局。

"三基地"包含三个方面:一是中心城区高层次文化产业发展基地。依托城关区、七里河区、西固区、安宁区的中心城区优势,推动文化产业增长方式由粗放型向集约型转变,做大做强传统文化产业,重点发展文化娱乐、文化演艺、出版发行、艺术创作、文化旅游、数字内容与动漫、现代传媒、文化会展等行业,加快培育艺术创意与设计、数字内容与动漫等新兴产业,加快骨干文化企业的集聚和培育,推动文化市场体系的规范化建设,拓展大众文化消费市场,着力打造辐射西北的文化休闲娱乐和旅游集散中心,为未来工业企业"出城入园"后老城区经济结构调整打好基础。二是三区创意文化研发基地。充分利用兰州市"三区"融合契机,依托兰州新区的政策资源优势、兰州高新区的先发优势和兰州经济区的科技资源人才资源集聚优势,做好集聚大型文化企业、推进文化与相关业态融合发展的文章,吸引有独立知识产权、有创新发展优势、有规模集聚发展能力的国内外文化企业落地,使三区创意文化研发基地成为辐射带动全省文化创意研发的核心区、文化产权和产品交易的中心区。三是县区民俗风情和自然生态展示基地。依托红古区、榆中县、皋兰县和永登县丰厚的民间民俗文化资源和自然生态资源,建成集民俗特色工艺品研制生产和展销、自然生态观光、非物质文化遗产项目展示、民俗文化演出交流演艺、传统服饰制作、民族民俗风情体验为一体的民俗文化保护传承和创新成果的展示基地。

(四)实施人才战略,发展兰州文化创意产业人才队伍

文化产业作为公认的朝阳产业,具有无可比拟的市场发展前景,但却有着自身的发展规律。持续加强的硬件设施建设和人才队伍引进是非常重要的。人才队伍建设可以解决文化产业发展后劲不足和创新力不足的问题。以特色产业人才需求为主导,造就一批领军人才,吸纳一批急需人才。实施人才工程建设,建立一套适合兰州文化产业发展的人才培养和开发机制,努力发现、加快

培养、积极引进、合理使用文化人才，使人才在数量、质量、结构和布局上与兰州文化产业发展相适应，为提升文化产业发展提供坚实的人才保障和智力支持。一是依托兰州文化部门培训中心、高等院校、文化企业以及社会培训机构丰富的教育资源，采取委培、代培、岗前培训、外出考察学习等灵活多样的方式，有计划地分层次地培养不同层次的文化人才，不断提高兰州文化从业人员的整体素质。二是拓宽人才引进绿色通道，积极引进各类急需的文化经营管理人才、营销策划人才，尤其是懂文化、善创意、会经营的复合型人才，真正实现以人才推动兰州文化产业的大发展。三是加快建立有利于各类优秀人才成长和脱颖而出的激励和评价制度，以形成人才辈出、人尽其才的良好局面。

(五)加强载体建设，推进兰州文化创意产业集聚发展

一是加强公共文化设施建设，完善公共文化服务网络，力争使社区文化活动中心覆盖率达到100%，乡镇综合文化站覆盖率达到100%，农家书屋覆盖率达到100%，广播电视"村村通"覆盖率达到100%，积极构建"15分钟文化圈"。二是加快重点文化项目建设。积极打造兰州文化产业发展平台，具体操作模式为：①兰州创意文化产业园区将重点发展数字内容与动漫、创意设计、现代传媒等新兴文化业态，做大做强影视制作、艺术创作、文艺演出、广告会展等传统产业，发展艺术体验旅游业、文化产品生产制造观光旅游业。②兰州国家级文化与科技融合发展示范区将重点发展数字娱乐、数字传媒与出版服务、文化资源数字化、知识产权及中介服务、研发设计、文物保护等行业。③读者数字出版动漫产业园区将在安宁区规划建设，包括读者出版集团数字出版基地项目、读者动漫产业园区项目、读者期刊群建设项目、读者在线交易培训项目、读者新媒体基地等在内的读者文化产业园，深度开发《读者》品牌，做大做强读者期刊群，加快从传统纸介质出版物向网络出版、数字出版、手机阅读等多种介质形态出版物转变。

(六)完善政策支撑，提升兰州文化创意产业政策制度保障

健全文化产业组织管理体系和完善文化产业扶持政策必不可少。要尽快建立完善文化产业统计体系，摸清市属文化企业基数，严格统计市级注册文化企业。同时各级财政要提高文化支出占财政支出的比例，逐年增加"文化产业

发展改革专项资金”规模，加大资金扶持力度。设立“兰州市文艺精品生产专项资金”，鼓励支持舞台艺术精品创作生产。任何产业发展都离不开投融资体系的支持。要在区域内探索并尝试联合开发适合兰州文化产业基地建设发展的信贷和金融产品，大力发展多层次的资本市场，扩大文化企业的直接融资规模，积极培育和发展文化产业保险市场，并积极引导社会资金进入文化产业，搭建资金运行平台及招商引资渠道。

（七）依托项目建设，使兰州文化创意产业落到实处

充分挖掘兰州丰富的文化资源，积极推动文化与科技、信息、教育、旅游等产业的深度融合，加快组织、实施兰州音乐厅、中华龙文化博览园、甘肃历史文化名人岛和伏羲文化园、丝路风情文化园、黄河古生态园等一批带动性、辐射性、示范性强的文化产业项目，促进兰州文化产业转型升级。具体为：①运用数字技术、网络技术和软件技术等现代先进技术手段对传统文化产品进行全面的策划、包装、改造、升级。②重点发展创意设计、动漫游戏、文化会展、新媒体及文化信息服务、文化软件、数字出版、文化旅游、高端印刷等产业，形成新的特色优势领域，提升兰州文化产业综合实力。③实施三个重点项目，即黄河母亲文化公园建设项目、青城生态农业及文化旅游综合保护开发项目和仁寿山生态文化旅游景区建设项目。其中，黄河母亲文化公园建设项目以小西湖公园为依托，采用下穿方式将公园和黄河连为一体，公园以母爱山为主体，占地约 400 亩，建设周期 3～5 年，总投资 30 亿元。青城生态农业及文化旅游综合保护开发项目以青城古镇特有的文化、生态和农业资源为依托，对民居古建、水烟制作生产、生态农业、湿地、民俗节庆、古镇特产及餐饮休闲等资源进行整体改造和开发，把青城古镇建设成为“西北丽江”。仁寿山生态文化旅游景区建设项目东至大砂沟、南至北滨河路、西至咸水沟、北含仁寿山，总占地面积 7600 亩。融资建设商业购物区、旅游服务区、休闲度假区、温泉养生园、文体游乐园五大功能区，打造“林中有园、园中有林”的生态文化旅游景区。

（兰州商学院：张贡生；西北师范大学：关爱萍）

第十九章
评析:文化消费成为我国创意产业发展强力引擎

一、2013 年主要城市文化创意产业发展现状

二、2013 年主要城市文化消费情况

三、文化消费助推文化创意产业发展的实践经验及前景

随着国民收入的提高，我国的文化消费与文化创意产业呈现互动发展的良好趋势，文化消费的增长，成为拉动文化创意产业发展的主要动力。十八大明确提出要让“文化产品更加丰富，公共文化服务体系基本建成，文化创意产业成为国民经济支柱性产业”。李克强总理在十二届全国人民代表大会上指出“促进文化事业和文化创意产业健康发展、坚持走新型城镇化道路、保护历史文化和自然景观，避免千城一面、促进文化创意和设计服务与相关产业融合发展、继续深化文化体制改革，完善文化经济政策、建成现代文化强国”。这标志着我国文化创意产业发展战略已经上升到国家规划的战略高度。

在“十一五”之前，投资、出口和消费是促进国民经济发展的“三驾马车”，随着经济结构的调整和发展方式的转变，扩大内需和推动文化创意产业发展成为国民经济发展的引擎，在“十二五”规划中明确提出“推动文化创意产业成为国民经济发展的支柱性产业”，充分发挥文化创意产业的“稳增长、调结构、转方式和促就业”作用。在国家高度重视文化创意产业发展的情况下，全国各地文化创意产业发展势头依旧强劲，文化创意产业化和产业文化化进程进一步加快，十八届三中全会更是助推了文化创意产业的迅速发展，文化创意产业集群初具规模，资本与文化的对接进一步密切，科技与文化的融合不断加快，国家文化软实力进一步增加。2013 年是文化创意产业向支柱性产业目标迈进的关键之年，文化创意产业总量规模稳步提升，产业结构逐步优化，新兴文化业态表现抢眼，助推文化创意产业发展再上新台阶。

一、2013 年主要城市文化创意产业发展现状

(一)产业发展规模日趋壮大

2013 年，全国各地掀起了文化创意产业发展的高峰，文化与科技融合、文化

与金融融合、文化与创意融合等成为2013年文化创意产业发展的主要趋势，大中小城市都将文化创意产业作为本地经济发展的核心产业，文化创意产业对经济发展的贡献日趋重要，文化创意产业增加值的增长幅度以及占地区生产总值的比重都呈现逐年上升的趋势。

表19—1 2013年主要城市文化创意产业发展情况

单位：亿元、%

城市名称	增加值	增速	GDP占比
上海	2 500	10.1	11.5
北京	2 406.7	9.1	13
杭州	1 359.5	18	16.3
深圳	1 357.0	18	9.3
青岛	722.0	20	9
天津※	718.5	19.2	5
长沙※	685.7	16.8	9.6
成都※	462.7	23	5
西安	436.9	27.3	8.9
武汉	378.0	15	5.5
南京	368	9.9	5.1
哈尔滨※	284.7	22.7	5.5
大连※	228.4	20	3.7
常州	210	36	4.8
扬州※	149.1	30	4.6
江门	61.4	—	3.2
兰州	41.06	32.9	2.31

数据来源：根据主要城市分报告整理获得。

注：由于部分城市2013年数据尚未公布，故带※号的城市采取换算获得2013年数据：成都和大连根据“十一五”期间的平均增长率23%和20%获得；天津根据预计2013年占GDP比重5%获得；长沙根据2008—2012年年均增长率获得；哈尔滨按2012年增长速度获得；扬州按年均30%增速获得。2013年带※号城市数据主要根据其官方资料的预测信息计算获得，大小虽有出入，但不影响总体分析。

从表19—1可以看出，根据文化创意产业增加值，可将这17个城市文化创意产业发展分为五个层次，分别为：

第一层次：文化创意产业增加值超过 2 000 亿元，分别为北京、上海两市。2013 年北京市文化创意产业实现增加值 2 406.7 亿元，增速为 9.1%，占 GDP 比重为 13%；规模以上文化创意产业实现收入 10 022 亿元，同比增长 7.6%，尽管增速放缓，但是文化创意产业在北京市作为支柱产业的地位丝毫没有动摇，文化创意产业已经成为北京市第三产业中仅次于金融业的第二大产。[①]

上海自 2010 年正式获得"设计之都"的称号后，创意和创新已成为上海综合实力竞争的重要资源，产业规模持续扩大。据上海文化创意产业推进工作会议透露，2013 年，上海文化创意产业预计实现增加值 2 500 亿元，同比增长 10.1%，占 GDP 比重约为 11.5%。[②]

2012 年，北京的文化创意产业在国民生产总值中所占的比重都在全国排在第一位，远远领先于第二位的上海。2013 年，上海的文化创意产业增加值虽未公布，但根据预测数据，与北京的差距应该不大。

第二层次：增加值居于 1 000 亿元至 2 000 亿元之间，分别为杭州和深圳两个城市。2013 年杭州文化创意产业保持平稳较快增长，据初步测算，实现增加值1 359.5亿元，增长 18%，比上年增长 2.4 个百分点；占 GDP 比重达16.3%，环比增长 2.7 个百分点。2013 年深圳市文化创意产业增加值实现 1 357 亿元，同比增长约 18%，占 GDP 比重达 9.3%。从表中可以看出杭州和深圳的文化创意产业增加值相差无几，尤其是增长速度都达到 18%，主要差别在于占全市 GDP 比重，杭州和深圳占 GDP 的比重分别为 16.3%和 9.3%，主要原因在于深圳处于经济发达城市，经济发展程度远远高于杭州市，因地方生产总值基数大，而导致所占 GDP 比重偏小，但是也说明了深圳的文化创意产业发展空间比较大。

第三层次：增加值居于 500 亿元至 1000 亿元之间，分别为青岛、天津和长沙三个城市。从表中可以看出，这三个城市的文化创意产业增加值都位于 700 亿元左右。2013 年，青岛文化创意产业增加值 722 亿元，天津增加值 718.5 亿元，两者仅相差 2.5 亿元，增长速度分别为 20%和 19.2%，长沙的文化创意产业增加值为 685.9 亿元，低于天津 32.8 亿元，增长速度 16.8%，低于天津 2.4 个百分点，但所占地区生产总值比重（9.6%）高于青岛（9%）和天津（5%）。

① 北京 2013 年文化创意产业实现增加值 2 400 亿元[N]. 中国新闻出版报，2014－03－03.
② 上海文创产业 13 年实现增加值 2 500 亿元[N]. 证券时报网，2014－04－10.

第四层次：增加值高居于300亿元至500亿元之间，分别为成都、西安、武汉和南京四个城市。2013年，成都和西安文化创意产业增加值分别为462.7亿元、436.9亿元，环比增长速度分别为23%、27.3%，所占GDP比重分别为5%和8.9%。可以看出成都的文化创意产业增加值略高于西安，但西安的增长速度和所占GDP比重均高于成都。武汉和南京的文化创意产业增加值分别为378亿元和368亿元，所占GDP比重分别为5.5%和5.1%，增长速度分别为15%和9.9%，由此可以看出，武汉的三个指标均略高于南京。

第五个层次：增加值低于300亿元的城市，分别是哈尔滨、大连、常州、扬州、江门和兰州六个城市。从表中可以看出，无论是文化创意产业增加值还是所占地区生产总值的比重，该类城市的数值都比较低，但环比增长速度均高于或等于20%。由此可看出，第五层次的文化创意产业正处于加速发展的时期，对经济贡献空间很大。

从以上的五个层次可以看出：第一层次的文化创意增加值和所占GDP比重较高，但增长速度较低，可看出此类城市的文化创意产业发展基本上接近地区经济的支柱产业目标；第五个层次的增加值和所占GDP比重都比较低，但增长速度均较高，表明该地区的文化创意产业发展空间和经济贡献空间都十分宽广。

(二)产业环境不断优化

2013年，全国各地深入贯彻十八大、十八届三中全会精神，紧密结合自身实际，不断深化文化体制改革，紧紧围绕建设文化名城、文化强市，全面打造文化特色。将"加快建设文化创意产业，建设健全现代化市场体系"放在核心地位，各级政府及相关单位相继出台了各种政策法规性文件，为文化创意产业提供全方位的政策扶持。

一是政策具有行业倾斜性，以北京为例。2013年，北京在文化创意产业政策的扶持上呈现"3+4+3"特征：三大传统优势产业(文化艺术、广播影视、新闻出版)是政府扶持的基础；四大高成长产业(艺术品交易、传播会展、设计服务、文化休闲)是当前和未来一段时间内政府扶持的重点；三大科技文化产业(动漫游戏、数字出版和新媒体)是政策扶持的补充。

二是各地加强文化创意产业资金支持力度。例如，北京出台了《北京市关于进一步鼓励和引导民间资本投资文化创意产业若干政策的通知》(京政办〔2013〕52 号);哈尔滨市出台《文化产业引导资金管理暂行办法》,为文化创意产业发展拓宽资金道路;深圳各区根据《深圳文化创意产业振兴发展政策》以及相关政策的规定,各区相继出台扶持文化创意产业及相关产业发展的专项资金支持政策,资助文化创意产业项目;根据《2013 年上海市促进文化创意产业发展财政扶持资金申报指南》(沪文创办〔2013〕04 号),上海市文创办开展了 2013 年上海市促进文化创意产业发展财政扶持资金的申报和评审工作;长沙根据《长沙市文化产业引导资金使用管理办法》(长财政〔2011〕11 号),对 172 个项目给予扶持;青岛市联合市发改委、市财政局出台了《青岛市文化创意产业扶持与奖励资金管理办法》、《青岛市文化创意产业园区认定管理暂行办法》等五个政策文件,对市级示范园区、重点项目和新业态企业等进行扶持奖励。

三是出台创意产业的规划性政策。大连制定并出台《大连文化产业发展规划(2011－2020 年)》、《大连市创建国家公共文化服务体系示范区建设规划》、《大连市公共文化服务体系建设规划(2013－2020 年)》、《关于加快文化产业发展的若干政策规定》、《大连市文化产业促进条款》等政策文件;武汉市政府下发《中共武汉市委、武汉市人民政府关于推进文化科技创新加快文化和科技融合发展的意见》,为建设文化强市、推进科技创新、引领和支撑文化创意产业发展提供政策扶持。

西安市针对文化消费市场趋缓问题,及时出台《保持消费市场平稳可持续发展的若干建议》和促进旅游业发展的具体措施。长沙市自十七届六中全会后确定了建设国际文化名称的宏伟目标,出台并认真落实《关于推进国际文化名称建设的意见》,制定并出台了《长沙市文化产业加快转型创新发展实施产业倍增 5 年计划》,下发《长沙市文化创意产业园区发展规划纲要(2013－2020)征求意见稿》等,自觉将文化建设和城市建设融为一体,协调发展城市经济文化。此外,深圳制定并实施了《深圳市文化创意产业园区认定办法》,成都出台了《文化产业示范基地评选命名管理办法》,正式启动成都市文化产业示范基地评选工作。长沙下发《长沙市文化创意产业园区发展规划纲要(2013－2020)征求意见稿》,制定 2015 年、2020 年文化创意产业发展目标。

(三)创意城市和创意园区建设如火如荼

"智慧城市"建设方兴未艾。2013 年,随着新一代信息技术的发展应用,智慧城市建设正在掀起一轮热潮,并将逐渐改变中国城市竞争格局。近几年,深圳、昆明、宁波等多个城市与IBM签署战略合作协议,迈出了打造智慧城市的第一步。北京拟在完成"数字北京"目标后发布"智能北京行动纲要",上海将智慧城市建设纳入"十二五"发展规划。此外,佛山、武汉、重庆、成都等都已纷纷启动"智慧城市"战略,相关规划、项目和活动渐次推出。①

2013年10月,由科技部和国家标准委联合下发的《科技部办公厅、国家标准委办公室关于开展智慧城市试点示范工作的通知》中,大连市正式入选全国首批"智慧城市"试点示范城市。在此次入选全国20座智慧试点示范城市中,大连也是辽宁省唯一入选城市。大连市未来发展"智慧城市"的主导方向确定为构建有利于创新涌现的制度环境,以实现智慧技术高度集成、智慧产业高端发展、智慧服务高效便民、以人为本持续创新,完成从数字城市向智慧城市的跃升。

打造上海文化魅力。在建设国际文化大都市的进程中,2013年制定出台了《上海城市文化氛围营造三年行动计划》,积极实施文化与商业、旅游、交通、科技融合发展的战略,以全新的文化理念、视角和举措,打造形成"春之声、夏之魅、秋之恋、冬之韵"城市广场音乐会品牌,实施地铁工程,举办市民文化节和城市艺术集市,使文化渗透到城市的广阔空间,不断提升上海城市的影响力和软实力,塑造上海城市的文化魅力。

文化创意产业园区建设蔚然成风。2013年5月,长江数字文化产业园、光谷视听新媒体产业园、东湖深圳文化科技创意产业园、全球首座5D魔法公园等14个项目在武汉文化与科技领导小组第二次会议现场签约。武汉市已累计建成文化创意园区21个,涵盖动漫、网游、创意设计、出版、传媒等多个行业,入驻企业1 525家,吸纳就业人数近8万人,实现经营收入72.74亿元。其中,中国光谷创意产业基地、"汉阳造"文化创意产业集聚区、洪山创意大道集聚区、武汉东创研发设计创意园等已初具规模。武汉市重点文化项目、文化园区建设、文化产品生产等方面,将获得累计总额不低于200亿元的综合授信支持和金融服务。

2013年,天津市认真贯彻落实"建设国家级滨海新区文化产业示范园区"的总体定位战略,逐步将示范园区建设成"一区多园"的发展模式,至此,天津已建

① 鞠金华.大连智慧城市建设:创新2.0视野下的探索[N].中国经营报,2013-12-15.

成53家创意产业园区。同时，又获得妇女手工艺品发展中心、天津101汽车文化创意产业基地、水滴体育文化创意产业园、天津市和平创新产业大厦和天津市空港经济区创新创业中心等五家新挂牌的市级创业产业园，吸引了大批的大型国家级文化创意企业入驻天津滨海新区。

(四)产业活动和项目亮点频现

2013年，文化创意产业相关的国内外会展活动或主题活动不胜枚举，文化创意产业及相关产业项目更是彰显地方特色。

1.创意产业相关活动体现时代体征

2013年，全国各地创意产业国际和国内会展活动为各地创意产业发展提供了更宽广的平台。

深圳推动中国梦主题宣传活动深入人心，两度在国际上唱响“中国好声音”，荣获“全球全民阅读典范城市”称号，在联合国教科文组织总部奏响《人文颂》。

2013年6月28日，光华设计基金会联合大连市人民政府主办“2013中国(大连)设计节”，利用设计节的平台，举办了中国·大连国家创意产业博览会、DDF中国设计论坛、2013中国海外学子创业周开幕式、全国设计产业园区联盟代表座谈会、设计产业协会代表座谈会等活动，为设计界提供了一个集展览、论坛和大赛为一体的综合盛会。

2013年9月26日至9月29日，天津创意产业协会成功举办首届“中国(天津)国际创意产业博览会”(简称“创博会”)，以“创意经济·引领未来”为主题，集中展示国内外在影视动漫、建筑设计、时尚产品设计、艺术绘画、文化旅游、金融创新产品、广告媒体创意等领域取得的最新成果。第四次“中国(天津滨海)国际文化创意展交会”、2013天津滨海魔力动漫游戏博览会等活动为天津市的创意产业的发展提供了广阔的公共服务平台。2013年7月4日，天津创意产业协会和台湾文化创意产业联盟协会，以及南开大学滨海开发研究院签署了《关于进一步深化天津台湾两地文化创意产业发展合作协议》和《关于共同建设两岸文创人才培训基地的框架协议》，两个协议为天津市的文化创意产业提升发展拉开了序幕。

2013年9月，在湖北武汉，由国家新闻出版广电总局、湖北省人民政府、中国邮政集团联合主办首届“中国期刊交易博览会”(简称“刊博会”),以“期刊让生活更精彩”为主题,万余种国内外期刊、四万余种国内外图书展品亮相刊博会。首届刊博会花落武汉的主要原因是湖北省“期刊大省”的牢固定位和报刊业独特发展路径。除刊博会外,由湖北省相关部门主办的“2013 中国武汉国际动漫文化展”于 9 月 6—8 日,在武汉国际博览中心举办,该博览会是中部地区唯一专业大型动漫产业博览会,致力为来自 20 多个国家的 200 多家世界知名企业打造一个世界级的动漫产业展示、交流、贸易洽谈平台。

2013 年,成都因成功举办全球最负盛名的《财富》全球论坛和创历史规模之最的世界华商大会而吸引全世界目光聚焦,并成为全球迄今为止在同一年度吸引两大盛会落户的唯一城市。除此之外,成都还在 2013 年成功举办包括第 21 届国际核工程大会等在内的 100 多个国际性展览和会议论坛,获得世界各国的广泛关注和国际会展界的高度赞誉。作为中国会展名城成都的知名度与影响力得到进一步提升,成都市贸促会、博览局工作目标国际化成果凸显,成都会展业的国际化水平再上新台阶。

2013 年,南京市共举办大中型展览和会议 2 150 个,同比增长了 21.5%;规模以上展会展览总面 231 万平方米,同比增长了 14.4%;大型和特大型展览 35 个,同比增长了 12.9%。在业内权威机构组织的全国性评比中,南京先后被评为“2012—2013 年度中国品牌会展城市”、“中国十佳品牌会展城市”、“中国十大影响力会展城市”。

2. 文化创意产业相关项目彰显地方特色

2013 年,新华社聚焦扬州雕版印刷,为广大市民及游客奉上了丰盛的“文化大餐”;调整工艺美术产业结构,打造全国最具特色优势的工艺品集散中心;建设近 100 座文博场馆,“唐宋元明清,从古看到今”,彰显文博城的特色,荣获“诗意栖居”城市称号。

大连鲁美文化创意产业带已完成初步建设,主要以鲁美文化创意产业大厦为主体,辐射文化创意产业及衍生品的街区建设。大厦作为自主创新和科技进步的重要公共科技创新服务平台,积极推进“艺术”与“科技”融合,助推文化创意产业转型升级,加快科技的发展与转化,创造文化创意产业的新亮点。

西安主要通过大集团、大项目、大园区引领文化创意产业大发展。2013 年 1 月,国家发改委与工业和信息化部批复“西咸新区——西安云计算创新发展试点城市”,为信息产业发展提供了政策支持,西部数字影视产业基地项目将沣西新城的信息产业优势与西影集团的文化产业相结合，探索信息产业与文化产业共融发展之路。2014 年，沣西新城共计划安排重点项目 87 个，计划完成投资 126.3 亿元。其中，西部数字影视产业基地建筑面积 14 万平方米，总投资 10 亿元。项目建成后将新增就业 300 余人，预计年收益 8.3 亿元。

2014 年 2 月，天津生态城开始筹建全国第一家动漫产业版权交易中心，通过扩大“创意空间”、选拔对象等方式推进产业化进程。把自己的创意版权放到交易中心，转化成动漫、游戏、影视作品等不同形式，以此搭建良好平台。中心的建成，将使版权资本化更加便捷，既能解决大企业创意、版权不足的困境，又能解决中小企业资金紧张的难题，通过多元化服务搭建好平台方便企业进行投资、交易。

上海加快邮轮旅游发展实验区建设。上海市旅游发展领导小组第二次工作会议原则通过《关于本市加快中国邮轮旅游发展实验区建设的若干意见》，加快推进邮轮旅游发展。意见指出，在市旅游发展领导小组框架下，上海将建立中国邮轮旅游发展实验区联席会议制度，建立健全属地主导的邮轮旅游安全管理与应急机制，争取 72 小时过境免签等政策的落地，开发富有上海特色的邮轮旅游产品，引导邮轮旅游规范发展，并争取相关部委的政策支持，有条件试点邮轮公司经营公海游。

二、2013 年主要城市文化消费情况

随着经济的不断发展，居民的消费水平不断提高，生活质量发生了质的飞跃，居民的物质需要得到满足的同时，文化消费日益成为居民消费的重要组成部分。近十年来，中国的文化消费水平一路攀升，各个城市的文化消费迎来新一轮的增长，尤其移动互联网行业、互联手机、旅游休闲娱乐、动漫游戏等行业的文化消费需求十分强劲。

(一)文化消费整体状况良好

1. 文化消费活动层出不断

2013 年，北京举办了“惠民文化消费季”，推出了九大专项活动、九大展销板块和 16 个区县专题活动，发放了 100 万张文化惠民消费卡，为企业带来客流，还带动了潜在的消费市场。在文化消费季这个平台上，总共投资四五千万人民

币，最后拉动社会文化消费、整个的企业参与以及居民的消费行为，保守估计达到50亿元以上，有效提升了北京市文化消费GDP的比重，进一步提升北京市的文化水平，奠定了北京作为中国文化中心的地位。

2013年3月18日，海淀区政府在打造中国数字内容与文化装备第一区的过程中，率先把中关村大街建成“演艺大道”，市民、学子可以在家门口和学校里欣赏到高质量低价格的演出。自海淀演出联盟成立以来，话剧、舞蹈、音乐会、京剧、演唱会上演不断，以低廉的票价为10多万市民提供了上百场高水准的文艺演出，首都体育馆、民族大剧院、北大百年讲堂，南起白石桥、北至清华大学，以科技创新闻名的中关村大街同时也成为演艺大道。

2013年，成都购物节拉动成都旅游增收超过39亿元；2013年财富论坛、第十二届华商大会等国际性会议在成都召开，多名外国前政要、622名嘉宾以及300余家世界500强企业和国际知名企业的代表出席财富论坛，105个国家（地区）3 000多名代表参加华商大会，带动了外来文化消费，为成都文化消费的繁荣起到了积极的作用。

2. 消费总体规模一路上扬

2013年，全国各地掀起了创建文化强市的热潮，助推文化消费市场的繁荣，主要地方城市的文化消费总体上都呈现一路上扬的态势，城乡文化消费水平不断提高。

天津、江门文化消费年均增长率保持在9%左右。2005—2012年，天津人均文教娱乐消费由1 283.70元增长为2 299.82元，8年间增长了1 016.12元。如果以2005年天津市人均文教娱乐消费为基数，到2012年，人均消费总共增长了79.16%，年平均增长率为9.89%。江门市人均文教娱乐消费由1 549元增长为2 618元，8年间增长了1 069元。到2012年，人均消费总共增长了69%，年平均增长率为8.62%。2010年至2012年是江门市人均文教娱乐消费的高速增长期。在此期间，天津和江门两市的文化消费增长情况相似。

兰州、大连和哈尔滨等地的居民消费正由生存型、温饱型向小康型、享受型转变，文化消费进入快速增长期。2012年兰州市人均消费性支出14 167.9元，比上年增长14.70%，人均文教娱乐消费也在迅速增长。大连人均文化娱乐消费达到1 473元，比2003年增长268.3%，年均增长15.6%。相对收入水平的提高和消费支出的增长，文化娱乐消费呈现了更快的增长态势。从文化娱乐消费在总体消费构成中的地位看，文化娱乐消费已成为大连市城市居民衣、食、住、行、医疗保健之外的最大一类消费。哈尔滨市城镇居民人均文化娱乐用品和服务支出 1 050.3 元，增长 18.5%，占城镇居民家庭人均消费性指出的比重为 5.96%，比上年提高 0.51 个百分点。农村居民家庭人均文化娱乐用品及服务支出517.3元，增长 22.7%，占农村居民人均生活消费支出的比重为 8.11%，提高 0.47 个百分点。

成都、武汉的城镇文化消费增速高达 20%以上。2004—2012 年，成都城镇居民年人均文化耐用消费品和文化娱乐消费支出从 467 元上升到 1 034 元，年均增幅为 27.82%；农村居民年人均文化耐用消费品和文化娱乐消费支出从 75 元上升到 516.76 元，年均增幅为 47.6%。武汉市文化消费总额由 2008 年的 56.02 亿元上升至 2012 年的 114.15 亿元，年均增长达 21.24%；人均文化消费也迅速增加，由 2008 年的 1 095.43 元增加至 2012 年的 2 366.57 元，远远超过了全国的平均水平(2012 年全国人均消费 2 020.4 元)。

杭州、常州、扬州和西安等地的文化消费处于中间地带，年均增幅超过 10%。2003—2012 年，杭州城镇文化消费总体上经历了一个“U”的发展过程，城镇居民人均文化消费从约 1 500 元增长到约 3 000 元，年均增幅高达 11.1%，农村居民人均文化消费支出从 900 元增至 1 400 元，年均增长 6.1%。2000—2012 年，常州市人均教育文化娱乐服务支出从 826 元增加到 3 107 元，年均增长 11.7%。2012 年，扬州城镇居民人均文化消费 3 275 元，比 2008 年增长 54.8%，年均增长 11.6%，快于消费支出增幅 0.6 个百分点；文化消费占消费支出的比重从 18.3%上升到 18.7%，提高了 0.4 个百分点。2008 年至 2012 年，西安市城镇居民人均文化消费支出由 1 725 元增加到 3 072 元，年均增长速度 12.2%；农村居民人均文化消费支出由 490 元增加到 793 元，年均增速为 10.1%，城乡居民都意识到文化对增强自身素质以及提升家庭生活环境的重要性，家庭文化消费总量逐渐增多。

3. 消费结构趋于合理

成都和上海文化消费凸显时尚性与时代性。除了传统的看电视、听广播、读书看报等文化活动外，上网、参观展览、观看演出、KTV 娱乐、看电影等已成为成都居民文化消费的重要构成；城市休闲和出国出境旅游度假成为热点，图书、电影、文化演出市场更加活跃，尤其是国内外文化交流的活跃与繁荣丰富了演出市场，居民观赏各类演出成为时尚，观展、收藏艺术品正在成为成都文化消费的潮流。根据《2012“中国时尚指数”白皮书》发布的数据，上海荣登全国城市时尚消费力榜首,人均消费支出 86 132 元。上海正逐步成为中国时尚消费的中心,成为继美国纽约、巴黎、伦敦、米兰和东京全球五大"国际时尚之都"之后的时尚都会。2013 年,上海举办了一系列的国际时装文化节、上海时装周等活动,激活时尚文化消费市场。此外,音乐会、演唱会等成为上海最富娱乐性的文化消费,引领新一轮演绎热潮。

教育消费支出占文化消费总支出比重逐渐下降、文化娱乐消费支出占比逐渐增加。2012 年,天津文教娱乐消费中教育支出高达 41.05%,其中,教育支出占据了文化消费比例的四成之多,为 41.05%。文娱服务消费占 34.41%,文化耐用品消费占 24.54%。教育消费依然是西安文化消费的主体,由于教育需求从义务型、标准化转向自主型、单一化,引发了教育支出的大幅度增长,但增长速度已出现逐年缓慢的趋势。与此同时,文化娱乐消费稳步上升。城乡居民文化消费的首选仍是"看电视(电影)、听广播","上网"和"棋牌、报纸、演出、音乐会、KTV"等形式紧跟其后,城镇居民"上网"的选择率高于农村居民。2010—2012 年西安市城乡居民的文化娱乐消费不但在绝对值上逐年增长,而且在文化消费中所占的比重也呈现逐年上升的趋势。较为突出的是,2012 年电子出版物及音像制品类增长最快,该类别较上一年增长 1.6 倍。

京津沪渝四直辖市和广东省文化娱乐服务消费所占比重超 1/3。对于直接反映消费潜力的电影、演唱会、艺术演出、歌厅舞厅等文娱服务类消费,占比最高的北京,该项消费占比高达 44.85%,重庆紧随其后,高达 44.70%,上海高达 42.04%,代表全省平均水平的广东省,该项消费也达到了 44.81%,天津相对弱些,也占到 34.41%。由此可见,包括艺术演出、影视、文化博览、歌厅舞厅、大型文艺活动等在内的文化娱乐服务消费成为天津文化消费的弱项。北京市民对于文化创意产品的消费主要集中在文化制品的购买、特色餐饮消费、主题娱乐消费、网络及游戏消费等方面。

传统文化消费占主导,新兴文化消费发展迅猛。居民参与文化消费的形式更具多样性和差异性,包括参与型、观赏型、娱乐型、艺术型、认知型、调节型等各种形式的内容和形态,看电视、阅读等传统文化消费仍占主导地位,微信、微博等移动互联网娱乐和文化旅游等新兴文化消费形态发展迅猛,文化消费呈信息化、多样化、扩散化发展趋势。文化消费的多样化,带动游戏、动漫、数字新媒体、数字出版、数字特效等新兴文化业态蓬勃发展,推动了文化创意产业领域拓宽和业态创新。文化娱乐方式中,上网取代了看电视、读书等传统方式,互联网，尤其是移动互联网成为文化消费的主要渠道。与此同时，居民对新兴业态文化消费的需求已不满足于停留在娱乐消遣的享受型阶段，产生了学习文化知识、提升综合素质、拓宽视野等更多更高的发展型需求。

城乡娱乐性文化消费日趋增长。随着近几年城镇化的加速发展，城乡居民的文化消费水平发生了巨大的变化，同时，城乡居民的文化消费结构也逐步得到优化，文化消费结构由简单的娱乐活动逐步向高层次的精神享受型消费转变，居民的文化消费总体上呈现由"学习型"向"休闲型"的趋势转变。2012 年，杭州城乡居民教育在文化消费所占比重分别为 20.2%和 29.2%，城乡教育支出均有所下降；文化娱乐性服务支出占城乡居民文化消费支出的比重分别为 51.6%和 48.9%，城乡文化娱乐性服务占比均呈增长趋势。

(二)文化消费特点明显

1. 文化消费需求层次逐渐向高层次递推，但文化消费在总消费中的比重较低

根据马斯洛的需求理论划分标准，文化消费属于高级的精神需求，介于尊重的需求和自我实现的需求之间，这种需求称求知需要和审美需要。人们对于文化消费的需求也会伴随着收入水平的提高而不断增加。国际经验表明，当一个国家人均 GDP 达到 3 000 美元时，该国的文化创意产业和文化消费就会快速发展；当人均 GDP 达到 5 000 美元时，文化创意产业和文化消费就会出现井喷式增长。2013 年，我国人均 GDP 已经超过 6 000 美元，但目前的文化消费只有 1 万亿，至少还有 3 万亿的缺口，这说明广大人民群众的精神文化需求还没有得到有效的释放和很好的满足。

以兰州和成都为例，2004 年至 2011 年，成都人均 GDP 由 2 130 美元上升到 7 750 美元，但城镇居民年人均文化教育娱乐用品及服务消费支出占年人均消费性支出的比重仅从 5.2%上升到 11.6%，文化消费在消费结构中的比例偏低，表明成都居民潜在文化需求尚未得到有效满足，文化消费存在着巨大的市场空间。2010 年到 2013 年，兰州市城镇居民人均文化娱乐用品支出占城镇居民教育文化娱乐服务支出的比重逐年加大，教育支出占教育文化娱乐服务支出的比重更大，但是呈现日趋下降趋势，兰州市的文化消费结构有待进一步完善和优化发展。

2. 文化消费水平总体增长，但城乡差距较大

城乡文化消费水平随着居民生活水平的提高而不断提高，但由于城乡文化基础设施、市场培育、收入水平等方面的差异，造成了城乡文化消费差异较大。目前城镇文化生活方式进入转型升级阶段，由基本文化消费为主向娱乐型、享受型、发展型消费方式逐步过渡。在农村文化生活中，网络的逐步普及拉近了城乡文化生活的距离，但其他文化消费仍然比较少，多是文化部门送戏下乡、举办的公益文化活动。值得注意的是，城镇居民文化消费主要偏向于旅游休闲、互联网游戏等新兴文化行业，而农村的文化消费主要偏向于教育、广播电视等传统文化行业。但是农村居民的文化消费时间要高于城镇居民，城镇居民的文化消费意愿却远远高于农村居民。

例如，2008－2012 年，西安城镇居民人均文化消费支出由 1 725 元增加到 3 072元，年均增长为 14.6％；农村文化消费支出由 490 元增加到 793 元，年均增速为 10.1％，城乡差额由 1 235 元增长到 2 279 元。2004－2011 年，成都城镇居民人均文化耐用消费和文化娱乐消费支出从 467 元增长到 1 034 元，年均增长 27.9％，农村文化消费品和文化娱乐消费支出从 75 元增长到 516 元，年均增长 47.6 ％，城乡居民差额由 392 元扩大到 1 552 元。青岛市城镇、农村居民排名前三位的文化生活方式均为电视、网络和书籍，但排名四到六位的有明显差异：城区为电影院（44％）、旅游（35％）、手机（35％）；农村依次是文艺演出（27％）、社会文化活动（23％）、广播（20％）。

3. 文化消费呈多元化，新兴业态文化产品消费有待进一步提高

随着文化消费的不断升级，文化产品和服务为适应新的消费环境，科学技术创新将不断被应用于文化创意产业发展之中。随着信息全球化、互联网的普及应用，以及高新技术迅速发展，文化创意产业将呈现出信息化、网络化、数字化等新的发展趋势。文化与科技融合产生的新业态将不断激发新的文化消费需求，如传统的图书、电视、广播等文化消费需求在网络的冲击下受到较大的影响，而动漫游戏、3D 电影、移动互联网、网络游戏、网络小说、视频网站等新兴业态的快速发展催生了互联网文化消费市场的形成和爆发。但是广播电视等传统文化消费方式仍然是大多数居民文化消费的重要方式，必需的文化教育支出仍然是很多家庭文化消费的主体，居民的文化消费意愿与实际支出差距较大，健康和谐、层次合理的文化消费结构有待进一步调整。

以长沙为例，2013年报纸、杂志、音像制品等消费增长强劲。此外，旅游、电影等成为市民休闲娱乐的选择。2013年全市书报杂志类零售额同比增长20.7%，提升23.7个百分点；电子出版物及音像制品类同比增长137.8%，提升99.1个百分点。2013年全市旅游总收入突破千亿大关，达1 006.3亿元，同比增长28.5%。

上海文化消费国际化凸显，时尚消费特征鲜明。世博会大大提高了上海的文化消费国际化水平，2012年，通过各种文化节庆及展览活动，先后有100多个国家的展览团来沪办展，促进了上海市民文化消费的国际化。2012年上海国际电影节组委会共收到来自106个国家和地区的1 643部影片报名参加金爵奖主竞赛单元的角逐，再度刷新电影节的历史纪录。上海以人均年时尚消费支出86 132元领衔中国20大城市消费力排行榜，并且还在饰品、珠宝、腕表、化妆品、电子产品等多项时尚消费力排行榜上名列第一。

(三)文化消费各具千秋

1. 历史古迹吸引文化旅游

江门开平碉楼作为全国的重点文物保护单位、世界文化遗产，以中西合璧的民居，古希腊、古罗马及伊斯兰等风格为特色，吸引海内外游客前往旅游，大力助推江门文化消费市场的繁荣。

扬州让古老园林散发文化韵味，形成了独具风格的城市形象和文化旅游优势。以“淮扬美食修学旅游线”、“宗教文化旅游线”、“古运河水乡文化旅游线”主题文化为主线打造旅游线路，将传统文化的展示与旅游结合起来，让旅客体验传统文化。

成都宽窄巷子文化商业街区以“成都生活精神”为主线，植入现代商业气息，将历史建筑文化与文化消费相结合，成为国内外游客到成都旅游的首选地之一。锦里古街以三国文化、川蜀文化为主题，以川西民居为载体，将旅游要素充分融合，被打造成为特色休闲古街，满足游客体验式、休闲式、娱乐式、互动式的旅游需求。宽窄巷子和锦里古街以独特的川蜀地域文化特色，拉动了成都文化旅游业的发展。

改造后的劈柴院集青岛传统风味美食、特色产品采购、古韵客栈住宿、青岛老故事、民俗文化、青岛风情于一体的特色旅游商业街区，是城市独特的历史文化与现代商业元素集合的市井风情旅游商业城市名片。劈柴院具有居住、商业、餐饮、旅馆、办公和文教六项功能，成为一条完整的文化消费链，引领了当地文化消费、旅游的发展方向。

2. 典型文化演艺活动提高文化消费质量

第22届中国金鸡百花电影节在武汉客厅核心项目中国文化会展中心举办，客厅是以“文化”为主题的国家级博览中心，其以文化活动为先导，将成为市民享受高规格文化精神产品的庞大的城市文化舞台，武汉客厅和电影节相结合，成为武汉首个文化综合体，对武汉的文化消费起到巨大的拉动作用。

第四届中国成都国际非物质文化遗产节以“人人都是文化传承人”为主题，首次引入“全国非遗生产性保护示范基地保护成果展”，60多家企业或单位进行活态展示并现场销售。380多万名游客和市民参与了观摩体验，拉动社会消费42亿元，实现了文化关照民生、增进国际交流、促进经济发展的预定目标。

西湖创意市集活动作为一个青年设计师和大学生创意创业、产品设计交流、创意产品展示、创意营销活动为一体的创意设计产业化平台，成为杭州市文化生活与吸引大众参与文化消费的一部分。“西泠艺苑假日市集溜达街”同样是以大学生和青年设计师的创意产品设计交流、创意产品展示、创意产品营销活动为主要内容，结合助推开展文化表演、提高市集活动的趣味性，大力促进西湖文化多元化格局的形成。

3. 新兴文化创意产业的发展刺激新兴文化消费发展

2013年，常州的电子商务行业悄然崛起，本土的B2B电商平台“淘常州”已有5 897家本地商家和中小企业“入驻”，超过50万种商品和服务项目上线，成为常州规模最大的城市消费电子商务平台。电商代运营企业“蓝火翼”，在常州建立华东运营中心，为天猫、阿里巴巴等大型综合平台提供网络运营服务。电子商务产业集聚区建设加快，逐步打造了西太湖电子商务产业园、创意产业基地、新动力电子商务产业园等一批重点电商产业园区。常州大力打造长三角地区首家智慧低碳型电子商务园区，通过网上交易平台，推动文化消费市场的繁荣。

2013中国(长沙)手机文化产业博览会以“指尖世界·成就梦想”为主题，汇聚手机生产商和提供商，通过展示手机短信文化、出版文化、游戏文化、音乐文化、影视文化、网络文化、商务文化、生活文化等内容让手机用户体验手机文化的内涵，充分展示了长沙在手机数字内容领域包括手机动漫、手机视频、手机游戏和手机应用方面的实力，为吸引广大投资者到长沙投资兴业提供了重要的参考，推动长沙手机以及移动互联网等新兴业态产业的蓬勃发展。

(四)影响因素分析

1. 居民收入水平决定消费能力

城乡居民的收入水平是影响文化消费数量和质量的首要因素。文化创意产业的发展为文化消费提供需要，而文化消费水平的高低直接影响文化创意产业实现产业化、商业化的程度，文化消费是文化创意产业发展的源泉与动力。而文化消费属于上层精神文化需求，人们只有在满足了生活物质需求后才会考虑精神文化需求。因此，居民的收入水平与文化消费能力成正比关系，在其他条件不变的情况下，文化消费水平随着居民收入的增加而提高。2013 年居民的收入水平大大提高，生活质量也发生质的变化，人们拥有更多财富进行文化消费，如每年的“五一”、“十一”等大小黄金周，全国各地旅游景点都人满为患，电影院入座率屡创新高等都体现了居民文化消费意识逐渐提高，也反映出居民的文化消费多聚集在大小黄金周，其余时间的文化消费并不显著，有待进一步提高居民水平，进而提高文化消费能力。

2. 文化消费观念滞后

文化消费，既是一种消费活动，也是一种文化体验、情感享受和精神追求。因此，在文化消费链条中，人们的文化消费观念和倾向对文化消费起着决定性作用。从需求方面来看，居民对文化消费的认识还不成熟，对文化消费的理念基本处于盲从和低端状态。对于文化消费的认识仅仅停留在看电视、看报纸、打游戏等传统的文化消费内容中。文化消费基本上还处于改善生活环境、休闲减压的初级阶段，一些简单易行、花费低廉的消费行为所占比例较大，逛公园、打麻将等传统休闲消遣性文化娱乐活动仍然是主要内容。从供给方面来看，文化消费观念的滞后导致本土文化资源得不到充分的挖掘和利用，有的资源利用甚至出现弱化现象，缺乏系统超前、视角独特的开发，文化创意产业没有形成合理结构和规模优势，致使丰富的文化资源难以得到有效的开发和利用。

3. 教育支出挤占文化娱乐消费支出

城乡居民文化消费注重实用性，内部结构尚不够协调，由于更加关心下一代的教育问题，因此会将较多支出用于教育，家庭教育经费支出在文化消费支出中所占比重过大，主要包括子女业余培训费用，以及为保持竞争优势参加各类成人培训费用等。虽然文化消费支出基数较大，但教育文化娱乐服务边际消费倾向过低，导致城乡居民文化消费在居民消费性支出中所占比例不时出现下降趋势。

4. 公共文化服务供给不足

许多地区的文化消费市场还处于粗放发展阶段，居民的文化消费还包含了政府提供的公共文化服务。我国公共文化服务体系建设取得了一定成效，国家对公共文化服务投入力度有所加大，但总体上看公共文化投入依旧不足。主要表现在公共文化基础设施落后上面。就目前而言，公共文化服务的覆盖面窄，且公共文化服务的质量参差不齐。公共图书馆、文化展览馆和公共体育场馆等公共文化服务设施数量不足且分布不均衡，市民的参与使用率低。图书馆、文化展览、场馆、公共体育场馆多数集中在中心城区，郊区和广大农村地区的公共文化基础设施数量相对不足。大型文化活动的参与数量有限，无法满足广大居民的文化消费需求。同时政府提供已有的文化服务项目缺乏创意性和特色性，导致公共文化资源的闲置和浪费，难以满足群众多样化的文化需求。

5. 文化消费价格虚高

文化消费市场中的产品价格虚高制约着居民的文化消费，部分文化产品价格的定价主要针对高收入群体，这将许多中低收入消费者拒之门外。鉴于这部分人群对文化消费巨大的需求，但支付能力有限，有关部门应通过发放文化消费补贴和发展文化消费信贷等方式，刺激这部分人的文化消费，挖掘其文化消费潜力，拉动文化创意产业的发展。

三、文化消费助推文化创意产业发展的实践经验及前景

近年来，文化创意产业在全国各地经济社会发展中发挥着越来越重要的作用，文化创意产业要发展，消费是主动力，增加文化消费总量，提高文化消费水平，是文化创意产业发展的内生动力。因此，加快发展文化创意产业成为当务之急，必须努力扩大和促进文化消费。

(一)创新文化旅游发展观,驱动文化消费

2013年,很多地方都以旅游与文化"双核驱动"发展旅游业,将文化立于旅游发展的潮头,把文化创意内涵贯穿旅游涉及的吃、住、行、游、购、娱各环节以及旅游业发展的全过程中。创造出具有文化品位和情调的创意生活方式,满足了人们的个性化消费需求,提升人们的生活品质,大大地提高商品文化创意水平,拓展产业消费的市场空间。将文化融入旅游业的发展过程中,进一步强化文化的属性,利于提升我国文化软实力,驱动文化消费市场。

通过对历史文化资源的传承和创新,把文化创意产业融入日常生活当中,使文化与生活完美地结合,让人们感受融入生活的文化创意。以丰富的文化资源为依托,打造特色文化街区、遗址公园、文化遗址博物馆、文化遗址旅游胜地等,实施重点文化创意产业项目,文化融入旅游新兴景观地,扩大文化旅游消费,带动文化创意产业发展。

(二)加强公共文化建设,提升文化消费供给能力

十八届三中全会明确提出构建现代公共文化服务体系,建立公共文化服务体系建设协调机制,统筹服务设施网络建设,促进基本公共文化服务标准化、均等化。推动文化惠民项目与群众文化需求有效对接工作。近一两年,公共文化服务建设已经上升到国家规划战略层面,各级政府也将公共文化服务体系建设作为创建文化强市、文化强省的主要任务。

一是覆盖城乡的公共文化服务网络基本建成。近几年,许多城市对城乡公共文化基础设施建设进行合理布局、统筹规划,加强各类文化管(站)、博物馆、图书馆、美术馆、艺术馆、纪念馆和广播电视台(站)、互联网的公共信息服务点和卫星接收设施公共服务管理系统等公共文化设施建设。加大城乡图书馆、博物馆、美术馆、文化站等公共场所的投入力度,完善基层公共文化服务。

二是乡镇公共文化服务体系不断得到完善。在基层文化设施建设方面,乡镇综合文化站等一系列面向基层、面向农村的重大文化设施建设项目顺利实施,显著改善了基层文化设施的整体面貌。许多地方继续实施农村电影放映工程、农家书屋建设工程,推广重点文化惠民工程,免费开放部分图书馆、博物馆以及文化休闲公园等。积极参与文明乡镇建设,开展农村(社区)综合文化活

动，文化讲坛等文化建设活动，扩大基层文化消费市场，将文化消费融入乡镇生活方式之中，提高了基层居民文化消费能力，有助于缩小城乡文化消费差距，促进文化创意产业健康和谐发展。

三是各类机构做好公共文化服务工作，扩大服务消费。不少地方支持社会力量兴办各类服务机构，重点发展养老、健康、旅游、文化等服务，落实带薪休假制度，促进信息消费，实施“宽带中国”战略，加快发展第四代移动通信，推进城市百兆光纤工程和宽带乡村工程，大幅提高互联网网速，“三网融合”在全国推行鼓励电子商务创新发展，维护网络安全。

四是建立多元文化投入机制，完善公共文化服务体系。许多地方都吸引社会力量参与基础文化设施、场馆投入，保障文化消费市场的基础硬件环境建设。加大公共财政对图书馆、科技馆、文化馆、文化广场、社区文化设施等的投入，尤其是农村义务教育学校、图书馆、文化馆、文化站等公益性事业的投入。同时，争取多元融资，逐步放宽市场准入条件，降低门槛，利用社会资本为公共文化设施的建设注入发展动力。不少地方培育文化消费理念、文化消费素养和文化消费知识，积极搭建文化产品和服务供需平台，提高文化消费层次，培养健康的文化消费习惯。

(三)文化与科技融合，引领新兴业态文化消费

文化与科技融合推动着文化创意产业发展迈向新的历史舞台，科技创新了文化产品的内容，加快了文化产品的传播速度和消费终端的信息化，催生了移动互联网、网络影视音乐、动漫游戏、数字出版等一系列新兴文化业态，基本实现了文化消费的数字化和网络化。而数字技术、网络技术和信息技术的全面普及，又为新兴文化业态的发展提供了良好时机，全国各地正是抓住这个难得的好机会，加强文化与科技融合，引领新兴业态文化消费。

一是培育和壮大龙头文化企业，引领文化消费风向标。许多城市结合本地的实际情况，相继培育和打造一批具有品牌优势的文化企业，尤其是动漫游戏、数字出版、数字新媒体和设计创意等新兴领域的龙头文化企业，给予多样化的政策扶持，提高文化产品和服务的自主创新能力，调整文化创意产业结构，优化产业升级，拓宽文化创意产业链。

二是以文化消费需求为基础，突破发展新兴业态产业。随着文化消费的移

动化、网络化和数字化，不少城市采用高新技术对传统文化进行优化升级，以数字技术对传统文化进行内容创新。政府应以新兴文化创意产业基地载体建设和招商引资为突破口，促进新兴文化产业集群化发展，构建数字化、网络化的信息资源整合平台和传播平台发展高端产业，提升高端产业的集聚度，增强区域核心的竞争力。

三是加快科技创新，推动文化消费实现数字化。数字技术改变了文化产品和服务的生产方式与传播方式，移动互联网、数字电视、数字新媒体、网络游戏、手机游戏等新兴文化产品，改变了文化产品或服务的体验方式，刺激了文化消费需求，扩大了文化创意产业的经营范围，拓宽了文化创意产业链渠道。很多城市科技创新丰富了文化产品和服务的内容，满足了人们的文化消费差异化需求，带动了新兴业态文化消费市场的繁荣。

四是利用互联网技术，拓宽文化创意产业发展空间。互联网，尤其是移动互联网的迅速发展，正在不断地改变着我们的生活。因互联网技术兴起的网络视频产业、网络游戏产业等新业态文化产品供给，极大地满足了人们的个性化、差异化的精神需求。手机银行、微信支付、滴滴和快的打车等移动互联网支付技术，使科技真正走进人们的生活，掀起了新兴业态文化消费的热潮，大大地拓展了文化创意产业的发展空间，延长了文化创意产业发展链条。

(四)政策规划文化创意产业，培育文化消费热点

在文化创意产业相对发达的欧美地区，文化消费占家庭消费的30%左右，而我国只有约7%，沿海重点省份占比超过15%，我国的实际文化消费缺口还比较大。目前，许多地区的居民已经逐渐有了文化消费的意识，但是文化消费还比较盲目，功利性比较强，文化消费结构有待进一步优化。在实施文化体制改革的过程中，通过文化创意产业发展政策措施，调整优化文化消费结构，扶持微小型文化企业，激发居民的文化消费需求。

1.政府采取积极的扶持政策，引导文化消费

各地政府在国民经济体系的大框架内规划和设计产业规划，出台综合的一揽子政策，为市场各类企业主体提供便捷的政策服务平台和渠道。

文化和科技融合发展已经成为现代文化创意产业发展的基本特征，科技与文化的融合不仅涉及科技部门和文化部门，还与产业、工商税收等诸多部门相

关，只有政策合理，给企业提供更多的实惠和方便，才能把科技与文化的融合发展推上新的台阶。各地政府加大财政、税收等方面对文化创意产业的政策扶持力度，对文化内容创意生产经营实行税收优惠，政府进行引导、扶持企业进行模式创新，提供个性化、分众化的文化产品和服务，拓展大众文化消费市场，并给予适当的财政补贴。而在税收优惠方面，力度应更大一些，并应该建立全国性文化创意产业税收优惠体系。

2. 加大专项资金支持力度

2013年各地专项资金分配工作紧紧围绕国家"十二五"时期文化改革发展规划纲要，重点支持文化体制改革、骨干文化企业培育、现代文化创意产业体系建设、金融资本和文化资源对接、文化科技创新和文化传播体系建设、文化企业"走出去"六大方面；同时充分考虑我国文化创意产业区域发展的不平衡性，在坚持扶优扶强的基础上，向中西部地区、特色文化创意产业和新兴文化业态适当倾斜。在继续实施一般项目的基础上，许多城市扩大重大项目实施范围，新增文化金融扶持计划、实体书店扶持试点、环保印刷设备升级改造工程、重点新闻网站软硬件技术平台建设4个重大项目，着重解决我国文化创意产业发展面临的关键性、瓶颈性问题。

3. 加大对小微型文化企业扶持，提高文化创意产业和服务供给能力

小微型文化企业在文化创意产业发展过程中起着重要作用。小微型企业具有灵活性强、差异性大、盈利能力快等特点，丰富了文化产品和服务的结构。要加大对小微型企业投融资政府扶持，牵线引导与金融机构和非金融机构合作，设立专门针对小微型企业的支持基金，实施税收优惠，提供财政补贴，为小微型文化企业提供良好的发展环境，调动其积极性，激活文化消费市场。

4. 培养、规范市场，完善文化消费市场体系

培养文化消费市场，把握文化消费趋势。文化产品和服务的提供机构不仅要抓艺术的质量，更要着眼长远，抓市场、抓消费群体培养。由于长期以来形成的消费文化习惯，当前观众市场的培养甚至比艺术本身培养更加艰难和紧迫。政府在培养文化消费市场方面，可以有效降低文化产品的单位售价，降低文化消费者的门槛，善于把握市场的热点和观众的消费心理，通过高超的传播手段和途径，引起观众的兴趣，激发消费的欲望。

规范文化消费市场，理顺文化消费发展体系。文化市场面向全社会和全

民，是一个覆盖面广、层次丰富、要素资源自由流动、产品多元的体系。以市场规律完善和健全文化市场，必须打破条块分割、部门分割，扫除一切阻止市场要素优化配置的障碍，创新体制机制，促进各行各业各界的互动互融，形成文化市场的合理，创新文化创意产业发展的路径。

5. 协同推进知识产权的开发和运营，形成产业的合力

文化创意产业发展离不开知识产权的开发和运用。通过知识产权的跨界授权和经营，可以形成包括核心产业、支持产业、配套产业和衍生产业等在内的新兴产业体系。释放文化创意产业的巨大经济社会效益，其前提就是要形成各界各业协同推进的机制，把知识产权的有效保护、授权经营的专业化服务、市场营销推广配套以及产业链的构建等有序整合、有效推进，这样才能实现市场的共鸣。

（中关村创意经济研究院：王桃清）

附录

附录一　2006—2014 年国家级创意产业相关课题立项情况表(部分)

(按立项时间顺序)

序号	项目名称	立项(起止)时间	负责人	来源	依托单位
1	演化经济地理视角下创意产业空间演化动力机制研究	2014/01—2017/12	顾江	国家自然科学基金	南京大学
2	创意产业集群价值网络模块化设计及价值创造模型研究	2014/01—2017/12	高长春	国家自然科学基金	东华大学
3	创意产业对城市空间重构的作用机理研究:以沪、杭、甬为例	2014/01—2016/12	马仁锋	国家自然科学基金	宁波大学
4	基于复杂网络和 Gis 的文化创意产业集聚建模与分析	2014/01—2016/12	王颖	国家自然科学基金	浙江传媒学院
5	大都市文化创意产业集群形成机理与演化路径研究:以北京为例	2013/01—2015/12	尹贻梅	国家自然科学基金	北京联合大学
6	文化创意产业集群高管团队、知识溢出对企业动态能力影响机制的实证研究	2013/01—2015/12	焦豪	国家自然科学基金	北京师范大学
7	基于尺度政治视角的城市文化创意产业发展研究:以北京为例	2013/01—2015/12	赵继敏	国家自然科学基金	北京市社会科学院
8	创意产业融入制造环节的共生演化机制研究	2013/01—2015/12	张艳辉	国家自然科学基金	华东理工大学
9	武术元素融入文化创意产业研究	2013/06/10	闫民	国家社科基金	济南大学
10	基于知识互补的创意产业集群衍生机理和路径研究	2013/06/10	李煜华	国家社科基金	哈尔滨理工大学
11	壮族传统文化信息资源与文化创意产业融合发展研究	2013/06/10	梁福兴	国家社科基金	桂林理工大学
12	我国文化创意产业集群发展模式与优化路径研究	2013/06/10	金波	国家社科基金	杭州师范大学
13	文化创意产业数字资源版权保护问题及对策研究	2013/06/10	周新民	国家社科基金	湖南商学院

续表

序号	项目名称	立项(起止)时间	负责人	来源	依托单位
14	海峡两岸文化创意产业合作研究	2013/06/10	连水兴	国家社科基金	福建师范大学
15	基于制度关系的创意产业文化、技术、经济的融合研究	2012/01—2015/12	杨永忠	国家自然科学基金	四川大学
16	场域视角下创意产业园区的空间格局与区位指向研究:以上海为例	2012/01—2015/12	褚劲风	国家自然科学基金	上海工程技术大学
17	文化创意产业版权保护法律问题研究	2012/05/14	王海英	国家社科基金	中共福建省委党校
18	基于区域视角的文化创意产业发展机制及对策研究	2012/05/14	郑洪涛	国家社科基金	河南大学
19	我国文化创意产业园区发展现状、趋势及对策研究	2012/05/14	冯根尧	国家社科基金	绍兴文理学院经济与管理学院
20	跨区域创意产业集群协同创新网络运作机制和政策研究	2012/05/14	毛磊	国家社科基金	江苏科技大学公共管理学院
21	中国文化创意产业空间分布、产业集聚与地区经济增长研究	2012/05/14	徐静	国家社科基金	中南财经政法大学
22	文化创意产业的项目合作网络:空间结构、地理过程与区域政策	2011/01—2013/12	李蕾蕾	国家自然科学基金	深圳大学
23	低碳经济背景下我国创意产业园区发展的经济空间动力机制和创新模式研究	2011/07/01	易华	国家社科基金	湖南商学院工商管理学院
24	创意经济背景下旅游业与文化创意产业融合发展机制及实证研究	2011/07/01	张玉蓉	国家社科基金	重庆交通大学旅游管理系
25	台湾文化创意产业发展研究	2011/07/01	陈晓彦	国家社科基金	厦门大学新闻传播学院
26	彝族美学与文化创意产业发展研究	2011/07/01	肖国荣	国家社科基金	楚雄师范学院
27	景德镇陶瓷文化创意产业发展战略与运营研究	2011年	郭建晖	国家软科学研究计划	景德镇陶瓷学院

续表

序号	项目名称	立项(起止)时间	负责人	来源	依托单位
28	西南少数民族文化数字创意产业发展研究	2010/07/01	魏红	国家社科基金	贵州大学
29	动漫内容创意产业研究	2010/07/01	殷俊	国家社科基金	重庆工商大学长江传媒学院
30	我国创意产业园区形成机理和管理模式研究	2010/06/17	张炜	国家社科基金	对外经济贸易大学国际商学院
31	中心城市科技支撑创意产业发展战略研究	2010年	—	国家软科学研究计划	长沙思龙企业发展顾问有限公司
32	中国日用陶瓷产业创意产业战略研究	2010年	王爱红	国家软科学研究计划	景德镇陶瓷学院
33	文化创意产业孵化服务平台建设	2010年	—	国家火炬计划项目	北京人大文化科技园建设发展有限公司
34	海西(福州)工业设计创意产业基地建设	2010年	—	国家火炬计划项目	福州市生产力促进中心
35	民俗文化创意与区域旅游发展研究——以浙江沿海和海岛地区为例	2010年	周彬	教育部人文社会科学研究一般项目	宁波大学
36	“后奥运期”我国体育创意产业发展的路径和模式研究	2009/01—2011/12	王玉珠	国家自然科学基金	聊城大学
37	创意产业园区组织生态系统演进及竞争力评价模型研究	2009/01—2011/12	高长春	国家自然科学基金	东华大学
38	西南地区民族文化旅游创意产业发展研究	2009/06/19	张琰飞	国家社科基金	吉首大学
39	文化创意产业集聚区个性化发展研究	2009年	付晓东	教育部人文社会科学研究一般项目	中国人民大学
40	海峡西岸经济区创意产业发展路径与政策支持研究	2009年	张华荣	教育部人文社会科学研究一般项目	福建师范大学
41	中国创意经济发展问题研究	2009年	张京成	国家软科学研究计划	北京科学学研究中心
42	文化创意产业与当代学校美术教育的研究	2008/08/09	钱初熹	国家社科基金	华东师范大学

续表

序号	项目名称	立项(起止)时间	负责人	来源	依托单位
43	湘鄂渝黔边民族地区文化创意产业研究	2008/06/04	禹建湘	国家社科基金	吉首大学文学与新闻传播学院
44	文化创意多媒体制作与虚拟现实网络展示平台	2008年	—	科技型中小企业技术创新基金项目	北京天人同达软件科技有限公司
45	文化创意企业技术创业孵化服务平台	2008年	—	科技型中小企业技术创新基金项目	北京华海基业科技孵化器有限公司
46	面向数字创意产业集群公共服务平台	2008年	—	科技型中小企业技术创新基金项目	杭州动漫游戏公共服务平台有限公司
47	文化创意与文化产业创新研究	2007/06/04	汪振军	国家社科基金	郑州大学
48	创意产业开发公共服务平台建设	2007年	—	国家火炬计划项目	西安交通大学国家大学科技园
49	我国中心城市文化创意产业发展与软实力竞争	2006/10/25	金元浦	国家社科基金	中国人民大学中国语言文学系

（中国创意产业研究中心 包仁艳收集整理）

附录二　2006—2014 年直辖市创意产业相关课题立项情况表(部分)

序号	项目名称	立项(起止)时间	负责人	来源	依托单位
1	北京市文化创意产业聚集区创新动力与路径研究	2014 年	尹贻梅	北京市自然科学基金	北京联合大学
2	基于社会网络视角的北京创意产业集聚区运行机制研究	2013 年	黄琳	北京市自然科学基金	北京科学学研究中心
3	北京文化创意产业竞争力评价及产业发展路径研究	2013 年	赵继新	北京市哲学社会科学规划项目	北方工业大学
4	北京文化创意产业集群效应研究	2013 年	李朝鲜	北京市哲学社会科学规划项目	北京工商大学
5	高校文化创意产业园区的形成机理与运营机制研究	2013 年	贾荣林	北京市哲学社会科学规划项目	北京服装学院
6	北京市文化创意产业集群空间演化研究	2013 年	姜玲	北京市哲学社会科学规划项目	中央财经大学
7	北京文化创意产业集群创新能力升级研究：测度、机制与协调	2013 年	刘寿先	北京市哲学社会科学规划项目	北京印刷学院
8	北京市文化创意产业保护的立法研究	2013 年	卢海君	北京市哲学社会科学规划项目	对外经济贸易大学
9	北京市文化产业重大项目促进与绩效评价研究	2013 年	郭彦丽	北京市哲学社会科学规划项目	北京联合大学
10	北京市文化创意产业融资问题研究——基于全生命周期的视角	2013 年	张娜	北京市哲学社会科学规划研究基地项目	北京交通大学
11	“北京传统音乐节”在高校服务文化创意产业方面的实践和探索	2013 年	谢嘉幸	北京市哲学社会科学规划研究基地项目	中国音乐学院
12	文化创意产业发展中的正面文化价值引导研究	2013/07—2014/06	王伟杰	中国创意产业研究中心博士基金	华中师范大学
13	复杂网络环境下创意产业集群创意扩散研究	2013/10—2014/10	李沃源	中国创意产业研究中心博士基金	哈尔滨工业大学

续表

序号	项目名称	立项(起止)时间	负责人	来源	依托单位
14	基于数码影像材料技术打造文化创意产业平台	2013年	陈朝	天津市科技计划项目	海华创意(天津)艺术交流有限公司、天津海华科技发展有限公司、陈塘庄美术科技馆
15	巷肆创意产业园中意创新设计服务平台	2013年	李云飞	天津市科技计划项目	天津市巷肆创意产业园有限公司
16	集群租金视角下上海文化创意产业园区演化升级的路径依赖与政策引导	2013年	孙洁	上海市哲学社会科学规划课题	上海社会科学院
17	基于多终端集群的文化创意产业交易系统研发项目	2013年	刘轩飞	重庆市科委科技计划项目	重庆猪八戒网络有限公司
18	基于城市更新的创意产业集群发展的理论及实证研究	2013年	杨天怡	重庆市社会科学规划项目	重庆市政协民革重庆市委
19	北京市发展农业文化创意产业的模式与机制研究	2012年	蒋和平	北京市自然科学基金	中国农业科学院农业经济与发展研究所
20	都市农业、生态旅游和文化创意产业融合研究	2012年	朱启酒	北京市自然科学基金	北京农业职业学院
21	北京农业文化创意产业及其发展模式与机制研究	2012年	王爱玲	北京市自然科学基金	北京市农林科学院
22	北京都市农业、生态旅游和文化创意产业融合路径研究	2012年	陈跃雪	北京市哲学社会科学规划项目	北京农学院
23	打造具有“北京精神”的“世界城市”文化——北京市文化创意产业特色与定位研究	2012年	倪宁	北京市哲学社会科学规划项目	中国人民大学
24	高校服装文化创意产业模式及品牌推广研究	2012年	金水	北京市哲学社会科学规划项目	北京服装学院
25	北京市文化创意产业与旅游业融合发展研究	2012年	吴丽云	北京市哲学社会科学规划项目	中国旅游研究院

续表

序号	项目名称	立项(起止)时间	负责人	来源	依托单位
26	北京文化创意产业结构及演化趋势研究	2012年	田蕾	北京市哲学社会科学规划项目	北京市社会科学院
27	基于北京文化创意产业特点的微电影创作传播机制问题与对策研究	2012年	孔昭林	北京市哲学社会科学规划项目	北京联合大学
28	“文化治理”与北京文化产业园区的“创意软环境”构建	2012年	徐海龙	北京市哲学社会科学规划项目	首都师范大学
29	本市与发达国家科技支撑文化产业发展的比较研究	2012年	张晓希	天津市科技计划项目	天津外国语大学
30	上海设计创意产业知识产权发展战略研究	2012年	朱国华	上海市“科技创新行动计划”软科学研究项目	同济大学
31	上海市创意产业融入制造环节的共生演化机制研究	2012年	张艳辉	上海市“科技创新行动计划”软科学研究项目	华东理工大学
32	泛在网络科技支撑上海文化创意产业信息化建设与发展研究	2012年	周进	上海市“科技创新行动计划”软科学研究项目	复旦大学
33	科技与文化创意产业互促发展的政策环境研究——基于上海若干创意产业集聚区的调研	2012年	孔翔	上海市“科技创新行动计划”软科学研究项目	华东师范大学
34	文化科技视角下的上海创意企业集聚区环境优化研究	2012年	高长春	上海市“科技创新行动计划”软科学研究项目	东华大学
35	文化创意服务企业价值共创机理及绩效研究	2012年	张洁瑶	上海市“科技创新行动计划”博士生学位论文资助项目	东华大学
36	创意产业园区区域协同机理研究	2012年	董秋霞	上海市“科技创新行动计划”博士生学位论文资助项目	东华大学

续表

序号	项目名称	立项(起止)时间	负责人	来源	依托单位
37	上海试点税制改革对文化创意产业的影响和对策研究	2012年	许建斌	上海市社科规划系列研究课题	上海市地方税务局税收科学研究所
38	上海文化创意人才队伍建设研究	2012年	季　丹	上海市社科规划系列研究课题	上海交通大学
39	创意经济背景下重庆旅游业与文化创意产业融合发展机制研究	2012年	张玉蓉	重庆市科委科技计划项目	重庆交通大学
40	北京创意产业价值链价值传递机制研究	2011年	张京成	北京市自然科学基金	北京市科学技术情报研究所
41	首都文化创意产业创新型人才培养模式研究	2011年	卓思廉	北京市哲学社会科学规划项目	北京教育学院
42	促进北京市文化创意产业发展的财税政策研究	2011年	丁芸	北京市哲学社会科学规划项目	首都经济贸易大学
43	基于北京文化创意产业的社会服务与实践社区互动支持体系研究	2011年	季皓	北京市哲学社会科学规划项目	北京联合大学
44	北京文化创意产业集聚区发展机制创新研究	2011年	贺艳	北京市哲学社会科学规划项目	中共北京市委党校
45	北京市文化创意产业发展体制机制创新研究	2011年	梅松	北京市哲学社会科学规划项目	北京市文化创意产业促进中心
46	北京文化创意产业投融资机制创新研究	2011年	俞剑红	北京市哲学社会科学规划项目	北京电影学院
47	北京市文化创意产业发展中的法律问题及法律调整	2011/01—2013/12	王素娟	北京市教育委员会科研计划项目	北方工业大学
48	社会实践与文化创意高等教育有效互动模式研究	2011/01—2012/12	陈杰	北京市教育委员会科研计划项目	北京工业大学
49	英国时尚传媒创意产业研究	2011/01—2012/12	王德庆	北京市教育委员会科研计划项目	北京服装学院
50	私募股权基金投资文化创意产业的估值研究	2011/01—2012/12	谭祖卫	北京市教育委员会科研计划项目	北京信息科技大学

续表

序号	项目名称	立项(起止)时间	负责人	来源	依托单位
51	创意产业促进经济变迁的增长与演化模型比较研究	2011/08—2012/12	郭永	中国创意产业研究中心博士基金	西安交通大学
52	我国创意农业投资需求分析	2011/08—2012/07	潘启龙	中国创意产业研究中心博士基金	中国人民大学
53	世博后上海创意产业园区空间演进及绩效评价研究	2011年	褚劲风	上海市科技发展基金软科学研究项目	上海工程技术大学
54	北京文化创意产业聚集区管理模式研究	2010年	王晖	北京市自然科学基金	首都经济贸易大学
55	北京文化创意产业聚集区“共识决策”利益关系研究	2010年	姚永玲	北京市自然科学基金	中国人民大学
56	北京文化创意产业集聚效应的测量与影响因素分析	2010年	姚林青	北京市自然科学基金	中国传媒大学
57	基于文化创意产业发展的优化北京产业结构研究	2010年	王信东	北京市哲学社会科学规划项目	北京信息科技大学
58	北京儿童文化创意产业的问题与发展对策研究	2010年	谭旭东	北京市哲学社会科学规划项目	北方工业大学
59	北京地区以工业设计为代表的设计创意产业发展研究	2010/01—2011/12	胡鸿	北京市教育委员会科研计划项目	北京工业大学
60	北京文化创意产业发展的金融支持研究	2010/01—2011/12	徐丹丹	北京市教育委员会科研计划项目	北京工商大学
61	京郊新农村文化创意产业模式研究——北京市怀柔区九渡河镇创意文化产业规划与开发	2010/01—2011/12	王铁城	北京市教育委员会科研计划项目	北京服装学院
62	高校服务北京文化创意产业发展研究	2010/01—2011/12	朱光好	北京市教育委员会科研计划项目	北京服装学院
63	北京休闲创意产业对旅游业发展模式影响研究	2010/01—2012/12	张胜男	北京市教育委员会科研计划项目	首都师范大学
64	北京市高校文化创意产业人才培养模式研究	2010//01—2011/12	李艳	北京市教育委员会科研计划项目	首都师范大学

续表

序号	项目名称	立项(起止)时间	负责人	来源	依托单位
65	北京市文化创意产业发展的法律保护——以地方性立法为中心的研究	2010/01—2011/12	张世君	北京市教育委员会科研计划项目	首都经济贸易大学
66	北京文化创意产业发展趋势的定量分析及元胞自动机仿真	2010/01—2011/12	姚翠友	北京市教育委员会科研计划项目	首都经济贸易大学
67	面向首都文化创意产业的校企合作发展模式研究	2010/01—2011/12	卓思廉	北京市教育委员会科研计划项目	北京教育学院
68	首都文化消费与文化产业互动研究	2010/01—2011/12	房宏婷	北京市教育委员会科研计划项目	北京印刷学院
69	创意产业化的关键影响因素分析	2010年	张洁	上海市社科规划一般课题	复旦大学
70	世博后上海创意产业园区空间结构嬗变及优化研究	2010年	褚劲风	上海市社科规划一般课题	上海工程技术大学
71	重庆市文化创意旅游产品的发展策略研究	2010年	张玉蓉	重庆市科委科技计划项目	重庆交通大学
72	北京市文化创意产业集聚区评价指标体系研究	2009年	张京成	北京市哲学社会科学规划项目	北京市科学技术情报研究所
73	文化创意产业背景下北京服装区域品牌发展对策研究	2009年	曹冬岩	北京市哲学社会科学规划项目·	北京服装学院
74	基于首都文化创意产业发展的数字媒体艺术本科专业构建模式与定位研究	2009年	马永红	北京市哲学社会科学规划项目	北京航空航天大学
75	北京市少数民族特色文化创意产业研究	2009年	牛颂	北京市哲学社会科学规划项目	北京市民族事务委员会
76	北京市文化创意产业发展的重点和难点与对策研究	2009年	赵玉忠	北京市哲学社会科学规划项目	北京电影学院
77	文化创意产业“北京模式”与“昆士兰模式”比较研究	2009年	李庆本	北京市哲学社会科学规划项目	北京语言大学

续表

序号	项目名称	立项(起止)时间	负责人	来源	依托单位
78	设计文化在文化创意产业中的传播与应用	2009年	詹凯	北京市哲学社会科学规划项目	北京服装学院
79	创意产业集群与创新型城市互动机制研究	2008年	张梅青	北京市自然科学基金	北京交通大学
80	北京市文化创意产业集聚区发展研究	2008年	周航	北京市哲学社会科学规划项目	北京市社会科学院
81	数字媒体艺术在北京市文化创意产业中应用实证研究	2008年	田忠利	北京市哲学社会科学规划项目	北京印刷学院
82	首都文化创意产业人才开发和整合机制研究	2008年	张荆	北京市哲学社会科学规划项目	北京工业大学
83	上海发展文化创意旅游的思路与对策研究	2008年	王慧敏	上海市社科规划一般课题	上海社会科学院
84	北京文化创意产业知识产权保护与利用问题研究	2007/07—2008/04	董天平	北京市软科学计划项目	北京世纪天平知识产权管理顾问有限公司
85	北京文化创意产业及个案研究	2007年	刘牧雨	北京市哲学社会科学规划项目	北京市社会科学院
86	首都文化创意产业研究	2007年	胡正荣	北京市哲学社会科学规划项目	中国传媒大学
87	北京动画创意产业发展模式研究	2007年	乔东亮	北京市哲学社会科学规划项目	北京印刷学院
88	2008奥运与北京文化创意产业	2007年	金元浦	北京市哲学社会科学规划项目	中国人民大学
89	依托莲花池公园，发展文化创意产业的实施方案	2007年	郭建新	北京市哲学社会科学规划项目	北京市丰台区商务局
90	国外文化创意产业发展概况	2007年	陈珏宇	北京市哲学社会科学规划项目	中央财经大学
91	首都后奥运时期的文化创意产业研究	2007年	肖永亮	北京市哲学社会科学规划项目	北京师范大学

续表

序号	项目名称	立项(起止)时间	负责人	来源	依托单位
92	北京文化创意产业与科普结合的问题与对策——基于中关村创意产业先导基地的调研	2007年	李正风	北京市哲学社会科学规划项目	清华大学
93	天津市创意产业基地规划方案研究	2007年	马晓政	天津市科技计划项目	天津市河北区科学技术委员会、天津社会科学院经济社会预测研究所
94	重庆市地域文化资源与文化创意产业发展战略研究	2007年	徐仲伟	重庆市政府重大决策咨询研究课题	重庆邮电大学
95	创意产业发展战略研究	2007年	—	重庆市科委科技计划项目	重庆社会科学院
96	创意产业在重庆产业布局及结构优化中的战略引擎作用研究	2007年	张　杰	重庆市社会科学规划项目	四川美术学院
97	重庆市数字创意产业发展战略实证研究	2007年	夏光富	重庆市社会科学规划项目	重庆邮电大学
98	首都文化创意产业集群发展研究	2006/10—2007/11	张京成	北京市软科学计划项目	北京科学学研究中心
99	文化创意产业测度及地区比较研究	2006/09—2007/10	金元浦	北京市软科学计划项目	中国人民大学
100	利用首钢工业遗产发展文化创意产业对策研究	2006/07—2006/12	刘世能	北京市软科学计划项目	富达尔经济技术咨询公司
101	北京市"十一五"期间文化创意产业重点行业人才存量与需求调研——动漫和网游行业人才开发	2006/07—2007/03	王璞	北京市软科学计划项目	北京双高人才服务中心
102	天津市创意产业发展战略研究	2006年	罗永泰	天津市科技发展战略研究计划	天津财经大学

续表

序号	项目名称	立项(起止)时间	负责人	来源	依托单位
103	天津文化产业创新网络的构建与实施	2006年	赵宏	天津市艺术科学规划年度项目	天津工业大学
104	天津市文化产业竞争力研究	2006年	毕晓青	天津市艺术科学规划年度项目	天津理工大学
105	论政府在发展文化产业中的责任	2006年	徐恒秋	天津市艺术科学规划年度项目	天津市文化局
106	重庆文化创意产业园区发展战略研究	2006年	钟德友	重庆市社会科学规划项目	中共重庆市委党校

（中国创意产业研究中心 包仁艳收集整理）

附录三 2007—2013年部分省、自治区创意产业相关项目情况表(部分)

序号	项目名称	立项(起止)时间	负责人	来源	依托单位
1	黑龙江省文化创意产业金融支持研究	2013年	李喜云	黑龙江省社科研究规划项目	齐齐哈尔大学
2	黑龙江省冰雪体育文化产业价值链优化与发展策略研究	2013年	艾淑华	黑龙江省社科研究规划项目	黑龙江工程学院
3	文化创意产业集群组织模式及价值增值机制研究	2013/01/01—2015/12/31	张赟	黑龙江省自然科学基金	哈尔滨工程大学
4	文化创意产业园区集群品牌建设与传播研究	2013年	樊传果	江苏省社科基金项目	江苏师范大学
5	民国苏州文化创意产业发展研究	2013年	李斌	江苏省社科基金项目	苏州科技学院
6	浙江省文化创意产业知识产权融资风险控制研究	2013年	彭飞荣	浙江省哲学社会科学规划"之江青年课题"	中国计量学院
7	创意型农业文化产业发展之法律支持机制研究	2013年	冯张美	浙江省社科联研究课题	浙江树人大学
8	我省小微文化创意企业的成长路径和支持策略研究	2013年	姜玉峰	浙江省软科学研究计划项目	中国美术学院
9	文化与科技融合创新:浙江省创意产业的发展对策研究	2013年	陈颖	浙江省软科学研究计划项目	浙江财经大学
10	科技与文化创意产业融合的机制与路径研究	2013年	周一真	浙江省软科学研究计划项目	杭州师范大学
11	福建创意产业科技企业孵化器新增孵化用房补助	2013年	王瑞清	福建省科技项目计划	福建省科技管理干部学校
12	3D婚纱摄影创意产业系统	2013年	林杨	福建省科技项目计划	福建三维游软件科技股份有限公司
13	闽西客家文化创意设计与3D动漫产品开发	2013年	林浩岚	福建省科技项目计划	永定县生产力促进中心;福州天之谷网络科技有限公司

续表

序号	项目名称	立项(起止)时间	负责人	来源	依托单位
14	闽台文化创意产业对接研究：基于民间组织平台	2013年	徐晞	福建省科技项目计划	华侨大学公共管理学院、泉州市改革和发展委员会、泉州市工业设计协会
15	妈祖民俗体育文化创意产业开发与利用	2013年	朱家新	福建省科技项目计划	莆田学院体育系
16	中外文化创意产业品牌化对比研究	2013年	夏海斌	江西省社会科学研究“十二五”（2013年）规划项目	华东交通大学
17	山东省培养和吸引文化产业创意人才的对策研究	2013年	曹宏	山东省人文社会科学课题	山东师范大学
18	文化产业科技创新问题研究——基于对济南市的调查分析	2013年	王敏	山东省人文社会科学课题	中共济南市委党校
19	河南文化创意产业：协同创新求发展	2013年	曹路漫	2013年度河南省教育厅科学技术研究重点项目	南阳师范学院
20	创意产业演进机理及其政策选择研究	2013年	姜琳	2013年度湖北省教育厅人文社会科学研究项目	武汉科技大学
21	创意产业集群区域选择机理及发展动力支撑体系研究：基于我国中部地区创意产业园的实证调研	2013年	谭江涛	2013年度湖北省教育厅人文社会科学研究项目	三峡大学
22	湖南国家级文化创意产业园区发展评估研究	2013年	彭祝斌	湖南省社科院	湖南大学
23	湖南文化创意产业专利保护模式研究	2013年	徐涤宇	湖南省社科院	湖南大学

续表

序号	项目名称	立项(起止)时间	负责人	来源	依托单位
24	广东梅州客家文化创意产业研究	2013年	古广胜	广东省哲学社会科学"十二五"规划	嘉应学院
25	基于产业关联的文化创意集群创新网络构建机制研究	2013年	杨黛	广东省哲学社会科学"十二五"规划	广东财经大学
26	文化产业视域下文化和科技融合的路径选择	2013年	尹宏	成都市社科规划项目	成都市社会科学院
27	安徽创意产业发展对策研究	2013年	徐谷波	安徽省软科学研究计划项目	安徽广播电视大学
28	山西省创意产业人才队伍建设研究	2012年	张文洁	山西省社科联2012至2013年度重点课题研究项目	山西财经大学
29	加快文化创意产业发展 助推山西文化强省建设	2012年	谭丽红	山西省社科联2012至2013年度重点课题研究项目	山西省社科联
30	黑龙江省创意产业集群形成机理和路径研究	2012年	胡瑶瑛	黑龙江省社科研究规划项目	哈尔滨理工大学
31	有关设计艺术作为浙江服装创意产业核心竞争力问题的研究	2012年	李采姣	浙江省哲学社会科学规划课题	宁波大学
32	浙江文化创意产业集群的形成、发展模式及优化路径研究	2012年	金波	浙江省哲学社会科学规划课题	杭州师范大学
33	创意产业衍生下的杭州创意园区空间发展模式策略研究	2012年	任彝	浙江省哲学社会科学规划课题	浙江工业大学
34	浙江省文化创意产业知识产权融资风险控制研究	2012年	彭飞荣	浙江省哲学社会科学规划课题	中国计量学院
35	浙江省文化创意产业集群发展策略与国际经验借鉴	2012年	陈颖	浙江省社科联研究课题	浙江财经学院

续表

序号	项目名称	立项(起止)时间	负责人	来源	依托单位
36	安徽动漫技术与文化创意产业结合研究	2012年	李顺庆	安徽省软科学研究计划项目	皖西学院
37	科技支撑文化产业跨越发展研究	2012年	吴春梅	安徽省软科学研究计划项目	安徽大学
38	文化产业发展的科技带动机制研究	2012年	罗序斌	江西省社会科学“十二五”(2012年)规划项目	江西师范大学
39	陶瓷文化创意产业创意指数研究	2012年	左和平	江西省社会科学“十二五”(2012年)规划项目	景德镇陶瓷学院
40	中央苏区振兴战略下的江西文化创意产业发展研究	2012年	吴琦	江西省社会科学“十二五”(2012年)规划项目	华东交通大学
41	江西省文化创意产业集群研究	2012年	阙大学	江西省社会科学“十二五”(2012年)规划项目	南昌工程学院
42	景德镇陶瓷文化创意产业发展模式研究	2012年	刘冰峰	江西省社会科学“十二五”(2012年)规划项目	景德镇陶瓷学院
43	福建省创意产业集群模块化发展战略与实现路径	2012年	林孔团	福建省科技项目计划	福建师范大学经济学院
44	粤台文化创意产业合作的机制和模式研究	2012年	赵佩华	广东省哲学社会科学“十二五”规划	汕头大学
45	创意产业人才智力贡献参与分配的机制创新研究	2012年	—	广东省软科学研究计划	广东省社会科学院
46	广东创意产业人才开发与竞争力研究	2012年	—	广东省软科学研究计划	广州大学商学院

续表

序号	项目名称	立项(起止)时间	负责人	来源	依托单位
47	文化创意产业衍生产品快速设计与制作创新服务中心建设	2012 年	—	广东省高新区发展引导专项——创新能力建设类	中国科学院广州电子技术研究所
48	肇庆高新区企业创意设计中心建设	2012 年	—	广东省高新区发展引导专项——创新能力建设类	肇庆高新技术产业开发区科学技术局
49	深圳科技与文化融合产业集群建设	2012 年	—	广东省高新区发展引导专项——创新能力建设类	深圳市科技创新委员会
50	广东省工业设计创意与应用研究重点实验室	2012 年	—	广东省重点实验室建设	广州美术学院
51	四川文化创意产业园“核心文化力”培育研究	2012 年	杨斌	四川省社科规划项目	四川大学
52	成都文化科技融合的产业发展路径研究	2012 年	尹宏	成都市软科学课题	成都市社会科学院
53	扬州淮安运河文化创意产业发展研究	2012 年	刘怀玉	江苏省社科研究文化精品课题项目	扬州大学
54	山西发展文化创意产业研究	2011 年	张波	山西省社科联2011至2012年度重点课题研究项目	山西大学
55	黑龙江省创意产业集群的衍生路径研究	2011 年	李煜华	黑龙江省社科研究规划项目	哈尔滨理工大学
56	我省文化创意产业研究	2011 年	张建设	黑龙江省社科研究规划项目	东北农业大学
57	文化规划推动下的创意城市建设:英国的经验及其对浙江的启示	2011 年	李明超	浙江省哲学社会科学规划课题	杭州师范大学
58	浙江省文化创意产业园区发展现状与趋势研究	2011 年	冯根尧	浙江省哲学社会科学规划课题	绍兴文理学院

续表

序号	项目名称	立项(起止)时间	负责人	来源	依托单位
59	浙江工业创意产业与制造业融合发展研究	2011 年	徐明亮	浙江省哲学社会科学规划课题	浙江工商职业技术学院
60	浙江省老字号企业创新发展的路径与模式:一个创意经济的视角	2011 年	厉春雷	浙江省社科联研究课题	浙江传媒学院
61	主流意识形态和新兴文化产业的互动与融合——以浙江动漫游戏产业为例	2011 年	陈善劝	浙江省社科联研究课题	台州职业技术学院
62	文化创意产业发展模式比较及对策探讨——以杭州为例	2011 年	金　颖	浙江省软科学研究计划项目	中国计量学院
63	浙江创意产业园区发展中市场与政府作用的协同机制研究	2011 年	康　胜	浙江省软科学研究计划项目	杭州师范大学
64	浙江省体育文化创意产业发展模式与路径研究	2011 年	李期华	浙江省软科学研究计划项目	浙江省体育产业联合会
65	文化创意产业园与高校学生创业共谋发展的对策研究——以杭州赛博创意产业园为例	2011 年	谢汇	浙江省教育科学规划高校年度规划课题	浙江树人学院
66	创意产业背景下艺术设计专业学生个体创造力培养研究	2011 年	季红	浙江省教育科学规划高校年度规划课题	嘉兴学院
67	适应创意产业发展的高职艺术设计教育研究	2011 年	陈旭彤	浙江省教育科学规划高校年度规划课题	浙江同济科技职业学院
68	基于市场认同的安徽文化创意产业品牌培育路径研究	2011 年	钱黎春	安徽省社科规划项目	安徽工业大学
69	皖江城市带文化创意空间集聚推进模式研究	2011 年	王跃飞	安徽省社科规划项目	铜陵学院
70	图文互动在安徽文化创意产业发展中的范式研究	2011 年	唐桂兰	安徽省社科规划项目	合肥工业大学

续表

序号	项目名称	立项(起止)时间	负责人	来源	依托单位
71	文化创意产业园区建设模式创新研究	2011年	李早	安徽省软科学计划项目	合肥工业大学
72	安徽省体育文化创意产业开发研究	2011年	姜同仁	安徽省教育厅人文社会科学研究	安徽财经大学
73	基于地域根植性的安徽省创意产业集群化研究	2011年	张志东	安徽省教育厅人文社会科学研究	安徽建筑工业学院
74	武夷新区科技创意产业园公共服务平台建设	2011年	张泽华	福建省科技项目计划	南平市武夷新区科技创意产业园服务中心
75	闽台文化创意产业技术创新联盟研究	2011年	游小波	福建省科技项目计划	福建师范大学文学院、中国高校科技产业化促进中心
76	闽台文化创意产业对接公共服务平台研究	2011年	杨玲	福建省科技项目计划	厦门大学公共事务学院、厦门市委办公厅
77	创意产业价值链价值传递机理研究	2011年	胡林荣	江西省社会科学“十二五”(2011年)规划项目	景德镇陶瓷学院
78	陶瓷文化创意产业发展为区域支柱产业的对策研究	2011年	张纯	江西省社会科学“十二五”(2011年)规划项目	景德镇陶瓷学院
79	景德镇手工生活陶艺的文化创意产业研究	2011年	黄焕义	江西省社会科学“十二五”(2011年)规划项目	景德镇陶瓷学院
80	湖北文化产业发展的现状及对策研究:以广告产业为例	2011年	廖秉宜	湖北省哲学社会科学“十一五”规划2010年度项目	武汉大学
81	武汉文化创意产业集群式发展研究	2011年	许合先	2011年度湖北省教育厅科学技术研究项目	湖北第二师范学院

续表

序号	项目名称	立项(起止)时间	负责人	来源	依托单位
82	粤港澳一体化战略下的视觉文化创意产业研究	2011年	赵健	广东省哲学社会科学“十二五”规划	广州美术学院
83	广东文化创意产业发展模式研究	2011年	李志坚	广东省哲学社会科学“十二五”规划	广州市商道咨询有限公司
84	文化创意产业背景下广东高校艺术创新型人才培养研究	2011年		广东省软科学研究计划	广州美术学院
85	广东科普文化创意产业公共服务平台建设	2011年	—	广东省高新区发展引导专项——创新能力建设类	广东科学中心
86	国家高新区黄花岗科技园“创意大道”建设	2011年	—	广东省高新区发展引导专项——创新能力建设类	广州高新技术产业开发区黄花岗科技园管理委员会
87	山西省文化创意产业发展中的知识产权保护研究	2010年	赵锐	山西省社科联社会科学“十一五”规划2010至2011年度重点课题	太原科技大学
88	创意产业视角下对于内蒙古文化遗产设计开发研究	2010年	谷彦彬	内蒙古社科规划项目	内蒙古师范大学
89	黑龙江文化创意产业发展对策研究	2010年	张欣	黑龙江省社科研究规划项目	哈尔滨工业大学
90	创意产业背景下艺术设计人才培养方案的构建研究	2010年	季红	浙江省哲学社会科学规划课题	嘉兴学院
91	新媒体在浙江文化创意产业发展中的粘合力作用探究	2010年	郭璇	浙江省哲学社会科学规划课题	浙江传媒学院
92	长三角构建国际文化创意城市群的机制和路径研究——兼论浙江文化创意产业的发展模式	2010年	康保苓	浙江省哲学社会科学规划课题	浙江旅游职业学院

续表

序号	项目名称	立项(起止)时间	负责人	来源	依托单位
93	浙江文化创意产业园区建设研究	2010年	陈少波	浙江省哲学社会科学重点研究基地课题	浙江传媒学院
94	民营资本与中国影视文化产业发展	2010年	詹成大	浙江省哲学社会科学重点研究基地课题	浙江传媒学院
95	创意产业的创新扩散研究	2010年	徐莹	浙江省社科联研究课题	浙江理工大学
96	创意产业的知识产权保护现状、问题与对策研究——以浙江省为例	2010年	徐惠敏	浙江省社科联研究课题	浙江传媒学院
97	创意产业与义乌市场的耦合联动发展研究	2010年	曾宪达	浙江省社科联研究课题	义乌工商职业技术学院
98	浙江省创意企业基于移动商务的战略模型及其商业模式研究	2010年	邱勋	浙江省社科联研究课题	浙江金融职业学院
99	区域合作视角下的榕台文化创意产业对接研究	2010年	张兰英	福建省社会科学规划研究	福州社会科学院
100	文化创意产业的知识产权保护研究	2010年	周显宝	福建省科技项目计划	厦门大学艺术学院、厦门市知识产权局、福建省文化厅
101	江西省文化创意产业发展问题研究	2010年	彭继增	江西省社会科学“十一五”(2010年)规划项目	南昌大学
102	江西文化创意产业集群发展研究——以景德镇陶瓷文化创意产业集群为例	2010年	殷耀如	江西省社会科学“十一五”(2010年)规划项目	景德镇陶瓷学院
103	景德镇陶瓷文化创意产业商业模式研究	2010年	胡林荣	江西省高校人文社会科学研究项目	景德镇陶瓷学院

续表

序号	项目名称	立项(起止)时间	负责人	来源	依托单位
104	大力发展陶瓷创意产业,提升景德镇城市竞争力问题研究	2010年	刘小丽	江西省高校人文社会科学研究项目	景德镇陶瓷学院
105	南昌“红色故事”创意产业研究	2010年	朱春明	江西省高校人文社会科学研究项目	江西科技师范学院
106	景德镇陶瓷文化创意产业生态环境研究	2010年	胡林荣	江西省高校人文社会科学重点研究基地课题	景德镇陶瓷学院
107	广东创意人才开发及平台构建——基于高技能创意产业人才“双主体”培养模式的探析	2010年	—	广东省承担政府特定任务项目	广东科学技术职业学院
108	发展文化创意产业背景下的高等艺术人才培养对策研究	2009年	钱晓芳	浙江省哲学社会科学规划常规课题	中国美术学院
109	地方高校文化创意人才培养模式研究	2009年	王丽琦	浙江省社科联研究课题	杭州师范大学
110	非物质文化遗产保护与文化创意产业发展互动研究——以浙江省为例	2009年	汪颖	浙江省社科联研究课题	浙江理工大学
111	杭州创意产业园区竞争力评价及对策研究——基于集聚的视角	2009年	孙春晓	浙江省社科联研究课题	浙江工业大学
112	破解中小型文化创意企业融资难的新举措——以浙江省为例	2009年	张爱珠	浙江省社科联、浙江省金融学会合作课题	浙江财经学院
113	安徽省创意经济发展研究	2009年	朱先发	安徽省软科学计划项目	安徽省创意经济研究会
114	安徽省创意产业发展趋势研究	2009年	梅笑冬	安徽省软科学研究计划项目	安徽大学

续表

序号	项目名称	立项(起止)时间	负责人	来源	依托单位
115	福建省创意产业发展研究	2009年	方彦富	福建省科技项目计划	福建社会科学院
116	广东省文化创意产业现状与创新机制研究	2009年	—	广东省软科学研究计划	华南理工大学新闻与传播学院
117	浙江文化创意指数及其测评体系研究	2008年	胡晓云	浙江省哲学社会科学规划重大招标课题及相关子课题	浙江大学
118	从浙江制造到浙江创造:生产性创意产业的作用机理及其成长路径、影响因素研究	2008年	鞠芳辉	浙江省哲学社会科学规划常规性立项课题	浙江万里学院
119	浙江省文化创意产业发展对策研究	2008年	孔德兰	浙江省社科规划课题"浙江经济转型升级"专题研究课题	浙江金融职业学院
120	长江三角洲区域文化创意产业协调发展战略研究	2008年	冯根尧	江浙沪社科规划办联合招标、浙江省立项"长江三角洲区域经济社会协调发展"系列研究课题	绍兴文理学院
121	文化创意产业园区的定位策略研究——以杭州为例	2008年	高颖	浙江省社科联研究课题	浙江工商大学
122	国外创意产业发展经验及对浙江的启示	2008年	郭璇	浙江省社科联研究课题	浙江传媒学院
123	浙江省创意产业共性技术的开发与应用	2008年	李加林	浙江省科技计划项目	浙江理工大学
124	基于创意人才培养的广东创意产业发展战略研究	2008年	—	广东省软科学研究计划	广东科学技术职业学院
125	广东省创意产业园	2008年	—	广东省高新区科技创新项目	广东省生产力促进中心

续表

序号	项目名称	立项(起止)时间	负责人	来源	依托单位
126	浙江省文化创意产业发展战略研究	2007年	奚建华	浙江省社会科学规划重大招标课题	浙江传媒学院
127	广东发展文化创意产业问题研究	2007年	霍秀媚	广东省哲学社会科学“十一五”规划	广州市委党校
128	广东省创意产业知识产权战略研究	2007年	谢惠加	广东省哲学社会科学“十一五”规划	华南理工大学
129	广东创意产业创新领域选择与激励政策设计	2007年	—	广东省软科学研究计划	暨南大学产业经济研究院
130	广东省创意产业发展研究	2007年	—	广东省软科学研究计划	广东省科学学与科技管理研究会
131	建筑陶瓷创意实验公共平台建设	2007年	—	广东省科技计划立项	佛山市华夏建筑陶瓷研究开发中心有限公司

（中国创意产业研究中心 包仁艳收集整理）

参考文献

[1]“30元，市民享文化大餐”[N]. 新商报，2013－12－03.

[2]“一剧一星”尚需市场调节[N]. 北京晨报，2014－02－20.

[3]《中国动画产业与消费调查报告》在京发布[N]. 新京报，2013－12－18.

[4]10多亿电影专项资金怎么用[N]. 东方早报，2014－01－23.

[5]127亿：90亿国产片再胜“好莱虎”[N]. 新京报，2014－01－06.

[6]2012－2013贺岁档繁荣收官100天68亿创纪录之旅[EB/OL]. 搜狐娱乐，2013－03－04.

[7]2013年GDP增长7.7%[N]. 经济日报，2014－01－21.

[8]2013年中国消费对经济增长的贡献率达50%[N]. 中国日报，2014－03－24.

[9]2013年全国电影总票房217.69亿33部国产片过亿[N]. 长江日报，2014－01－07.

[10]2013年电影票房被偷约24亿[N]. 晶报，2014－01－23.

[11]2013年国产剧产出15 000集比2012年减少2 000集[N]. 京华时报，2014－02－19.

[12]2013数字出版刻度尺[N]. 中国新闻出版报，2013－12－19.

[13]2013年国产动画电影票房快速增长[N]. 光明日报，2014－03－05.

[14]2013年我国电子商务交易规模突破10万亿大关[N]. 每日经济新闻，2014－03－20.

[15]2013年我国网络游戏产业达650亿元[EB/OL]. 中国移动互联网研究中心，2013－12－09.

[16]2013年手机网民规模达5亿占比升至81%[N]. 深圳特区报，2014－01－17.

[17]2013年我国手机端收看或下载视频用户数达2.47亿[EB/OL]. 人民网，2014－01－16.

[18]2013 年我国电子商务交易规模突破 10 万亿元 [N]. 北京商报，2014－03－20.

[19]2013 年中国互联网发展报告：手机应用都挺火 [N]. 人民日报，2014－01－18.

[20]2013 年我国旅游业总体保持健康较快发展 [N]. 中国旅游报，2014－01－20.

[21]2013 年我国旅游行业市场现状分析 [EB/OL]. 中商情报网，2014－01－02.

[22]2013 年中国广告经营额首次突破 5 000 亿 [EB/OL]. 中国广告网，2014－03－28.

[23]2013 哈尔滨市国民经济和社会发展统计公报 [N]. 哈尔滨日报，2014－03－19.

[24]2013 年常州市国民经济和社会发展统计公报 [EB/OL]. 常州市人民政府网，2014－02－25.

[25]70 家"数字出版转型示范单位"领跑数字转型 [N]. 中国新闻出版报，2013－12－26.

[26]CNNIC. 第 33 次调查报告 [EB/OL]. 新浪科技，2014－01－16.

[27]CNNIC. 2012 年成都市网民规模在 785 万人，互联网普及率为 55.8% [EB/OL]. 中文互联网数据资讯中心，2013－04－28.

[28]TEFAF2014 全球艺术品市场报告发布 [N]. 南方日报，2014－03－18.

[29]报告称 2013 年中国成艺术品拍卖成交额最高的国家 [N]. 信息时报，2014－02－28.

[30]包兰姝，仲逸智. 文化创意产业发展与城市品牌建设研究 [R]，2013.

[31]北京金融展：互联网金融与传统金融同台竞技 [N]. 中国贸易报，2013－12－13.

[32]陈璐. 李克强给马云"点赞" [N]. 中国青年报，2013－11－07.

[33]陈南岳，全少华，等. 城乡居民文化消费对我国文化产业发展影响的实证研究 [J]. 南华大学学报(社会科学版) ，2013(6).

[34]曹俊文. 精神文化消费统计指标体系的探讨 [J]. 上海统计，2002(4).

[35]成都人文化消费白皮书：舍得花钱最爱读书 [N]. 成都日报，2009－

05－08.

[36]大连演出市场欲打造大东北演艺圈[N]. 北国网－半岛晨报，2013－08－06.

[37]大连新《小红帽》红遍全国 20 余个城市[N]. 大连日报，2013－09－03.

[38]第三季度：中国 B2C 图书市场交易规模达 39 亿[EB/OL]. 人民网，2013－12－05.

[39]第 24 届大连国际服装节暨狂欢节 9 月 14 日开幕[N]. 大连日报，2013－06－06.

[40]董军. 2014 年西安市政府工作报告[N]. 西安日报，2014－01－22.

[41]葛红兵，谢尚发，等. 大都市文化消费与文化产业发展[J]. 科学发展，2013(4).

[42]光明日报，中国传媒大学课题组. 重科技抓创意塑品牌——关于江苏省文化产业发展的调查[N]. 光明日报，2011－09－13.

[43]广州国际旅游展开幕"智慧旅游"应用成果展出[N]. 南方日报，2014－02－28.

[44]国内新闻纸市场供大于求[N]. 中国绿色时报，2013－12－19.

[45]国内银幕数已达 1.76 万块 影院平均上座率仅 15%[N]. 中国文化报，2013－12－09.

[46]侯惠勤. 我国意识形态建设的第二次战略性飞跃[J]. 马克思主义研究，2008(7).

[47]胡惠林. 文化产业通论[M]. 昆明：云南大学出版社，2007.

[48]黄华. 博物馆接待观众同比增长 128%[N]. 新商报，2014－1－23.

[49]. 黄永林. 武汉市文化创意产业发展报告(2013)[M]. 北京：社会科学文献出版社，2003.

[50]黄霞. 长沙市文化产业发展研究[D]. 长沙：湖南师范大学，2012.

[51]机构调查显示：2013 年中国电子商务市场交易规模逾 10 万亿[EB/OL]. 新华网，2014－03－19.

[52]江蓝生，谢绳武，2003 年中国文化产业发展报告[M]. 北京：社会科学文献出版社，2003.

[53]蒋莉莉. 基于原创力视角的中国动画产业研究[J]. 中国地质大学学报

(社会科学版),2011(2).

[54]蒋莉莉.提升上海文化产业原创力对策分析[J].中国集体经济,2011(10).

[55]今年国内电影票房已破200亿 创下新记录[N].今日早报,2013－12－09.

[56]金元浦.文化创意产业:大竞争时代的城市品牌构建[M].中国城市营销发展报告.北京:中国社会科学出版社,2009.

[57]李克强主持召开国务院常务会议[N].人民日报,2014－01－23.

[58]李晓芳.太原文化改革与发展纪实[N].山西日报,2012－10－16.

[59]连连.大众文化消费与我国文化产业发展关系探讨[J].福建论坛,2000(6).

[60]厉无畏.创意改变中国[M].北京:新华出版社,2009.

[61]厉无畏,蒋莉莉.上海发展创意产业的优势环境分析[J].上海经济研究,2009(6).

[62]厉无畏,王慧敏.创意产业:转变经济发展方式的策动力[M].上海:上海社会科学院出版社,2008.

[63]雒树刚.进一步深化文化体制改革[N].人民日报,2013－12－03.

[64]漫话新闻[N].中国文化报,2014－02－24.

[65]南京市人民政府办公厅,中共南京市委宣传部,南京市文化广电新闻出版局.南京市文化创意产业发展调研报告[EB/OL].文化发展论坛.

[66]钱玉娟.游戏产业:因互联网而变[J].中国经济信息,2014(01).

[67]去年我国著作权登记量首破百万作品登记高达84万件[N].山西日报,2014－02－26.

[68]去年扬州人均旅游消费超过千元[N].扬州日报,2013－07－22.

[69]全球会展城市实力排名首次公布 中国5城市上榜二线[EB/OL].人民网,2013－06－25.

[70]全国唯一动漫图书馆落户南京[J].玩具世界,2013(2).

[71]邵岭.上海文化原创实力正在崛起[N].文汇报,2013－12－27.

[72]上海市文化创意产业推进领导小组办公室.2013年上海文化创意产业发展报告[R].2013.

[73]上海国际收藏论坛报告.国内企业收藏资金达450亿[N].解放日报,

2013－12－13.

[74]施涛. 文化消费的特点和规律探析[J]. 广西社会科学,1993(3).

[75]孙海麟,主编. 天津创意产业年鉴(2013)[M]. 天津:创意产业协会.

[76]唐绪军,卓宏勇. 2013 年中国报业关键词[J]. 中国报业. 2014(01).

[77]田芳. 长沙文化产业总产值超千亿,增加值年均增长 20%左右[N]. 长沙晚报,2012－11－05.

[78]投资收藏艺术品 5 至 10 年收益率最高?[N]. 羊城晚报,2014－02－27.

[79]网络购物用户规模达 3.02 亿 1.44 亿人通过手机购物[EB/OL]. 人民网,2014－01－16.

[80]王静,等. 扩大上海文化消费研究[J]. 科学发展,2012(7).

[81]王亚南,高书生,等. 中国文化消费需求景气评价报告(2013)[M]. 北京:社会科学文献出版社,2013.

[82]王斌. 中国城市文化消费报告: 北京卷[M]. 北京:社会科学文献出版社,2010.

[83]王亚南. 中国中心城市文化消费需求景气评价报告(2013)[M]. 北京:社会科学文献出版社,2013.

[84]王传真,吴俊. 深圳创新国际化战略,降低城市综合发展成本[N]. 深圳特区报,2012－11－21.

[85]微信电视由未来电视创维腾讯共同推出[EB/OL]. 广东新闻网,2013－12－25.

[86]西安城乡居民文化消费状况调查 8 成居民爱看电视[EB/OL]. 西部网,2014－01－16.

[87]歆生,徐燕,陈漪. 常州市城镇居民文化消费及需求实证研究[R],2013.

[88]新华社昨聚焦扬州雕版印刷[N]. 扬州日报,2012－05－18.

[89]徐伯元. 大连人文娱消费更舍得"砸"钱了[N]. 大连日报,2013－6－12.

[90]建邺. 发展文化创意产业 构筑科学发展增长极[N]. 新华日报,2013－01－21.

[91]徐继昌. 南京市政协推动"文化惠民"[N]. 人民政协报,2011－

11－12.

[92]徐淳厚. 关于文化消费的几个问题[J]. 北京商学院学报，1997(4).

[93]徐金波. 武汉成为中国电影市场的“票房高地”. 中国新闻网，2012－12－18.

[94]杨艾璐，辛敏娟. 大连鲁美文化产业产值两千万[N]. 半岛晨报，2014－03－23.

[95]扬州新增23“非遗”“传承人 全市共82人晋级“省队”[N]. 扬州日报，2014－03－01 .

[96]扬州文化产业增加值114. 69亿[EB/OL]. 中国投资咨询网，2013－07－22.

[97]扬州消费品零售额首逾千亿[EB/OL]. 扬州网，2014－02－10.

[98]艺拍市场“虚火”又起圈钱和金融风险恐再现[N]. 经济参考报，2013－11－29.

[99]英国电视行业关注中国市场[N]. 中国文化报，2013－11－18.

[100]游戏彰显中国文化软实力 出口增219. 3%[EB /OL]. 中新网，2013－12－27.

[101]在华销售数据成谜亚马逊宣称Kindle盈利[J]. IT时代周刊，2014(01).

[102]张京成. 中国创意产业发展报告2013[M]. 北京：中国经济出版社，2013.

[103]张仲金. 南京1912主题街区发展战略研究[D]. 南京理工大学硕士论文，2012－03－15.

[104]张晓明，章建刚，胡惠林. 文化产业迈上新起点[N]. 中国文化报，2008－03－07.

[105]政策支持网络视听产业兼并重组商业模式还需探讨[N]. 中国证券报，2013－12－06.

[106]智慧电视或成作业系统蓝海[N]. 人民日报，2014－03－21.

[107]中央财政下拨48亿文化产业发展专项资金[EB/OL]. 人民网，2013－11－18.

[108]中国电影“走出去”难在哪儿？[N]. 中国文化报，2013－03－25.

[109]中国网游用户增长放缓 手游社交性不足 同质化严重[EB/OL]. 中国

新闻网，2013－07－17.

[110]中国网络视频企业竞争激烈，移动端快速增长 [EB/OL]. 中国新闻网，2014－01－16.

[111]中国蝉联全球艺术品交易规模第二 [N]. 北京商报，2014－03－21.

[112]中国人民大学首次发布“中国文化消费指数” [EB/OL]. 中国文化传媒网，2013－11－11.

[113]中共武汉市委宣传部. 2012 年武汉文化发展蓝皮书 [M]. 武汉：武汉出版社，2013.

[114]中共长沙市委宣传部，长沙市社会科学院. 2011 年长沙文化产业发展报告蓝皮书 [M]. 长沙：湖南人民出版社，2011.

[115]中共西安市委宣传部，西安市统计局. 2013 年西安文化产业统计概览 [R]，2013.

[116]中山区在我市率先设立千万文化创意产业资金 [N]，大连日报，2011－10－21.